· 教育部哲学社会科学研究后期资助项目（项目批准号：22JHQ056）资助
· 中国人民大学 2022 年度"中央高校建设世界一流大学（学科）和特色发展引导专项资金"支持

西方比较史学

Western Comparative History

徐浩 ○ 著

中国社会科学出版社

图书在版编目(CIP)数据

西方比较史学 / 徐浩著. -- 北京：中国社会科学出版社，2025.1. -- ISBN 978-7-5227-4534-3

Ⅰ. K107

中国国家版本馆 CIP 数据核字第 2024VP9413 号

出 版 人	赵剑英
责任编辑	耿晓明
责任校对	李　军
责任印制	李寡寡

出　　版	中国社会科学出版社
社　　址	北京鼓楼西大街甲 158 号
邮　　编	100720
网　　址	http://www.csspw.cn
发 行 部	010-84083685
门 市 部	010-84029450
经　　销	新华书店及其他书店
印　　刷	北京明恒达印务有限公司
装　　订	廊坊市广阳区广增装订厂
版　　次	2025 年 1 月第 1 版
印　　次	2025 年 1 月第 1 次印刷
开　　本	710×1000　1/16
印　　张	23.25
字　　数	336 千字
定　　价	118.00 元

凡购买中国社会科学出版社图书，如有质量问题请与本社营销中心联系调换
电话：010-84083683
版权所有　侵权必究

序　　言

　　历史比较的方法早已有之，中外古代世界都有记载，不过那样的比较是偶然的、零散的，囿于一隅。国人所谓的"天下"实际上没有越出华夏大地，其他民族的"天下"概念也八九不离十——都有特定的地域范围，不论空间大小，皆为区域性比较。所以，对比以后全球视野下的历史比较，那样的比较不仅是偶然的，还是有限的，非周延的。进入现代社会的比较史学，是和世界历史及世界历史学连在一起的，观察者的视野突破了地区和国界樊篱；同时，对于比较双方还要具有专业性的知识系统，由此比较研究通常由历史学学者承担。18世纪启蒙时期伏尔泰的《论各民族的精神与风俗以及自查理曼至路易十三的历史》一书，广为人知，他对欧洲史，还有中国、印度、阿拉伯等亚洲各民族的历史都有叙述，开阔了人们的视野，然而学界一般不认为这是一部比较史学专著，一些资料缺乏专业考证，经不起推敲。比照伏尔泰的鼎鼎大名，读后不免有几分失落，从这个意义上讲，当下的西方比较史学发生在后伏尔泰时代。

　　全球视野下的规范的现代比较史学，兴起于19世纪和20世纪之交的欧洲。一个重要标志是，首届国际历史学家代表大会名称就是"国际比较历史学代表大会"，1900年在法国巴黎举行。第二次世界大战结束以后，比较史学进入新的发展阶段，逐渐形成独立的研究领域。不仅著述丰厚，名家辈出，而且从历史学延伸到其他人文社会科学领域，例如比较经济学、比较社会学或比较人类学等。比较现代化历史研究一度

序 言

成为国际学界的热点问题。中国的比较史学也曾有过热烈的探索和实践，学者们为之付出了劳动和热情，20世纪末期曾经历了比较史学的春天。中国比较史学的兴起，与"改革开放"和"社会过渡问题"讨论密切相关。在讨论过程中，一批比较史学研究成果格外引人注目，如中西政治制度比较、封建社会比较、中英农村经济社会比较等方面的论文和专著。近年来，势头有所减退，研究成果日渐稀少，大概进入了沉淀和酝酿期。

中国正在走向世界，在新历史条件下，我们比以往任何时候都更需要国际视野，需要文明互鉴的尝试和能力，不仅研究中国历史，还要探索世界历史和重要国家的历史，以及不同文明和不同地区国别的比较。比较史学不应被束之高阁，而应承先启后，蓄势再出发。徐浩教授的这部《西方比较史学》，就是这样努力的一部分，读罢令人耳目一新，颇有获得感。

其一，徐浩教授这部专著，集西方比较史学主要信息要素于一身，一卷在手，尽揽全貌。《西方比较史学》包括三编，分别是"西方比较史学的前史""西方比较史学的实证研究"和"西方比较史学的理论方法"。也就是说，关于西方比较史学的发展轨迹，比较史学的理论、方法与比较史学的实践，都可以在这部书里找到答案。该著篇幅不大，却相当详备，风格简约、明了，多维度地展示了西方比较史学的方方面面及其核心内涵，实属难得。

其二，为读者提供了最新的西方学者比较史学的研究案例，让人们直接领略该领域的前沿风光。对人们耳熟能详的历史比较成果，如罗斯托的经济成长阶段理论、沃勒斯坦世界体系理论等，《西方比较史学》做了系统介绍；同时用了更多篇幅介绍近二十年来比较史学成果，"加州学派的历史比较"整整占据了一章，颇为详尽。然而，《西方比较史学》的追踪没有停留在加州学派，当人们还在讨论彭慕兰《大分流》所使用的数据是否可靠、弗兰克《白银资本》理论是否合理的时候，《西方比较史学》则捕捉到更新的学术热点——欧洲史学界关于各国人均GDP历史比较，也就是以范赞登教授为首的荷兰学者正在进行的研究项目。范赞登是继英国学者麦迪森之后对历史上欧洲和欧亚人均GDP比较的重要学者。

《西方比较史学》执着地追求学术前沿，不少研究成果都是近年刚刚出版的，而且表现不凡，如英国学者布罗德贝里等人的作品《英国经济增长，1270—1870》即属此列。该书关于英国人均GDP与欧洲其他地区和中国比较，其考察的时间维度长达六个世纪，颇有参考价值。此外，布罗德贝里等人还考察了当下最富裕国家和最贫穷国家人均GDP的差距的变化轨迹，并与工业革命以前相比，其差距不是缩小而是极大地增加了。联合国、世界银行等国际组织公布了世界上大多数经济体的人均GDP估计数，按财富对它们进行排名，结果表明，最富裕国家和最贫穷国家之间的差距现在大约是200倍，而在工业革命之前，这一差距很少超过5倍。我们无法判断这一数据的准确度，不过该研究揭示的大致趋势足以令人警觉和深思！这样的探讨无疑是有价值的，而这一探讨空间的生成没有比较史学则不可想象，比较史学之必要，由此可见一斑。现代西方比较史学研究案例，集中在《西方比较史学》第二编，丰富而生动，最为精彩，一旦翻开，竟读不舍手。

其三，《西方比较史学》将比较史学流派述评与流派代表人物介绍相结合，透过人物的形象与活动使学术鲜活起来，令人印象深刻，过目难忘。学术成果与其作者有关，又与作者的观念、经历等生活背景有关。该著深谙此中的内在联系，所以对流派的重要代表人物都有一定深度的考察。生平资料完备，再加上该著作者细腻、流畅的文笔，人物栩栩如生，大大加深了对其作品的理解。这是《西方比较史学》吸引读者的一个重要特色。

这不是说该著完美无缺。《西方比较史学》是述评西方比较史学的一部专著，其主要任务是客观、准确地描述和分析西方比较史学的基本范畴和方法，同时指出其局限性，这两方面《西方比较史学》都做到了。对于比较史学研究的案例介绍力求翔实、确切也做到了；遗憾的是，很少看到关于这些研究成果长短优劣的评判。不轻易评判对错，大概希望给读者留下更多思考空间，故出言谨慎，不无道理；不过同样从

序言

读者角度出发，适时、适度地给予点评，从而加深对原作品的理解，无疑也是被需要的。实际上，几乎没有作者能够避免主体性，后者是正当的，也是必要的。

徐浩教授和我是几十年的老朋友，同道中人。他很早就涉足中西历史比较研究，是我国比较史学研究的重要学者，在中西历史比较，以及中世纪英国史和史学理论等方面，都做出了出色贡献。几十年来，徐浩君心无旁骛，默默耕耘，义无反顾，将学术视为平生的事业，不断有佳作面世，嘉惠学林。我想，这样的学人是平凡的，又是极其宝贵的，倘若每个人都不放弃自己的责任，集合起来就是一个民族无可替代、无可比拟的巨大财富。"问渠那得清如许？为有源头活水来。"正是这样学人的真诚和守望，一代又一代，如同不舍昼夜奔腾向前的大江大河，成为我国学术殿堂的源头活水。

在《西方比较史学》杀青之际，谨向徐浩教授表示由衷的祝贺！

侯建新

2022年11月2日于天津

目 录

引 言 什么是比较史学 ……………………………………………（1）
 一　国内的比较史学和历史比较概念 ……………………………（2）
 二　西方如何使用 comparative history ……………………………（5）
 三　国内相关概念未来展望 ………………………………………（8）

上篇　西方比较史学的前史

第一章　古代和中世纪的历史比较 ……………………………（13）
 一　古希腊时期 …………………………………………………（13）
 二　古罗马时期 …………………………………………………（23）
 三　中世纪 ………………………………………………………（28）

第二章　文艺复兴和启蒙运动的历史比较 ……………………（35）
 一　文艺复兴时期 ………………………………………………（35）
 二　启蒙运动时期 ………………………………………………（43）

第三章　19 世纪以来德国哲学社会科学的历史比较 …………（54）
 一　浪漫主义与历史多样性 ……………………………………（54）
 二　黑格尔 ………………………………………………………（58）
 三　马克思 ………………………………………………………（60）
 四　韦伯 …………………………………………………………（68）

第四章　文明体系的历史比较 …………………………………（75）
 一　文化史和文明史研究的兴起 ………………………………（75）

目 录

二 斯宾格勒 …………………………………………（77）
三 汤因比 ……………………………………………（84）

中篇 西方比较史学的实证研究

第五章 西方比较史学的诞生 ………………………（95）
一 国际历史科学大会的倡导 ……………………（95）
二 二战前布洛赫的历史比较 ……………………（100）
三 二战期间布洛赫的历史比较 …………………（110）

第六章 现代化的历史比较 …………………………（115）
一 现代化理论 ……………………………………（115）
二 罗斯托 …………………………………………（121）
三 摩尔 ……………………………………………（125）
四 布莱克 …………………………………………（128）
五 罗兹曼 …………………………………………（135）

第七章 转型研究的历史比较 ………………………（142）
一 从"过渡"问题到"转型"研究 ………………（142）
二 布罗代尔 ………………………………………（151）
三 沃勒斯坦 ………………………………………（158）
四 麦克法兰 ………………………………………（164）
五 琼斯 ……………………………………………（167）

第八章 加州学派的历史比较 ………………………（170）
一 加州学派 ………………………………………（170）
二 弗兰克 …………………………………………（179）
三 王国斌 …………………………………………（186）
四 彭慕兰 …………………………………………（193）

第九章 中西人均GDP的历史比较 …………………（203）
一 中西人均GDP差距起点的争论 ………………（203）
二 麦迪森 …………………………………………（208）

三　范赞登 …………………………………………… (213)
　　四　布罗德贝里 ………………………………………… (219)

下篇　西方比较史学的理论方法

第十章　比较史学的本体论 ……………………………… (229)
　　一　历史比较的单位 …………………………………… (229)
　　二　历史比较的用途 …………………………………… (234)
　　三　历史比较的类型与局限性 ………………………… (240)

第十一章　比较史学的认识论 …………………………… (246)
　　一　历史比较的目的 …………………………………… (246)
　　二　相似和相异 ………………………………………… (251)
　　三　研究主体的制约 …………………………………… (257)

第十二章　比较史学的方法论 …………………………… (265)
　　一　现代比较方法的产生 ……………………………… (265)
　　二　历史比较的可比性 ………………………………… (270)
　　三　如何进行历史比较研究 …………………………… (275)

附录一　改革开放以来的中国比较史学 ………………… (281)
附录二　《社会和历史比较研究》编辑部社论 ………… (300)
附录三　西方崛起与否？对社会经济史的修正 ………… (305)

参考文献 …………………………………………………… (335)

索　引 ……………………………………………………… (352)

后　记 ……………………………………………………… (358)

引 言

什么是比较史学

"比较史学"（comparative history，或译为历史比较）的使用由来已久。1890年法国史学家朗格索瓦（Charles Victor Langlois，又译朗格卢瓦，朗格诺瓦，1863-1929）在《英国历史评论》杂志发表《要关注英法历史的比较》，可视为该概念在专业刊物上使用的较早证据。① 此后，比较史学概念不胫而走，获得迅速发展。19世纪至20世纪之交比较史学为国际学术界所接纳，1900年在巴黎召开的首届国际历史科学大会（The International Congress of Historical Science）的主题即为比较史学，表明比较史学在专业学术研究殿堂赢得一席之地，② 并直接推动了西方比较史学在1928年的诞生。20世纪下半叶以来比较史学在欧美广为流行，在1978年出版的《当代史学主要趋势》第五章第四节《比较史学》中，英国史学家巴勒克拉夫专门探

---

① Charles V. Langlois, "The Comparative History of England and France during the Middle Ages", *The English Historical Review*, Vol. 5, No. 18 (Apr.), 1890, pp. 259-263；中译文见［法］查理·V. 朗格索瓦：《要关注英法历史的比较》，莫玉梅译，《经济社会史评论》2020年第1期。朗格索瓦系法国著名中世纪文献学家和历史学家，曾任法国档案馆馆长，与瑟诺博司合著有《历史研究导论》（校订再版，原书名为《史学原论》），李思纯译，中国人民大学出版社2011年版。

② ［德］卡尔·迪特里希·埃德曼：《国际历史科学大会百年历程：1898—2000》，山东大学课题组译，中国社会科学出版社2015年版，第三章《彰显比较史学——1900年巴黎首届大会》。

引言　什么是比较史学

讨了20世纪50年代至70年代比较史学的最新发展趋势。[①] 此后，比较史学稳步发展，时至今日早已成为一个耳熟能详的史学概念和拥有巨大影响力的史学流派。

　　本书讨论对象是比较史学。何谓比较史学或历史比较，长期以来一直是国内外学者关注的问题。然而，至今为止，我国与西方学者在相关学科的概念使用及其含义界定上既有相同点，同时也存在较大分歧。如果将本书的讨论作为在作者与研究对象之间进行的一场对话，那么核心概念不清无疑会极大地影响对话的效果。有鉴于此，在开始正式对话之前，我们有必要先来探讨国内外学者在相关概念的使用及其含义上的异同，以便清除障碍，为对话的顺利进行创造有利的条件。

一　国内的比较史学和历史比较概念

　　20世纪八九十年代是我国比较史学研究的活跃期。国内部分学者认为，因 history 包括"史学"和"历史"双重含义，因而 comparative history 也同时具有"比较史学"和"历史比较"两种含义和概念表述，但在具体论述时各自观点又不尽一致。一种意见认为，比较史学和历史比较都是狭义的，各有自己的含义和研究对象。例如1987年庞卓恒在《比较史学》中谈到比较史学的定义时写道："在国外，'比较史学'这个概念往往与'历史的比较研究'相提并论，其实这两个概念是有区别的。"那么，"什么是比较史学呢？它指的是对各种历史现象进行时间系列上的前后阶段的纵向比较（又称垂直比较）或空间系列上的同一阶段的横向比较（又称水平比较）的一套历史研究的理论和方法论体系；而历史比较研究则是指运用那种理论和方法进行具体的比较研究的实践。"[②]

[①] [英]杰弗里·巴勒克拉夫：《当代史学主要趋势》，杨豫译，上海译文出版社1987年版，第268—281页。

[②] 庞卓恒：《比较史学》，中国文化书院，1987年（未公开出版），《导言》，第1页。

据此，比较史学和历史比较两个概念都是狭义的：比较史学专指历史比较研究的理论方法，历史比较则是对历史现象进行的实证比较。1996年，庞卓恒在与侯建新合写的文章中仍坚持采用狭义的比较史学和历史比较的定义，但同时也承认和接纳了广义的比较史学概念：因为"'历史'（history）一词本身是多义的，既指历史，又指'史学'，也指论述历史现象和过程的历史著述。因此，在西方史学论著中，'比较史学'一词也常常同时包含这两个方面的意义。我们也就只好在这两重含义上使用'比较史学'这个名称"①。换言之，比较史学既可以是狭义的，也可以是广义的，后者包含历史比较研究的理论方法和具体的历史比较实践。但如何处理狭义的比较史学和历史比较与广义的比较史学的关系，作者没有进一步说明。

另一种意见虽然也主张要区分比较史学和历史比较两个概念，但对两者含义却做出了差别较大的界定。首先，历史比较概念是狭义的，但它代表的并非具体的历史比较实践，而是历史比较的理论方法。其次，在国内较早提出了广义比较史学概念，它同时包括历史比较的理论方法和历史比较实践。1991年，持有这种观点的范达人在《比较史学》中指出：

"什么是比较史学？首先，比较史学是与历史的比较研究有区别的。后者指一种方法，一种对历史进行比较研究的方法。其次，比较史学至少包括两个层次，第一个层次是运用比较方法对历史进行研究后所获得的具体成果，这就是比较史学的实践层次；第二个层次是如何运用比较方法对历史进行研究的理论，这就是比较史学的方法论层次，亦即史学理论层次。"②

还有些国内学者没有刻意区分比较史学和历史比较，只使用广义比较史学概念。例如1993年，杨豫在《西方史学史》中认为，"在历史研究中，对两个和两个以上的社会发展进程或历史时期进行系统

---

① 庞卓恒、侯建新：《当代西方的比较史学》，载何兆武、陈启能主编《当代西方史学理论》，中国社会科学出版社1996年版，第378页。

② 范达人、易孟醇：《比较史学》，湖南出版社1991年版，第6页。

引言　什么是比较史学

的比较称作比较史学。有时，比较史学被看作是一种历史方法，但有时也被理解为一种历史解释……从更高的角度来看，比较史学又是一种历史研究的类型，它（是）在对国别史和地区史进行了详细研究的基础上实现历史学综合的途径。"[①] 这里提及的"历史方法"显然属于比较史学的理论部分，而"历史解释"和"历史研究的类型"无疑属于比较史学的实证研究。该著不再区分比较史学和历史比较，意味着比较史学是广义的和单一的概念，由此杨豫也是国内较早表明此类观点的学者。此外，侯建新也赞成广义比较史学的概念，他于1998年在为香港中文大学文学院所做的学术报告《国内关于中西历史比较研究综述》中认为，在当代西方史学著作中，历史比较研究和比较史学本是两个概念，但在一般表述中往往被等值地交换使用，传到国内后也很少被严格界定。实际上，比较史学应同时包含对客观历史进程比较和对人们主观历史学研究成果比较两个方面的含义。[②]

可见，国内学者关于比较史学和历史比较的界定和使用存在明显分歧，既有主张区分两个概念的，也有倾向于只使用比较史学的单一概念。前者对两者含义的界定也不尽相同，甚至对历史比较的定义完全相反。如果在概念使用及其含义界定上求同存异，那么可以说，各方似乎都可以接受广义的比较史学概念。然而，这种广义的比较史学与狭义的比较史学和历史比较仍同时存在。换言之，广义的比较史学在国内并非单一的学术概念，容易与狭义的比较史学

[①] 杨豫：《西方史学史》，江苏人民出版社1993年版，第501—502页。此外，还有些学者虽然也使用了历史比较和比较史学的概念，但其中的比较史学另有所指。例如杜维运在《比较史学与世界史学》（载杜维运、黄俊杰编《史学方法论文选集》，世华出版社1980年版，第19、29页）分别使用了比较历史（comparative history）和比较史学（comparative historiography）。前者指历史比较研究的实践，后者则指历史编纂学的比较。张广智也持有类似看法，参见张广智《西方史学史》（第三版），复旦大学出版社2010年版，第327—328页。笔者认为，鉴于historiography的含义为历史编纂学，因而comparative historiography似应译为比较历史编纂学。

[②] 侯建新：《国内关于中西历史比较研究综述》，载其所著《社会转型时期的西欧与中国》，济南出版社2001年版，第389页。侯文上述比较史学的第二种含义类似于比较历史编纂学，而非历史比较研究的理论方法。

和历史比较相互混淆。

二 西方如何使用 comparative history

如果说我国通常存在比较史学和历史比较两个概念,那么西方则只有 comparative history 一种表述。不仅如此,comparative history 是广义的,包括了历史比较的理论方法和实践。正因为如此,作者究竟使用了哪种含义,读者需要根据语境来判定。由于翻译不同,我们常常看到在中译文中将 comparative history 译成历史比较或比较史学,但它们通常都是广义的概念。

在国外,历史比较可以指历史比较的理论方法。法国史学家马克·布洛赫(Marc Bloch,又译马克·布洛克,1886—1944)的《论欧洲社会的历史比较》专门论述了欧洲社会历史的比较方法,如他在文章中开宗明义地指出,作者旨在"进一步阐明这种手段的性质和加以使用的可能性,并通过几个例子来叙述人们有权期待于这种方法的主要用途,最后我还要提出几种便利共同运用的实用方法"[①]。由此可见,布洛赫此文标题中的 comparative history 的实际含义不是历史比较研究的实践,而是历史比较研究的理论方法。当然,布洛赫在该文中没有抽象地阐述历史比较的理论方法,而是借助于中世纪和早期现代欧洲社会的许多例子加以说明。不过,这些例证只是用来帮助解释和说明该文所讨论的历史比较研究的理论方法,并非充当历史比较研究实践的例证。鉴于原文标题《论欧洲社会的历史比较》容易给人以历史比较研究实践的错觉,为此,中译者特别为该文增加了一个可以凸显文章内容主旨的主标题"比较史学之方法",而极容易引起歧义

[①] [法] 马克·布洛克:《比较史学之方法——论欧洲社会的历史比较》,齐建华译,罗旭校,载项观奇编《历史比较研究法》,山东教育出版社 1986 年版,第 103 页。该文英文标题为 "A Contribution Towards a Comparative History of European Societies" (in *Land and Work in Medieval Europe*, Selected Papers by Marc Bloch, Translated by J. E. Anderson, London: Routledge and Kegan Paul, 1967, pp. 44–81)。

的"论欧洲社会的历史比较"改为副标题。①

此外，历史比较也可以指历史比较研究的实践。德国柏林洪堡大学社会史教授、欧洲历史比较研究中心主任哈特穆特·凯博（Hartmut Kaelble）持有这种看法："在历史比较概念之下，人们通常认为是对两种或两种以上的历史社会进行精确的和系统的相互对比，目的是要对其间的共同性和差异性以及趋同性和趋异性的发展进程进行考察。"② 其他学者也认为，该词语可以同时指历史研究的理论方法或实践。在布洛赫论述欧洲社会的历史比较研究方法的论文发表39年后，1967年，美国学者小威廉·西威尔（William H. Swell, Jr., 1940— ）在《马克·布洛克与历史比较的逻辑》中承认，尽管布洛赫的历史比较概念主要指历史比较研究的理论与方法，但很多人却将其作为历史比较研究实践的同义词。如他所说：

> 大多数历史学家使用比较史学（此处也可以翻译为历史比较——引者注）这一术语时，他们指的既不是比较方法也不是比较的观点，而是指作为主题的历史比较：即指那种在两个或数个社会间的系统比较，在比较的总体上说明它们研究的结果。③

与此同时，国内译著有时也将 comparative history 译为比较史学。但与历史比较一样，比较史学在这些论著中通常也是广义的概念。巴勒克拉夫《当代史学主要趋势》中的比较史学指的是历史比较的实

---

① 中译文的主标题"比较史学之方法"是译者后加的，表明其对文章主旨的提示。参见［法］马克·布洛克：《比较史学之方法——论欧洲社会的历史比较》，齐建华译，罗旭校，载项观奇编《历史比较研究法》，山东教育出版社1986年版。

② ［德］哈特穆特·凯博：《历史比较研究导论》，赵进中译，北京大学出版社2009年版，第5页。

③ William H. Sewell, Jr., "Marc Bloch and the Logic of Comparative History", *History and Theory*, Vol. 6, No. 2 (1967), pp. 208 – 218；中译文见 ［美］小威廉·西威尔：《马克·布洛克与历史比较的逻辑》，朱彩霞译，范达人校，载项观奇编《历史比较研究法》，山东教育出版社1986年版，第159页。

践，如他所言："比较史学可以定义为按照政治、社会、经济、文化和心理的规范和范畴……而不是按照国家的划分和人为的历史分期……对过去历史加以概括，并进行研究。"① 与此同时，他在此也提到布洛赫的比较研究的定义，表明比较史学也可以指历史比较的理论方法。

与此相似，国外学者还在广义上使用"历史比较研究"（Comparative Study of History）概念。历史比较研究有时被用来指历史比较研究的实践。《社会和历史比较研究》（*Comparative Studies of Society and History*）首任主编，美国历史学家西尔维亚·斯拉普（Sylvia L. Thrupp, 1903－1997）在1958年该杂志创刊号的"社论"中认为，"比较"通常只涉及一个领域中直接重要的问题，而现在提倡的是就更广泛关注的问题进行更广泛和更公开的信息和思想交流。鉴于人文科学和社会科学各学科的交流系统确实存在缺口，《社会和历史比较研究》的创刊就是为了弥合这一缺口，作为一个论坛，就普遍感兴趣的反复出现的问题进行比较②。该刊物名称中的history与society并列，表明其含义为历史而非史学。

历史比较研究有时也指历史比较研究的理论方法，德国史学家哈特穆特·凯博的《历史比较研究导论》③，结合欧美学术界19—20世纪历史比较研究的大量实例，回答了什么是历史比较，如何进行历史比较，以及以往取得了哪些成果等一系列问题。从中不难看到，该书名中的历史比较研究的含义不是历史比较研究的实践，而是理论方法。无独有偶，另一位德国社会史学家于尔根·科卡（Jürgen Kocka, 1941— ）也在历史比较的理论方法上使用历史比较研究这一概念，他在其论文《论历史比较研究》中论述了历史比较研究的定义、分

---

① ［英］杰弗里·巴勒克拉夫：《当代史学主要趋势》，杨豫译，上海译文出版社1987年版，第268页。

② Sylvia L. Thrupp, "Editorial", *Comparative Studies in Society and History*, Vol. 1, No. 1 (Oct., 1958), p. 2.

③ ［德］哈特穆特·凯博：《历史比较研究导论》，赵进中译，北京大学出版社2009年版。

类、功能和应用等一系列理论方法问题。①

三　国内相关概念未来展望

综上所述，国内外对比较史学或历史比较概念的界定和使用不尽相同。国内学者大多会区分比较史学和历史比较两个概念，也有只使用比较史学一个概念的。对于比较史学和历史比较的含义，我国学者既有狭义界定，也有广义理解。大体来说，国内学者可以接纳广义的比较史学概念，但缺少将其作为单一学科概念的共识。相对而言，国外学者通常只使用comparative history一个概念，其可被翻译成历史比较或比较史学，且两者均属于广义概念。

笔者认为，由于汉语中的"史学"和"历史"的含义不同，因而以往区分比较史学和历史比较两个概念是可取的，在历史比较研究起步阶段尤其如此。但现在看来，这样做也容易引起混淆，特别是在狭义和广义概念并存时。为此，我国史学界应参照国外只使用comparative history单一概念的做法，同时参考国外人文社会科学比较学科的方法简化和统一我国历史学科的相关概念。

除comparative history外，国外人文社会科学中的比较学科还有很多，如比较文学（comparative literature）、比较法学（comparative law）、比较语言学（comparative linguistics）、比较心理学（comparative psychology）、比较宗教（comparative religion）、比较教育（comparative education）等，所有这些学科的中英文概念表述大致分为如下几种情况：（1）英文和中文中研究对象和学科的表述完全一致，例如比较文学；（2）研究对象和学科的英文表述一致，但汉语不一致，如comparative history；（3）中英文的表述都是"比较"+研究对象，例如比较宗教、比较教育；（4）中英文的表述都是"比较"+

---

① ［德］于尔根·科卡：《社会史：理论与实践》，景德祥译，上海人民出版社2006年版，第49—66页。

学科，例如比较语言学、比较心理学、比较法学等。可见，除了 comparative history 外，国外其他人文社会科学中比较学科概念的中英文表述都是一致的，不存在中文翻译中研究对象不同的两个概念问题。

  按照 comparative history 和国外上述人文社会科学比较学科的单一概念表述方法，我们原则上可以将历史比较和比较史学两者中的任何一个作为规范性学科概念。如果在上述两个术语中进行选择，那么从学术传承上说，比较史学似乎更应成为单一的学科概念。因为，20世纪八九十年代，尽管他们各自都主张区分比较史学和历史比较两个不同概念，且对两者的含义界定差异较大，但庞卓恒和范达人在其相关专著中都不约而同地使用了《比较史学》的书名，并在各自著作中分别探讨了比较史学的理论方法和实践，开启了用单一化的比较史学概念统摄历史比较的理论方法和实证研究两类内容的先河。实际上，范达人1990年出版的《当代比较史学》[①]，内容也涵盖了历史比较的理论方法和实证研究。令人遗憾的是，近几十年来，相关讨论没有进行下去，致使上述问题的探讨始终悬而未决。尽管学术界至今仍缺少共识，但这种将比较史学作为学科单一与广义概念的做法仍值得提倡。

[①] 范达人：《当代比较史学》，北京大学出版社1990年版。

上　篇

西方比较史学的前史

第一章

古代和中世纪的历史比较

一 古希腊时期

与西方历史学的起源一样,西方比较史学的源头在古希腊,并且是古希腊史学起源和发展的产物。

尽管历史记忆几乎和人类同时出现,但这种记忆长期以来却将人与神混杂在一起。历史学始于人与神的分离,以及对人类真实往事的叙述。如果使用"人类以往真实活动的记忆"来定义历史学,那么古希腊历史学发端于公元前8世纪上半叶,诗人赫西俄德在《工作与时日》中对其兄弟说:"佩尔塞斯啊,我将对你述说真实的事情。"[1] 由此,古希腊历史学开始萌芽。

其后,古希腊史学进入形成时期。汤普森认为,公元前6世纪是古希腊知识文化上的过渡期。在这个时期中,希腊人的思想开始从诗歌的形式过渡到比较偏重于思维的形式,出现了散文家和哲学体系,以及地理学和编年史的雏形。[2] 该时期位于小亚细亚爱奥尼亚的米利都城的记事家(logographer)赫卡泰乌斯(Hecataeus,约公元前550—约公元前476)立志要撰写一部信史,他在考察自己的家乡米

---

[1] [古希腊] 赫西俄德:《工作与时日》,张竹明、蒋平译,商务印书馆1991年版,第1页。

[2] [美] J. W. 汤普森:《历史著作史》上卷第一分册,谢德风译,商务印书馆1996年版,第28页。

利都城邦祖先历史的著作《谱系志》中开宗明义地宣称:"米利都人赫卡泰乌斯谨此申言:只有我认为真实的东西,我才把它记载下来。有关希腊人的传说是纷繁复杂、各异其趣的,但是据我看来都是荒唐可笑的。"① 由此可见,与赫西俄德相比,赫卡泰乌斯不仅知道历史应叙述人类真实的往事,而且更进一步,具有了历史批判精神的萌芽。

古希腊历史学诞生于希罗多德(Herodotus,约公元前484—约前425),他将自己叙述希波战争史的著作称为《历史》,该词在希腊文中起初意为对自然的"调查""探究",希罗多德将这种方法应用于人类的往事,由此他被称为历史学之父,历史学成为一种研究领域。正如柯林伍德所说的,"历史学是一个希腊名词,原意只是调查和探究。希罗多德采用它作为自己著作的标题,从而'标志着一场文学革命'……正是使用了这个名词及其含义,才使得希罗多德成为历史学之父。传说的笔录之转化为历史科学,并不是希腊思想中所固有的;它是公元前5世纪的发明,而希罗多德则是它的发明人。"② 希罗多德既是最后一位记事家,也是第一位历史学家。从希罗多德开始,人们对人类既往活动的认识从有闻必录的记事变为调查和探究,也就是研究,后者被称为历史学。正如同时代的科学和哲学那样,历史学也跻身于一种知识形式。

既然历史学成为一种研究领域,就应有相应的研究方法。首先,历史学是一门像自然科学那样的通过证据获得知识的科学,所以批判方法(critical methods,即中文所说的考据方法)在希罗多德和修昔底德时期被发明出来。简单说,历史写作必须使用证据,而当时最权威的证据就是目击者的证言。③ 其次,历史不仅仅是叙述,还需要解释,比较方法、心理学方法(如修昔底德被称为"心理史学之父")

---

① 郭圣铭:《西方史学史概要》,上海人民出版社1983年版,第14页。
② [英] R. G. 柯林伍德:《历史的观念》,何兆武、张文杰译,中国社会科学出版社1986年版,第21页。
③ 徐浩:《论古代希腊历史批判方法的演进》,《中国人民大学学报》2009年第2期。

等也成为历史学的研究方法,希罗多德、修昔底德、波里比阿等古代乃至后世的历史学家无不将比较方法作为历史学的一种重要方法加以运用。

古代的历史学虽然成为一种知识形式,但并未变为一门独立学科。荷马时代和斯巴达的教育为培养武士服务,特别注重体育科目。雅典开始注重人的心智培养,因而在体育之外增加了音乐和诗歌。为了培养希腊人所说的"品行高贵"的城邦公民,公元前4世纪晚期,柏拉图和伊索克拉底建立的学园分别增加了哲学和修辞学。到希腊化时代逐渐形成相对完整的教育模式,涵盖了后来所说的"七艺"(seven liberal arts)。截至罗马帝国结束时,这些课程渐渐划分为由语法、修辞和逻辑组成的前三科(trivium),以及由算术、几何、音乐和天文组成的后四科(quadrivium),历史学属于修辞学的附属品,为演讲提供鲜活的例证。

像历史学的形成过程极其漫长一样,历史比较方法也源远流长。有学者认为,远在古代,就已经可以看到进行历史比较的尝试。① 历史比较研究的萌芽始于古希腊,处于古希腊史学萌芽时期的赫西俄德(Hesiod,约公元前8世纪上半叶)是荷马之后古希腊最早的诗人,被称为"希腊教谕诗之父"(father of Greek didactic poetry)。如果说荷马还是以弹唱英雄史诗谋生的盲歌手的代名词,那么赫西俄德则无疑是一位真实的历史人物,著有《工作与时日》和《神谱》两部长诗。他的生活年代一直存在争议,近代以来学者们倾向于赫西俄德生活和创作的时代在公元前8世纪。他出生于希腊中部的波俄提亚的一个农民家庭,父亲原是小亚细亚库麦城人,种田之外经常驾船出海从事海上贸易,后为生活所迫迁居到希腊波俄提亚城的阿斯克拉村,在此继续从事农牧业,农闲时出海贸易,依靠勤劳和节俭积累了一些财富,成为小康之家。赫西俄德的父亲生有赫西俄德和佩耳塞斯两个儿

---

① [苏]麦尔高尼扬:《社会科学中比较研究的主要发展阶段》,董进泉译,载项观奇编《历史比较研究法》,山东教育出版社1986年版,第1—3页。

子，老人去世后两兄弟分割遗产，佩耳塞斯在诉讼中通过行贿官员获得较大的一份。此后，因游手好闲和贪图奢侈享乐，佩耳塞斯花光了遗产，向赫西俄德乞求救济，并企图再次挑起诉讼，其所作所为成为刺激赫西俄德创作《工作与时日》的原因。该书属于教谕诗，包括人类历史的宏观演变，生产技术的指导和伦理道德的训诫，目的在于训诫兄弟及劝谕世人。①

《工作与时日》包括五个部分，1—10 行是序曲，11—382 行劝导人们勤奋工作，383—692 行传授农牧业生产和海上贸易的知识，693—764 行是生活格言，765—828 行是生产和其他活动时应回避的不吉利日期，其中第二部分包括了历史比较的内容。

诗人首先说明人世间为什么会存在恶，为什么需要工作，进而描述了人类生活的五个时代，探究恶逐渐增加的原因，强调世人生活现状的艰辛和斗争的不可避免。作者认为，人类饱受各种苦难，但这都是在后来出现的。"须知在此之前，人类各部落原本生活在没有罪恶、没有劳累、没有疾病的大地上，命运三女神给人类带来了这些灾难。"诸神之所以将灾难降临人间，完全是人性堕落所致。本来，"诸神和人类有同一个起源"②，但人性的堕落导致两者的分离和人类种族不断沉沦，历史倒退也由此开始。

首先，奥林匹斯山诸神创造了一个黄金种族的人类。在该阶段，"人们像神灵那样生活着，没有内心的悲伤，没有劳累和忧愁。他们不会可怜地衰老，手脚永远一样有劲；除了远离所有的不幸，他们还享受筵宴的快乐。他们的死亡就像熟睡一样安详，他们拥有一切美好的东西。肥沃的土地自动慷慨地出产吃不完的果实。他们和平轻松地生活在富有的土地上。羊群随处可见，幸福的神灵眷爱着他们"。该种族灭亡后，诸神创造了第二代种族，一个远不如第一代种族优秀的

---

① [古希腊] 赫西俄德：《工作与时日》，张竹明、蒋平译，商务印书馆1991年版，译者序，第2—3页。
② [古希腊] 赫西俄德：《工作与时日》，张竹明、蒋平译，商务印书馆1991年版，第4页。

白银种族。"这个种族的孩子在其善良的母亲身旁一百年长大,语言贫乏,在家里孩子气十足地玩耍。但是,当他长大成人、逐渐步入风华正茂的青春期时,他的成人经历非常短暂,并且由于愚昧无知而使悲伤始终与之相伴。他们不能避免犯罪和彼此伤害,又不愿崇拜神灵和给幸福神灵的祭坛献上祭品……于是,克洛诺斯之子宙斯气愤地抛弃了他们。"白银种族灭亡后,宙斯又创造了第三代人类,即青铜种族。"他们可怕而且强悍,一点不像白银时代的人类。他们喜爱阿瑞斯制造悲伤的工作和暴力行为,不食五谷,心如铁石,令人望而生畏。他们力气很大,从壮实的躯体、结实的双肩长出的双臂不可征服。他们的盔甲兵器由青铜打造,房屋是青铜的,所用工具也是青铜的。那时还没有黑铁。他们用自己的手毁灭了自己。"青铜种族灭亡后,宙斯又创造了第四代种族,即高贵公正的英雄种族。在此阶段,"不幸的战争和可怕的厮杀,使他们中的一部分人丧生……但是,诸神之父、克洛诺斯之子宙斯让另一部分人活下来,为他们安置了远离人类的住所,在大地之边。他们无忧无虑地生活在涡流深急的幸福岛上,出产谷物的土地一年三次为幸福的英雄们长出新鲜、香甜的果实。"此后,宙斯又创造了第五代人类,即黑铁种族。在此阶段,"人们白天没完没了地劳累烦恼,夜晚不断地死去……他们信奉力量就是正义;有了它,这个人就可以据有那个人的城市。他们不爱信守誓言者、主持正义者和行善者,而是赞美作恶者以及他的蛮横行为。在他看来,力量就是正义,虔诚不是美德。恶人用恶语中伤和谎言欺骗高贵者。忌妒、粗鲁和乐于作恶,加上一副令人讨厌的面孔,将一直跟随着所有罪恶的人们……人类将陷入深重的悲哀之中,面对罪恶而无处求助。"作者哀叹道:"我但愿不是生活在属于第五代种族的人类中间,但愿或者在这之前已经死去,或者在这之后才降生。"[①]

---

① [古希腊]赫西俄德:《工作与时日》,张竹明、蒋平译,商务印书馆1991年版,第4—7页。

赫西俄德是第一个提出历史倒退论的古代作家，而这一判断主要是建立在对人类历史纵向比较的基础上。据此他主张人类只有悬崖勒马，迷途知返，弃恶扬善，才能避免重蹈以往时代覆灭的悲剧。通过对人类历史的纵向比较，诗人也给走上歧路的兄弟和世人敲响了警钟。

"历史学之父"希罗多德是第一个采用比较方法的古代史学家。正如有学者所说，"希罗多德的《历史》一书中有大量的比较评述，因而可以把它看作对各民族文化，首先是它们固有的风俗进行比较研究最初的系统尝试之一"[1]。希罗多德有关各民族风俗习惯的比较与他的经历有关。他生于小亚细亚西部的爱奥尼亚城邦哈利卡尔那索斯，当时希波战争已爆发8年，早年曾游历小亚细亚、爱琴海诸岛、埃及、叙利亚、巴比伦、波斯帝国腹地、色雷斯及黑海北岸的西徐亚。公元前444年，40岁的希罗多德移居意大利南部的图里，在那里从事著述，直至逝世。希罗多德的《历史》亦称《希波战争史》，共计9卷，记述了公元前492年至公元前449年希腊人与波斯帝国进行的一系列战争。他在第1卷开宗明义地阐述了自己的写作目的："在这里发表出来的，乃是哈利卡尔那索斯人希罗多德的研究成果，他所以要把这些研究成果发表出来，是为了保存人类的功业，使之不致由于年深日久而被人们遗忘，为了使希腊人和异邦人的那些值得称赞的丰功伟绩不致失去它们的光彩。"[2]

从内容看，该书可分为两部分，第1卷至第5卷第27节为前半部，记述波斯帝国的扩张，以及小亚细亚、埃及、利比亚、西徐亚等东方各国的风俗习惯，"在这些论述中，希罗多德采取了比较的观点"[3]。其中在第2卷中希罗多德指出了埃及人和其他民族存在许多

---

[1] ［苏］麦尔高尼扬：《社会科学中比较研究的主要发展阶段》，董进泉译，载项观奇编《历史比较研究法》，山东教育出版社1986年版，第1页。
[2] ［古希腊］希罗多德：《历史》上册，王以铸译，商务印书馆2007年版，第1页。
[3] ［美］唐纳德·R.凯利：《多面的历史：从希罗多德到赫尔德的历史探询》，陈恒、宋立宏译，生活·读书·新知三联书店2003年版，第40页。

差异,"不仅是那里的气候和世界其他各地不同,河流的性质和其他任何河流的性质不同,而且居民的大部分风俗习惯也和所有其他人的风俗习惯恰恰相反"。例如在别的国家,诸神的祭司都是留着长发的,而埃及的却是剃发的。别的地方死者的亲人是要剃发的,而在埃及死者亲属则要蓄起长发。其他地方的人畜是分开生活的,而埃及人却总是和牲畜居住在一起。其他地方的人都吃大麦和小麦,而埃及人则只吃小麦。在写算的时候,希腊人是从左向右运笔,但埃及人则是从右向左运笔的;尽管如此,他们还是说,他们是向右,而希腊人是向左的。上述两个民族使用两种完全不同的文字,一种叫作圣体文字,另一种叫作俗体文字。此外,"还有一种风俗,在希腊人当中只有拉凯戴孟人(即斯巴达人——引者注)和埃及人同样地有这种风俗。年轻人遇到年长的人时,要避到一旁让路,而当年长的人走近时,他们要从座位上站起来。但是他们还有另一种希腊任何地方都不知道的习惯,那就是路上的行人相互不打招呼,只是把手伸到膝头的地方作为行礼。"[1]

该书第 5 卷第 28 节至第 9 卷结尾为后半部,希罗多德叙述了希波战争的经过,特别是比较了雅典由弱变强及战胜强大的波斯帝国的原因。在他看来,雅典能够击败波斯帝国的原因,在于雅典的公民享有民主自由,而波斯帝国则是一个专制国家。他在该书第 5 卷第 78 节中写道,雅典在希波战争之前曾经实行僭主制度,导致贫困和暴政。建立民主制后,"雅典的实力就这样强大起来了。权利的平等,不是在一个例子,而是在许多例子上证明本身是一件绝好的事情。因为当雅典人是在僭主的统治下的时候,雅典人在战争中并不比他们的任何邻人高明,可是一旦他们摆脱了僭主的桎梏,他们就远远地超越了他们的邻人。因而这一点便表明,当他们受着压迫的时候,就好像是为主人做工的人们一样,他们是宁肯做个怯懦鬼的,但是当他们被

---

[1] [古希腊]希罗多德:《历史》上册,王以铸译,商务印书馆 2007 年版,第 125—126、144 页。

解放的时候，每一个人就都尽心竭力地为自己做事情了。"① 通过上述比较，希罗多德实际上回答了希波战争双方胜负的原因，即人民在民主和专制下会有截然不同的表现，相对弱小的希腊之所以能够战胜强大的波斯，制度在其中起了决定作用，以雅典为代表的希腊民主制最终战胜了波斯帝国的君主专制制度。

　　古希腊另一位史学家修昔底德（Thucydides，约公元前460—约前400）生于雅典，完整经历了公元前431—前404年进行的伯罗奔尼撒战争。战争开始后，29岁的修昔底德加入雅典军队，在公元前424年被推选为雅典十将军之一，因色雷斯战役失败被革职。在此后二十年，他关注此次战争的进程，随时随地将之记录下来，最终完成《伯罗奔尼撒战争史》。该书共计8卷，他在第1卷第1章《本书的历史的方法和目的》中写道："在这次战争刚刚爆发的时候，我就开始写我的历史著作，相信这次战争是一个伟大的战争，比过去曾经发生过的任何战争更有叙述的价值。我的这种信念是根据下列的事实得来的：双方都竭尽全力来准备；同时，我看见希腊世界中其余的国家不是参加了这一边，就是参加了那一边；就是那些现在还没有参加战争的国家，也正准备参加。这是希腊人的历史中最大的一次骚动，同时也影响到大部分非希腊人的世界，可以说，影响到几乎整个人类。虽然对于远古时代，甚至对于我们当代以前的历史，由于时间的遥远，我不能完全明确地知道，但是尽我的能力所及，回忆过去，所有的证据使我得到一个结论：过去的时代，无论在战争方面，或在其他方面，都不是伟大的时代。"② 伯罗奔尼撒战争最终以守成的雅典败于新崛起的斯巴达而结束，令人唏嘘不已。修昔底德将雅典失败的原因归之于国内政党的倾轧，奴隶的逃亡，以及盟邦的离叛等。③ 其中对盟邦离叛原因的分析采用了历史比

---

① ［古希腊］希罗多德：《历史》下册，王以铸译，商务印书馆2007年版，第379页。
② ［古希腊］修昔底德：《伯罗奔尼撒战争史》上册，谢德风译，商务印书馆1985年版，第2页。
③ 郭圣铭：《西方史学史概要》，上海人民出版社1983年版，第27页。

较研究。他将雅典和斯巴达对待同盟者的政策做了对比："斯巴达人没有要求他们的同盟国缴纳贡款，但是注意使这些国家都是由那些为着斯巴达的利益而工作的贵族寡头所统治着；而雅典则逐渐夺取它的同盟国的海军（只有开俄斯和列斯堡是例外），要求它的同盟国缴纳贡款。"① 由此，尽管雅典实力大增，但提洛同盟的团结却被削弱了，而斯巴达及其同盟恰好相反。在此，通过两者对同盟国政策的对比，修昔底德从一个特定角度说明了雅典失败和斯巴达获胜的原因。

古希腊哲学家亚里士多德（Aristotle，公元前384—前322）生于古希腊哈尔基季基半岛的斯达奇拉城，父亲是马其顿国王阿明塔斯二世的御医，这使他从小在贵族家庭里长大。18岁时进入雅典的柏拉图学园学习，直至公元前347年柏拉图逝世后离开为止。之后应马其顿国王绯力二世之召，成为年仅13岁的亚历山大的老师。公元前336年亚历山大继承王位，亚里士多德回到雅典建立自己的学园，一边授课一边撰写多部哲学著作。亚里士多德是希腊科学和哲学的集大成者，恩格斯在《反杜林论》中称其为古希腊哲学家中"最博学的人物"，以及"古代世界的黑格尔"②。

亚里士多德并非以历史学家闻名于世，然而他的城邦研究对历史学却有独特的贡献。《政治学》一书致力于城邦研究，该书共计8卷，第1卷论述城邦的定义，第2、3、7、8卷讨论理想中的城邦，第4、5、6卷讨论城邦的实际政制。在第1卷开始，亚里士多德将城邦界定为至高至善的共同体："我们见到每一个城邦（城市）各是某一种类的社会团体，一切社会团体的建立，其目的总是为了完成某些善业……所有人类的每一种作为，在他们自己看来，其本意总是在求取某一善果。既然一切社会团体都以善业为目的，那么我们也可说社会团体中最高而包含最广的一种，它所求的善业也一定是最高而最广的：这种至高而广涵的社

---

① ［古希腊］修昔底德：《伯罗奔尼撒战争史》上册，谢德风译，商务印书馆1985年版，第16页。
② 《马克思恩格斯全集》第26卷，人民出版社2014年版，第22页正文及脚注①。

会团体就是所谓'城邦',即政治社团(城市社团)。"①

为了撰写这部著作,亚里士多德及其学生考察了158种古希腊的城邦政体,《政治学》就是一部对上述城邦政体进行比较研究的成果。② 通过比较不同政体的性质与优劣,亚里士多德将城邦分为正当政体和变态政体,如他所说:"依绝对公正的原则来评判,凡照顾到公共利益的各种政体就都是正当或正宗的政体;而那些只照顾统治者们的利益的政体就都是错误的政体或正宗政体的变态(偏离)。"③ 依据以上标准,亚里士多德认为正当政体包括王制(君主政体)、贵族(贤能)政体和共和政体,而与这三种正当政体对应的变态政体分别为僭主政体、寡头政体和平民政体。

值得注意的是,亚里士多德并未停留在对典型政体的比较分类上,他在第4卷中还通过比较探讨了什么是现实中最好或最适合的政体。在他看来,尽管君主政体和贵族政体属于理想政体,但当缺乏兼具美德与才干的统治者时,正当政体便会沦为变态政体。鉴于变态政体中的寡头政体和平民政体分别由极富和极穷的人执掌,各自推行有利于本阶层的政策,导致政权频繁更替,所以为保持稳定就需要建立由中产阶级掌权的具有"中间性质的混合形式政体"。如他所说:"据我们看来,就一个城邦各种成分的自然配合说,惟有以中产阶级为基础才能组成最好的政体。中产阶级(小康之家)比任何其他阶级都较为稳定。他们既不像穷人那样希图他人的财物,他们的资产也不像富人那么多得足以引起穷人的觊觎。既不对别人抱有任何阴谋,也不会自相残杀,他们过着无忧无虑的平安生活。"④

---

① [古希腊]亚里士多德:《政治学》,吴寿彭译,商务印书馆1995年版,第3页。
② [苏]麦尔高尼扬:《社会科学中比较研究的重要发展阶段》,董进泉译,载项观奇编《历史比较研究法》,山东教育出版社1986年版,第2页。对亚里士多德所比较的希腊城邦的数量也有不同说法,例如郭圣铭认为,亚里士多德曾把138个希腊城邦的法典搜集起来,进行综合研究。参见郭圣铭《西方史学史概要》,上海人民出版社1983年版,第33页。
③ [古希腊]亚里士多德:《政治学》,吴寿彭译,商务印书馆1995年版,第132页。
④ [古希腊]亚里士多德:《政治学》,吴寿彭译,商务印书馆1995年版,第133—134、206页。

由此，中产阶级政体可以最大限度地推行中庸政策，减少内讧，使城邦保持稳定。

二 古罗马时期

波里比阿（Polybius，约公元前205—约前125）是罗马统治时期的希腊史学家，出身于希腊中部梅格洛玻利斯城的贵族家庭，曾被任命为大使和行政长官。在第三次马其顿战争期间，他担任希腊联军的骑兵指挥官，抵御罗马的侵略。希腊战败后，他作为一千位人质中的一员被带到罗马；但由于受到庇护，地位类似于客卿。波里比阿客居罗马十六七年，其间曾周游各地，出入罗马的国家档案库，接触到许多第一手资料。波里比阿生活的时代恰好是罗马统一地中海地区时期，罗马逐一征服了迦太基、西班牙、希腊、小亚细亚、叙利亚和北非等地，使地中海成为自己的内湖。目睹这一过程的波里比阿深受触动，立志撰写一部《通史》（中译本书名为《罗马帝国的崛起》）。[①] 该书共计36书（卷），讲述罗马征服地中海世界的故事。

波里比阿认为，国家政治制度的优劣是该国能否强盛、赢得战争的决定因素之一，因此制度是解释历史过程的一把钥匙。作者开宗明义地指出，本书的基本任务之一在于揭示罗马在何种政体下征服了"世界"，"思考并发觉究竟罗马人是利用何种方法和何种政府体制，在五十三年的时间（从公元前220年汉尼拔战争开始到公元前167年征服巴尔干半岛西部的伊利里亚王国），将全世界几乎所有有人居住的地方纳入他们的统治之下。这是人类历史上无与伦比的成就，但却被忽略。或是从相反的角度来看，难道会有人全然沉溺于其他思辨或研究议题，所以他会发现其他的任务会比获得这知识来得更重要？"[②]

[①] ［古希腊］波里比阿：《罗马帝国的崛起》，翁嘉声译，社会科学文献出版社2013年版。

[②] ［古希腊］波里比阿：《罗马帝国的崛起》，翁嘉声译，社会科学文献出版社2013年版，第129—130页。

为此，在第六书（卷）中，波里比阿专门讨论了与罗马政体有关的问题。他提出了国家政体产生和演变的基本模式，其中包括君主、贵族、共和三种前后更替的基本政体形式，三种基本政体之间又存在僭主、寡头、平民三种非基本的过渡性政体。上述六种政体组成一个循环往复的圆圈，每一种政体形式都经历了类似生物学上的产生、鼎盛和衰亡三个阶段。

波里比阿将罗马成功的原因归之于罗马宪政，在第六书（卷）的《论成熟的罗马宪政》一节中，他通过比较提出罗马宪政是一种混合宪政的理论。波里比阿采纳了亚里士多德的君主、贵族和共和三种宪政形式的概念，提出罗马宪政一个特别的优点是这种宪法具有混合性质，公正和得体地安排和调节了执政官、元老和人民三种因素。其中君主制反映在双执政官制度上，贵族制体现在元老院的机构上，共和制表现在公民大会的存在上。"以至于对罗马人来说，要他们清楚宣布整个系统究竟是贵族政治，或是民主政治，或是王权政治，甚至是不可能的。事实上，这是很自然的，因为我们假如只将注意力放在执政官的权力上，这政体或许给人一种完全是国王政治及王权的印象；又假如我们将注意力集中在元老院，这似乎看起来是贵族政治；但假如我们集中在人民的权力，这似乎是民主政治的一个明显范例。"他主张，混合宪政可以集思广益和相互制衡，"所以不可能发现比这一系统更佳的宪政体制"。"其结果是，这独特的宪政体制具有无可抗拒的力量，来完成为自己所设定的目标。"① 此外，在第六书（卷）中，波里比阿还设有《罗马共和与其他共和的比较》一节，将罗马与斯巴达、克里特和迦太基等城邦的共和制进行了比较。

普鲁塔克（Plutarch，约公元46—约120）是罗马帝国早期的传记史学家，出身于希腊中部波奥提亚地区查罗尼亚城一个有文化教养的家庭，其父是一位知名的传记家和哲学家。普鲁塔克青年时期游学雅典，喜爱历史学。此外，他还广泛游历希腊各城、埃及、小亚细亚

---

① ［古希腊］波里比阿：《罗马帝国的崛起》，翁嘉声译，社会科学文献出版社2013年版，第404、409页。

以及意大利等地，搜集文献资料和口头传说。他在罗马讲授哲学，并为罗马帝国皇帝图拉真和哈德良授课，分别担任过执政官和希腊财政监督。返回希腊后，他一面潜心著述，一面先后担任行政官、祭司并开门授课。普鲁塔克的经历使其谙熟希腊和罗马历史，体现了希腊文化和罗马文化的相互融合。他著述广泛，但存世的只有《道德篇》和《希腊罗马名人传》，① 后者包含了 49 位希腊罗马名人的传记，还有一篇波斯国王阿塔薛西斯（中译本译作阿塔泽尔西兹）的传记。其中 46 篇以类相从，即按照传主作为开国者、立法者、革新者、军事家、政治家和演说家等进行分类，以一个希腊名人搭配一个罗马名人，合计 23 个合传。其余 4 篇则为个人传记。②

普鲁塔克是西方史学史上第一个自觉和明确地提出并运用历史比较方法的史学家。《希腊罗马名人传》亦称《希腊罗马人物平行（对比）列传》，书中几乎每篇除了分为两章分别为古希腊和古罗马同类传主立传外，还设专章对两位传主予以"评述"，其中包括将两者进行比较。普鲁塔克在《道德篇》一书中曾对比较方法予以说明，认为没有一种方式比平行排列传主的生平和行为能更好地发现比较对象之间的异同。在《希腊罗马名人传》第 18 篇第 1 章福西昂的传记中（该篇没有"评述"专章），他进一步解释了使用比较方法的初衷："福西昂可以与他（小加图）进行非常相称的对比，我们说这两位都是正人君子和优秀的政治家，并非仅仅只有这方面可以相提并论。那些称之为美德的项目可以从中找出相似之处……我们对福西昂和小加图的德行，虽然可以观察到最细微的不同，还是带着类似的特色、表征和风采，让人看到以后产生的深刻印象，因而难以辨认。""所以我们需要一种极其精密的逻辑理论，才能用来查证和确定这两个人之间的差异。"③ 为此，普鲁塔克选择了比较列传的形式，在具有高度

---

① ［古罗马］普鲁塔克：《希腊罗马名人传》3 卷本，席代岳译，吉林出版集团有限责任公司 2009 年版。
② 郭圣铭：《西方史学史概要》，上海人民出版社 1983 年版，第 56—57 页。
③ ［古罗马］普鲁塔克：《希腊罗马名人传》第 3 卷，席代岳译，吉林出版集团有限责任公司 2009 年版，第 1331—1332 页。

可比性的一对人物之间进行异中求同和同中求异的比较，以便揭示人性的统一性和特殊性、一般性和多样性，为当代和后世的人们提供参照的样本。①

罗马帝国晚期，基督教神学史观兴起，神本史观逐渐取代古典的人本史观，成为西方史学写作的主导模式。由此，人类行动成为上帝实现自己神圣计划的工具，通过将基督教的天堂和罗马帝国的尘世类比来阐述基督教历史哲学的著作也应运而生。希波的圣奥古斯丁（St. Augustine of Hippo, 354 – 430）出生于北非的塔加斯特城（今阿尔及利亚境内），该地隶属于罗马帝国的努米底亚行省管辖。奥古斯丁的父亲是罗马帝国的税吏，追求功利，直到临终才接受基督教；其母则是虔诚的基督徒，希望奥古斯丁尽早信奉基督教。奥古斯丁早年学习拉丁文和罗马古典文化，信奉摩尼教。376—383年奥古斯丁在迦太基任修辞学教师，383年赴罗马任教，次年转往米兰任教，深受米兰达主教的影响，387年在米兰接受洗礼，皈依基督教。388年奥古斯丁回到非洲过修道生活，396年担任北非希波城主教，直至430年75岁离世为止。奥古斯丁著有《忏悔录》（397—401）、《独语录》（386—387）、《上帝之城》（413—426），是基督教最著名的神学家和拉丁教父之一。

促使奥古斯丁撰写《上帝之城》的动机是，罗马城是罗马帝国的发祥地，从建城至5世纪初已有一千多年的历史。410年，号称"千年之城"或"永恒之城"的罗马被西哥特人攻陷和洗劫，震惊整个西方世界。这一事件引起许多人的义愤，并将遭此惨祸的原因归咎于罗马以基督教取代了多神教。对此，作为拉丁教父的奥古斯丁挺身而出，捍卫基督教，发表了这部不朽之作。该书共计22卷，前10卷用来反驳异教徒对基督教导致罗马帝国衰落的指控，认为罗马的毁灭是咎由自取，与基督教无关；后12卷"详尽地讨论这两座城（即'属地之城'和'属天之城'）的起源、发展和命定的结局"②，阐述基督

---

① 郭小凌：《西方史学史》，北京师范大学出版社1995年版，第106—107页。
② [古罗马]奥古斯丁：《上帝之城》上卷，王晓朝译，人民出版社2006年版，第444页。

教的历史哲学。

在该书后半部分的论述中,奥古斯丁采用了比较方法。"他把世俗的罗马帝国和'最光荣的上帝之城'即教会之间的对比作为他的大主题。"① 奥古斯丁认为,两座城起源于上帝起初创造了一批善恶对立的天使,人类始祖选择了恶的一方,犯下了原罪,结果成了善与恶相互对立的两座城。"所以两座城是被两种爱创造的:一种是属地之爱,从自爱一直延伸到轻视上帝;一种是属天之爱,从爱上帝一直延伸到轻视自我。因此,一座城在它自身中得荣耀,另一座城在主里面得荣耀……在属地之城中,国王用统治的欲望治理着被他征服的民族,但他反过来也受他们的制约;在属天之城中,所有人都在仁爱中相互侍奉,统治者靠他们的建议,臣民们靠他们的服从。"②

由此,两座城出现了,如奥古斯丁所说,"我把人类分成两个序列。一个序列由那些按人生活的人组成;另一个序列由那些按上帝生活的人组成。象征性地说,我把这两个序列称作两座城,亦即人类的两个社会,一个预定要由上帝来永远统治,另一个要与魔鬼一道经历永久的惩罚。"③ 在末日审判到来前,两座城始终混合在一起,平行发展并最终走向不同的命运。有鉴于此,他把整个历史描述为统一的过程,将人类历史阶段比作人的生命周期。他继承了罗马思想家西塞罗(Cicero,公元前106—前43)把人类历史分成四个年龄段的思想,认为人类历史包括六个年龄期,即婴儿期、少年期、青年期、壮年期、半老年期和老年期。基督教产生于第六个年龄期。奥古斯丁认为基督教产生于人类的老年期,同时也标志着人类的再生。在末日审判之后,尘世之国被上帝之国取而代之。④

---

① [美] J. W. 汤普森:《历史著作史》上卷第一分册,谢德风译,商务印书馆1996年版,第201页。

② [古罗马] 奥古斯丁:《上帝之城》下卷,王晓朝译,人民出版社2006年版,第631页。

③ [古罗马] 奥古斯丁:《上帝之城》下卷,王晓朝译,人民出版社2006年版,第632—633页。

④ [俄] 叶·阿·科斯敏斯基:《中世纪史学史》,郭守田等译,商务印书馆2012年版,第29、30页。

上篇　西方比较史学的前史

三　中世纪

　　5世纪至15世纪是欧洲历史上的中世纪，这一时期的历史学也发生了根本性变化，诞生了基督教史学。应该说，基督教史学取代古代史学既有倒退，也有进步。从前者来说，与古代史学的人文主义相比，神灵重新占据了历史的主题，历史学成为"神学的一个卑贱的女侍"[①]。由此，历史学既不是一种知识探究的方式，更不可能成为独立学科，中世纪历史学没有名列修道院学校和大学中开设的"七艺"课程之中。[②] 不仅如此，古代和中世纪早期，"七艺"无疑是学校教育的主科，历史学的作用是为其中的修辞学提供生动的例证。然而，随着中世纪中期以来的城市革命和大学的出现，神学院、法学院和医学院等职业教育成为大学的主科，"七艺"在中世纪大学完全沦为辅助学科，只为神学院、法学院和医学院的低年级学生提供通识教育，地位明显下降。如此一来，中世纪时期，为"七艺"中的修辞学提供例证的历史学的地位变得更低。

　　从后者而言，在基督教史学中历史意识却获得长足发展。历史意识就是人类从历史长河中认识自然及其自身的能力，古代史学总体上缺乏历史意识，基督教为其提供了生长壮大的有利环境。对此汤普逊指出，"基督教开始在历史上自觉，但其方式和希腊人不同。希腊人对过去不感兴趣，他们热衷于现实生活。希罗多德总是回顾波斯战争。希腊人一般说来很少历史感，因为他们的时间感就不多。而在基督徒的头脑中，却把每一段时间都看作永恒的一部分。很久以前，德国哲学家谢林就已经指出基督教看待事物的这种历

　　[①] [意] 贝奈戴托·克罗齐：《历史学的理论和实际》，傅任敢译，商务印书馆1997年版，第159页。
　　[②] [美] 唐纳德·R.凯利：《多面的历史：从希罗多德到赫尔德的历史探询》，陈恒、宋立宏译，生活·读书·新知三联书店2003年版，第186页。

史性"①。柯林伍德同样认为："根据基督教的原理而成的任何历史，必然是普遍的、神意的、天启的和划分时期的。"② 所谓普遍的就是一部包括人类起源的世界史，划分时代的意味着每个时代"各有自己的特点；而且每一个都由于一桩事件而与前一部分相划分，用这种历史编纂学的术语来说，就叫作划时代的"③。基督教的普遍史和划时代概念既要以比较方法为前提，同时又促进了比较方法的发展。大致说，基督教史学著作在年代学、两个国度理论和人类历史发展阶段等方面都使用了比较方法。

古希腊罗马史学是一种对问题的研究，希罗多德的《历史》，修昔底德的《伯罗奔尼撒战争史》，亚里士多德的《政治学》莫不如是，比较研究成为研究性史学的重要方法之一。进入中世纪，史学的研究性质大为减弱。中世纪史学著作的体裁发生根本性变化，编年史（chronicle）、年代记（annal）和圣徒传（lives of the saints）成为主要形式，其中尤以编年史最为流行。耳熟能详的中世纪史书例如都尔教会主教格雷戈里的《法兰克人史》，比德的《英吉利教会史》，无名氏的《盎格鲁-撒克逊编年史》等都是中世纪的编年史。④ 尽管编年史和年代记各有特点，但它们严格说来都不是严格意义上的历史著作。对此，英国牛津学派创始人，宪政史学家斯塔布斯区分道："历史著作是一种艺术创作，编年史则是事实的忠实叙述和年月按顺序的排列……编年史和年代记之间的区别并不是像人们有时所说的那样，前者是世界史，后者是国别史或专史；而是前者在内容和风格上有连续性，后者则只是一些互不连贯的事件的简单记载。年代记好比矿

---

① [美] J. W. 汤普逊：《历史著作史》上卷第一分册，谢德风译，商务印书馆1996年版，第181—182页。
② [英] R. G. 柯林伍德：《历史的观念》，何兆武、张文杰译，中国社会科学出版社1986年版，第57页。
③ [英] R. G. 柯林伍德：《历史的观念》，何兆武、张文杰译，中国社会科学出版社1986年版，第58页。
④ [法兰克] 都尔教会主教格雷戈里：《法兰克人史》，寿纪瑜、戚国淦译，商务印书馆1981年版；[英] 比德：《英吉利教会史》，陈维振、周清民译，商务印书馆1991年版；[英] 无名氏：《盎格鲁-撒克逊编年史》，寿纪瑜译，商务印书馆2004年版。

砂，编年史则是炼纯了的金属，历史家就是要以辛勤劳动把这种金属精雕细刻，使之成为完美的宝器的人。"① 由于中世纪的编年史以记述为主，很少分析，因而比较研究在这类题材的史书中几乎失去用武之地。

不过，比较方法在中世纪的历史写作中并未完全沉寂。中世纪中期出现了一种新型编年史，它是一种弥合了《圣经》和人类历史的世界编年史。"世界编年史作为史学的一种类型，是处于过去较为粗糙的年代记（这些作品眼光细窄、只强调地方事务，记录日月食，迷信地叙述'灾异'等等）和在意大利文艺复兴高潮中出现的以文献中的事实为依据的分析的历史方法之间"的历史。②

12世纪最著名的世界编年史家之一的德意志弗莱辛（在慕尼黑附近）的主教奥托（Bishop Otto of Freising，约1114－1158），是皇帝"红胡子"腓特烈的叔叔，又以皇室的权贵身份担任高级神职，故而熟悉当时教俗两界的事务。奥托在哲学思想上是圣奥古斯丁的忠实信徒，主张人类历史就是上帝的信徒和魔鬼撒旦的信徒之间的斗争史。在他所著的著名世界编年史《论两个国家的历史》的序言中，奥托说明了自己的写作宗旨："在上帝的恩准下，我编写一部历史，或许能够把（人间城市）巴比伦公民的苦难展现出来，或许也能够把耶路撒冷公民翘首盼望的基督的王国的荣光作一介绍，甚至就在人间他们也即将预先品尝其美味。"③ 这部八卷本著作的主线是上帝的王国与地上王国的对照。它始于作为双城代表的耶路撒冷和巴比伦，后者继之为罗马帝国。奥托并不了解后世提出的古代和中世纪的区别，他以罗马帝国政权迁移学说来解释476年西罗马帝国的灭亡，主张罗马帝国的政权先是由罗马迁移到君士坦丁堡（东罗马帝国），然后从君

---

① ［美］J. W. 汤普森：《历史著作史》上卷第一分册，谢德风译，商务印书馆1996年版，第232页。
② ［美］J. W. 汤普森：《历史著作史》上卷第一分册，谢德风译，商务印书馆1996年版，第280—281页。
③ ［美］J. W. 汤普森：《历史著作史》上卷第一分册，谢德风译，商务印书馆1996年版，第288页。

士坦丁堡转移到法兰克（查理曼被教皇称为"罗马人的皇帝"），后来又在操条顿语的德意志获得了恢复（德意志的神圣罗马帝国）。这样，罗马帝国在西部中断后辗转迁移，并未灭亡，而他所生活的时代是罗马帝国的继续。由此，12世纪的奥托将两个帝国设想为教皇国和神圣罗马帝国，前者是上帝之城在人间的代表，后者是罗马帝国的继承者。由于罗马帝国是人类最后一个世俗政权，因而它的结束也意味着尘世的结束。第8卷论述了世界的末日及其再生问题。奥托将再生设想为神的王国即天国的降临，基督教的千年王国将取代罗马帝国的千年王国。①

13世纪时，西欧封建社会进入鼎盛期，城市大量涌现，新情况层出不穷。面对现实的挑战，意大利神学家托马斯·阿奎那（Thomas Aquinas，1225－1274）进一步发挥圣奥古斯丁和弗莱辛主教奥托的基督教历史哲学，并且运用这种神学史观对人类历史进行比较。阿奎那出生于意大利南部那不勒斯的罗卡塞卡的贵族家庭，父亲是兰道夫伯爵，母亲的家系可以追溯到神圣罗马帝国的霍亨斯陶芬王朝。阿奎那5岁时进入修道院学习，16岁时求学于那不勒斯大学，17岁时加入多明我会成为修士。1252年，阿奎那前往巴黎大学攻读硕士学位，1256年取得学位和教职，后又获得神学博士学位，他的代表作《神学大全》反映了其神学思想已与圣奥古斯丁有所不同。阿奎那从亚里士多德那里继承了许多社会政治观点，承认人天然是社会或政治动物，人人都有自然的和感性的欲望，同时又是理性的动物。他还接受了亚里士多德有关政体的两大类别和六种形式的思想，从而以比较眼光看待历史。尽管阿奎那承认人的欲望和理性对各种社会历史现象的影响，但作为神学家最终还是将影响历史发展的终极原因归之于上帝。②

---

① ［俄］叶·阿·科斯敏斯基：《中世纪史学史》，郭守田等译，商务印书馆2012年版，第38页。

② ［意］托马斯·阿奎那：《阿奎那政治著作选》，马清槐译，商务印书馆1963年版，第99页。

中世纪早期教士垄断文化和历史写作，中世纪中期以来随着城市语法学校和大学等世俗教育的发展，越来越多的历史著作出自俗人之手。英王亨利六世时期的司法大臣约翰·福蒂斯丘爵士（Sir John Fortescue，约1395—1477）曾留下多种著述，并在不止一本著作中对英法君主政体进行过历史比较。[①] 福蒂斯丘出生于英国德文郡的诺里斯，1420年前加入林肯律师公会，1424—1426年和1428—1429年担任林肯律师公会总管，1429—1430年同时任林肯律师公会的监督人和总管。1430年他被遴选为高级律师（serjeant-at-law），1441年成为国王的御前律师，1442年担任王座法庭的首席法官，随后受封爵士。1455—1485年期间兰开斯特家族和约克家族为争夺王位爆发玫瑰战争，福蒂斯丘站在作为王室的兰开斯特家族一边。1461年他亲身经历了陶顿战役的失败，并随英王亨利六世、王后玛格丽特和爱德华王子逃亡到爱丁堡。1461年约克家族的爱德华四世宣布为王（1461—1483），同年福蒂斯丘成为亨利六世的司法大臣。1463年福蒂斯丘陪同王后玛格丽特和爱德华王子到达法国巴尔的圣米耶勒，过着窘迫的流亡生活。他在此期间担任爱德华王子的老师，为教导王子，1468—1471年撰写了代表作《英格兰法律礼赞》。1471年亨利六世、福蒂斯丘和王后玛格丽特被俘，爱德华王子被杀，亨利六世不久死于狱中。福蒂斯丘随后效忠约克家族，成为爱德华四世御前会议的成员，并向其提交了《论英格兰的法律与政制》（最初题为《关于绝对君主制和有限君主制之间的区别》）。[②]

《英格兰法律礼赞》在形式上是一部爱德华王子和司法大臣的对话录。对话的起因是，在看到爱德华王子把全部精力都用于军事训练时，这位司法大臣决意让他明白，王位的主要责任是维护正义，而这要通过法律来实现。针对王子提出的"为什么有的英格兰国王对他们的法律不满"这一问题，司法大臣通过将英法两国的法律和政体进行

[①] 徐浩：《福蒂斯丘与英法封建君主制比较》，《史学集刊》2022年第2期。

[②] ［英］约翰·福蒂斯丘：《论英格兰的法律与政制》，袁瑜琤译，北京大学出版社2008年版，第180—183页。

对照做了解答：《民法》(《罗马法》) 中有一句箴言，即"王者所喜之事，便有法律效力"。英格兰法律反对这种箴言，"因为那土地上的王不是仅仅凭借王室的权力来统治他的人民，还要凭借政治的权力，故此，加冕时他要宣誓遵守他的法律，他要受这誓言的约束。就此，英格兰有的王很难容忍，认为他们自己不能像那凭借纯粹王室权力统治臣民的王那样自由，他们是靠民法来治理他们的人民的，尤其是靠前面所说的那法律箴言，他们因此随心所欲地改变法律，制定新法，实施惩罚，叫他们的臣民背上重轭"。据此，福蒂斯丘区分了两种不同的政府：一是"纯粹王室"之政府（即绝对君主制），如法兰西王统治他的臣民的政府；另一是"王室且政治"之政府（即有限君主制），就如同英格兰王统治他的臣民的政府，后者能够更好地反对暴政，捍卫正义。①

此外，在该书第三十五章和三十六章，福蒂斯丘还对两种政体统治下人民的生活进行了比较。法国"王室之政府"擅自制定法律和横征暴敛，"那人民被这些以及别的不幸折磨得筋疲力尽，法国人民遭受的苦难并非无足道也。他们每天喝凉水，除了重大节日，不能尝到别的饮品（麦酒或葡萄酒——引者注）。他们穿着麻袋片一般的帆布斗篷或者短褐。他们不用羊毛线，除非那最廉价的，并且只用在斗篷下的衬衫上，他们不穿长筒袜，除非那不过膝盖的，腿的剩余部分裸露在外。他们的女人光着脚，除非是在节日里；男人女人都不吃肉，除非是咸猪油，他们就往他们喝的汤里放进一星儿点。他们不品尝别的肉，不论是烤的还是煮熟的，除非偶尔有为贵族和商人宰杀的动物的头和下水。"

相反，英国"王室且政治"的政府无论立法还是征税莫不需要经

---

① [英] 约翰·福蒂斯丘：《论英格兰的法律与政制》，袁瑜峥译，北京大学出版社2008年版，第81—82页。实际上，在爱丁堡逃亡期间撰写的《论自然法的属性》一书中，福蒂斯丘已经提出并论述了"政治且王室的统治"的概念。所谓政治的，因为它是多数人实施的统治；所谓王室的，是因为没有王的权威臣民就不得制定法律，王国为王及其继承人所拥有。见该书《导论》，第11页。

过人民的同意，从而限制了任意剥削，人民生活相对富足。"他们不是喝白水，除非有时出于虔诚或是忏悔之心而戒绝别的饮料。他们吃充足的各种肉和鱼，那在他们的土地上并不稀罕。他们穿着上等的羊毛布料，每一个房间都有阔气的寝具（这也是羊毛做成，就如别的陈设那样），并富有家居物品和耕作器具，富有所有的生活必需品，这和他们的门第所享有的安宁幸福生活相称。"① 诚然，作为英国司法大臣的福蒂斯丘在比较英法两国政制和生活水平时难免扬英抑法，但中世纪英法两国的政制和生活水平同中有异却是不争的事实，它们在很大程度上影响了两国的现代化进程。

在《论英格兰的法律与政制》第 1 章开头，福蒂斯丘针对中世纪法国和英国的政制，再次提出了"王室的统治"和"政治且王室的统治"之间的区别：有两种类型的王国，其中一个的统治称为"王室的统治"，另一个统治称为"政治且王室的统治"。"它们的区别在于，第一个王可以凭借他自己制定的那等法律来统治他的人民，故此，只要他自己的愿意，他可以向他们征敛税银和别的赋役，而无需他们的同意。第二个王只能凭借人民同意的那种法律统治他们，故此，没有他们的同意，他就不能向他们征缴赋税。"② 这种对比也确认了他之前的观点，肯定了英国政体的类型及其价值，成为英国宪政史研究的先导。

---

① ［英］约翰·福蒂斯丘：《论英格兰的法律与政制》，袁瑜琤译，北京大学出版社 2008 年版，第 82、84、86 页。
② ［英］约翰·福蒂斯丘：《论英格兰的法律与政制》，袁瑜琤译，北京大学出版社 2008 年版，第 117 页。

第二章

文艺复兴和启蒙运动的历史比较

一 文艺复兴时期

西欧 14 世纪至 16 世纪晚期被称为文艺复兴（Renaissance），这一概念由瑞士历史学家雅各布·布克哈特（Jacob Burckhardt，1818—1897）首次使用。文艺复兴的表面含义为古典文化的复兴。在此之前，欧洲已经出现过 9 世纪的加洛林文艺复兴和 12 世纪文艺复兴。14—16 世纪的文艺复兴起源于意大利，"但是意大利人在 14 世纪以前并没有表现出对于古典文化的巨大而普遍的热情来"[1]。14 世纪开始，意大利的情况有利于这一转变。从德意志的霍亨斯陶芬王朝（1138—1254）起，意大利逐渐摆脱了神圣罗马帝国的控制；1309—1378 年教皇从罗马迁移到了法国的阿维农（史称"阿维农之囚"）。摆脱了神圣罗马帝国和教皇控制的精神重新觉醒，统一的意大利和罗马帝国的梦想深入人心。这种"对古代罗马的追怀不失为对于这种民族感情的一个有力的支持力量。以它的文化重新武装起来的意大利人不久就感觉到他自己是世界上最先进国家的真正公民"[2]。换言之，文艺复兴不是简单的古代文化的复兴，意大利人所做的不过是借尸还

---

[1] ［瑞士］雅各布·布克哈特：《意大利文艺复兴时期的文化》，何新译，商务印书馆 2002 年版，第 170 页。
[2] ［瑞士］雅各布·布克哈特：《意大利文艺复兴时期的文化》，何新译，商务印书馆 2002 年版，第 171 页。

上篇　西方比较史学的前史

魂，旨在消除分裂，像古罗马那样完成意大利的统一。

文艺复兴时期历史学首次成为独立学科。中世纪结束时，欧洲史学思想的主要任务之一就是要对历史研究进行重新定向。"于是随着文艺复兴，人们就回到一种基于古人看法的人文主义历史观上面来。精确的学术研究变得重要起来，因为人类的作为不再使人感到与神的计划相比，被缩小到微不足道，史学思想又一次把人放在它的画面上的中心地位。"[①] 不过，文艺复兴史学不是简单复兴古典人文主义，而是将其置于"人文学"（humanities，也称人文学科）之中。人文学指语法、修辞、历史、文学和道德哲学这一套科目。在当时和后世看来，人文学是一种与中世纪的"七艺"不同的学问和思想，为此，托马斯·莫尔称其为"新学"，而布克哈特则称之为人文主义（humanism）。[②] 人文主义将人类经验作为一切认识的出发点的观念提升了历史学的地位，改变了古代和中世纪的历史学完全依附于修辞学的局面。事实上，"把历史认定为一种理智的追求，明显地区别于其他学科，又与它们相联系，这种认识是在文艺复兴时期最先明确表达出来的"[③]。

意大利文艺复兴也是历史比较研究的重要时期，主要体现在人文主义者通过历史比较提出了与中世纪教会史学家完全不同的历史分期。起源于《圣经·但以理书》的"四大帝国"构成中世纪编年史中世界历史分期的基础，四大帝国分别为巴比伦、波斯、希腊和罗马。476年西罗马帝国的灭亡无损于罗马帝国的政权继续存在于东部的君士坦丁堡，经过君士坦丁大帝、查理大帝和奥托的神圣罗马帝国，罗马帝国继续存在于整个中世纪。由此，中世纪的教会编年史学家并未意识到古代与中世纪之间出现过断裂，更没有把中世纪作为一

[①] [英] R.G.柯林伍德：《历史的观念》，何兆武、张文杰译，中国社会科学出版社1986年版，第64—65页。

[②] [英] 阿伦·布洛克：《西方人文主义传统》，董乐山译，生活·读书·新知三联书店1998年版，第5—6页；[美] 保罗·奥斯卡·克里斯特勒：《意大利文艺复兴时期八个哲学家》，姚鹏、陶建平译，上海译文出版社1987年版，第182—183页。

[③] [美] 哈多克：《历史思想导论》，王加丰译，华夏出版社1989年版，第1页。

个独立时期。然而，人文主义者却将中世纪作为一个与古代不同的新时期。为此，他们"不但必须把中世纪与古代相对比，而且还要同现代相区别。正是古典文化的复兴，人文主义时期的某些文化与古典时期的相似，就把中世纪时期——'中间时期'作为人类历史上一个独特的时期划分出来。于是人文主义史学家就成为'古代'、'中世纪'、'近代'三阶段历史划分的创始者，这一划分后来在史学中得到了有力的确认"[1]。在进行上述历史分期时，不同的人文主义者对古代和中世纪乃至现代进行了历史比较，并得出了褒扬古代和现代、贬抑中世纪的结论。造成这一结果的原因，是因为"意大利文艺复兴的'主旨'是对古人的崇拜。艺术、文学、历史、哲学，甚至生活行为，都追随古希腊、罗马"[2]。为此，他们以古代为历史比较的唯一衡量标准，自然会抬高古代和现代，贬低中世纪。

对古代和中世纪的历史比较始于弗朗切斯科·彼特拉克（Francesco Petrarch，1304－1374）。彼特拉克被称为人文主义之父，他较早提出了"黑暗时代"的概念，可以说是褒扬古代、贬抑中世纪的始作俑者。实际上，彼特拉克并没有对古代和中世纪进行对等的历史比较。相反，他对中世纪毫无兴趣："我心无旁骛地学习古史及其他东西，因为（现）时代总让我失望，因此，除非对亲爱之人的爱使我另有想法，我总希望能生在任何其他时代，而忘却眼前这个时代，在我心中，我似乎总把自己嫁接到其他时代。"[3] 所谓其他时代，其实就是古代。对他来说，只有古代特别是古罗马的历史值得研究，"全部历史除了赞美罗马以外，还有什么？"[4] 有鉴于此，彼特拉克将绝大部分精力都献给了古罗马历史的研究。

---

[1] ［俄］叶·阿·科斯敏斯基：《中世纪史学史》，郭守田译，商务印书馆2012年版，第58页。
[2] ［美］哈多克：《历史思想导论》，王加丰译，华夏出版社1989年版，第3页。
[3] ［美］唐纳德·R.凯利：《多面的历史：从希罗多德到赫尔德的历史探询》，陈恒、宋立宏译，生活·读书·新知三联书店2003年版，第256页。
[4] ［美］唐纳德·R.凯利：《多面的历史：从希罗多德到赫尔德的历史探询》，陈恒、宋立宏译，生活·读书·新知三联书店2003年版，第249页。

彼特拉克生于佛罗伦萨共和国附近阿雷佐的一个律师家庭，后举家迁居法国的阿维农。他自幼酷爱文学，尤其喜欢古典作品，每当读到古罗马作家维吉尔和西塞罗的作品时都会无限憧憬。然而，彼特拉克的父亲希望他继承自己的事业，在法学上有所成就。1316年至1326年彼特拉克遵从父愿在法国蒙彼利埃大学和意大利博洛尼亚大学学习法律。尽管他的父亲希望彼特拉克学习法律，但刻板的法律条文始终未能引起他的兴趣。因此，1326年他父亲逝世后，彼特拉克放弃了法律，重返阿维农，一方面担任教士和秘书，另一方面从事诗歌创作和古典研究。为了搜寻拉丁文经典和手稿，他不断穿梭于法国、德国、意大利和西班牙。1337年，他第一次来到罗马，置身于历史遗迹中的彼特拉克被罗马过去的辉煌所震撼，立志用自己的作品讴歌古代罗马的伟大。1338年起，他用4年时间创作了拉丁文的叙事长诗《阿非利加》，生动描述了第二次布匿战争期间罗马统帅西庇阿·阿非利加击败迦太基名将汉尼拔的事迹，引起轰动。为此，1341年他再去罗马时接受了"桂冠诗人"的称号。

与此同时，彼特拉克开始使用拉丁文撰写其人文主义史学的代表作《名人列传》。身为教士的彼特拉克是一位基督教人文主义者，试图将古代知识和宗教信仰结合起来。该书的写作计划构思于1337—1338年，最初打算写出被罗马帝国征服过的"所有国家和所有时代的杰出人物"，包括犹太人和东方人，希腊人和罗马人的人物传记。为此，《名人列传》的第一个版本计划从亚当的生平开始，到凯撒时结束。几年后，最初的计划发生了变化。据彼特拉克后来在其著作《秘密》中透露，该变化开始于1342—1343年，圣奥古斯丁在给他托梦时说："你一直梦想名垂后世，正因如此……你勇敢写下从罗慕洛国王（公元前771—前716）到提图斯皇帝（公元79—81年在位）的历史，这是一项艰巨的任务，需要大量的时间和工作。"这表明，彼特拉克不再打算像他5年前的计划那样，写出直到罗马帝国时期前各个民族和各个时代的杰出人物。他已经把他的主题限制在从王政时代的第一任国王罗慕洛，经过几个世纪的罗马共和国，一直到帝国的前一百年的罗马名人。① 对于这种变化的其他原因，早在1341年写给友人的信中，彼特拉克做了大胆地表示，他的主要兴趣是异教的历史，而不是基督教罗马的历史。为此，他的《名人列传》是一部多神教时期罗马的传记史，叙述了从罗慕洛到凯撒的31位英雄。②

彼特拉克并非历史学家，为什么要写作这部凯撒及以前的罗马历史人物传记？应该说，主要动机是出于现实目的，将古代与中世纪进行比较，以古喻今，抒发自己的情感。科斯敏斯基对此评论道："应当说，他很少关心历史本身。为宽慰自己而写的这本书，其中可看出他试图把14世纪意大利可怜的政治地位与其过去的伟大功绩相比较，试图把外族入侵、内战、内部纷争和分裂的状况，与从罗慕洛到凯撒以前强大的罗马帝国相比较。"③ 在这种动机支配下，彼特拉克在撰写该书过程中提出了"黑暗时代"（Dark Ages）的概念。他放弃了中世纪基督教神学所宣称的罗马帝国长期延续的传统观点，主张古代和中世纪是两个性质截然不同的时代。在他看来，他所崇拜的古代和寄予无限希望的新时代之间，存在着一个使人深恶痛绝的时代。这个时代既毁灭了古代文化的精华，又毁灭了"公共美德"，因而是个黑暗、愚昧、倒退的时代。后来的人文主义者普遍同意，古代文明的衰落与罗马的衰落是一起出现的，并且这种衰落导致了一段野蛮的黑暗时期。

正因为彼特拉克将古代文化的兴亡存废作为衡量一切时代的标准，致使其在历史比较中得出如此错误的认识。正如哈多克所说的，

---

① Theodore E. Mommsen, "Petrarch's Conception of the 'Dark Ages'", *Speculum*, Vol. 17, No. 2 (Apr., 1942), p. 229.

② Harry Elmer Barnes, *A History of Historical Writing*, New York: Dover Publications Inc., 1962, p. 102. 国外学者对《名人列传》的传主数量有不同说法，例如科斯敏斯基认为在《名人列传》一书中，"佩特拉克提供了二十一位伟大的罗马人——从罗慕洛到凯撒的传记，以及皮鲁斯、马其顿王亚历山大和汉尼拔的传记"。[俄] 叶·阿·科斯敏斯基：《中世纪史学史》，郭守田译，商务印书馆2012年版，第55页。

③ [俄] 叶·阿·科斯敏斯基：《中世纪史学史》，郭守田译，商务印书馆2012年版，第55—56页。

上篇　西方比较史学的前史

"古代和中世纪历史家所缺乏的时代错误的意识，事实上是产生于一种对文化丧失的感觉。这种情绪攫住了彼特拉克，他'悲愤地反对今天的道德：人们除了金和银，把所有的东西都视若草芥；除了肉欲的、物质的快乐，没有任何期望。'另一方面，古代罗马提供了更富裕、更美好的生活的榜样；沉思它的成就是对14世纪时的苦难的一种解脱。彼特拉克奉承罗马人，以自己的方式把不同时代的人或物混为一谈；但古代世界和中世纪世界极其明显的对照，要求对各自所独有的特征做出更详尽的说明"[1]。令人遗憾的是，将中世纪斥之为黑暗时代的彼特拉克却对该时期没有做过任何认真的研究，更不要说对该时期所独有的特征做出更详尽的说明了！

彼特拉克以后人文主义者们研究古代文化的目的发生了变化，"到15世纪，人们对塑造自己生活的机会已更有信心，对古人研究不再像彼特拉克那样，仅是对不可挽回的损失的一种安慰；相反开始认为，人们曾创作的世界，对后世来说，仍然可能不断重现"[2]。有鉴于此，15世纪的人文主义者将历史分期从光明与黑暗两阶段改为了后来的三阶段。不过，鉴于古代文化的兴亡存废仍是比较和衡量一切时代的标准，因而对古代和中世纪性质的结论仍一如既往，没有得到修正。

莱昂纳多·布鲁尼（Leonardo Bruni，1370—1444）是意大利第一个人文主义史学家。布鲁尼出生于佛罗伦萨附近的阿雷佐，早年来到佛罗伦萨，受教于希腊学者克里梭罗拉斯，培养了对古典文学和历史学的兴趣。后来布鲁尼进入仕途，曾先后担任过教皇秘书和佛罗伦萨共和国的行政长官。但布鲁尼的真正志趣始终在学术方面，1416年至1444年撰写的《佛罗伦萨人民史》是其人文主义史学的代表作。[3] 该书是用拉丁文写成的，共计12卷，始于罗马建城时期，终于

---

[1] ［美］哈多克：《历史思想导论》，王加丰译，华夏出版社1989年版，第3页。
[2] ［美］哈多克：《历史思想导论》，王加丰译，华夏出版社1989年版，第3页。
[3] Leonardo Bruni, *History of the Florentine People*, Cambridge, Mass.: Harvard University Press, Vols. 1-3, 2001, 2004, 2007.

· 40 ·

第二章 文艺复兴和启蒙运动的历史比较

1404 年，包括佛罗伦萨的古代史和中世纪史。布鲁尼是较早研究古代和中世纪史的人文主义者，并认为佛罗伦萨已经踏入了一个新的时期，被称为现代（modern）的第三个时期已经来临。在这个新时期之前，也就是被彼特拉克所说的黑暗时代，变成了在古代和现代之间的一个"中间的"（middle）时期。尽管布鲁尼通过引进现代概念，将"黑暗时代"改为"中间时期"这一中性概念；但是，由于他仍将古代视为历史比较的唯一标准，因而中间时期的名称也无助于改变人文主义者对该时期的消极认识。

"中世纪"（Middle Ages）的概念是弗拉维奥·比昂多（Flavio Biondo，1392 – 1463）首次使用的。比昂多是意大利人文主义者、历史学家和考古学家，生平不详。1433 年起比昂多供职于罗马教廷，任教皇秘书。比昂多被称为"现代考古学之父"，在考古学方面的著作有《著名的罗马》《复兴的罗马》和《胜利的罗马》三部曲，上述研究表明了他对古代罗马的崇敬之情。比昂多是人文主义者中第一个专门研究中世纪的学者，他于 1483 年出版的《罗马灭亡后的千年史》一书共计 31 卷，记述了从 472 年西哥特人攻陷罗马到 1440 年期间意大利和东罗马帝国大约一千年的历史。他指责彼特拉克对中世纪的鄙视，强调从 410 年罗马城被洗劫到文艺复兴开始前欧洲历史的连续性，认为中世纪本身就是一个单独的历史时期。

不过，比昂多所说的中世纪不仅是一个时间概念，即公元 5—15 世纪欧洲的一个独立历史时期；同时也是一种价值概念，指古典文化与文艺复兴两个文化高峰之间的文化低谷，即古代文化衰落的时期。由此可见，尽管比昂多将中世纪作为一个独立的历史时期进行了专门研究，但由于他像其他人文主义者那样仍把古代作为进行历史比较的衡量标准，因而必然会继续将古代和文艺复兴之间的历史时期即中世纪视为黑暗时代。

此外，人文主义史学家还将古代罗马与他们所生活的佛罗伦萨进行历史比较，寄希望于在古罗马模式上实现政治复兴，尼科洛·马基雅维里（Niccolò Machiavelli，1469 – 1527）历史写作的目的就是如

· 41 ·

此。马基雅维里生于佛罗伦萨的一个没落的小贵族家庭，父亲当过法官。他自幼好学，爱好古典作品，尤其喜欢波里比阿和李维的著作。1494年，佛罗伦萨爆发人民起义，推翻了统治佛罗伦萨长达60年的美第奇家族的专横统治，重建共和制。1498年至1512年，马基雅维里出任共和制的佛罗伦萨十人委员会的秘书，负责外交与国防。1512年美第奇家族复辟，马基雅维里丧失一切职务，一度遭到关押。后被逐出政界，隐居山林，埋头著述。在此期间，他完成了《君主论》（1513）、《论李维》（全名为《论提图斯·李维的前十卷书》，1532）和《佛罗伦萨史》（1521—1525）等重要著作。

马基雅维里对古罗马和佛罗伦萨进行了历史比较。在隐退生活中，他全心研究历史，希望从古代伟大的历史学家的著作中汲取力量和启示。为此，马基雅维里潜心阅读李维的《罗马史》，将共和国时期罗马的历史与佛罗伦萨的实际情况加以比较，感慨良多，并将所思所想写成札记。后来，他将这些札记汇集成书，是为《论李维》。[①]马基雅维里在《论李维》中比较了古罗马的强盛与佛罗伦萨的衰落。他单独选择李维《罗马史》的前十卷进行研究绝非偶然。该部分叙述了罗马从蕞尔小邦崛起为地区霸主的过程，可以为解决佛罗伦萨的现实问题提供历史镜鉴。正如哈多克指出的，"马基雅弗利在政治引退时期，选择了评注李维《罗马史》前十卷的方式，借此把古代的事变与近代的相比较，阐述当前实际存在的政治障碍"[②]。

《论李维》中有一些将古罗马与佛罗伦萨进行历史比较的实例。人文主义者崇尚古代，当时佛罗伦萨有许多问题莫衷一是，因而马基雅维里用罗马的例子证实自己的观点。例如公民之间的斗争是否是政体强大或软弱的标志，马基雅维里通过比较得出的结论是，从古罗马贵族和平民之间的矛盾看，产生冲突的贵族政体和平民政体保证了罗

[①] ［意］尼科洛·马基雅维里：《论李维》，冯克利译，上海人民出版社2005年版。此外，该书还有其他中译本，如［意］马基雅维里：《论李维罗马史》，吕健忠译，商务印书馆2013年版。

[②] ［美］哈多克：《历史思想导论》，王加丰译，华夏出版社1989年版，第14页。

第二章　文艺复兴和启蒙运动的历史比较

马人的自由，也是古罗马强大的重要原因。在回答是否金钱是战争的砥柱的问题时，他习惯地把罗马人的成功与围绕着文艺复兴时期那些战争的耻辱和失败相比较，认为古罗马征服的成功是由于依靠土著士兵，而文艺复兴时期意大利那些战争的耻辱和失败是引入雇佣兵的结果。他始终用古罗马的例子证实他的观点，这是他历史方法的显著特征。[1]

《佛罗伦萨史》原本是马基雅维里受托为美第奇家族歌功颂德、树碑立传的著作，但他却没有这样做。相反，马基雅维里提出，"在我写的这部历史中，必然会充满这类昏庸的君主和如此卑劣的军队。在叙述这些事情以前……应该弄清楚的是，经过一千年的辛勤劳苦之后，佛罗伦萨竟然变得这么衰微孱弱，其原因究竟何在"[2]。他以古喻今，把古罗马和十四五世纪时的佛罗伦萨加以对比，认为贵族各集团的钩心斗角、相互倾轧，国力为之虚耗，是导致当时的佛罗伦萨孱弱的根本原因。与此同时，该原因的后果使佛罗伦萨完全没有能力像当年的罗马那样统一意大利。如果佛罗伦萨内部能够团结一致，就可以重振古罗马的昔日辉煌，成为泱泱大国。[3]

二　启蒙运动时期

从18世纪初年至1789年法国大革命爆发的80多年间，在欧洲历史上被称为启蒙时代（Age of Enlightenment）。在此期间，启蒙主义者倡导理性主义，宣传普及自然科学，反对绝对君主制和宗教迷信，要求建立自由民主的社会秩序。启蒙运动时期欧洲历史编纂学也经历了划时代的转变。科林伍德认为，自古希腊以来，欧洲历史编纂学曾

---

[1] [美]哈多克：《历史思想导论》，王加丰译，华夏出版社1989年版，第14页。
[2] [意]尼科洛·马基雅维里：《佛罗伦萨史》，李活译，商务印书馆1982年版，第51页。
[3] [意]尼科洛·马基雅维里：《佛罗伦萨史》，李活译，商务印书馆1982年版，第一章。

出现过三个巨大的转折点。第一个转折点在公元前5世纪,"那时作为一种科学、作为一种研究的形式、作为一种历史的历史观点诞生了"。第二个转折点发生在公元4世纪和5世纪,"那时历史的观念由于基督教思想的革命性的影响而经过重新塑造。"18世纪无疑是欧洲历史编纂学史上的第三个转折点,这个转折点为历史成为科学做好了准备。①

　　历史学是否属于科学的争论早已有之。16—17世纪,欧洲对历史学性质的流行看法是,历史知识仍是关于个别的学问,因而不属于自然科学意义上的科学。英国实验科学和归纳法的创始人弗朗西斯·培根(Francis Bacon,1561-1626)认为,历史学与其他形式的知识的区别,在于它关心特定情况中的个人,而不是抽象的概括。在头脑的功能中,它相当于记忆。学问的其他重要组成部分,如诗歌和哲学,相当于想象和理智的功能。② 培根将历史学定位于记忆,实际上是承认历史学是一门实证科学,旨在提供准确的知识,为想象或思考提供原材料。但它不能像哲学和自然科学那样进行概括,因而属于一门特殊的科学。其后,历史学作为一门特殊科学的地位也受到挑战。法国理性主义思想家勒内·笛卡尔(René Descartes,1596-1650)认为历史学不能提供准确的知识,宣扬历史怀疑主义。他像培根一样区分了诗歌、历史学和哲学,同时还添加了神学,但认为除了哲学和它的三个主要部分,即数学、物理学和形而上学外,其他都不属于确切可靠的知识。诗歌主要是一种天赋而不是学问;神学有赖于神的启示;"历史学则不论是多么有趣和富有教育意义,不论对于生活中的实践态度的形成是多么有价值,却不能自名为真理;因为它所描述的事件从来都不是准确地像它所描述的那样发生的"③。

　　启蒙运动时期,随着对亚非拉的殖民活动和自然科学的发展,欧

---

① [英]R.G.柯林伍德:《历史的观念》,何兆武、张文杰译,中国社会科学出版社1986年版,第52—54页。
② [美]哈多克:《历史思想导论》,王加丰译,华夏出版社1989年版,第29页。
③ [英]R.G.柯林伍德:《历史的观念》,何兆武、张文杰译,中国社会科学出版社1986年版,第67页。

第二章 文艺复兴和启蒙运动的历史比较

洲人拥有了真正意义上的世界史和历史进步观。启蒙思想家号称世界公民，试图发现人类历史进程的共同规律。启蒙主义者首倡历史学的科学性，认为它要么属于人文科学，要么属于自然科学。早期现代历史哲学的奠基人意大利的乔瓦尼·巴蒂斯塔·维柯（Giovanni Battista Vico，1668—1744）在反笛卡尔历史怀疑主义的过程中建立起"新科学"（后世称之为历史哲学）。他在《新科学》一书中宣称，自然不是人创造的，而历史则是人类活动的结果，因而作为一门知识形式，历史学比自然科学更加确切。"这个民族世界确实是由人类创造出来的，所以它的面貌必然要在人类心智本身的种种变化中找出。如果谁创造历史也就由谁叙述历史，这种历史就最确凿可凭了。"[1] 在他看来，历史学是一门不同于自然科学的科学，拥有自己的研究对象与方法，这在启蒙思想家中是独树一帜的。正如哈多克所言："维科对历史知识的性质的系统阐述并不是18世纪的典型思想……维科企图用各种方法、步骤和明了的标准，建立一种《新科学》，这些方法、步骤和标准与那些具有自然科学特征的方法、步骤和标准在性质上是不同的。"[2]

维柯出身于意大利南部那不勒斯的一个书商家庭，父亲开了一家书店，使维柯有条件博览群书。年幼时维柯就学于耶稣会创办的学校，获得古典学术的知识。他崇拜柏拉图和塔西陀，认为前者描写理想中的人物，后者描写真实的人物。1697年，年仅29岁的维柯担任米兰大学修辞学教授。维柯著有《论普通法的唯一原理》（1720）、《新科学》（1725）、《新科学再编》（1730），其中的《新科学》是他的成名作和代表作。

维柯的《新科学》成为启蒙时代的先声。他认为，研究人类社会普遍规律的原因在于人的共性，古往今来人类都拥有共同的习俗。

---

[1] ［意］维柯：《新科学》，朱光潜译，人民文学出版社1986年版，第145—146页。
[2] ［美］哈多克：《历史思想导论》，王加丰译，华夏出版社1989年版，第92页。

上篇　西方比较史学的前史

"我们观察到一切民族，无论野蛮的还是文明的，尽管是各自分别创建起来的，彼此在时间上和空间上都隔很远，却都保持住下列三种习俗：（1）它们都有某种宗教，（2）都举行隆重的结婚仪式，（3）都埋葬死者。"有鉴于此，该书借助于语言学的研究成果，从哲学的角度探索各民族历史的共同性。在该书序言中维柯写道："在本书中，哲学从事于检查语言学（这就是一切都要依据人类意志选择的原则，例如一切民族在战争与和平中的语言、习俗和事迹的历史）。这些历史由于原因渺茫难稽而结果又无限复杂，哲学对此一直不敢问津；现在语言学形成一种科学，在其中发现各民族历史在不同时期都要经过的一种理想的永恒的历史图案。"①

什么是各民族的共同性呢？维柯认为，在诸民族所经历的历史过程中，每个民族都要依次经历三个时代，即神的时代、英雄的时代和人的时代，希腊历史上的荷马时期和欧洲中世纪都属于英雄时代。"它们的共同特色是诸如这类的事：武士—贵族政体的政府、农业经济、歌谣文学、以个人的勇武和忠心的观念为基础的道德，等等。因此关于荷马时代，要想知道的比荷马能告诉我们的更多，我们就应当研究中世纪。"但维柯又强调，中世纪西欧不是希腊历史的封闭循环而是螺旋式上升，因为中世纪西欧的基督教不同于希腊的众神教。②此外，与三个时代对应的是三种风俗、法律、政府和语言等等，各个时代的进步正是体现在它们的变化之中。

维柯以后的绝大多数启蒙思想家主张历史学的研究对象、方法和目的与科学家无异，因而"哲学家们所从事的工作是例证对所有的人、所有的地方都适用的真理。人们获得风俗和习惯，就如同他们服从地球引力规律一样确凿无疑。史家必须描写这些规则，就如同自然

---

① ［意］维柯：《新科学》，朱光潜译，人民文学出版社1986年版，第7、134页。
② ［英］R.G.柯林伍德：《历史的观念》，何兆武、张文杰译，中国社会科学出版社1986年版，第76、77页。

科学家必须描述实验时观察到的事实"①。由此,历史学抛弃了对充斥着个别性和偶然性的政治史的叙述,转向反映时代精神和民族精神的文化史,创立了以自然科学为榜样的哲学历史编纂学。由于启蒙运动将历史等同于自然,比较方法用来分析人类历史中一般事实的含义,而不是仅仅出于本民族历史的需要。与意大利人文主义者探讨欧洲的历史分期或对本民族历史进行比较的方法不同,启蒙主义者主要比较人类历史是如何从野蛮走向文明的一般发展道路。启蒙思想家认为,"发达"社会可以通过对同时代的"落后"社会的研究来认识自己的历史。于是一种所谓的比较方法在这一思想基础上兴起。②

法国是启蒙运动的故乡和中心,著名启蒙主义者云集于此。启蒙思想家和法学家孟德斯鸠男爵(Baron de Montesquieu,1689—1755)出生于法国西南部波尔多的一个贵族家庭,早年接受良好教育,对法律、哲学、历史和自然科学都有深入研究。孟德斯鸠的祖父和伯父都担任过波尔多法院院长,1716年,孟德斯鸠承袭这个世袭职位,还获得男爵封号。不过,孟德斯鸠无心于仕途,不久以高价卖掉这个职位,专门从事学术研究,潜心著述。孟德斯鸠著有《波斯人信札》(1721)、《罗马盛衰原因论》(1734)和《论法的精神》(1748)等。后者出版后曾遭到当局查禁,被列为禁书。

在探讨人类历史普遍规律的启蒙思想家中,孟德斯鸠属于另类。科林伍德认为,孟德斯鸠的功绩是了解到不同的国家和不同的文化之间的差异。③ 孟德斯鸠在《论法的精神》的著者原序中提出建立社会类型学的研究方法,如他所言:"我首先研究人;我相信,在这样无限参差驳杂的法律和风俗之中,人不是单纯地跟着幻想走的。我建立

---

① [美]哈多克:《历史思想导论》,王加丰译,华夏出版社1989年版,第95页。
② [德]于尔根·科卡:《社会史:理论与实践》,景德祥译,上海人民出版社2006年版,第59页。
③ [英]R.G.柯林伍德:《历史的观念》,何兆武、张文杰译,中国社会科学出版社1986年版,第89页。

了一些原则。我看见了：个别的情况是服从这些原则的，仿佛是由原则引申而出的；所有各国的历史都不过是由这些原则而来的结果；每一个个别的法律都和另一个法律联系着，或是依赖于一个更具有一般性的法律。"他认为各种类型的法律不是偶然产生的，相反，它的形成离不开一个国家各种特定的因素的影响。"这就是我打算在这本书里所要进行的工作。我将研讨所有的这些关系。这些关系综合起来就构成所谓的'法的精神'"。换言之，不同的环境即"法的精神"塑造了不同的法律。不过，在所有关系中，政体的性质无疑构成了法的精神的重要内容。具体说，"共和政体的性质是：人民全体或某些家族，在那里握有最高的权力；君主政体的性质是：君主在那里握有最高的权力，但是他依据既成的法律行使这一权力；专制政体的性质是：一个单独的个人依据他的意志和反复无常的爱好在那里治国"①。

　　孟德斯鸠主张古代中国的政制属于专制政体。他认为，在共和、君主和专制三种政体中，古代中国当属最后一种。专制主义通常凌驾于法律和其他权力之上，"人们曾经想使法律和专制主义并行，但是任何东西和专制主义联系起来，便失掉了自己的力量。中国的专制主义，在祸患无穷的压力之下，虽然曾经愿意给自己戴上锁链，但都徒劳无益；它用自己的锁链武装了自己，而变得更为凶暴。"孟德斯鸠崇尚英国的三权分立原则，如他所言："这就是英格兰的基本政制：立法机关由两部分组成，它们通过相互的反对权彼此钳制，二者全都受行政权的约束，行政权又受立法权的约束。"他坚信，英国的法治传统来自古日耳曼人的原始民主制，"试读塔西佗的伟大著作《日耳曼人的风俗》（中译本名为《日耳曼尼亚志》——引者注），就会发现，英国人是从日耳曼人那里吸取了他们的政治体制的观念的。这种优良的制度是在森林中被发现的"②，这就是古日耳曼人的原始民主传统。

---

　　① ［法］孟德斯鸠：《论法的精神》上册，张雁深译，商务印书馆1982年版，《序》，第7—9、37页。
　　② ［法］孟德斯鸠：《论法的精神》上册，张雁深译，商务印书馆1982年版，第129、163—164、165页。

第二章　文艺复兴和启蒙运动的历史比较

法国启蒙思想家和历史学家伏尔泰（Voltaire，1694–1778），是哲学历史编纂学的创立者，"他勇敢地制订了一种独创性的、独立的观点，一种新的方法论方案，他的《风俗论》为这一方案铺平了道路。此后18世纪所有伟大的历史著作都是在这一哲学成就的影响下写成的"①。伏尔泰出生于巴黎，祖先是呢绒商人，父亲当过法院的推事（裁判官，地位略低于法官）。伏尔泰主要生活在路易十五统治时期（1715—1774年在位），早年从事诗歌和戏剧创作，讥讽教会的愚昧，抨击贵族的专横，为此在1717年至1718、1726年曾两次被关进巴士底狱。1726年至1729他游历英国，深受触动，回国后将见闻写成《哲学通讯》，呼吁改革，被逐出巴黎。1734年至1749年伏尔泰寄居在其女友夏特莱侯爵夫人在洛林的一座府邸，埋头著述，并继续从事启蒙运动和反对法国的旧制度。主要著作有《路易十四时代》（1751）、《风俗论》（1756）、《历史哲学》（1765）等。

伏尔泰认为，路易十四（1643—1715年在位，长达72年）实行开明君主制，法国由此繁荣富强，值得史学家大书特书。在《路易十四时代》第一章《导言》中，伏尔泰开宗明义介绍自己的写作目的："本书拟叙述的，不仅是路易十四的一生，作者提出一个更加宏伟的目标。作者企图进行尝试，不为后代叙述某个个人的行动功业，而向他们描绘有史以来最开明的时代的人们的精神风貌。"他通过对古代以来的历史进行比较后认为，世界历史只有四个时代值得研究，"这四个兴盛昌隆的时代是文化技艺臻于完美的时代；是作为人类精神的崇高伟大的划时代而成为后世典范的时代"②。第一个是马其顿国王菲利浦和亚历山大的时代，或者说是伯里克利、德谟斯提尼、亚里士多德、柏拉图等这类人物的时代。但是这种荣誉只限于希腊，世界其他地区还处于野蛮状态。第二个是罗马的凯撒和奥古斯都的时代，这个时代还以卢克莱修、西塞罗、李维、维吉尔、贺拉斯等人的名字著

---

①　［德］E.卡西尔：《启蒙哲学》，顾伟铭等译，山东人民出版社2007年版，第186页。
②　［法］伏尔泰：《路易十四时代》，吴模信、沈怀洁、梁守锵译，商务印书馆1982年版，第5页。

· 49 ·

称。第三个是紧接默罕默德二世（奥斯曼土耳其帝国的苏丹，1451—1481年在位）攻占君士坦丁堡之后的意大利文艺复兴时代。美第奇家族把被土耳其人驱逐出希腊的学者召请到佛罗伦萨。这是意大利辉煌灿烂的时代，艺术已经在该国获得新的生命，文艺复兴迎来高潮。第四个时代被人称为法国的路易十四时代，"可能这是四个时代中最接近尽善尽美之境的时代"，"其他三个时代的发现使这个时代得以充实丰富，因此它在某些方面的成就比其他三个时代的总和还多"。在这段时期内，法国的文化技艺、智能、风尚和政体一样，都经历了一次普遍的变革，并影响到英国、德国、俄国等国家。① 令人遗憾的是，伏尔泰历史比较中有关路易十四时代领先于世的结论是错误的。正是在路易十四在位期间，英国建立起立宪君主制。除英国外，包括法国在内的上述三个国家都滞留在绝对君主制的旧制度中，早已落后于英国，落后于时代。伏尔泰寄望路易十六回归到路易十四时代的开明君主制，而不是建立英国式的立宪君主制，既背离了他的初衷，也违背了时代潮流。

《风俗论》是一部世界文化史的开山之作。伏尔泰写作此书的目的是有感于以往撰写的近代历史沉湎于政治史中的偶然事件，混乱无序。为此，他主张放弃传统历史书写中对偶然事件的叙述，"而保留其中描写风俗习惯的材料，从而把杂乱无章的东西构成整幅连贯清晰的图画"，并"力图从这些事件中整理出人类精神的历史"。因而，该书不再是一部帝王的编年史和世系录，"而是对各个时代的描述"②。伏尔泰认为，人类精神的历史展现了从蒙昧到启蒙的发展过程，所有民族概莫能外。按照他的观点，忽视东方民族的历史是不能允许的，应当在世界范围内来研究东方民族的历史。为此他不仅叙述了欧洲史，还叙述了中国、印度、波斯和阿拉伯等亚洲各民族的历史，使该著

---

① ［法］伏尔泰：《路易十四时代》，吴模信、沈怀洁、梁守锵译，商务印书馆1982年版，第5—7页。
② ［法］伏尔泰：《风俗论》，梁守锵译，商务印书馆1997年版，"序言"，第2、7页。

第二章　文艺复兴和启蒙运动的历史比较

成为第一部真正意义上的世界历史。

伏尔泰断然否认几个世纪以来西方旅行者和传教士乃至孟德斯鸠提出的古代中国存在专制制度的观点。"这些人从表面现象判断一切：看到一些人跪拜，便认为他们是奴隶，而接受人们跪拜的那个人必定是 1.5 亿人生命财产的绝对主宰，他一人的旨意便是法律。可实际情况并非如此，而这正是我们将要讨论的。这里我们只需指出：在帝国最早时代，便允许人们在皇宫中一张长桌上写下他们认为朝政中应受谴责之事，这个规定在公元前 2 世纪汉文帝时已经实行；在和平时期，官府的意见从来都具有法律的力量。这一重要事实推翻了《论法的精神》中对世界上这个最古老的国家提出的笼统含混的责难。"他崇尚古代中国的官僚制和科举考试制度，认为 17 世纪和 18 世纪初中国的政治制度在世界上最为先进，"人类肯定想不出一个比这更好的政府：一切都由一级从属一级的衙门来裁决，官员必须经过好几次严格的考试才被录用"。他坚称当时的中国不存在一个专制独裁的政府，因为"独裁政府是这样的：君主可以不遵循一定形式，只凭个人意志，毫无理由地剥夺臣民的财产或生命而不触犯法律。所以如果说曾经有过一个国家，在那里人们的生命、名誉和财产受到法律保护，那就是中华帝国"[①]。他将 17 世纪和 18 世纪初的中国和路易十四时期的法国作为开明君主制的代表，期待路易十六（1774—1792 年在位）引为样板。但历史没有如他所愿，18 世纪晚期的法国大革命推翻了他所谓的开明君主制，代之以资产阶级的法兰西共和国；而中国在 20 世纪早期也推翻了长达两千多年的君主专制制度，建立了亚洲第一个共和国。

此外，伏尔泰认为历史著述不能仅仅罗列事实，还要体现出某种理论观点，他将这类体现理论观点的历史称之为历史哲学。1765 年伏尔泰发表《历史哲学》，后来又把它收入《风俗论》中，作为该书 1769 年版的导论。从此，历史哲学的概念流行开来，赫尔德四卷本

[①] [法]伏尔泰：《风俗论》，梁守锵译，商务印书馆 1997 年版，第 249—250、509、510 页。

的《人类历史哲学观念》(1784—1791)、黑格尔的《历史哲学》(1837)都以此作为书名，成为对人类历史过程进行宏观比较和哲学思考的专门领域。

法国启蒙思想家孔多塞侯爵（Marquis de Condorcet，1743 - 1794）是18世纪法国最后一位哲学家，有法国大革命的"擎炬人"之誉。孔多塞早年以数学家而享有盛名，1769年当选法兰西科学院院士，1782年当选法兰西学院院士，1785年负责法兰西科学院工作。1789年法国大革命后，孔多塞是法兰西第一共和国的重要奠基者，作为吉伦特派成员起草宪法。1793年反对派雅各宾执政后对他发出逮捕令，孔多塞被迫流亡到巴黎维尔内夫人住所，在逃亡的9个月中撰写了他最重要也是最后一部著作《人类精神进步史表纲要》，提出如何预测、指导和加速人类历史进步的方法。转年，在该著完成后，为了不牵累庇护人，孔多塞毅然离开维尔内夫人住所，被捕入狱，死于巴黎的枫丹白露监狱中。孔多塞的遗著对法国大革命影响甚大，恩格斯在《反杜林论》中将孔多塞与孟德斯鸠、伏尔泰和卢梭并列，称之为"在法国为行将到来的革命启发过人们头脑的那些伟大人物"[①]。

孔多塞是一位乐观的历史进步论者，他在1795年出版的《人类精神进步史表纲要》的绪论中介绍了自己写作这部著作的方法和目的。他说，一个人生来就有可以接受各种感觉的能力，如果我们把自己只限于观察和认识全人类每个个体所共有的普遍事实和永恒规律，那么这种学问就叫作形而上学。但如果我们从每个个人都存在着的那些结果来考虑这同一发展过程，并且对它的世世代代加以追踪，那么它就呈现为一幅人类精神进步的史表，因而这幅史表是历史性的。对于人类曾经是什么样子和今天是什么样子的这些观察，于是便会引导我们找到保证并加速我们的天性所容许我们还能希望有的新进步的种种办法，"这就是我所从事这部著作的目的"。他比较人类历史后认

[①] 《马克思恩格斯选集》第3卷，人民出版社2012年版，第391页。

为，人类进步史表应包括史前、文明史和未来三个显著不同的部分，其中文明史构成主要内容。"在这里，这一史表开始时大部分有赖于历史传下来给我们的一系列事实；但却有必要在各个民族的历史中加以选择、加以对比、加以组合，以便从中演绎出一个单一民族的一部历史假说，并构造出他们那进步的史表。"基于这种宏大的比较，孔多塞宣布将人类精神进步的历史划分为九个大的时代，并且在第十个时代试图展望一下人类未来的命运。①

---

① ［法］孔多塞：《人类精神进步史表纲要》，何兆武、何冰译，生活·读书·新知三联书店1998年版，"绪论"，第1、2、7、10页。

第三章

19世纪以来德国哲学社会科学的历史比较

一 浪漫主义与历史多样性

启蒙运动旨在寻找人类历史的共同性，随后出现的浪漫主义则反其道而行之，主要探讨历史多样性。英国哲学家和政治思想家以赛亚·伯林认为，浪漫主义发生在1760年至1830年之间。"浪漫主义的重要性在于它是近代史上规模最大的一场运动，改变了西方世界的生活和思想。对我而言，它是发生在西方意识领域里最伟大的一次转折。发生在十九、二十世纪历史进程中的其他转折都不及浪漫主义重要，而且它们都受到浪漫主义深刻的影响。"那么，何谓浪漫主义？伯林主张，"浪漫主义通常与之关联的理念即独特性、深刻的情感反思和事物之间的差异性。"随着人们思想意识的这种转变，他们的生活态度和行动理念也随之改变，"人们突然转向原始遥远的事物……对遥远的时间、遥远的地方产生兴趣"[①]。

德国是浪漫主义的发祥地。这是因为，长期以来德国在政治、经济和社会方面一直落后于英法，不得不在寻求历史发展共同性的启蒙运动之外思考历史发展的多样性。浪漫主义是继宗教改革之后德国思

---

① [英]以赛亚·伯林：《浪漫主义的根源》，[英]亨利·哈代编，吕梁等译，译林出版社2008年版，第9—10、14、20页。

想的又一巅峰。"虽然浪漫主义的苗头在法国、英国，甚至意大利和西班牙几乎都可同时发现，但首先真正看到这种新精神、说明其性质并使之有机化的地方却是德国。"这种情况绝非偶然，而是德国18世纪下半叶哲学思想发展的必然结果。尽管浪漫主义与启蒙主义是截然对立的，但德国的启蒙运动与法国启蒙运动的主张和作用却大相径庭，"以伏尔泰为先知的法国启蒙运动曾把理性主义和功利主义捧上天。德国的启蒙运动则强调经验、直觉和主观思维过程，认为这些东西才有永久的和普遍的价值。法国那些理性主义者是反对历史主义的实用主义者，而德国思想家则转向过去，其目的并不是为了'学习旧榜样'，而是为了表现人类精神和社会现象的连续性"[①]。由此，德国的启蒙运动顺理成章地发展为浪漫主义运动。

约翰·哥特弗雷德·赫尔德（Johann Gottfried Herder，1744—1803）是18世纪德国的启蒙思想家和浪漫主义的先知。他出生于东普鲁士莫伦根（今波兰的莫龙格）的一个小康家庭，1762年进入柯尼斯堡大学研读哲学、文学和神学，成为康德和哈曼的学生，两位思想巨匠均对赫尔德产生重要影响。1764年赫尔德到里加担任中学教师及信义会牧师。1769年赫尔德离开里加前往法国。1770年，他在斯特拉斯堡会见年轻的歌德，在艺术与文学上给予歌德深远的影响。1774年赫尔德出版《又一种历史哲学》。1776年他前往魏玛担任宫廷牧师及掌管教育和宗教事务的总监察。1784年至1791年，赫尔德出版了4卷本的《人类历史哲学观念》，1803逝世于魏玛宫廷。

赫尔德的《又一种历史哲学》在历史比较的基础上阐发了其浪漫主义思想。赫尔德反对启蒙思想家只探讨人类历史的共同性，忽视了无数个体的多样性。为此，"这本小书的目的是开展公开争论。题目本身就嘲弄并暗指着18世纪以来出现的许多全面讨论历史性质的著作。尽管启蒙运动的理论家可能已经表示了对历史的兴趣，但他们只

---

① ［美］J. W. 汤普森：《历史著作史》下卷第三分册，孙秉莹、谢德风译，商务印书馆1996年版，第179，139—140页。

不过做到了把往事纳入一个抽象的体系之中，使其独有的特征变得一片朦胧。赫尔德十分讨厌企图把各种社会分成各个发展类型，把它们看成是普遍法则的各个特定的例子。"① 他主张，历史类似于有机体，各有自己的生命周期和与其他有机体不同的个性。"因此，在各个民族和年代的丰富细节中，若碰到些许矛盾，我们绝不会大惊小怪。没有哪个民族曾经或可能长时间地保持不变；每一个民族，就像艺术、科学和这个世界上的一切东西，生长、开花和衰落各有其时。"世界上没有两个民族是一模一样的，"因为说到底，大同中还是有小异啊"②。在这部著作中，赫尔德率先提出浪漫主义历史哲学的主要观点，如文化的多样性，运用移情方法而不是图解方式认识文化等。

赫尔德的《人类历史哲学观念》更全面阐述了浪漫主义的思想，对所有的浪漫主义都产生过深远影响。③ 在这部著作中，赫尔德以发展和多样性的概念替代启蒙运动的过去与现在的二元对立和人类共同理性的信念。赫尔德认为，自然界是一个有机体，它在自身中发展出一系列更高级的有机体，宇宙、太阳系、地球、植物性生命、动物性生命和人类生命是一个连续进化的统一体。人是这种进化的最高形式，但他们需要通过一种自我创造的文化经验获得理性的智能。作为人的本质的人性不是预先设定的，而是在历史过程中发展、精练而成。④ 因此，历史是认识人及其制度和文化的唯一途径，一切认识都可以归结于历史认识。他反对以统一的模式来解释历史，也不赞成以当前的立场去评判过去。他认为历史最本质的特征乃是不同民族在不同的发展时期显示出的个别特征，而不是共同人性的显现。人类历史

---

① ［美］哈多克：《历史思想导论》，王加丰译，华夏出版社1989年版，第121页。
② ［德］赫尔德：《又一种历史哲学》，载［德］约翰·哥特弗雷德·赫尔德《反纯粹理性——论宗教、语言和历史文选》，张晓梅译，商务印书馆2010年版，第3页。
③ Wallace K. Ferguson, *The Renaissance in Historical Thought: Five Centuries of Interpretation*, Cambridge, Mass.: Houghton Mifflin, 1948, p. 116.
④ ［美］哈多克：《历史思想导论》，王加丰译，华夏出版社1989年版，第124—125页。

无不是各地具体条件的产物。"在所有伟大历史事件中,我们发现了这样一个基本规律,这就是:在我们这个世界上,无论什么地方发生了什么事情,总是基于该地方的环境和需要,基于该时代的条件和原因,该民族的先天的或后天的性格。承认人类能动的力量与它所处的时代和地理位置的确定关系,就有了人类历史的所有的沧桑变化……时间、地点和民族性格,简单地说,人类能动力量在它们最确定的个体形式中的普遍合作,支配着人类历史及自然界中发生的一切事情件。"①

在赫尔德看来,人类固然都是同一种的,但是只有从不同国家文化的历史事件中才能理解人类。历史如同生命有机体一样,只能以"同情"(empathy)加以领会。② 作为有机体,赫尔德拟定了人类成长的三个阶段:即诗歌、散文和哲学阶段。③ 赫尔德重视和尊重各民族的多样性,但这并不妨碍他主张人类历史具有共同的衡量标准。在他看来,虽然"人类必经历各种文化状态和样式;但人之福祉的永恒不变,完全地并根本地建立在理性与正义的基础之上。"④ 换言之,尽管各民族历史具有多样性,但人类文明的基础与价值却是共同的,这就是在理性和正义的基础上追求人的永恒福祉。基于此,多样性中也包含着普遍性。

探寻历史的多样性,催生了对历史本身前所未有的热情,推动了19世纪历史学的职业化,以至于19世纪被称为"历史学的世纪"。然而,历史比较在19世纪却并未与新诞生的职业历史学一起走向繁荣。相反,"到了19世纪的经典历史主义时期,历史比较在历史科学

---

① [德]赫尔德:《人类历史哲学观念》,刘鑫译,何兆武主编:《历史理论与史学理论:近现代西方史学著作选》,商务印书馆1999年版,第179页。

② [美]伊各斯:《历史主义》,周樑楷译,张京媛主编:《新历史主义与文学批评》,北京大学出版社1993年版,第287页。

③ [美]J. W. 汤普森:《历史著作史》下卷第三分册,孙秉莹、谢德风译,商务印书馆1996年版,第184页。

④ [德]赫尔德:《历史哲学思想》,载[德]约翰·哥特弗雷德·赫尔德《反纯粹理性——论宗教、语言和历史文选》,张晓梅译,商务印书馆2010年版,第28—29页。

中几乎不再存在"①。究其原因主要是，历史主义的历史学提倡使用原始档案，重视历史现象的个性而非异同两个方面，专注于民族国家史而非外国史等，这些主张都限制了历史比较的发展。由此，19世纪和20世纪初，在历史主义的故乡德国，历史学将比较研究拱手让给了人文社会科学的其他学科。

二　黑格尔

格奥尔格·威廉·弗里德里希·黑格尔（Georg Wilhelm Friedrich Hegel, 1770-1831）是19世纪德国唯心论哲学的代表人物。他生于德国西南部的巴登—符腾堡公国的首府斯图加特市的一个官吏家庭，父亲是该城市税务局的书记官。1788年黑格尔到图宾根神学院学习哲学和神学，并于1790年、1793年获得硕士和博士学位。1793年黑格尔离开图宾根，先后在瑞士伯尔尼和德国法兰克福做家庭教师，博览群书，奠定了在哲学、政治和经济方面广博知识的基础。1799年，黑格尔父亲去世后留下一笔遗产，使他得以全心全意地重返学术之路。1801年黑格尔来到耶拿大学哲学系，1805年在歌德和席勒推荐下担任教授。1816年黑格尔到海德堡大学任哲学教授，声誉日隆。1818年普鲁士国王任命黑格尔为柏林大学教授。1822年，黑格尔被任命为柏林大学评议会委员。1829年黑格尔担任柏林大学校长并兼任政府代表，1831年因罹患霍乱病逝于任上。

黑格尔在历史领域的代表作是《历史哲学》（又名《历史哲学讲演录》），该书是黑格尔在柏林大学的讲义，1837年作为遗著出版，在历史比较基础上阐明了各民族的不同发展道路。他认为，自由是世界历史的起点和衡量标准，没有自由就没有世界历史的进步。基于此，世界历史是属于"精神"的领域，精神的对立物是物质，物质

---

① ［德］于尔根·科卡：《社会史：理论与实践》，景德祥译，上海人民出版社2006年版，第59页。

第三章 19世纪以来德国哲学社会科学的历史比较

的实体是重力或者地心引力，精神的实体或者本质则是自由。自由是世界精神的本质，它在各民族精神（即各民族历史）中的发展程度极不相同。东方①所有人都没有自由，古希腊、罗马和日耳曼的自由则从部分人扩大到所有人。如他所说："东方人还不知道，'精神'——人之所以为人的本质——是自由的，因为他们不知道，所以他们不自由。他们只知道一个人是自由的……这一个人是一个专制君主，不是一个自由人。'自由'的意识首先出现在希腊人中间，所以他们是自由的；但是他们，还有罗马人也是一样，只知道少数人是自由的，而不是人人是自由的。就是柏拉图和亚里士多德也不知道这个。因为这个缘故，希腊人蓄有奴隶，而他们的整个生活和他们光辉的自由的维持同奴隶制度是息息相关的：这个事实，一方面，使他们的自由只像昙花一现，另一方面，又使我们人类共有的本性或者人性泯没无余。各日耳曼民族在基督教的影响下，首先取得了这个意识，知道人类之为人类是自由的：知道'精神'的自由造成它最特殊的本性……世界历史无非是'自由'意识的进展，这一种进展是我们必须在它的必然性中加以认识的。"② 由此可见，自由意识在世界历史中呈现出不同的发展程度。不仅如此，东西方自由意识的发展程度也直接影响到其各自的政体性质：由于"东方从古到今知道只有'一个人'是自由的；希腊和罗马世界知道'有些'是自由的；日耳曼世界知道'全体'是自由的"③。所以我们从历史上看到的第一种形式是专制政体，第二种是民主政体和贵族政体，第三种是君主政体。

此外，东西方自由意识的发展程度也影响到各自历史的发展阶段。黑格尔论证说，东方是世界历史的年幼的时期，个人仍然被看作

---

① 黑格尔所谓的东方主要指中国、印度、波斯和俄罗斯等。
② [德] 黑格尔：《历史哲学》，王造时译，上海书店出版社1999年版，第18—19页。
③ [德] 黑格尔：《历史哲学》，王造时译，上海书店出版社1999年版，第110—111页。

是无足轻重的。他们围绕着一个中心，围绕着那位元首，他以大家长的资格居于至尊的地位。东方观念的荣光在于唯一的个人这个实体，一切皆隶属于它，以致任何其他个人都没有单独的存在，因为在这唯一的权力面前，没有东西能够维持一种独立的存在。从东亚到中亚，人类精神进入了历史的少年时代，那种属于孩童的安定和轻信已经不再显明了，而是喧扰骚动。希腊的世界便可比作青年时代，因为这里渐有个性的形成，个性是世界历史的第二个主要原则。道德是第一个原则，这在希腊和亚洲一样。但希腊是印上了个性的道德，所以是表示个人的自由意志。第三个因素是抽象的普遍性的领域，这就是罗马国家，罗马国家是历史上的壮年时代，为着一种普遍的目的而经营，个人已经消灭，个人只能够在普遍的目的下实现他自己的目的。这时国家开始有了一种抽象的存在，并且围着一个目的而展开，个人必须牺牲自己来为这个抽象的普遍目的服务。现实的精神的帝国是世界历史的第四个因素，日耳曼世界相当于人生的老年时代。自然界的老年时代意味着衰弱不振，但是精神的老年时代却是完满的成熟和力量。[①]总之，在崇尚唯心主义的黑格尔看来，经过对各民族的比较，世界历史就是一部自由精神自东而西的进步过程，自由是各民族历史发展的唯一动力。

三 马克思

卡尔·马克思（Karl Marx，1818－1883）是犹太裔的德国哲学家、经济学家、社会学家和政治学家。他出生于德国普鲁士特里尔的一个富裕的中产阶级家庭，父亲赫歇尔是一名律师，也因此在特里尔城购买了一栋10间居室的住房，并在摩泽尔河拥有一大片葡萄园。为躲避对犹太人的迫害，在马克思出生前，赫歇尔改信基督新教的信

[①] ［德］黑格尔：《历史哲学》，王造时译，上海书店出版社1999年版，第112—115页。

义宗。1824 年，马克思皈依信义宗，1830 年进入特里尔中学就读，1835 年进入波恩大学法律系，后转入柏林大学，接受青年黑格尔派的哲学观点，1841 年获得博士学位。1842 年马克思搬到科隆并成为抨击普鲁士政府的《莱茵报》主编，期间对经济问题产生兴趣，成为从唯心主义向唯物主义转变的开始。1843 年马克思在巴黎与人合办《德法年鉴》，并在该刊发表《黑格尔法哲学批判》和《论犹太民族问题》。在巴黎居住期间，马克思开始深入研究政治经济学，1844 年撰写《1844 年哲学和经济学手稿》，并因此成为一名社会主义者。1844 年马克思在巴黎结识恩格斯，转年马克思和恩格斯合著《神圣家族》，与青年黑格尔派决裂。1845 年他撰写《费尔巴赫提纲》、《德意志意识形态》（与恩格斯合著），创立唯物史观。1849 年，马克思移居伦敦，著有《政治经济学批判（1857—1858 年草稿）》、《政治经济学批判（1857—1858 年手稿）》、《资本论》等。

马克思的历史比较集中体现在他对西欧封建社会形态理论的研究中，该研究始于 19 世纪 40 年代中期，结束于 80 年代早期，前后持续约 40 年时间。应当说，马克思著作中涉及封建概念的论述多不胜数，几乎贯穿于其全部著作中，但对西欧封建社会形态理论的表述主要集中于三个时期：一是 19 世纪 40 年代创立唯物史观时期，二是 19 世纪五六十年代研究资本主义政治经济学时期，三是 19 世纪七八十年代专注于前资本主义社会形态时期，它们相应代表了马克思的西欧封建社会形态理论的诞生、深化和比较等几个重要发展阶段。[①] 其中第一阶段的工作由马克思和恩格斯共同完成，第二三阶段则由其独立进行。

唯物史观构成马克思主义理论的基础，社会形态理论是其历史观的重要内容。马克思的西欧封建社会形态理论的诞生始于唯物史观的创立时期。在唯物史观的奠基作《德意志意识形态》中，马恩首次提出西欧历史上的三种形式的所有制，即"部落所有制""古典古代

[①] 徐浩：《简论马克思的西欧封建社会形态理论》，《史学理论研究》2018 年第 1 期。

的公社所有制和国家所有制",以及"封建的或等级的所有制",相应出现于原始社会、希腊罗马奴隶社会和西欧中世纪,① 这是他们第一次在社会形态意义上使用封建概念。封建的社会形态后来为资本主义所取代。在1848年出版的《共产党宣言》中,马克思和恩格斯认为,至今一切社会的历史(在1888年该书英文版中恩格斯在此处加入以下注释:"这是指有文字记载的全部历史")都是阶级斗争的历史。例如"在古罗马,有贵族、骑士、平民、奴隶,在中世纪,有封建主、臣仆、行会师傅、帮工、农奴,而且几乎在每一个阶级内部又有一些特殊的阶层。"但是,在资本主义时代,上述对立关系简化为资产阶级和无产阶级。② 从以上所使用的相关例证看,这里论述的几种社会形态显然是指西欧。由此,马克思和恩格斯认为,西欧曾依次经历过原始社会(有文字记载以前)、奴隶社会、封建社会和资本主义社会四种社会形态,从而进一步确认和发展了在《德意志意识形态》中提出的三种所有制形式的论述。

不仅如此,西欧封建社会形态理论还在对资本主义政治经济学的研究中得以深化。马克思对资本主义政治经济学的研究旨在深入理解各种前资本主义的社会形态,如他在《〈政治经济学批判〉导言》中所说,"资产阶级社会是最发达的和最多样性的历史的生产组织。因此,那些表现它的各种关系的范畴以及对于它的结构的理解,同时也能使我们透视一切已经覆灭的社会形式的结构和生产关系……人体解剖对于猴体解剖是一把钥匙。反过来说,低等动物身上表露的高等动物的征兆,只有在高等动物本身已被认识之后才能理解。因此,资产阶级经济为古代经济等等提供了钥匙。"③

与19世纪40年代有所不同,从这一时期开始,马克思将自己观察社会形态的视野从西欧扩大到东方。在《政治经济学批判(1857—1858年手稿)》第二篇第二节《资本主义生产以前的各种形

---

① 《马克思恩格斯选集》第1卷,人民出版社2012年版,第148—149页。
② 《马克思恩格斯选集》第1卷,人民出版社2012年版,第400—401页。
③ 《马克思恩格斯选集》第2卷,人民出版社2012年版,第705页。

式》中，马克思详细论述了公社所有制的三种主要形式，即亚细亚的、古代的和日耳曼的，以及前者与后两者的区别等。在论述资本主义以前的各种公社土地所有制形式时，马克思继承了黑格尔有关东西方分属不同政治制度的观点。不过他主张，造成东西方政制差异的根源在于亚细亚、古典古代和日耳曼的公社土地所有制形式。亚细亚是"以东方公社为基础的公社土地所有制"，而古典古代和日耳曼则是"自由的小土地所有制"。土地所有制形式的不同导致公社与其成员的关系大相径庭。实行土地公有制的亚细亚公社属于统一体，而实行土地私有制的古典古代和日耳曼公社只是一种联合体或者比联合体还要松散的联合。换言之，公社成员有无财产权在很大程度上决定了政治体制采用民主还是专制。马克思对亚细亚公社的土地公有制与专制君主之间存在必然联系的论述极富启发性："在大多数亚细亚的基本形式中，凌驾于所有这一切小的共同体之上的总合的统一体表现为更高的所有者或唯一的所有者，因而实际的公社只不过表现为世袭的占有者。因为这种统一体是实际的所有者，并且是公共财产的实际前提，所以统一体本身能够表现为一种凌驾于这许多实际的单个共同体之上的特殊东西，而在这些单个的共同体中，各个个别的人事实上失去了财产，或者说，财产……对这个别的人来说是间接的财产，因为这种财产，是由作为这许多共同体之父的专制君主所体现的总的统一体，以这些特殊的公社为中介而赐予他的。因此，剩余产品……不言而喻地属于这个最高的统一体。"①

此外，在该节后面的论述中马克思还增加了斯拉夫所有制："财产最初（在它的亚细亚的、斯拉夫的、古代的、日耳曼的形式中）意味着，劳动的（进行生产的）主体（或再生产自身的主体）把自己的生产或再生产的条件看作是自己的东西这样一种关系。因此，它也将依照这种生产的条件而具有种种不同的形式。"② 从通篇看，马

---

① 《马克思恩格斯全集》第30卷，人民出版社1995年版，第467页。
② 《马克思恩格斯全集》第30卷，人民出版社1995年版，第488页。

克思主张东西方在原始社会解体后经历了亚细亚、斯拉夫、古代和日耳曼四种公社所有制形式，其中亚细亚的、斯拉夫的与西欧的古代和日耳曼的公社所有制是并列存在，而非前后相继的。

西欧在日耳曼公社所有制基础上建立起封建所有制，后者在经过原始积累后又演变为资本主义所有制。因此，在1859年完成的《〈政治经济学批判〉序言》中，马克思在总结了19世纪40年代以来唯物史观的一系列新发现后，对包括封建社会在内的人类各种社会形态做了如下概括："大体说来，亚细亚的、古希腊罗马的、封建的和现代资产阶级的生产方式可以看作是经济的社会形态演进的几个时代。"①在这里，尽管马克思使用了"演进"一词，但这并不意味着从亚细亚到现代资本主义的社会经济形态都要"依次经过"。如果考虑到前述的马克思的古代和封建概念特指西欧；那么，亚细亚、斯拉夫与古代的、封建的和现代资本主义的生产方式应当是并列存在的不同道路。只有西欧经历了古代、封建和资本主义几种社会形态，其中封建的和资本主义的这种承继关系后来得到更深入研究。在作为《政治经济学批判》续篇的《资本论》中，马克思通过《所谓原始积累》研究了封建所有制的解体过程；②在《资本主义地租的起源》中，他又考察了资本主义以前各种形态的封建地租，③从而极大地深化了对西欧封建社会和资本主义社会形态之间关系的认识。

对前资本主义社会形态的研究促使马克思将西欧与其他非西欧国家进行比较，并通过比较论述了西欧封建社会形态的内涵、适用范围及其与其他社会形态的关系。马克思在研究资本主义政治经济学时期已经注意到各种前资本主义社会形态，如亚细亚的、斯拉夫的、古代的和日耳曼的所有制，特别是亚细亚所有制与古代和日耳曼的区别。19世纪七八十年代，为了回答亚非拉和俄国等尚未走上资本主义道路的国家未来究竟向何处去的问题，他通过摘抄和评注有关亚非拉的

---

① 《马克思恩格斯选集》第2卷，人民出版社2012年版，第3页。
② 马克思：《资本论》第1卷，人民出版社2004年版，第24章。
③ 马克思：《资本论》第3卷，人民出版社2004年版，第47章。

民族学和人类学著作，加紧研究世界其他地区前资本主义的社会形态。在《马·柯瓦列夫斯基〈公社土地占有制：其解体的原因、进程和结果〉一书摘要》中，马克思否认了在德里苏丹国（1206—1526）和莫卧儿帝国（1526—1858）统治时期印度农村公社土地所有制经历了封建化，他反驳道："由于在印度有'采邑制'、'公职承包制'（后者根本不是封建主义的，罗马就是证明）和荫庇制，所以柯瓦列夫斯基就认为这是西欧意义上的封建主义。别的不说，柯瓦列夫斯基忘记了农奴制，这种制度并不存在于印度，而且它是一个基本因素。[至于说封建主（执行监察官任务的封建主）不仅对非自由农民，而且对自由农民的个人保护作用（见帕尔格雷夫著作），那么，这一点在印度，除了在教田方面，所起的作用是很小的）……土地在印度的任何地方都不是贵族性的，就是说，土地并非不得出让给平民！]不过柯瓦列夫斯基自己也看到一个基本差别：在大莫卧儿帝国特别是在民法方面没有世袭司法权。"此外，马克思还指出，印度集权君主制的存在阻碍了印度社会向西欧那样的封建制度演变，并且使农村公社的社会职能逐渐变为国家职能。①

事实上，在反驳柯瓦列夫斯基将印度土地关系变化类比于西欧封建化的过程中，马克思也同时指出了西欧封建社会形态的内涵，即农奴制、保护关系、贵族土地所有制、领主司法权和国家政治统治权高度分散等。类似的封建社会形态除了西欧外只在实行幕府制度时期的日本出现过，如他在《资本论》第1卷第24章《所谓原始积累》的注释中所说的，"日本有纯粹封建性的土地占有组织和发达的小农经济，同我们的大部分充满资产阶级偏见的一切历史著作相比，它为欧洲的中世纪提供了一幅更真实得多的图画"②。此外，马克思并不认为他所论述的有关封建社会形态及其向资本主义的转变适用于西欧以外的其他地区，即使是实行斯拉夫土地所有制的东欧地区也不例外。

---

① 马克思：《马克思古代社会史笔记》，人民出版社1996年版，第78页。
② 马克思：《资本论》第1卷，人民出版社2004年版，第824页脚注192。

上篇　西方比较史学的前史

1877年11月在《给"祖国纪事"杂志编辑部的信》中，马克思针对俄国民粹主义者米海洛夫斯基（1842—1904）对《资本论》的曲解，尤其是他把西欧由封建主义向资本主义的历史演进模式套用于东方的做法痛斥道："他一定要把我关于西欧资本主义起源的历史概述彻底变成一般发展道路的历史哲学理论，一切民族，不管它们所处的历史环境如何，都注定要走这条道路，——以便最后都达到在保证社会劳动生产力极高度发展的同时又保证每个生产者个人最全面的发展的这样一种经济形态。但是我要请他原谅。（他这样做，会给我过多的荣誉，同时也会给我过多的侮辱。）"[①] 换言之，尽管历史上存在过封建社会形态和资本主义社会形态，但这两者都不是西欧以外的人类社会必须依次经历的，如后来的五种生产方式所宣扬的那样，即使东欧也不例外。

在马克思利用民族学材料研究亚非拉的前资本主义社会形态时，恩格斯则利用《马克思古代社会史笔记》中摘录和评注的摩尔根《古代社会》，于1884年出版了《家庭、私有制和国家的起源》，从史前社会，易洛魁人的氏族，以及希腊人、罗马人、克尔特人和德意志人的氏族和国家等方面论述了西欧前资本主义社会形态的演变。他指出，西罗马帝国灭亡后，中世纪早期后半段封建国家的形成使西欧起死回生，"德意志人确实重新使欧洲有了生气，因此，日耳曼时期的国家解体过程才不是以诺曼－萨拉森人的征服而告终，而是以采邑制度和保护关系（依附制度）进一步发展为封建制度而告终"。由此，古代的奴隶制，中世纪的农奴制和近代的雇佣劳动制，"这就是文明时代的三大时期所特有的三大奴役形式"[②]。与此同时，恩格斯在19世纪80年代还发表了《法兰克时代》（1881—1882）、《论日耳曼人的古代历史》（1881—1882）、《马尔克》（1882）和《论封建制度的瓦解和民族国家的产生》（1884）等一系列重要著作[③]，对西欧

[①] 《马克思恩格斯全集》第25卷，人民出版社2001年版，第145页。
[②] 《马克思恩格斯选集》第4卷，人民出版社2012年版，第172、193页。
[③] 《马克思恩格斯全集》第25、28卷，人民出版社2001、2018年版。

封建社会形态的起源、发展和解体进行了全面深入的论述。由此，马恩的西欧封建社会形态理论臻于成熟。

综上所述，马克思在上述著作中提出了在资本主义前存在包括封建主义在内的六种生产方式或社会形态，分别是原始社会、亚细亚社会、奴隶社会、斯拉夫社会、日耳曼社会和封建社会。[①] 其中马克思的封建社会形态的概念是区域性的，即它只存在于中世纪的西欧和幕府统治时期的日本。应该说，马克思的封建社会形态理论自始至终没有出现根本变化，如有学者认为，马克思持续40年的中世纪经济史研究一以贯之，早期呈现的内容较为简单，后期著作经常更加详细和精致，前后内容很少存在矛盾之处。[②] 马克思关于西欧封建社会形态的论断也得到学术界的认同，近年来翻译出版的布洛赫的《封建社会》和冈绍夫的《何为封建主义》分别代表了广义和狭义的封建主义，但两者在封建主义只存在于少数地区的观点上却是相同的。[③]

尽管西欧与世界绝大多数地区的道路不同，但人类历史进程又有普遍规律可循，即遵循着三大社会形式向前发展。在《1857—1858年经济学手稿》中，马克思以人的独立性和自由为中心，对三大社会形式的演进做了如下表述："人的依赖关系（起初完全是自然发生的），是最初的社会形式，在这种形式下，人的生产能力只是在狭小的范围内和孤立的地点上发展着。以物的依赖性为基础的人的独立性，是第二大形式，在这种形式下，才形成普遍的社会物质变换、全面的关系、多方面的需要以及全面的能力的体系。建立在个人全面发展和他们共同的、社会的生产能力成为从属于他们的社会财富这一基

[①] S. N. Mukherjee, "The Idea of Feudalism: From the Philosophes to Karl Marx", *Sydney Studies in Society and Culture*, Vol. 2 (1985), Feudalism: comparative studies, p. 36.

[②] John H. Pryor, "Karl Marx and the Medieval Economy", *The Journal of the Sydney University Arts Association*, Vol. 18 (1996), p. 69.

[③] [法] 马克·布洛赫：《封建社会》上下册，张绪山、李增洪、侯树栋译，商务印书馆2004年版。[比利时] 弗朗索瓦·冈绍夫：《何为封建主义》，张绪山、卢兆瑜译，商务印书馆2017年。

础上的自由个性,是第三个阶段。第二个阶段为第三个阶段创造条件。"① 尽管各国历史道路不同,但发展方向却是相似的,即从野蛮向文明、从低级向高级、从传统向现代发展。有鉴于此,人类历史完全可以说是差异性和普遍性的统一。

四 韦伯

马克斯·韦伯(Max Weber, 1864 – 1920)通常被作为三大社会学家之一(另两位是马克思和迪尔凯姆或称涂尔干),但他很少将自己看成社会学家,他在晚年介绍自己在慕尼黑大学讲座教授职务时说:"现在从聘书上看,我倒成了一个社会学家。"实际上,他自视为政治经济学家和比较历史学家。② 韦伯生于德国中部的图林根州首府埃尔富特市,他的父亲是一位律师,在俾斯麦时期出任"民族自由党"议员。其母很有教养并虔信宗教,具有人道主义精神和宗教兴趣。韦伯日后对法律和宗教的研习深受其父母的影响。1869 年韦伯举家迁居柏林。1882 年韦伯考入海德堡大学法学院,在那里学习了三个学期之后,1884 年先后进入柏林大学和哥廷根大学继续深造,1886 年毕业。他的独立学术研究工作是从法学开始的。1889 年韦伯在柏林大学获得法学博士学位,其博士论文后来被扩展为《中世纪商业合伙史——以南欧文献为基础》(1889)③。1891 年,韦伯出版《罗马农业史及其对公法和私法的意义》,成为柏林大学法学讲师。1894 年韦伯担任弗莱堡大学经济学教授。1896 年韦伯应聘去海德堡大学任教。1897 年,由于罹患严重失眠症,韦伯不得不完全停止工

---

① 《马克思恩格斯全集》第 30 卷,人民出版社 1995 年版,第 107—108 页。
② [英] 彼得·伯克:《历史学与社会理论》,姚朋、周玉鹏等译,上海人民出版社 2001 年版,第 12 页。
③ [德] 马克斯·韦伯:《中世纪商业合伙史》,陶永新译,东方出版中心 2010 年版。该书是韦伯在博士学位论文基础上扩展而成,全书共计六章,其中第三章为其博士学位论文。参阅该书英译本译者卢茨·克尔贝尔的《解读马克斯·韦伯的博士学位论文——以其早期事业和生活为背景》,第 12 页。

作达四年之久，前往意大利罗马等地休养。1901年韦伯身体基本康复，开始阅读中世纪修道院历史、组织结构和经济活动的书籍，为日后研究宗教信仰与经济活动的关系奠定了基础。1903年他与桑巴特共同创建《社会科学和社会政策文库》杂志，恢复与学术界的接触。1904年韦伯应邀访美，出席了在圣路易斯世界博览会期间举行的人文与自然科学大会，在大会上作关于资本主义和德国农村社会的报告。同年，《新教伦理和资本主义精神》的第一部分出版。1905年《新教伦理和资本主义精神》第二部分出版。1906年出版《新教各教派与资本主义精神》。① 1907年韦伯获得一笔可观的遗产，潜心从事科学研究。1909年开始写作《经济与社会》。1914年一战爆发后，韦伯进入军队服役，负责驻在海德堡的几家医院的工作。② 1915年《宗教社会学》的一部分（《序》和《中国的宗教：儒教与道德》）出版。1916年《宗教社会学》的《印度的宗教：印度教和佛教》出版；1917年出版该书的《古犹太教》部分。德国投降后，他是前往凡尔赛签署和约的德国代表团的顾问。1919年韦伯应聘去慕尼黑大学任教，在1919—1920年间讲授经济史，1924年出版《世界经济通史》。此后，韦伯继续编写《经济与社会》，该书的最初几个章节于1919年秋付印，但全书未能完成。1920年6月14日，韦伯因肺炎在慕尼黑逝世，享年56岁。1922年其遗孀玛丽安妮·韦伯出版《经济与社会》。③

韦伯拥有与马克思大致相同的问题意识，即什么是资本主义，以及它为什么只在欧洲发展起来。不过，韦伯并没有像马克思一样用唯物主义观点加以解释，而是聚焦于欧洲价值和文化方面，特别是他理解为源自新教的理性主义和工作伦理，主张它们对资本主义的起源至关重要。更值得注意的是，韦伯没有仅仅从欧洲历史中寻找资本主义

---

① 两书中译本见［德］马克斯·韦伯：《新教伦理与资本主义精神》，康乐、简惠美译，广西师范大学出版社2007年版。

② ［美］莱因哈特·本迪克斯：《马克斯·韦伯思想肖像》，刘北成等译，上海人民出版社2002年版，第1—3页。

③ ［德］马克斯·韦伯：《经济与社会》上下卷，林荣远译，商务印书馆1997年版。

的起源，还考察了中国和印度等非欧洲社会，并将其与欧洲进行比较。在此基础上，韦伯主张后两个社会缺少资本主义所必需的文化价值，它们走向现代化必须经过一种痛苦的文化转型过程，以便祛除自身妨碍资本主义发展的文化障碍。

与通常看法不同，韦伯认为资本主义不是早期现代欧洲的发明，它自古就有且非常普遍，例如古代和中古都存在的唯利是图的商业资本主义。"然而，西方世界却赋予了资本主义他处所未曾有过的重要意义，这是因为西方世界发展出了他处所没有的资本主义的种类、形式与方向"。这就是被赋予了资本主义精神的资本主义，理性化（rationalization，即按理性原则行事）是这种资本主义精神的主要特征，而宗教改革后的新教伦理成为孕育它的温床。[①] 为了验证这一结论，韦伯比较了世界其他几种宗教及其与所在国家理性化资本主义发展与否的关系。韦伯对这个问题的讨论涉及中西历史比较，并体现在《儒教与道教》（原名为《中国的宗教：儒教与道教》）之中。韦伯在其成名作和代表作《新教伦理与资本主义精神》的《前言》中认为，欧洲理性化资本主义产生于理性化的行政和法律制度，而理性化的行政和法律制度又根源于特定的宗教信仰。在对古代中国理性化资本主义发展与否的考察中他仍遵循这一思路，并分别讨论了包括货币制度、城市与行会、家产制（patrimonialismus，即家天下）国家、家族血缘组织以及法律在内的物质因素（他称之为社会学的基础），以及包括儒教和道教在内的精神因素。这里我们主要关注韦伯有关中西不同的物质因素对各自理性化资本主义影响的论述。

值得注意的是，韦伯并未像孟德斯鸠、黑格尔和马克思那样认为古代中国的专制制度肇始于先秦时期。相反，公元前11至公元前3世纪的中国西周和东周时期实行的是封建制，公元前221年秦始皇统一六国建立了君主专制制度。韦伯认为，封建制和君主专制是两种截

---

① ［德］马克斯·韦伯：《新教伦理与资本主义精神》，康乐、简惠美译，广西师范大学出版社2007年版，《前言》第7页，以及第1—2卷。

然不同的制度，与我们长期以来将封建和专制主义合二为一地称为封建专制主义的做法判若霄壤。① 相对而言，封建制（主要就欧洲封建制而言，韦伯认为先秦封建制的内部与欧洲不同，尽管外表看起来很相似）有助于资本主义的成长，君主专制则阻碍了资本主义的产生。为此，他主要比较了欧洲的封建制与秦汉至明清的君主专制对各自理性化资本主义的不同影响。

货币经济是资本主义产生的必要条件，而它又受到货币制度的制约。欧洲自中世纪早期以来就存在以银本位为代表的贵金属货币制度，以此为基础，中世纪中晚期国内外贸易活跃，形成了较为发达的货币经济。无疑，资本主义产生需要活跃的海外贸易和货币经济，相反，"中国自古以来是个内陆贸易的场所，这对于满足广大地区的需求是不可缺少的。然而，由于农业生产重于一切，致使货币经济直到近代几乎达不到埃及托勒密王朝（公元前305—公元前30年）时的发展水平"。古代中国由于受到贵金属匮乏和开采技术落后等影响长期使用铜本位制。尽管"铜币有其价格低廉的优点，但由于铸造成本大幅度增加，加上高昂的货币运输费用，所以对交易和货币经济的发展来说，它都是一种很不实用的货币形式"。不仅如此，"可供使用的铜，即使是在和平时期，由于工业和艺术上的用途（例如铸造佛像），其数量变动也非常之大，这显然会影响到物价和纳税。铸币价值（币值）的大幅度变动及其对物价的影响，往往使得想在纯粹（或大体纯粹）的货币赋税基础上建立起统一预算的企图归于失败，不得不再次回复到（至少部分地）实物租税，其结果必然是经济的呆滞"。可以说，长期的铜本位制限制了古代中国的贸易和货币地租等货币经济的快速增长。"16世纪时，由于开始同欧洲进行直接贸易，银大量地涌入，使上述情况有所好转。""不过，以银块作为流

---

① 诚然，中国古人始终将封建制和郡县制视为不同制度。见冯天瑜《"封建"考论》，武汉大学出版社2007年版，第十五章。晚近以来，争论再起，取消和坚持泛化封建制的观点仍相持不下，见中国社会科学院历史研究所、中国社会科学院经济研究所、中国社会科学杂志社《历史研究》编辑部编《封建名实问题讨论文集》，江苏人民出版社2008年版。

通手段毕竟招来很大的麻烦",需要繁琐地称重和鉴定成色,因而这种很晚才出现的银本位制仍无法很好地作为贸易和货币地租等货币经济发展的润滑剂。① 简言之,古代中国以铜、铁等金属为代表的货币制度及建立在其上的不发达的货币经济阻碍了资本主义的发展。

城市也是资本主义产生的必要条件,但中西城市在这方面却发挥了不同作用。中西城市都是军事和政治中心,除此之外,"当然,(中国的)城市往往也是商业和手工业的中心,但后者的发达程度显然不如西方中世纪的城市",西方中世纪中期以降城市无论大小几乎无一例外都是工商业中心。中西城市更大的差异是自治权的不同。"和西方完全不同的是,中国以及所有东方的城市,缺乏政治上的特殊性。中国的城市,既非古希腊等地的'城邦国家'(Polis),也没有中世纪那样的'都市法',因为它并不是具有自己政治特权的'政区'。城市里没有西方古代城市特有的市民阶级———一个武装起来的居住在城市里的军人阶层。"由此,古代中国城市全然不知城市自治权为何物,因而也就不会为争取城市特许状而斗争。在中世纪中晚期的欧洲,城市特许状对限制国王和领主对城市的恣意盘剥,独立自主地行使行政权、财政权、司法权和立法权等起到了不可或缺的作用,从而使城市成为与王权、教权、领主权并存的多元权力之一。更不可思议的是,与欧洲中世纪城市自治权通常大于村庄的恰恰相反,"作为帝国堡垒的中国城市所得到的有法律保障的'自治'比村落还要少"。古代中国城市行会虽然对会员拥有极大权力,但唯独缺少政治权力。"中世纪的西方,行会一旦掌握支配权,就会实际地寻求实现'城市经济政策'。而在中国,尽管有过许多这类有组织的城市政策的萌芽,但却从未臻于完善的境地。"② 古代中国的城市工商业者没有参政议政的权利,而中世纪欧洲城市的商人和工匠不仅能够跻身市

---

① [德]马克斯·韦伯:《儒教与道教》,洪天富译,江苏人民出版社1993年版,第6、11—12、17页。

② [德]马克斯·韦伯:《儒教与道教》,洪天富译,江苏人民出版社1993年版,第19、19—20、21—22、26页。

长等市政官员行列制定城市政策,而且从十三四世纪起还成为议会的法定代表参与国家立法、批准赋税和监督政府等工作,这无疑对城市乃至整个国家的发展都至关重要。

韦伯还分析了君主专制在其他方面对古代中国理性化资本主义的消极影响。他认为,秦汉以来以官僚制取代分封制,但它并不是一个理性化的行政制度。任职地回避制和任期制导致主政官不谙地方事务,为此需要大量借助地方的师爷和胥吏。"根据专家估计,即使是最小的行政单位(县),幕僚的人数都高达30到300人,而这些人往往是由人民中的渣滓来充任。"此外,官僚制还助长了对人民的巧取豪夺。"取得官位得付出昂贵的代价(求学、买通、赠礼与'规费'),任官之后往往债务缠身,因而不得不在短短的任期之内尽其敛赋之能事。在没有固定的税额与保障的情况下,他可以趁机大捞一把。不用说,当官确实是为了敛财,只有在做得太过分的情况下,才会为人攻击。""因此,在家产制的国家里,具有典型意义的,主要并不是理性的经济活动,而是内政的掠夺性资本主义。"不仅如此,更大的问题还在于在这种大一统的和平环境中,由于缺乏封建制下的彼此竞争,造成保守主义的盛行及理性化行政制度无法产生。"正是这个在世界帝国中阻碍统辖理性化的受禄者阶层,在战国时代却是诸侯国里统辖理性化的有力的促进者。可是,尔后刺激消失了。"官僚制取代分封制导致合理的大型农业企业无法产生,耕地大部分是由分散的小块耕地所构成,技术上的改良由于土地极度的零碎化而无法实行。土地分封及其世袭占有的废除导致社会结构发生重要变化,"社会制度的封建成分,至少在法律上说,已失去其等级的性质"。其结果必然是社会结构两极化。"按照法律,家产制官僚机构直接统领小市民与小农民;西方中世纪时那种封建的中间阶层,无论在法律上、还是实际上,都不存在。"如此,既不利于权力制衡,也在理性化制度尤其是财产关系等方面抑制了资本主义产生。此外,君主专制不仅无法有效治理家族控制下的乡村,而且还阻碍了真正意义上的法治的发展,"反形式主义的、家长制的基本特征，从来是否认不了的：有伤风化的生活行为，不须要引专门的法规就可以加以惩处。然而，十分重要的是立法的内在性质：以伦理为取向的家产制，无论是在中国还是在其他各地，所寻求的总是实际的公道，而不是形式法律"。由此，理性化的法律制度如判例法、中央法庭、担保法和律师制度等无法占有一席之地，"正因为中国的司法依赖于一种实在的个体化与恣意专断，所以对于资本主义也就缺乏政治上的先决条件"[①]。总之，在韦伯看来，秦汉以来中国与中世纪欧洲的以上不同，决定了前者根本无法产生像后者那样理性化的资本主义，从而阻止了中国古代资本主义向近代资本主义的转变。

---

① ［德］马克斯·韦伯：《儒教与道教》，洪天富译，江苏人民出版社1993年版，第71、73—74、76、100、104、122、124页。

第四章

文明体系的历史比较

一 文化史和文明史研究的兴起

文化史和文明史分别兴起于十八九世纪,其故乡主要在法国。布罗代尔认为,"文化"(culture)和"文明"(civilization)的概念在18世纪的法国几乎同时问世。尽管"文化"一词由来已久(西塞罗曾谈及精神文化),但只有到18世纪中叶它才真正具有知识的含义。[①] 1756年启蒙思想家伏尔泰出版《风俗论》,该书旨在反对政治史的主导地位,倡导研究传统政治史以外的其他历史。正如他在序言中所说的:他所写的这部历史将"删掉那些令人生厌而又不真实的战争细节,那些无关紧要的、只是无聊的尔虞我诈的谈判,那些冲淡了重大事件的种种个人遭遇,而保留其中描写风俗习惯的材料,从而把杂乱无章的东西构成整幅连贯清晰的画卷"[②]。伏尔泰在此书中对中世纪以来欧洲和东方国家文化的诸多方面进行了深入阐述,展示了人类从愚昧到文明的艰辛历程。有鉴于此,这部著作历来被认为是文化史研究的奠基之作。

文明的最初含义是与野蛮相对的,野蛮不是自己消失的,文明必

[①] [法]费尔南·布罗代尔:《文明史:过去解释现实》,载[法]费尔南·布罗代尔《资本主义论丛》,顾良、张慧君译,中央编译出版社1997年版,第125页。
[②] [法]伏尔泰:《风俗论》上册,梁守锵等译,商务印书馆1997年版,"序言",第2页。

须战胜野蛮，才能最终确立自己的地位。具有开化含义的"文明"一词产生于18世纪下半叶，文明作为名词于1766年首次在印刷物中出现，但其动词和分词形式（即开化、文明化）在16世纪和17世纪已经不难见到。文明最初指的是对知识进步、技术进步、道德进步和社会进步的一种朦胧憧憬，即所谓的启蒙思想。法国启蒙思想家和进步论的代表人物孔多塞在《人类精神进步史表纲要》的最后一章中就曾多次使用过这种意义的文明概念。① 大致而言，启蒙思想家主要关注作为单数的人类文明，到19世纪时文明概念已存在单数和复数之分。前者关系到整个人类，后者则分散于特定的时间和空间之中。②这意味着人们不再把文明只当作一种理想和普遍品格，也开始分别研究欧洲文明和其他文明。

　　复数文明研究的开创者是伏尔泰的同胞弗朗索瓦·皮埃尔·纪尧姆·基佐（François Pierre Guillaume Guizot，1787－1874），1828年他出版了作为课程讲义的《欧洲文明史：自罗马帝国败落起到法国革命》，明确提出"欧洲文明"的概念："我用了欧洲文明这个词语，因为十分明显，存在着一个欧洲文明，在欧洲各国的文明中普遍地存在着一种一致性；虽然在时间、地点和环境方面千差万别，但这个文明最初都起源于那些几乎完全相似的事实中，到处都是根据同样的原则向前发展，并几乎到处都会产生相似的结果。因此，存在着一个欧洲文明，而我要请你们注意的正是这个集合而成的文明这一主题。"他认为文明史研究应包括社会的发展和人的发展、社会的进步和人性的进步两个事实，但他在这部著作中仅研究了社会状况的历史。③

　　1829年至1831年基佐又出版了《法国文明史——自罗马帝国败落起》，并在第1卷对自己不再继续讲授欧洲文明史课程的原因做了

---

① ［法］孔多塞：《人类精神进步史表纲要》，何兆武、何冰译，生活·读书·新知三联书店1998年版，第十个时代。
② ［法］费尔南·布罗代尔：《文明史：过去解释现实》，载［法］费尔南·布罗代尔《资本主义论丛》，顾良、张慧君译，中央编译出版社1997年版，第122页。
③ ［法］基佐：《欧洲文明史：自罗马帝国败落起到法国革命》，程洪逵、沅芷译，商务印书馆1998年版，第2、11、17页。

如下解释:"在讲述一部范围如此之广、而且同时在其一切细节上都得完整无缺的历史中要保持某种统一性,那将是困难的,姑且不说是不可能的。我们去年夏天已经认识到在欧洲文明里有一种真实的统一性;但这种统一性只有在一些一般的事实里,在一些巨大的结果里显现出来……当人们从一般事实中摆脱出来,当人们想深入观察种种特殊事实时,统一性便消失了,特殊性也就重新显现了;人们在形形色色的事情中往往会看不到原因和结果;因此为了详细地讲述历史,而又能保持某种协调一致,那就绝对必须缩小研究的范围。"[1] 基于此,专门讲述某一国家的文明史就成了较为明智的选择。在该书中,基佐仍秉承前一本书有关文明史概念的定义,即研究社会状态和精神状态的不断完善与互动的历史。他认为英国实现了社会进步,德国则取得了精神进步,唯有法国在两条道路上携手并进,这是他选择讲授法国文明史的主要理由。[2]

基佐之后,复数的文明史被政治史所取代。19世纪中后期,兰克史学在德国乃至欧美占据主导地位,其主要研究对象是民族国家的政治史。兰克一生撰写了多部欧洲主要国家的国别史,以及《教皇史》和《世界史》,无不以政治史为主要叙述内容。不仅如此,受政治史影响,虽然1860年布克哈特也出版了《文艺复兴时期的意大利文化》,但后者也主要聚焦于精英文化,与伏尔泰的风俗习惯的文化史视角相去甚远。政治史无法满足人们对文化史和文明史的兴趣,特别是在人类前途命运出现危机之时,这也是20世纪早期以来文明体系比较产生的重要原因。

二 斯宾格勒

奥斯瓦尔德·阿莫德·哥特弗里德·斯宾格勒(Oswald Arnold

---

[1] [法]基佐:《法国文明史——自罗马帝国败落起》,沅芷、伊信译,商务印书馆1999年版,第6页。
[2] [法]基佐:《法国文明史——自罗马帝国败落起》,沅芷、伊信译,商务印书馆1999年版,第8—9页。

Gottfried Spengler，1880－1936），德国历史哲学家、文化史学家和文化形态学的创始人。1880年，斯宾格勒出生在德国北部布伦瑞克公国的布兰肯堡小镇，家境较为殷实。父系世代从事采矿业，但由于矿产资源枯竭，斯宾格勒的父亲放弃祖业，担任了一个小公职——邮政检查员。母系则是一个舞蹈世家，其外祖父曾是一位舞蹈教师。斯宾格勒从家族中遗传了来自父系的勘探精神和母系的艺术灵感。10岁时，由于父亲工作调动，斯宾格勒全家搬到德国中东部的哈雷大学城，他在当地的中学接受了古典教育，学习希腊语、拉丁语、数学和科学。他还发展了对艺术的爱好，尤其是诗歌、戏剧和音乐。1901年起，斯宾格勒先后进入慕尼黑大学、柏林大学和哈雷大学，学习了广泛的学科。1904年，他在柏林大学获得博士学位，学位论文题为《赫拉克利特哲学中的形而上学基本思想》。1904年12月，他通过考试获得了中学教师资格，随后开始中学教师生涯。1905年，斯宾格勒罹患精神疾病。从1908年至1911年，他在汉堡的一所文法学校工作，教授数学、物理、历史和德国文学。1911年他母亲去世，斯宾格勒继承了一小笔遗产，可以维持生计。次年，由于汉堡寒冷的气候使他饱受偏头疼的折磨，斯宾格勒移居到南部的慕尼黑，并一直住到1936年因心脏病发作去世。他在那里靠微薄的遗产为生，过着与世隔绝的学者生活，终身未娶。斯宾格勒深受歌德和尼采思想的影响，自称歌德给了他方法，尼采给了他质疑的能力。[①] 斯宾格勒著有两卷本的《西方的衰落》（1918—1922），《人与技术》（1931），《决定时刻》（1934）等。

《西方的没落》堪称斯宾格勒有关文明体系比较的代表作，旨在揭示西方社会正在经历的类似于古典世界衰落的命运。据他介绍，"该书的书名早在1912年就已经确定，它十分切题地表达了本书的意图，即以古典时代的没落为殷鉴，来描绘一个历时达数世纪之久，而我们自己现在正在进入的世界历史的样态"[②]。为此，他要通过梳理

[①]［德］奥斯瓦尔德·斯宾格勒：《西方的没落》第1卷《形式与现实》（全译本），吴琼译，上海三联书店2006年版，修订版"序言"。

[②]［德］奥斯瓦尔德·斯宾格勒：《西方的没落》第1卷《形式与现实》（全译本），吴琼译，上海三联书店2006年版，第一版《序言》。

第四章 文明体系的历史比较

人类各文化的发展阶段来预测西方文化的未来,正如他所宣布的那样,这本书是第一次大胆尝试,想去预断历史,想在一种文化的命运中去追踪尚未被人涉足过的各个阶段,尤其是我们的时代和文明的星球上那唯一实际上已处于完成状态的文化的各个阶段,那就是西欧及美洲文化(西方文化)。① 在他看来,西方的没落,乍看起来就像古典文化的没落一样,只是限于一定的时空中的现象。可是在理解了它全部的重要性之后,它还是一个哲学的问题,即包含了有关人类存在的每一个重大问题。从历史顺序上说,西方的没落在历史上并不是第一例,而是最后一例,因为其他文化在此之前早已经进入衰落阶段。

促使斯宾格勒撰写这部书的原因首先来自现实政治。他在该书序言中曾回忆说,1911年,他打算对有关当时的政治现象及其可能的发展所作的广泛思考加以总结。当时第一次世界大战在他看来已迫在眉睫,这是历史危机不可避免的外部表现。因此,他努力想从考察此前各世纪的精神出发来理解这一历史危机。而要想有效地理解这个时代,原计划所要考虑的范围就必须大大地扩展。西方当前面临的危机是历史过程的一个片段,只有将它放入历史整体中加以考察,才能显示出其自身的意义。如他所言:"在历史的世界图景中,没有一件东西,不论其多么细小,不是在基本趋势的全部总和中来体现自身的。因此,我原先的论题就大大地扩展了。有大量未曾预想到的(且基本上是全新的)问题和相互的关系全部涌现出来了。最后,完全清楚了一点:除非或者说直到世界历史本身——它乃是作为有固定结构的有机体的高级人类的故事的见证——的秘密被澄清之前,任何单个的历史片断是不可能被彻底弄清的。"② 这样一来,原先只包括有限的对当代西方文明出路问题的关注,便让位给一个更大的问题,即对世界历史整体的研究。

---

① [德]奥斯瓦尔德·斯宾格勒:《西方的没落》第1卷《形式与现实》(全译本),吴琼译,上海三联书店2006年版,第3页。
② [德]奥斯瓦尔德·斯宾格勒:《西方的没落》第1卷《形式与现实》(全译本),吴琼译,上海三联书店2006年版,第46页。

上篇　西方比较史学的前史

除现实政治原因外，斯宾格勒撰写这部著作还有学术原因。首先，斯宾格勒反对以自然科学的方法研究哲学与历史。与以往的历史哲学不同，他将自己的历史哲学称之为"世界历史形态学"（morphology of world history），即作为"历史之世界"（world – as – history）的形态学，以区别于几乎作为哲学的唯一主题的"自然之世界"（world – as – nature）。两者在研究方法上截然不同：过去的历史研究几乎无一例外地是从某一个科学领域即物理学那里汲取其方法，以至于我们虽然实际上研究的是客观的因果联系，但自以为是在进行历史研究。然而，除了因果必然性（即空间的逻辑）之外，还有另一种必然性，那就是生命的有机的必然性，命运的必然性（即时间的逻辑）。其次，斯宾格勒较早对启蒙运动的单线历史进步观发起挑战。以往由于把历史划分为古代史、中古史和现代史，使我们已无法认识人类在通史中的真正地位。因为它持有一种简单的直线发展观，它的历史分期比例是毫无意义的；还因为它无法把不断进入我们知识宝库的新的历史领域包括进去。再次，斯宾格勒较早批判欧洲中心论，认为这种世界历史的常规框架除限制了历史的领域外，还左右了历史舞台。西欧的领地被当作坚实的一极，当作地球上独一无二的选定地区，而那些千百年来绵延不绝的伟大历史和悠久的强大文化都只能谦卑地绕着这个极旋转。这简直就是一个太阳与行星的怪想体系！但是，这一"世界历史"之幻境的上演，只是我们西欧人的自欺欺人，只要稍加怀疑，它就会烟消云散。为此，他将这种欧洲中心论的历史框架斥之为历史的"托勒密体系"（即天文学中传统的地心体系），而将该书所提出的替代体系称之为历史领域的"哥白尼发现"[①]。

斯宾格勒认为，世界历史就是各个文化的历史，因此世界历史形态学也就等同于文化形态学。斯宾格勒使用的"文化"通常是一个

----

① ［德］奥斯瓦尔德·斯宾格勒：《西方的没落》第 1 卷《形式与现实》（全译本），吴琼译，上海三联书店 2006 年版，第 6、15—16 页。

总体性概念，包括同一心灵下各种文化事实的总体。斯宾格勒主张文化具有多样性。"我所看到的，不是那一直线型的历史的空壳，而是众多伟大的文化的戏剧，其中每一种文化都以原始的力量从其母体中勃兴起来，并在其整个的生命周期中和那种母体紧密联系在一起。"①他从生物学中移植了形态学的概念，用它作为人类各文化的分类方法。他宣称，世界历史上曾经存在过八种高级文化，即埃及文化、印度文化、巴比伦文化、中国文化、古典文化（古希腊罗马文化）、伊斯兰文化、墨西哥文化、西方文化。作为文化形态学的真正创立者，他对各文化的原始心灵象征进行了描述，例如古典文化（即阿波罗式的文化）的原始心灵象征是"就近的、严格地被限定的、自足的实体"，西方文化（即浮士德式的文化）的原始心灵象征是"纯粹的和无限度的空间"，阿拉阿伯文化（即麻葛式的文化）的原始心灵象征是"洞穴"（体现在清真寺的长方形会堂和圆顶的设计），古埃及文化的原始心灵象征是"石头"（代表者是金字塔），中国文化的心灵原始象征是"道"等。至于巴比伦文化、印度文化和墨西哥文化，斯宾格勒则没有找到它们各自的原始心灵象征。②

尽管作为有机体的文化具有多样性，但它们的发展却又遵循有机体的普遍规律，因而是多样性和普遍性的统一。具体而言，每个文化的历史都要经历前文化时期、文化早期、文化晚期、文明时期四个发展阶段，它们相当于有机体的童年、青年、壮年和老年四个时期，或自然界的春、夏、秋、冬四个季节，每一阶段要经历1000年左右的漫长岁月。斯宾格勒认为，前文化是和原始文化相对的，人类最早从原始文化进入前文化的时间迄今只有6000年。在埃及和巴比伦，公元前4000年是两地的前文化时期，"我（斯宾格勒）所谓的前文化

---

① ［德］奥斯瓦尔德·斯宾格勒：《西方的没落》第1卷《形式与现实》（全译本），吴琼译，上海三联书店2006年版，第20页。

② ［德］奥斯瓦尔德·斯宾格勒：《西方的没落》第2卷《世界历史的透视》（全译本），吴琼译，上海三联书店2006年版，第六章。"麻葛"（单数为Mayus，复数为Magi），指祆教（古代波斯帝国的国教，又称拜火教）的祭司。

（可以说，它在每一高级文化的开端是作为一个统一的过程出现的），是和任何类型的原始文化在性质上不同的东西，是某种全新的东西"。在前文化时期，原始人变成了真正的人。因此，"极有可能的是，在人的本质方面的一种变化无论如何在那个时期是完成了的"①。公元前1500年以后出现了三种新的文化，首先是上旁遮普的印度文化，接着是百余年以后出现在黄河中游的中国文化，再接着是公元前1100年左右出现在爱琴海的古典文化（古希腊和罗马文化）。直到公元5世纪，日耳曼人才成功突破了罗马世界的防线，罗马帝国解体，于是三个帝国中只有两个（印度和中国）还继续存在，并且一直存在着。在解体的罗马帝国的基础上，未来的西方文化在西北部悄悄地趋于成熟。而在东方则是阿拉伯文化已经兴盛起来。与此同时，在美洲也兴起了墨西哥文化。对斯宾格勒来说，各文化所经历的发展阶段具有类似的政治、经济和社会特征，文化早期实行封建主义，贵族和僧侣进行统治，农村占优势地位。文化晚期出现城市革命，市民成为第三等级，城市和货币经济快速发展。文明时期的标志是帝国和世界性城市的建立，也是有机体的老年。②

斯宾格勒认为，在上述八种文化中，除西方文化外，其余七种都早已走进生命旅程的最后阶段，即文明时期。西方文化在经历了古日耳曼人的前文化时期，中世纪早期的文化早期，以及城市革命以来的文化晚期后，也早已在19和20世纪过渡到文明时期。在斯宾格勒那里，文明与文化具有完全不同的含义。文明时期是每个文化的生命周期所经历的最后阶段，是作为该文化的"结果、完成和结尾"来临的。他说："每一种文化，皆有其自身的文明。迄今为止，文化与文明这两个词一直用于表达一种不确定的、多少带有伦理色彩的区分。而在本书中，将第一次在一种周期的意义上用它们

---

① ［德］奥斯瓦尔德·斯宾格勒：《西方的没落》第2卷《世界历史的透视》（全译本），吴琼译，上海三联书店2006年版，第28页。
② ［德］奥斯瓦尔德·斯宾格勒：《西方的没落》第2卷《世界历史的透视》（全译本），吴琼译，上海三联书店2006年版，第二章。

来表达一个严格的和必然的有机发展系列。文明是文化的必然命运，依据这一原则，我们可以得出一个观点，使历史形态学中最深刻和最重大的问题能够获得解决。文明是一种发展了的人性所能达到的最外在的和最人为的状态，它们是一种结论，是继生成之物而来的已成之物，是生命完结后的死亡，是扩张后的僵化……它们是一种终结，不可挽回，但因内在必然性而一再被达到。"① 此后，大约在公元 2000 年至 2200 年，西方文明就进入解体的过渡时期。2200 年后，西方文明就要最终瓦解，从而重新开始一个新的循环过程。斯宾格勒甚至公然宣称：正是这种宿命的必然性"构成了全部历史（与自然相对立）的本质和核心"②。

斯宾格勒强调文化的多样性，突破了 19 世纪产生的欧洲中心论。但他并没有对所有文化的原始心灵特征做出归纳，即使已经做出的归纳也往往只是罗列现象，难以抓住各种文化的本质，更缺少应有的价值判断。斯宾格勒归纳了各文化的普遍发展规律，这也是他的文化形态史观遭人诟病的地方。他所揭示的普遍规律是各文化都要严格遵循的有机体的生命周期，沦为一种生物学上的宿命论。他的宿命论的历史观去除了农业革命、工业革命、现代化和民主化等人类历史发展进步的主要标志，无法看到人类历史发展的意义和方向。他宣称各文化的发展阶段具有相似内容，例如所有文化都要经历封建主义，实行贵族和僧侣统治。然后各文化又要经历城市革命，市民作为第三等级兴起，市民取代贵族和僧侣的统治。应该说，这些对文化早期和文化晚期发展阶段内容的概括难以经得起各文化历史实际的验证。此外，他还将不同文化的各个阶段视为"同时代的"，例如他认为帝国和世界级城市是文明的重要指征，因此中国的秦帝国、希腊的亚历山大帝国和 19 世纪至 20 世纪的西方文化都开始了向文明阶段的过渡，因而它

---

① ［德］奥斯瓦尔德·斯宾格勒：《西方的没落》第 1 卷《形式与现实》（全译本），吴琼译，上海三联书店 2006 年版，第 30 页。

② ［德］奥斯瓦尔德·斯宾格勒：《西方的没落》第 1 卷《形式与现实》（全译本），吴琼译，上海三联书店 2006 年版，第 6 页。

们在哲学意义上是等值的，这种比附充满历史相对主义，看不到传统与现代的区别，以及现代性的价值。如果说，斯宾格勒对文化多样性比较的缺点还主要是不全面、以现象代替本质；那么他对文化普遍规律的比较则失之于生物学上的命定论。其结果导致20世纪以来历史相对主义和历史悲观主义的盛行，使人类迷失了方向，这不能不说是启蒙运动以来西方历史观的一种严重倒退！

三 汤因比

阿诺德·约瑟夫·汤因比（Arnold Joseph Toynbee, 1889-1975）为英国历史学家和历史哲学家，出生在伦敦一个中产阶级家庭。其父哈里·汤因比是一位医生，也是一位热心的社会工作者；其母莎拉·马歇尔是英国早期获得大学学位的女性之一，也是一位历史学家。汤因比的伯父阿诺德·汤因比（Arnold Toynbee, 1852-1883）是著名经济史学家，开创了工业革命史研究，汤因比的名字正是为了纪念他这位英年早逝的伯父而起的。在这样良好的家庭背景下，汤因比从小就热爱历史，并受到了很好的教育，曾就读于温切斯特学院和牛津大学贝利奥尔学院，1911年毕业。其后汤因比加入雅典考古学院成为古希腊史研究生，并前往希腊进行考古工作。1912年回国后他成为母校贝利奥尔学院上古史教师及研究员，专门研究及教授希腊和罗马的古代史。第一次世界大战期间，汤因比为英国外交部情报司工作。1919年他出席巴黎和会后，从古代史转向近现代史，在伦敦大学任拜占庭及近代希腊研究教授（1919—1955）。他于1921年至1922年希土战争期间任《曼彻斯特卫报》记者，1922年将此经历写成《希腊与土耳其的西方问题》。1925年他成为伦敦政治经济学院的国际史研究教授，并任伦敦皇家国际事务研究所所长，长达三十年之久。汤因比曾分别于1929年至1967年两度来华访问，对中国文化有极高的评价。另著有《历史研究》12卷（1934—1961）、《希腊的历史思想》（1924）、《战争与文明》（1951）、《文明经受考验》（1948）和《汤因比论汤因比》（1963）等。

几乎与斯宾格勒构思和写作《西方的没落》同时，汤因比也在独自从事文明起源的研究。1920年夏，在一次偶然的场合，他读到了斯宾格勒的惊世之作《西方的没落》第1卷。在对作者的观点惊叹和折服之余，他也为作者陷入宿命论不能自拔、没能对自己的论点做出因果说明而惋惜。他暗下决心完成斯宾格勒本该做却没有做完的工作。汤因比回忆说："在我阅读那些闪烁着历史真知灼见的光辉篇章时，我最初在思索：我所要探讨的问题，在我脑子里还没有形成之前，更谈不上得到答案之前，是否斯宾格勒已经把它阐明了……但是，当我希图从斯宾格勒的著作中寻找关于文明起源这个问题的答案时，我就发现还有工作要等待我自己来完成。我认为，在文明起源问题上，斯宾格勒的观点是非常模糊的、公式化的和宿命论的。在他看来，各个文明的发生、发展、衰落和灭亡都是划一的，按照固定不变的时间表进行的。为什么是这样，他并没有解释……这种武断的命令似乎和斯宾格勒的辉煌天才至不相称。在这里，我觉察到民族传统上的相异。在这位德国人的先验论留下空白的地方，让我们试一试用英国的经验论来加以填补，让我们拿事实做标准来验证不同的可能的解释，看一看它们是否经得起考验。"[1] 于是，文明为什么起源和生长？何以衰落与解体？对这些问题的回答便构成了汤因比《历史研究》的中心内容。

汤因比对文明体系的比较是从思考历史研究可以自行说明问题的单位开始的。他注意到，在最近几百年里，尤其是在近几个世代里，很想自给自足的民族主权国家的发展引导历史学家们选择了民族国家作为研究历史的一般范围。但是，各国历史是相互影响的，在欧洲没有一个民族或民族国家能够自行说明它自己的问题，包括第一个发生工业革命的国家英国在内。因而，"那样就应该可以说历史研究的可

---

[1] ［英］汤因比：《我的历史观》，陈芳芝译，田汝康、金重远选编：《现代西方史学流派文选》，上海人民出版社1982年版，第119—120页。

以自行说明问题的范围既不是一个民族国家,也不是另一极端上的人类全体,而是我们称之为社会的某一群人类"①。

在汤因比看来,这种"社会"好比生物学上的一个"属",其下包括"原始社会"和"文明社会"两个"种"。这种与原始社会相对的文明概念与斯宾格勒是不同的,在后者那里,文明是文化发展的最后阶段或终结。此外,文明的数量相对于斯宾格勒的文化也扩大了。在人类历史上,总共存在过19个文明社会,其中大部分都是另一个社会或几个社会的母体或子体,计有西方社会、东正教社会、伊朗社会、阿拉伯社会(上面这两个社会现在合为一个伊斯兰社会)、印度社会、远东社会、希腊社会、叙利亚社会、古代印度社会、古代中国社会、米诺斯社会、苏末社会(苏美尔社会)、赫梯社会、巴比伦社会、埃及社会、安第斯社会(位于南美洲)、墨西哥社会、于加丹(即尤卡坦,分布在今中美洲墨西哥的尤卡坦半岛)社会、玛雅社会。其中东正教社会又可分为拜占庭东正教社会和俄罗斯东正教社会,远东社会可分为中国社会和朝鲜日本社会,这样文明社会的总数就增加到21个。② 在上述文明社会中,只有西方社会、东正教社会、伊斯兰教社会、印度社会和远东社会继续存在,它们都与早期社会存在着亲属关系,伊斯兰社会与伊朗社会和阿拉伯社会,远东社会与古代中国社会,印度社会与古代印度社会即是如此。但这种亲属关系最长的也不过三代,例如米诺斯社会、古希腊社会和西方社会。

汤因比还反驳了对上述21个文明社会是否可以进行比较的质疑。批评者提出质疑的理由主要有二,一是这些文明不属于同一历史年代,因而它们之间无法进行比较。汤因比对此反驳说,时间的长短是相对的,在已知的文明出现至今,时间还不足6000年。历史上长的文明社会也才不过三代,第三代现在都还活着。此外,文明社会仅仅

---

① [英] 汤因比:《历史研究》上册,曹未风译,上海人民出版社1959年版,第14页。

② [英] 汤因比:《历史研究》上册,曹未风译,上海人民出版社1959年版,第43页。

只占人类全部时间的2%，在此意义上可以说所有这些文明社会是完全属于同时代的。二是上述文明中不少是毫无价值的，事实上是非常"不文明"的，用它们和真正的文明相比岂不是浪费脑力。汤因比对此宣布，所谓价值和时间一样，也是个相对概念。"所有的我们这21个社会，如果和原始社会相比，都可以说是有很大的成就的；如果和任何理想的标准相比，它们全部都还是非常不够，其中任何一个都没有资格瞧不起别人。"①

在此基础上，汤因比对文明的起源、生长、衰落和解体的过程与原因等共同规律进行了比较。首先是文明的起源。文明社会为什么产生和如何产生？他认为，上述21个社会分为两类，其中15个是另外几个社会的晚辈，其他6个是直接从原始社会里产生的原生文明，它们分别是古代埃及、苏末（苏美尔）、米诺斯、古代中国、玛雅和安第斯。原始社会和文明社会的根本区别在于模仿行为和模仿方向。尽管两个社会都有模仿行为，但前者模仿对象是老一辈，因而社会处于静止；后者模仿对象是富有创造精神的人物，故社会沿着一条变化与生长的大道前进。因此，从原始社会变到文明社会就是从静止状态过渡到活动状态，文明起源也是如此。② 在汤因比以前，学术界对文明起源有两种观点。一是种族论，将文明的起源归结为人种的天赋优越。这种观点认为只有那些长着"黄头发、灰眼睛、长头型的白种人"（尼采语）才是文明的创造者。二是环境论，主张文明起源于方便而安逸的生活环境。汤因比反对上述两种观点。因为，种族论不能解释为什么世界上几乎每个民族对文明的起源都做出过贡献这样一个基本事实；环境论者也不能回答为什么在自然条件大体相同的情况下，一个地方孕育和诞生了文明而另一个地方却没有这个问题。汤因比说，对文明起源的探索"迫使我转向神话去寻求答案"，"结果我

---

① [英]汤因比：《历史研究》上册，曹未风译，上海人民出版社1959年版，第52页。

② [英]汤因比：《历史研究》上册，曹未风译，上海人民出版社1959年版，第59—62页。

是从歌德的《浮士德》那里找到了提示的"①。

汤因比发现：贯穿于全部古代神话中的永恒主题是两种对立性格间的矛盾冲突。在冲突中，代表邪恶的一方总是先向正义的一方发起挑战，从而使原来那种完满的阴的平衡状态遭到破坏，一种原始的阳的非平衡状态获得了优势。但正义势力并没就此退却，而是接受了邪恶势力的挑战，并通过采取成功应战的方式，展开新的创造，使社会由一种较为保守的静的状态转变成较为开放的动的状态。汤因比认为文明的起源亦复如此。历史的经验已经证明：文明总是起源于条件恶劣的自然环境中，人类面对自然环境和人文环境的双重"挑战"而采取成功的"应战"，文明由此起源。那么是否能够将这种规律表述为"挑战愈强，刺激就愈大"呢？答案是否定的。"挑战与应战"规律的准确含义应该是："足以发挥最大刺激能力的挑战是在中间的一个点上，这一点是在强度不足和强度过分之间的某一个地方。"② 由此可见，理想的标准是既要使挑战的强度达到极限，又不要超过这个极限。换言之，即要在"不足和过量"之间选一个中间值。否则，挑战不仅不能激起成功的应战，反而会适得其反，出现负效应或报酬递减现象，致使文明流产。

同文明的起源一样，文明的生长也遵循"挑战与应战"的规律。文明诞生后，其生长并不是一种自然现象。除了发展的文明和流产的文明这两类之外，还有第三类文明，即"停滞的文明"，这是文明生长阶段的一个特例。这类文明虽然存在，但是没有生长，它们包括由于应对自然界的挑战而诞生的波利尼西亚文明、爱斯基摩文明和游牧民族的文明，以及由于人为挑战所诞生的奥斯曼文明和斯巴达文明。汤因比认为："所有这些停滞的文明之所以丧失了活动的能力，是由于它们曾经用力过猛的缘故。它们对于挑战的应战所花的力量的严重

---

① [英] 汤因比：《我的历史观》，陈芳芝译，田汝康、金重远选编：《现代西方史学流派文选》，上海人民出版社1982年版，第120页。
② [英] 汤因比：《历史研究》上册，曹未风译，上海人民出版社1959年版，第174页。

程度达到了刺激发展和引起失败的边缘……现在我们也许可以说在我们所指出的那 5 种文明中，有 4 种到最后还是不得不承认失败。只有一种爱斯基摩人的文化还在勉强地挣扎着，维持着生命。"① 因此，若想使文明能够顺利生长，在适度和中庸的前提下，它必须经历"一连串的富有刺激的挑战总是遇到一连串的取得胜利的应战，如此循环往复以至无穷"的过程。②

那么，透过挑战与应战的外在形式，如何判断一个文明是否处于生长状态呢？汤因比认为衡量的标志是看挑战的行为场所是否从外部转入内部。他说："对于一系列挑战的某一系列胜利的应战，如果在这个过程当中，它的行动从外部的物质环境或人为环境转移到了内部的人格或文明的生长，那么这一系列应战就可以被解释为生长现象。"③ 由此可见，汤因比既没有像斯宾格勒那样把人类社会发展的决定权交给宿命，也没有单纯从物质角度衡量一个文明的发展程度。相反，汤因比更关心的是，通过一系列成功的应战，人的素质和创造力是否得到增强，从而更有能力和更自信地去迎接新的挑战，创造新的业绩。

既然文明的生长没有必然性，衰落与解体就在所难免。当应战不能有效地战胜挑战时，衰落就接踵而至。汤因比一针见血地指出，文明衰落的根本原因是内在的、精神的，不是外在的、物质的；它们是"自杀身死"，而非"它杀"。实际上，汤因比把文明衰落的最终原因归咎于人，特别是引领文明前进的"超人"，即统治者。他们可以兴邦，同样也可以丧邦。这完全决定于他们是否能善始善终，居安思危。然而，遗憾的是，历史发展总是曲曲折折，每前进一步，都是要付出代价的。由于"超人"沉溺于自己昔日的成就而居功自傲，不

---

① [英] 汤因比：《历史研究》上册，曹未风译，上海人民出版社 1959 年版，第 205 页。

② [英] 汤因比：《我的历史观》，陈芳芝译，田汝康、金重远选编：《现代西方史学流派文选》，上海人民出版社 1982 年版，第 121 页。

③ [英] 汤因比：《历史研究》上册，曹未风译，上海人民出版社 1959 年版，第 261 页。

去研究新情况，解决新问题，只满足于以往的经验，用过去曾经有效的应战策略来迎接新的挑战，其结果只能是一败涂地，前功尽弃。由于少数"超人"失去了创造精神和感召力，多数人也就相应地撤销了先前的模仿行为，社会的凝聚力也就随之减弱直至消失。由于各自为政，人心涣散，所以必然出现社会崩溃的局面。①

文明衰落后，接下来不一定就是解体过程。有些文明在衰落之后，便出现了停滞现象，进入一个相当长的僵化时期，但社会失和现象的出现敲响了解体过程的丧钟。社会失和必然导致社会体的分裂：整个社会体分裂为少数统治者、内部无产者和外部无产者。前者是由少数创造者蜕变成的，内部和外部的无产者是本社会和深受本社会影响的其他社会的多数模仿者转化来的。汤因比认为，衡量或区分"无产者的真正标志既不是贫穷也不是下等出身，而是一种心理上的自觉（即觉醒——引者注）状态"②。无产者心理上的"自觉状态"是汤因比文明解体理论的重要概念。一个衰落的文明是保持停滞和僵化，还是死而后生，形成新文明，完全取决于无产者心理上的这种"自觉状态"的发展程度，取决于他们物质力量和精神力量积累的水平。他以罗马帝国、基督教和蛮族国家的依次产生为例，概括出文明解体的普遍模式。在文明解体过程中，上述三种社会成员分别创造出自己的社会组织：统一国家、统一教会和蛮族军事集团，这些社会组织构成了从"母体文明"向"子体文明"过渡的中介体。基于欧洲的历史经验，汤因比对文明瓦解的普遍模式是这样表述的：

"简短地说，社会瓦解的固定模式是，瓦解中的社会分裂为反抗的无产阶级和越来越无能的少数统治者。瓦解的过程不是平坦的，而且在一阵溃退，一阵复原，又一阵溃退中交错地颠簸。在倒数第二次的复原中，少数统治者以大一统国家的和平强加于社会的办法，成功

---

① ［英］汤因比：《历史研究》中册，曹未风、徐怀启、庆泽彭、王国秀译，上海人民出版社1962年版，第3—4页。

② ［英］汤因比：《历史研究》中册，曹未风、徐怀启、庆泽彭、王国秀译，上海人民出版社1962年版，第149、171页。

地暂时制止了社会的致命的自行毁灭。在少数统治者的大一统国家的机构内,无产阶级创造了一种大一统的宗教。再经过一阵溃退,那分解中的文明便最终解体了。而大一统宗教则能够继续生存下去,变成后来从中产生出一个新的文明的蝶蛹。"①

综上所述,汤因比的文明体系比较尽管仍建立在斯宾格勒文化有机体的基础上,认为文明的生老病死是普遍规律,但其宿命论的色彩大为减弱,并通过挑战与应战模式赋予人的主观能动性在历史发展过程中更大的作用。汤因比的文明体系比较的视野更加宽阔,纵论了人类26种文明(包括5种停滞的文明),西方文明只是其中之一,极大地拓展了基佐以来文明史研究的时空范围。不过,他对旧文明过渡到新文明,社会解体模式等的归纳都来自罗马帝国、基督教和蛮族国家等西欧古代向中世纪过渡的历史经验,以此套用到其他文明的历史上。以中国为例,春秋战国到秦汉是经过混乱时期建立起大一统的帝国;魏晋是间歇时期;大乘佛教的传布是建立起大一统的教会。② 这种类比往往形同实异,难免令人有张冠李戴、削足适履的感觉,对理解中西文明的本质特征及其各自转型过程的经验教训少有助益。

---

① [英]汤因比:《我的历史观》,陈芳芝译,田汝康、金重远选编:《现代西方史学流派论文选》,上海人民出版社1982年版,第122页。
② 郭圣铭:《西方史学史概要》,上海人民出版社1983年,附录一,《阿诺德·汤因比的史学理论及其影响》,第247、248页。

中 篇

西方比较史学的实证研究

第五章

西方比较史学的诞生

一 国际历史科学大会的倡导

尽管历史比较方法源远流长,但西方比较史学的诞生还不到一个世纪。古希腊至启蒙运动时期的历史比较基本上是偶然的、非自觉的和非专门性的,19世纪的历史比较开始向经常的、自觉的和专门性的历史比较过渡。在此期间,历史比较者多为哲学社会科学家,很少见到历史学家的身影,因而敦促历史学家重视并践行历史比较成为刚刚职业化的西方史学界的重要任务。在哲学社会科学家的激励下,19世纪末至20世纪早期,倡导史学家从事历史比较的呼声此起彼伏,从未停息,成为推动职业史学家从事历史比较,以及经常性的、自觉的和专门性的西方比较史学诞生的重要力量。

如前所述,早在1890年,法国史学家朗格索瓦在《英国历史评论》杂志发表《要关注英法历史的比较》,呼吁英国学者重视中世纪英法的历史比较,以发现两国历史发展中的同步性或相似性。他认为,如果历史学不仅仅是对过去现象的批判性罗列,而且还在于研究支配这些现象的规律,那么很显然,它的主要任务就必须是比较不同国家里同时发生的这些现象,因为要了解某一特定事实的条件和原因,没有比将其与同类事实进行比较更可靠的方法了。根据结果的一致性,我们就可以得出成因的相似性的结论,而细节的不同又可以解释产生这些事实的环境的不同。①

朗格索瓦认为，造成史学家不重视历史比较的原因是多方面的，或许最重要的是，比较像现代历史现象一样复杂的现象十分困难，正如发现原始历史的简单现象之间的关联十分容易一样。当民族发生分裂，在漫长岁月中沿着不同方向迁移，这个时期里将只会看到差异。另一个原因在于，真正有学问的人对在现代史中使用比较方法持不信任态度，因为长久以来比较方法已被修辞学家滥用了。粗略的比较实际上往往是风格的装饰品。第三个原因主要考虑到实用性，但很重要。为了比较，我们必须首先要了解，很少有人既熟知本国历史又熟知邻国的历史。②

然而，中世纪英法两国的历史正好符合使用比较法的理想条件，既容易又合情合理。事实上，我们在此看到了两段并行的历史，这两段历史中几乎所有要素都是对称的，在某种程度上有着共同的起源，并且在很长一段时间内频繁相交。在一定程度上，两国历史的起源相同，因为罗马因素与日耳曼因素在原始克尔特人的基础上相结合，在基督教的影响下一起推行开来。只有这些因素的比例在二者结合中有所不同。海岛文明和大陆文明在很多时候都有交流，反复地混合交融，如诺曼征服时期和百年战争时期。这两种文明也不断地隔空相互作用，通过非直接影响来改变对方。它们通常都有机会来相互了解、相互模仿。实际上，在卡佩王朝（987—1328）和金雀花王朝（1216—1399）时期，英法两国社会的所有要素几乎都是相对应的。③

为此，1889年朗格索瓦在巴黎大学开设了一门课程，概括了中世纪英法历史比较的主线，并在1890年法国《历史评论》发表了中

---

① ［法］查理·朗格索瓦：《要关注英法历史的比较》，莫玉梅译，《经济社会史评论》2020年第1期。
② ［法］查理·朗格索瓦：《要关注英法历史的比较》，莫玉梅译，《经济社会史评论》2020年第1期。
③ ［法］查理·朗格索瓦：《要关注英法历史的比较》，莫玉梅译，《经济社会史评论》2020年第1期。

世纪法国最高法庭与英国普通法法庭的历史比较的论文。朗格索瓦向英国史学界发出呼吁：我们无疑应该在两国历史中找出一些特别的同步性。对我而言，我坚信它们不总是巧合，英法两国在中世纪时期相互影响，甚至比今天的英法之间都要活跃得多。现在的民族分离已经过度发展了。①

在该文发表十年之后，国际史坛将历史比较作为历史研究的重要方法予以大力倡导。1900 年"彰显比较史学"的首届国际历史科学大会在巴黎召开，并被命名为"国际比较史学大会"。"大会组织者将巴黎大会的关注焦点放在比较史学……此领域关注的是以某种方法论为指导进行比较，但巴黎的多数论文与此并无联系。然而，有一些颇具代表性的研究值得我们关注"，例如比较法律史、比较艺术史、比较社会史、比较科学史和比较文学史等。其中法兰西学院院士、法国文学史学家费迪南·布鲁内蒂耶做了欧洲文学延续性的精彩演讲。他比较了意大利、西班牙、法国、英国和德国文学各自对欧洲文学做出的独特贡献，描绘了一幅源自欧洲各民族文学独特的发展道路。他认为，对民族独特性的敏锐观察与欧洲的团结一致并不矛盾。相反，前者是后者真正的基础。同样，国家、民族的历史只有在相互比较时才能得到人们的认可，你只有通过比较才能给自己定位。② 以比较史学为主题的巴黎首届国际历史科学大会既表明了西方史学界对比较史学的高度重视，同时也反映出与其他人文社会科学相比，历史学的比较研究相对滞后的状况。

1903 年、1908 年、1913 年第 2—4 届国际历史科学大会分别在罗马、柏林和伦敦召开，比较研究和比较方法没有成为会议的主题。鉴于历史学中比较研究相对落后的局面直到 20 世纪 20 年代早期并未改善，尤其是第一次世界大战期间许多历史学家站在狭隘的民族主义立

---

① ［法］查理·朗格索瓦：《要关注英法历史的比较》，莫玉梅译，《经济社会史评论》2020 年第 1 期。

② ［德］卡尔·迪特里希·埃德曼：《国际历史科学大会百年历程：1898—2000》，山东大学课题组译，中国社会科学出版社 2015 年版，第 20—22 页。

场上为本国政府发动战争辩护,丧失了批判和公正的立场,鼓吹种族论和极端民族主义,堕落成为战争辩护的工具,因而1923年在比利时首都布鲁塞尔召开的第五届国际历史科学大会旨在超越民族主义,在科学性和世界性基础上正确理解文明的多样性和差异性的原因,而比较方法可以助一臂之力。

　　作为此次大会的筹委会主席,比利时历史学家亨利·皮朗致了题为《历史比较方法》的开幕词。他说,在十年前的几乎同一天,第四届国际历史科学大会在伦敦召开。毫无疑问,包括你们中的许多人在内的与会者对那次会议记忆犹新。然而,当时欧洲的政治气氛异常严峻,大有山雨欲来之势。大家散会时还商定,1917年在圣彼得堡再聚首。谁也没有想到,此次大会却是在十年之后召开的,其间经历了第一次世界大战。这次大会期望看到以历史学家的眼光观察战争造成的后果,以及从战争中得出某些教训。[①]

　　皮朗指出,在整个战争过程中,交战各方征用了历史学和化学两门科学。前者为他们制造借口、辩论和托词,后者向他们提供炸药和煤气,但两者的命运却截然不同。化学并没有违反其科学本质,在服务战争的同时也产生了具有科学价值的发现;而历史学在投身战争宣传时却失去了批评和公正这些作为科学的本质,它任由主观激情驱使,所捍卫的观点完全服从于政治和军事需要。历史学不但宣扬极端的民族主义,还提出种族中心论和种族优越论,其危害性并不止于道德层面,也与科学的原则背道而驰。为了使人类从各种偏见中解放出来,历史学必须使用比较方法。"因此,如果我们想理解民族的独创性与个性,唯一的方法就是比较的方法。事实上,正是通过比较,也只有通过比较,才能提升我们的科学知识。如果我们只把自己局限在国家历史的范围内,我们将永远无法做到这一点。"[②]

---

　　① [比] 亨利·皮朗:《历史比较方法》,高瑞译,黄艳红审校,《经济社会史评论》2019年第1期。

　　② [比] 亨利·皮朗:《历史比较方法》,高瑞译,黄艳红审校,《经济社会史评论》2019年第1期。

第五章 西方比较史学的诞生

皮朗的观点对后来被称为"现代比较史学之父"的布洛赫产生很大影响。1928年8月第六届国际历史科学大会在挪威首都奥斯陆召开，会议共安排了15场讨论会，布洛赫在中世纪史组和历史方法论组讨论会上宣读了《比较史学之方法——论欧洲社会的历史比较》的长篇论文。① 他在文章中直言不讳地指出，当前历史学与其他学科在使用比较方法上存在明显差距。"在人类的许多科学领域中，比较方法很久以来就已经证明了自身的效能。在政治、经济、司法制度史的研究中，这种方法的运用已多次受到推崇。然而，大多数历史学家显然还没有完全信服这一方法；他们彬彬有礼地对此表示同意，但在重新投入研究任务中时，却丝毫没有改变自己的习惯。为什么呢？可能是因为人们使他们过于轻易地相信'比较史学'是历史哲学或普通社会学的一部分，对于这类学科，研究者们按其个人的看法，时而推崇，时而报之以怀疑的微笑，但他们通常却避免将之用于实践中，对他们来说，一种方法应该是一种通用的专门手段，使用方便，并能带来积极成果。比较方法其实正是这样一种方法；但是，对于到目前为止这一点是否已经得到充分揭示，我们还没有把握。"有鉴于此，仍有必要向历史学家详细介绍历史比较的理论和方法论问题，作者宣布，"在这里，我很愿意在你们的协助下，进一步阐明这种手段的性质和加以使用的可能性，并通过几个例子来叙述人们有权期待于这种方法的主要途径，最后我还要提出几种便利共同运用的使用方法"②。布洛赫在奥斯陆大会上的讲演之所以重要，是因为它证实了一种方法的可行性。这一讲演的信息极为丰富，读者甚至还可以把它扩展为一本历史比较方法的参考书。③ 此文详细论述了历史比较的理论与方法，并于同年12月发表在亨利·贝尔主办的《历史综合评论》杂志上。

---

① ［法］马克·布洛克：《比较史学之方法——论欧洲社会的历史比较》，齐建华译，载项观奇编《历史比较研究法》，山东教育出版社1986年版。
② ［法］马克·布洛克：《比较史学之方法——论欧洲社会的历史比较》，齐建华译，载项观奇编《历史比较研究法》，山东教育出版社1986年版，第103—104页。
③ ［德］卡尔·迪特里希·埃德曼：《国际历史科学大会百年历程：1898—2000》，山东大学课题组译，中国社会科学出版社2015年版，第159页。

该文的发表，以及布洛赫在此前后卓越的历史比较的实践，成为西方比较史学诞生的标志。正如巴勒克拉夫评价的那样："当代历史学家之所以非常重视比较史学，其原因在很大程度上是由于马克·布洛赫的指导和他做出的榜样。1928年，他写了一篇对欧洲社会的历史进行比较研究的纲领性论文。他的那部关于论述封建社会的名著也为后来的比较史学提供了楷模。"① 美国学者小威廉·西威尔也高度评价布洛赫"是以往比较史学流派中一位最杰出的名家，他在1928年发表的题为《欧洲社会历史的比较研究》至今仍不失为一篇对比较方法理解得最透彻、在理论上最令人信服的文章"②。

二 二战前布洛赫的历史比较

马克·布洛赫（Marc Bloch，1886－1944，另译马克·布洛克）系法国历史学家，年鉴学派的创始人之一，生于法国里昂市的一个犹太知识分子家庭。父亲古斯塔夫·布洛赫是一位古罗马史学家。1908年布洛赫毕业于巴黎高等师范学院，并在此结识了同为年鉴学派创始人的费弗尔。1908年至1909年布洛赫在德国莱比锡大学和柏林大学学习，1909年至1912年在巴黎的梯叶里基金会从事研究工作，1912年至1914年在蒙彼利埃和亚眠的中学任教。1913年，布洛赫出版了自己的第一部著作《法兰西岛：巴黎周围的乡村》，当时他只有27岁。这本书是一部讨论被称为法兰西岛的巴黎周围王室领地的地理历史学的著作，内容广泛，涉及该地区的土壤、语言、考古遗迹和建筑等。他对统一的"法兰西岛"概念提出质疑，认为不同学科或不同研究范式决定了对它的认识。第一次世界大战期间，布洛赫在法军服役，四次立功受奖，荣获法国荣誉军团勋章，战后以上尉军衔退伍。

---

① ［英］杰弗里·巴勒克拉夫：《当代史学主要趋势》，杨豫译，上海译文出版社1987年版，第270页。
② ［美］小威廉·西威尔：《马克·布洛克与历史比较的逻辑》，朱彩霞译，载项观奇编《历史比较研究法》，山东教育出版社1986年版，第146页。

1919年起布洛赫转赴新收复的阿尔萨斯地区的斯特拉斯堡大学任中世纪史讲师。1920年，布洛赫出版了博士学位论文《国王与农奴：卡佩王朝史的一个篇章》，从此成为公认的中世纪史学家。在这篇论文中，布洛赫试图发现中世纪的自由与奴役意味着什么，这是他一生所思考的问题，表明了他的兴趣与同情心。他认为自由与奴役不是单纯的法律问题，涉及了经济结构、信仰体系、法律规范和制度实践等各个方面。此后直到逝世为止，他都主张历史要关心所有的人，经济史学家和法律史学家必须首先是一个具有广博研究范围的文明史学家。1921年布洛赫晋升为教授，此后开始了贯穿其后半生的历史比较研究。

1924年，布洛赫对人类及其信仰的兴趣激发了他的第三部著作《国王神迹：英法王权所谓超自然性研究》。该书是一部心态史著作，对中世纪英法两国王权的所谓超自然属性进行了比较。1929年布洛赫与费弗尔共同创办《经济社会史年鉴》杂志，标志着年鉴学派的诞生。布洛赫还对人类及其劳动感兴趣，1931年他将在索邦大学（巴黎大学的代称）的讲座以《法国农村史》为题出版，在方法论上同时使用了逆退法和比较法。1936年至1940年布洛赫任索邦大学经济史教授。1939年至1940年，布洛赫出版了两卷本的《封建社会》。该书是布洛赫一生中最重要的著作，被学术界视为欧洲封建社会和历史比较研究领域中的不朽经典。

1939年第二次世界大战爆发，已经53岁、身为六个孩子父亲的布洛赫再次入伍，成为"法国军队中年龄最长的上尉"。1940年，法国政府向纳粹投降。在德军占领期间，布洛赫曾短暂恢复学术研究，撰写《奇怪的失败：1940年写下的证词》和《为历史而辩护》（未完成）。前者是对1940年法军步兵猝败于德国闪电战下的简略评论，后者则在史学理论上给后世留下诸多影响。1943年布洛赫加入戴高乐领导的法国抵抗组织，并成为该组织里昂游击队的领导人。1944年6月16日布洛赫在里昂近郊被盖世太保逮捕，在历尽折磨后被处以死刑，年仅58岁。布洛赫的遗著有：《奇怪的失败：1940年写下的证词》（1946）、《为历史而辩护》（由费弗尔整理，1949年出版法文版；英文版书名为《历史学家的技艺》，1953年出版），后者与爱德华·卡尔的《什么是历史？》被认为是20世纪最重要的两部史学理论书籍。

  二战以前，布洛赫撰写了多部历史比较的论著。《国王神迹》一书比较了11世纪至18世纪法国和英国对国王通过触摸能够治愈瘰疬病的信仰，正如布洛赫自己所言，"由于研究题材的特殊性，这部政治史论著不得不采取比较史研究的形式，因为法国和英国都有行医的国王"①。布洛赫将治病仪式当作一条引线，研究法国和英国长期赋予王权的超自然特征。英国新文化史代表人物彼得·伯克对该书评价甚高，并将历史比较作为其对历史学的三大贡献之一："《国王的触摸》（《国王神迹》英文版书名为《国王的触摸：法国和英国的君主制和奇迹》，1973）是我们这个世纪伟大的史学著作之一。"该书的"非凡之处"至少体现在三方面，一是长时段研究，二是宗教心理学（宗教心态史），三是比较史。"这也让布洛赫的研究显得重要……该书的中心是比较曾实施国王触摸的仅有的欧洲国家——法国与英国。还需要补充的是，这一比较还给对比（contrasts）留下了空间。"应该说，该书开创了布洛赫比较史学的先河，比他论述比较史学方法的文章早了4年。换言之，"在1924年，布洛赫已实践了他四年后在一篇题为《为了欧洲社会的比较史》的文章中所倡导的东西"②。

  所谓瘰疬病（scofula）西医称淋巴结核，即结核杆菌引起的淋巴腺炎症，常发于颈部、耳后。这种病不是致命的疾病，但在得不到适当治疗的地方，经常发生的化脓在病人身上产生令人厌恶的症状，致使面部腐烂，溃疡处发出恶臭，使人毁容，病人生不如死，因而无数患者渴望得到治疗。在旧时法国人们常称瘰疬病为"国王病"，在英

----
  ① [法]马克·布洛赫：《国王神迹：英法王权所谓超自然性研究》，张绪山译，商务印书馆2018年版，《导言》，第6页。
  ② [英]彼得·伯克：《法国史学革命：年鉴学派，1929—1989》，刘永华译，北京大学出版社2006年版，第13—14页。

国称作"国王之魔"（King's evil）。上述称谓来自于法国和英国的国王们声称，按照传统仪式，他们简单地以手触摸就能治愈瘰疬病。那么，两国国王们从何时开始拥有了这种奇异的能力，其臣民又怎样逐渐承认之，布洛赫对此进行了比较。他认为，国王的治病能力在大约公元1000年起源于法国，卡佩王朝（987—1328）的第二位国王虔诚者罗贝尔（996—1031，即罗贝尔二世）被认为具有为人治病的能力，其后继者继承了他的这种能力。在此过程中，国王触摸成为一种君主治疗法，可以治愈瘰疬病。到罗贝尔的孙子腓力一世时期（1060—1108），这种向医师国王的转变已经完成。大约在一个世纪后该习俗出现于英国，英国国王的治病能力可以追溯到安茹王朝（1154—1216）乃至更早的诺曼王朝（1066—1154）。可以肯定，安茹王朝的第一位君主亨利二世（1154—1189）施展过这种能力，也许诺曼王朝的第三代国王亨利一世（1100—1135）已经声称拥有这种能力。从产生时间看，英国此一习俗在法国之后。[①]

那么，法国和英国国王治病能力是如何起源的？布洛赫将其归因于中世纪早期数个世纪西欧王权的神圣化。如他所说："法国和英国诸王之所以能够变成神奇的医师，是因为他们很久既已被人们视为神圣之人。"[②] 在许多民族中，国王的神圣性或超自然性是由意义明确的仪式表现的。国王登基时要在身体的某些部位施以涂油礼，而所用之油事先已被祈福圣化。日耳曼国王登基时施以涂油礼在7世纪产生于西哥特王国，然后传入法兰克王国。加洛林王朝（751—987）的国王虔诚者路易（路易一世，814—840）816年第一次在兰斯教堂接受皇帝称号和皇冠时涂圣油，从此在加冕时涂圣油成为法国国王圣化礼的必要部分，并发展出一种内容丰富的仪式。在法王秃头查理时代（843—877），除了皇冠外，权杖也已出现。同样的事情也出现在英

---

① ［法］马克·布洛赫：《国王神迹：英法王权所谓超自然性研究》，张绪山译，商务印书馆2018年版，第26、35页。

② ［法］马克·布洛赫：《国王神迹：英法王权所谓超自然性研究》，张绪山译，商务印书馆2018年版，第40页。

国，国王的加冕典礼包括交换标志物，其中皇冠是主要部分；此外就是涂圣油。类似的做法不仅出现在卡佩王朝统治下的法国和诺曼人统治下的英国，而且还见于德国萨克森王朝（919—1024）的皇帝们。换言之，中世纪早期以来西欧各国国王都实行了圣化礼。然而，为什么法国和英国国王在接受圣化礼后几个世纪变成医师，而德意志皇帝却一直没有成为医师呢？布洛赫认为，法国和英国作为神圣之人的国王的治病能力来自卡佩家族早期的王朝政策。简单说，法国卡佩王朝的早期君主和英国诺曼王朝的亨利一世分别面临效忠于加洛林王朝的旧贵族和教皇格里高利的修道院改革对两国王权的激烈挑战，这一"不同且更具偶然性的事实"中包含了国王的"个人意志"，它们促使国王医师出现在法国和英国。为了强化国王的神圣性和合法性，卡佩王朝第二代国王罗贝尔二世（972—1031）成为第一个国王医师。他去世69年后，英国诺曼王朝第三代君主亨利一世登基。"亨利一世拥有一半以上的法国血统，他不可能不知道其封主和对手卡佩家族所治愈的疾病。他必定羡慕他们的声望，岂有不仿效之理？"[1] 但亨利一世宣称这种神奇能力来自盎格鲁撒克逊国王忏悔者爱德华（1042—1066），而非法国卡佩王朝。

尽管法国和英国国王都宣称具有治病能力，但他们治病的仪式演变却同中有异。两国最初的治病仪式是一样的，国王们曾经以手触摸患者，最常见的似乎是触摸患者的患部。后来他们增加了一个姿势，这就是在病人身上或其患处画十字。在法国从罗贝尔二世以降国王们都追随其样板，在英国则似乎从一开始就是如此。法国国王圣路易（路易九世，1226—1270）在为病人触摸时口中念念有词（16世纪法国国王使用的套语是"国王为你触摸，上帝为你治疗"）。英国国王在为患者触摸时不仅为患者画十字，还要为他们祈福，类似于准教士。国王医师最初为所有前来求医的病人治疗，后来随着君主警卫条

---

[1] [法]马克·布洛赫：《国王神迹：英法王权所谓超自然性研究》，张绪山译，商务印书馆2018年版，第65页。

件的改善，治疗对象也受到限制。至少从 15 世纪起，国王医师只为从穷人中挑选的一些患者治疗，并给予他们一些金钱的习惯很快就形成了。在美男子腓力（腓力四世，1285—1314）统治下的法国原则上似乎只将金钱给予那些远道而来的患者，这笔施舍金从 20 苏（即索里达，相当于先令）到 6 或 12 里弗尔（相当于镑）不等，20 苏是通常的施舍金数目。英王爱德华一世（1272—1307）至爱德华三世（1327—1377）在位期间，给予瘰疬病患者的施舍金一直是 1 便士，比法国的施舍金数目要小得多，因为施舍范围要广得多，所有或几乎所有患者都能享受到施舍金。当时的民众认为，不接受国王手里的这枚钱币将损失至少一半的治疗奇迹。14 世纪英国还发明了治疗戒指。国王在基督受难日仪式上将向圣坛献礼的金银币用普通钱币赎回，再命人制成一定数量的戒指，从爱德华二世（1307—1327）时的 1323 年开始每年进行，这些戒指被认为能治疗人们的某些疾病。爱德华二世时一份处方称之为"用作各种医疗手段的戒指"，或泛称为医疗戒指。15 世纪时该戒指被认为可以解除肌肉疼痛或痉挛，所以这些戒指得名痉挛戒指。医疗戒指或痉挛戒指只是国王触摸治病术的一种补充，但仅限于英国，法国没有这种仪式。

对国王治病能力的信仰直到早期现代才告结束，在英国比法国早了一个多世纪。这个信仰的消失在英国发生在 1714 年 4 月 27 日，斯图亚特王朝的末代君主安妮女王（1702—1714）驾崩前的三个多月，最后一次实施触摸行动，它标志着一种古老仪式的终结。"从这一天起，在英国领土上，再没有一位国王和女王将钱币挂在那些患者的脖子上。"法国直到 18 世纪晚期和 19 世纪早期才见证了该信仰的快速衰落过程：1774 年路易十六（1774—1792）加冕典礼尚有 2400 名患者接受了国王的触摸，但查理十世（1824—1830）完成圣化礼几天后在 1825 年 5 月 31 日兰斯圣马库尔修士接待所治病时只有 120—130 人，查理十世成为最后一位触摸瘰疬病患者的法国国王。此后，欧洲的任何国王再没有触及瘰疬病患者的疮疤。[1]

---

[1] ［法］马克·布洛赫：《国王神迹：英法王权所谓超自然性研究》，张绪山译，商务印书馆 2018 年版，第 348、352—353、358 页。

1928年布洛赫在《法国和外国法律史评论》发表《历史比较中的一个问题——法国和德国的管理阶层》的论文，对中世纪法国和德国庄园管理阶层的演变进行了比较。他认为，中世纪法国和德国起初存在许多共同点，但无疑许多差异从开始起就存在，并且随时间推移日益显著。如果说有一个制度比其他制度更适合揭示中世纪法德文明的差异，那么这就是历史学家所说的庄园"管理阶层"了。具体说，中世纪盛期，法国卡佩王朝（987—1328）的庄园组成人员既是官员也是仆人，在该时期的语言中这两个含义是无法区分开来的，拉丁语称之为侍从（ministerialis），盎格鲁－法语称之为随从（sergent），德语称之为家臣（dienstmann）等。负责司法的行政官员本身就是仆人，工匠生产领主及其宅邸的需要，这两类人在日常用语和法律文献中同属一个范畴，经常拥有相同的特权。庄园管理阶层包括总管（bailiffs）、监察员（overseers）、鞋匠（shoemakers）、制革匠（skinners）、磨坊主（millers）、园丁（gardeners）等。在一般情况下，领主在自己的依附者中招募这些庄园工作人员。但从很早开始，庄园需要的大部分工作人员都是子承父业。他们被免除人头税等捐税，此外还可以由庄园供给吃穿用度或被授予采邑（fief）为生。布洛赫认为，与传统观点不同，采邑的义务起初并非仅仅限于骑兵役，也包括庄园仆人和工匠提供的定期服役（regular service，而农奴持有地只在每周某几天提供强迫劳役）。12世纪开始，庄园仆人中开始成长出大总管（stewards）。他们起初来自奴隶或农奴，后来也有自由人加入，许多人甚至成为农奴骑士（serf‐knights）。中世纪晚期，他们通过领主解放或个人赎买等途径获得自由，成为乡绅或小贵族，类似的发展也出现在英国。与此相反，德国的庄园管理人员始终保留着农奴身份，因而成为与贵族截然不同的一个特殊阶层。[1] 该文后来被编入布洛赫的

---

[1] Marc Bloch, "A Problem in Comparative History: the Administrative Classes in France and in Germany", 该文最早发表在 *Revue Historique de Droit Francais et Etranger*（《法国和外国法律史评论》），1928，pp. 46－91；英译文见：*Land and Work in Medieval Europe*, Selected Papers by Marc Bloch, Translated by J. E. Anderson, London: Routledge and Kegan Paul, 1967, pp. 82－123.

《封建社会》第六编《社会等级》，集中于第二十五章《贵族内部的等级区分》。

1931年，布洛赫出版了《法国农村史》，从社会经济史的角度探讨了大革命前法国的农业生产和庄园制度。研究法国农村史首先遇到的难题就是缺少文献资料。布洛赫认为，从18世纪起，法国农业生活才见诸历史书籍，在此以前相关的文献史料极为匮乏，地图数量也较少，因而18世纪这些相对较晚时代的文献资料应该成为我们研究法国农村史必须遵循的出发点，由近及远地进行研究。然而，"历史学家永远是自己的文献资料的奴隶；尤其是献身于农业史研究的历史学家；他们必须从今到古倒读历史，不然的话，就有可能辨读不了往日的天书"。除文献资料外，农村史的证据还存在于各种各样的景观中，例如建筑、土地、农具和农业习俗等不一而足。它们既经历了变化，又保留着过去的痕迹，适用于使用逆退法，布洛赫称其与农村史的关系类似于摄影机与胶卷："在最近的过去，有一种合理施行的逆退法，为获得越来越久远的年代的固定形象，它不要求一张可以不断翻拍出与原来一模一样形象的照片，它所希望抓住的，是电影的最后一张胶卷，然后它可以倒卷回去，尽管人们会发现不止一个漏洞，但事物的活动规律得到了尊重。"① 总之，为了说明过去，人们必须看一看现在，或者至少也该看一看离现在最近的一段过去。这就是文献状况要求农业问题研究采取的方法。

此外，为了揭示法国农村史内部及其与欧洲其他国家的异同点，布洛赫还在该书中使用了比较方法。正如陈振汉在为该书中译本撰写的序言所说，布洛赫在此书中对国内外农村进行了比较研究。"他在这部书中的比较研究分为两个层次：首先是法国各地区之间的比较，这是全书的主题；其次是，他认为法国问题只有摆在整个欧洲当中去，才能更加深刻地理解。"② 对使用比较方法的原

---

① [法]马克·布洛赫：《法国农村史》，余中先、张朋浩、车耳译，商务印书馆1991年版，第8—9页。
② [法]马克·布洛赫：《法国农村史》，余中先、张朋浩、车耳译，商务印书馆1991年版，陈振汉："序言"，第Ⅴ页。

因，布洛赫曾在该书的《导言：对方法的几点思考》中做过说明。《法国农村史》是一部校外讲稿。1930年秋天，法国比较文化研究学院邀请布洛赫去作系列讲座，促成了这本书的问世。鉴于邀请单位是法国比较文化研究学院，因此布洛赫的讲座题目必然要或多或少包括比较的内容。此外，布洛赫使用比较方法也是研究宗旨和研究对象使然。在他看来，尽管那些囿于地形学范围的农村史研究可以为最终结果提供必要条件，但很少能提出重大的问题，而后者需要具有更为广阔的视野。甚至有的时候，研究者应将自己的视野放在全法国，否则便不能抓住各个不同地区农村史发展中的独特性。推而广之，法国的农村史发展只有放在全欧洲范围内考察才能凸显其真正意义。这样做需要通过对比，在指出它们的共同性的同时指出其独特性。"因此，我目前进行的民族历史某股潮流的研究紧密地与我以前努力从事的比较研究相联系，也与邀请我的比较文化研究学院以往做了大量工作的研究事业相联系。"[①]

  布洛赫比较了法国各地区，以及法国与欧洲农村史的异同。法国的土地占有经历了几个阶段，其中土地耕种面积扩大最快的时期（耕地面积增加2至3倍，甚至4倍）是11世纪至13世纪，即所谓大拓荒时代。大拓荒"是一种欧洲规模的现象"。在法国如同大多数邻国一样，人们对大面积的处女地进行拓殖。法国的拓殖运动与德国的相似，除少量向外移民外，拓殖活动几乎完全是在内部进行的，因而也就达到了特别强烈的程度，使法国高卢地区扩大成为纵贯欧洲南北的国家。辽阔的国土决定了法国农业生活的多样性。法国北方和南方分别盛行二轮制和三轮制（即二圃制和三圃制）的耕作制度，但这种差异不能仅从法国自身得到解释。因为，"它们甚至超越了我们的国境，两轮制是地中海国家古老的耕作方式，为希腊人与意大利人所实行。品达与维吉尔都歌颂过这种耕作。三年轮作制在英国大部分地区

[①] ［法］马克·布洛赫：《法国农村史》，余中先、张朋浩、车耳译，商务印书馆1991年版，第2页。

与北欧所有的大平原广泛使用。我们国家中的这种对立表现了两大形式的农业文明间的冲突。由于没有更合适的提法，我们可将其称作北方文明与南方文明"①。与此相应，法国各地区也存在三种耕地制度。例如在土地贫瘠和人口较少地区实行圈地制，其他两种类型的耕地制度存在的地区通常人口较为密集，基本都建立在对耕地的集体耕作上，而且都没有对耕地的圈围。这两种耕地制度一种可以称为北方类型，它发明了双轮犁，具有极为强烈的集体内聚力特点，其耕地是长方形敞田，大多实行三轮制。第二种可以称为南方类型，耕地是不规则敞田，使用无轮犁耕作，实行两轮制，在土地分配和农田耕作中集体观念程度较弱。农业生活的上述多样性对法国社会演变产生了深刻影响。

中世纪早期法国的领主制也有许多特点。例如领主们独揽法律大权。法国的情况与英国不同，后者郡一级的法庭有百来个，是一种日耳曼传统的旧式大众法庭。法国的情况与德国也不同，德国直到13世纪国王至少在理论上保留直接任命高级法官的权力，而且自由人法庭尚未完全消失。作为最早封建化的国家，法国司法裁判权是领主的私有之物。在中世纪中期，一些国王也开始试图通过一些措施收回这种权力，但比起英国来仍十分缓慢。领主法律大权毫无限制地滥用，极大地扩充了经济剥削的力量，其中最有代表性的是强迫农民付费使用领主的磨坊、面包炉、葡萄酒榨汁机和麦酒坊等。当然英国和德国也有类似情况，但是将这种制度推到极点的是法国。同一时期，法国领主放弃直接经营，将自营地出租给农奴耕种。该时期劳役的弱化和自营地的缩小是从法国观察到的特殊现象，其他欧洲国家则没有。毫无疑问，德国和英国也将发生同样的情况，只不过要迟一两个世纪。②中世纪晚期地租贬值是全欧洲现象，领主为重新恢复财富而做出各种

---

① ［法］马克·布洛赫：《法国农村史》，余中先、张朋浩、车耳译，商务印书馆1991年版，第29、49页。
② ［法］马克·布洛赫：《法国农村史》，余中先、张朋浩、车耳译，商务印书馆1991年版，第94、116页。

努力也是全欧洲性的。但是，德国、英国和法国的社会政治条件却不一样，因而领主们为避免遭受利益的损失也采取了不同的形式。简单说，在西欧和中欧两端的英国和德国，基本的特征是相同的，即构成危机主要原因的永久租佃制已被人们所抛弃，越来越多的农民失去了土地继承权。在法国，国王司法权发展较迟，比英国整整延迟了一个世纪，而且沿着不同的道路演变。从13世纪以后，法国王室法庭逐渐蚕食了领主裁判权，尽管农民的负担加重了，但是农民最重要的好处是至少保留了租地的继承权。租地的继承权经由王室法庭的保证得以巩固，并到16世纪成为一种富有美德的习俗，从此以后再不容争议。① 与英国和德国相比，中世纪晚期以来法国小农经济获得生命力，主要原因即在于此。此外，法国农村还有许多地方与英国不同，例如法国长子继承制只在贵族中实行，而英国则普及到普通人（包括同样是土地不可分割制的幼子继承制）。另外，法国大土地所有制通过土地市场等途径也获得发展，但农民的土地继承权妨碍了法国像英国那样通过圈地运动改变传统耕作方式，导致法国农业长期因循守旧，落后于欧洲先进国家。

《法国农村史》是布洛赫对国内外农村史进行比较研究的重要探索。美国学者小威廉·西威尔特别就国内比较指出，"布洛克的《法国农村历史特点的起因》（即《法国农村史》）一书实际上为这种比较史学提供了一个最好的范例。"②

三 二战期间布洛赫的历史比较

《封建社会》是《法国农村史》的续篇，集中从政治、法律与社会角度探索封建制度的特征，体现了广义封建主义概念的形成。布洛

---

① [法] 马克·布洛赫：《法国农村史》，余中先、张朋浩、车耳译，商务印书馆1991年版，第147页。
② [美] 小威廉·西威尔：《马克·布洛克与历史比较的逻辑》，朱彩霞译，载项观奇编《历史比较研究法》，山东教育出版社1986年版，第154页。

赫认为，"封建的"（feudal）这个形容词由来已久，其拉丁文形式在中世纪就存在了。相比之下，"封建主义"（feudalism）这个名词却出现较晚，17世纪才见于法文。"不过在相当长的时期，这两个词只是在狭隘的法律意义上使用"，用来指政治上的分权或者法律意义上的采邑占有及其服役。但这种狭义的封建主义概念无法回避这样的问题，比如，"仅仅强调其政治方面，是否可以恰如其分地标示出一种复杂的社会组织类型，或者——如果从最狭义的法律意义上理解'采邑'——是否可以在许多权利中只强调一种不动产权利，值得怀疑"。布洛赫考证后认为，18世纪以来，人们对封建主义的认识开始从政治和法律意义扩展到社会层面，将其当作一种社会状态或社会现象，或一种社会组织类型，比如孟德斯鸠就拒绝使用狭义的封建主义的概念，而使用"封建法律"（feudal law）代替之。在该书中，布洛赫一方面继续进行18世纪以来放大封建主义概念内涵的工作，并在这个意义上探讨西欧封建主义的起源与发展；另一方面考察西欧封建主义是否具有普遍性，也就是说，"在其他的时代和世界的其他地区，是否存在其他一些社会形态，其社会结构的基本特点与我们西欧的封建主义具有充分的相似性，从而使我们可以将'封建的'这一词语同样地应用于这些社会呢？"[①]

该书第八编"作为一种社会类型的封建主义及其影响"，讨论了封建主义是否具有普遍性的问题。回答这个问题必须将西欧封建主义与其他地区进行比较，布洛赫的同胞们在18世纪已涉及该问题，但却得出相反的认识。孟德斯鸠认为，"封建法律"的确立是一种独特现象，是世界上曾经发生过一次，大概永远不会再发生的事件。伏尔泰则主张封建主义不是一个事件，而是一种古老的社会形态，存在于我们所在半球的3/4的地区，世界上曾存在日本封建主义、埃及封建主义、希腊封建主义和中国封建主义等。布洛赫认为，西欧封建主义

---

① [法]马克·布洛赫：《封建社会》上卷，张绪山译，商务印书馆2004年版，第28—30页。

是否具有普遍性，关键取决于这个基本社会类型所具有的特点，以及其他社会与这些特点是否具有相似性。

在广义封建主义概念的基础上，布洛赫首先将西欧封建主义的基本特征归纳为如下六个方面："依附农民；附有役务的佃领地（即采邑）而不是薪俸的广泛使用——薪俸是不可能实行的；专职武士等级的优越地位；将人与人联系起来的服从—保护关系（这种关系在武士等级内部采用被称作附庸关系的特殊形式）；必然导致混乱状态的权力分割；在所有这些关系中其他组织形式即家族和国家的存留（在封建社会第二阶段，国家将获得复兴的力量）……这些似乎就是欧洲封建主义的基本特征。"布洛赫倾向认为封建主义是一普遍现象，它像母系氏族和父系氏族甚或某些类似的经济体，"以十分相同的形式出现于非常不同的社会中一样，与我们的社会不同的一些社会，会经历相似于我们所描述的这个时期的一个阶段，这绝非不可能。果真如此，我们就有理由称处于这一阶段的这些社会为封建社会"①。不过，布洛赫并未就此得出武断的结论，相反，"他带着一贯的谨小慎微，提醒需要更为系统的研究"②。比较世界上其他国家与西欧封建主义的特征是否具有相似性显然超出了一个人所具有的能力范围，尤其是在战争期间，所以布洛赫在此"只限于分析一个实例"，即将日本与西欧封建主义进行比较。

布洛赫比较了日本与西欧封建主义六个特征的异同。此前，在日本历史的黑暗时代，有一个建立在血缘关系基础上的或实或虚的社会（即大化改新前的部民制）。7世纪末，在中国的影响下建立了政府体系（即仿效隋唐制度建立了中央集权制国家），这种政府体系像加洛林王朝所做的一样，极力维持对其国民的一种道德控制。"最后，大约到11世纪，习惯上称之为封建社会的时期开始了。"日本的封建社

---

① ［法］马克·布洛赫：《封建社会》下卷，李增洪、侯树栋、张绪山译，商务印书馆2004年版，第704—705页。
② ［英］彼得·伯克：《法国史学革命：年鉴学派，1929—1989》，刘永华译，北京大学出版社2006年版，第19页。

会存在于整个幕府统治时期。布洛赫认为，日本封建主义与西欧的异同点主要表现在：第一，家族和国家形式的保留。在封建主义建立后，日本的家族和国家两种社会组织都保留下来，对后世影响甚巨。第二，关于国家权力的衰落。与西欧相比，虽然日本的君主政体与严格意义上的封建结构联系甚少（因为附庸制链条在到达天皇之前就终止了），但天皇仍作为所有权力的理论来源而存在。封建主义时期日本的国家权力遭受侵蚀，政治权力处于分散状态。第三，职业武士阶层的优越地位。与西欧相比，封建主义的日本在农民等级之上兴起的是职业武士等级（所谓的士农工商，士即为武士），在武士等级内部，按照武装扈从与首领的关系形成个人依附关系。但与西欧的委身制相比，日本附庸制的从属性高于西欧，其契约性质则少得多，且不允许附庸效忠多个领主。第四，采邑制代替薪俸制。日本武士也被授予类似于西欧采邑的佃领地，有时土地的授予甚至像西欧那样是可以被封主收回的；但这种剥夺封土的规定是纯粹虚构性的，因为土地实际上原属于这些武士的祖传地。武士一般不直接经营这些土地（如西欧的自营地），而主要依靠从其佃户那里征收的地租过活。第五，庄园制度的非典型性。除了贵族和寺院之外，由于日本武士人数众多，所以建立起的庄园数量极少且极其分散，也没有自营地，类似于盎格鲁－撒克逊时期英国萌芽状态的庄园，而不是西欧庄园化地区的真正庄园。第六，依附农民。灌溉农田是日本的主导农业形式，技术条件大大不同于西欧，所以农民的隶属形式自然也有所不同。①

　　有鉴于此，布洛赫认为封建主义不只出现于西欧，或者说封建主义不是像孟德斯鸠所说的那样只一次性地存在于西欧。尽管对上述两种社会的对比非常简略，但是布洛赫仍主张"这一概述能使我们得出一个相当可靠的结论。封建主义并不是'在世界上只发生一次的事件'。像欧洲一样，日本也经历了这一阶段，尽管带有一些必然的、

---

① ［法］马克·布洛赫：《封建社会》下卷，李增洪、侯树栋、张绪山译，商务印书馆2004年版，第705—706页。

根深蒂固的差别。"除日本以外的其他社会是否也同样经历过这一阶段，像伏尔泰所说的那样北半球上绝大多数国家都存在过封建社会，布洛赫在本书中没有通过比较给出答案，因此"对这些问题的回答，须俟之未来的比较研究"①。

　　布洛赫英年早逝终止了他对封建主义是否具有普遍性的比较研究，他有关幕府时期的日本存在类似于西欧封建主义的论述也未超出马克思的以往研究，因而他的封建主义具有普遍性的论点仍是一种尚未证实的假说。巴勒克拉夫认为，证明封建主义是否具有普遍性必须借助于比较方法。由于布洛赫除了日本以外未将西欧封建主义的特点与其他国家和地区进行比较，他甚至从未把目光扩展到东欧，"这样他留下了一个悬而未决的问题，而且是一个根本性的问题：即封建社会是欧洲特有的社会组织呢，还是普遍存在的社会形态呢？"② 日本具有封建主义表明封建主义不只出现在欧洲，但这仍不能证明其具有普遍性。

---

　　① ［法］马克·布洛赫：《封建社会》下卷，李增洪、侯树栋、张绪山译，商务印书馆2004年版，第706页。
　　② ［英］杰弗里·巴勒克拉夫：《当代史学主要趋势》，杨豫译，上海译文出版社1987年版，第271页。

第六章

现代化的历史比较

一 现代化理论

"现代化"（modernization）是一个耳熟能详的概念。那么，何谓现代化？《枫丹娜现代思潮辞典》认为，现代化指的是现代社会中伴随着工业化和机械化而来的所有发展，包括开放社会阶级之间的界限和增加社会流动，教育的发展，工业谈判的新程序，公民权的扩大，社会服务的发展等。[①] 换言之，现代化不只局限于农业、工业、国防和科学技术这些广义的领域，还涉及政治、社会和思想文化等方方面面。现代化的词根（modern）一词很早就出现了。据布莱克考证，"现代"作为指称当前时代性质的术语出现在公元6世纪晚期的拉丁文中，然后在英语和其他语言中被用来区分当代的和古代的作家与作品。17世纪已经出现了"现代性""现代派"和"现代化"等概念，但却经常含有"摩登"（即赶时髦）等贬义成分。17、18世纪，欧洲历史学家纷纷放弃基督教四帝国的历史分期方法，采用文艺复兴时期发明的古代、中世纪和现代的三段论历史分期方法，"现代"一词才真正地被赋予了现代历史的含义。[②]

---

① ［英］A.布洛克等主编：《枫丹娜现代思潮辞典》，中国社会科学院文献情报中心译，社会科学文献出版社1988年版，第364页。
② ［美］C.E.布莱克：《现代化的动力：一个比较史的研究》，段小光译，四川人民出版社1988年版，第8—9页。

具有广泛社会变迁含义的现代化概念出现较晚,并且是现代化理论(modernization theory)的产物。后者类似于发展经济学,主要关注发展中国家的转型问题。现代化理论起源于20世纪50年代初的美国。1949年1月20日,美国总统杜鲁门在其第二任总统就职演说中提出美国全球战略的四点行动计划,并着重阐述了第四点,即对亚非拉不发达地区实行经济技术援助(前三点计划分别是支持联合国、战后欧洲经济复兴计划即"马歇尔计划",以及援助自由世界抵御侵略)。不久之后美国政府成立了新机构,向这些地区派遣数百名技术人员,以增加农业生产,并建立适当的卫生和教育系统。然而,由于不熟悉受援国的社会结构和文化模式,这些项目往往会遇到巨大困难。很明显,这些项目大多数需要社会科学家的支持,他们作为历史学家、政治学家、人类学家、经济学家和社会学家具有这些结构和模式的专门知识。为此,社会科学家举办了各种会议,以汇集现有知识,并在不同学科的专家之间传播信息。美国经济学家西蒙·库兹涅茨创建了美国社会科学研究会所属的经济增长委员会,并创办了该委员会的学术刊物《文化变迁》杂志,伯特·霍塞利茨担任主编。1951年6月,该杂志编辑部在芝加哥大学举行学术会议,讨论了贫困和经济发展不平衡问题、美国的对外政策和各种有关理论。与会者感到使用现代化术语来说明从农业社会向工业社会的转变是比较合适的,会后还出版了由霍塞利茨主编的论文集《不发达地区的进步》。①

该论文集收入了马里恩·J.利维的论文《非工业化社会结构相对于高度工业化社会结构脆弱性的某些原因》。他认为,工业社会是具有理性的、普遍的、功能特定的价值取向和角色结构;相反,非工业化社会的特点是非理性的、特殊的和功能扩散的价值取向和角色结构。他主张,经济增长迟早会彻底改变非工业化社会,从而带来与西

---

① Wolfgang Knobl, "Theories That won't Pass Away: The Never – ending Story of Modernization Theory", in *Handbook of Historical Sociology*, Edited by Gerard Delanty and Engin F. Isin, London: SAGE Publications Ltd, 2003, p. 97; Bert F. Hoselitz, ed., *The Progress of Underdeveloped Areas*, Chicago: University of Chicago Press, 1952.

方工业化社会相同的文化和社会模式。利维并不否认在这个过程中可能会有困难甚至失败,但它们不会持续太久。利维的论文很快就成为宏观社会学未来10至15年研究有关社会变化的强有力的背景假设,心理学家、历史学家、政治学家、经济学家、社会学家都涉足该研究。从各个方面来说,这确实是一个新理论。因此,"现代化"术语在20世纪50年代初开始使用,"现代化理论"也在60年代为人所熟悉。①

美国政治学家亨廷顿认为,20世纪五六十年代的现代化理论与二三十年代悲观主义的社会发展理论截然相反,更接近于19世纪末维多利亚式的乐观主义社会理论。② 实际上,现代化理论可以追溯到19世纪对社会变化的预测。早在19世纪中叶,英国法律史学家,历史法学派代表人物亨利·梅因(Henry Sumner Maine,1822－1888)就主张,历史进步简单说就是从集体走向个人的运动。他在1861年出版的《古代法》中宣布:"所有进步社会的运动,到此处为止,是一个'从身份到契约'的运动。"③ 德国社会学家和哲学家费迪南·滕尼斯(Fedinaand Tonnies,1855－1936)在1887年出版《共同体与社会》,从人类结合的现实中概括出共同体和社会两种类型。"共同体是古老的,社会是新的。"前者是一个熟人社会,后者则是一个生人社会。因此,"共同体本身应该被理解为一种生机勃勃的有机体,而社会应该被理解为一种机械的聚合和人工制品"④。19世纪学者的社会变迁理论建立在传统社会和现代社会的两分法的基础上,这种划分方法也影响到现代化理论。20世纪下半叶,现代化理论勾画出传统社会和现代社会截然不同的三大特征。

---

① Wolfgang Knobl, "Theories That Won't Pass Away: The Never-ending Story of Modernization Theory", in *Handbook of Historical Sociology*, Edited by Gerard Delanty and Engin F. Isin, London: SAGE Publications Ltd, 2003, p. 98.
② [美]塞缪尔·P.亨廷顿:《导致变化的变化:现代化,发展和政治》,载[美]西里尔·E.布莱克编《比较现代化》,杨豫、陈祖洲译,上海译文出版社1996年版,第49页。
③ [英]梅因:《古代法》,沈景一译,商务印书馆1984年版,第97页。
④ [德]斐迪南·滕尼斯:《共同体与社会》,林荣远译,商务印书馆1999年版,第53、54页。

传统社会的特征包括：第一，传统主义的价值观占据统治地位，人们向往过去，缺乏文化能力去适应新的环境。第二，世袭门第制度是决定一切社会实践的依据，它是实行经济、政治和法律控制的主要工具。一个人在门第系统中的地位就是他在社会中的地位，是天生的，不是后天努力的结果。换言之，一个人的社会地位反映了他所属的家庭、民族或部落的地位。第三，传统社会的成员用一种带有感情色彩的、迷信的和宿命论的眼光看待世界，认为一切都将听天由命。

与此相反，现代社会的特征则包括：第一，人们可以保留传统的东西，但不做传统的奴隶，敢于摒弃一切不必要的或阻碍文明进步的东西。第二，门第关系在社会生活的一切领域中都是无足轻重的，人们在地理上的流动致使家庭纽带松弛。一个人的经济和政治地位是由于他努力工作和高度的进取心而获得的，不取决于他的出身门第。第三，现代社会成员不听天由命，而是勇往直前和富有革新精神。他们随时准备克服障碍，表现出强烈的企业家精神和对世界的理性与科学态度。①

那么，传统社会如何转变为现代社会，以往的自由主义和马克思主义提供了两种解释。20世纪下半叶以降，现代化理论提出了第三种解释，成为推进不发达国家的传统社会向现代社会转变的指南。亨廷顿总结了学者们对现代化进程和特征取得的九点共识。一是现代化是革命的过程。由于传统社会和现代社会根本不同，因而从传统社会向现代社会的转变必然涉及人类生活方式的根本的和整体的转变。二是现代化是复杂的过程。不能将其归结为某一因素或某一范围，它包含人类思想和行为所有领域的变化。三是现代化是系统工程。一个因素的变化将联系和影响到其他各种因素的变化，因而经济、政治、社会和思想的现代化缺一不可。四是现代化是全球的过程。它起源于十五六世纪的欧洲，但现在已成为全球性现象。五是现代化是长期的过

---

① [英]安德鲁·韦伯斯特：《发展社会学》，陈一筠译，华夏出版社1987年版，第29页。

程。它涉及各方面的变化，需要很长时间才能解决。西方社会的现代化经历了几个世纪，后来者无须从头摸索，但从传统社会向现代社会的转变仍需要用世纪来计算。六是现代化是有阶段的过程。现代化过程可以区分为不同的水平或阶段，尽管各个社会现代化的发展速度和具体方式有所差异，但一切社会都要经过大致相同的若干阶段。七是现代化是一个同质化的过程。传统社会除了缺乏现代性外几乎没有其他共同之处，但现代社会基本相似。各个社会是那么同质，以致有可能形成一个世界国家。八是现代化是不可逆转的过程。虽然现代化过程中某些方面可能出现暂时的挫折和偶然的倒退，但整体上现代化基本上是一个长期的趋向。九是现代化是进步的过程。在转变时期，尤其是转变初期，现代化的代价和痛苦是巨大的。但是，现代的社会、政治和经济秩序的成就足以弥补。从长远看，现代化增加了全人类在文化和物质方面的幸福。①

　　现代化理论主张，现代化起源于西方，然后扩散到世界其他地区。以色列社会学家艾森斯塔德认为，就历史的观点而言，现代化是社会、经济、政治体制向现代类型变迁的过程。它形成于17世纪至19世纪的西欧和北美，而后扩及其他欧洲国家，并在19世纪至20世纪传入南美、亚洲和非洲大陆，所有社会都要经历从传统向现代的转变。现代化社会是从各种不同类型的传统的前现代社会发展而来的，西欧的现代社会发轫于有着众多城市的封建或绝对主义国家，东欧的现代社会则来自高度独裁而较低城市化的国家和社会。在美国和英属第一批自治领（加拿大和澳大利亚），现代社会是经由殖民化和移民过程而形成的。在拉丁美洲，政治结构出自寡头政治的殖民征服社会，居于征服者和寡头地位的白人与土著之间存在强烈的隔阂。日本的现代化过程起源于一个略具独特性的中央集权的封建国家。而中国则是人类历史上最悠久的帝制，即一种基于特殊类型的文士—官僚制

---

① ［美］塞缪尔·P.亨廷顿：《导致变化的变化：现代化，发展和政治》，载［美］西里尔·E.布莱克编《比较现代化》，杨豫、陈祖洲译，上海译文出版社1996年版，第44—47页。

度崩溃后形成的。在大多数亚洲和非洲社会，现代化过程始于殖民体系之内，其中一部分（尤其在亚洲）以原有较为中央集权的君主制社会和完密的文化宗教传统为基础；另一部分（尤其在非洲）则主要建立在部落的结构与传统之上。① 现代化的初始条件不同，无疑在很大程度上影响了各国的现代化进程。

20世纪70年代，现代化理论由于强调现代化即西方化或欧化而受到批评，② 比较现代化（comparative modernization）成为批判现代化理论的产物，带有强烈的后殖民色彩。比较现代化反对将现代化等同于西方化或者欧化，认为现代化是一个世界意义的中性的概念。后发展的社会所面临的问题，不是抛弃自己的制度而一味向西方借用各种制度，而是要评价自己的制度遗产，然后决定在多大程度上对它们进行改造以适应现代性的要求。因此，世界上各式各样的社会应当从它们自己的利益来加以研究，而不是仅从它们与西方影响的关系去研究。当然，这并不是说西方的影响不重要，而是说，与这些社会必须进行的对本国制度遗产的改造而言，它毕竟是次要的。③ 20世纪70年代现代化理论受到批判并一度沉寂，八九十年代现代化理论又经历了复兴。正如《不会消失的理论：现代化理论的永不落幕的故事》一文所言，这种复兴的原因首先与70年代末和80年代初"亚洲四小龙"的经济崛起以及苏联的缓慢衰落有关。这些政治过程似乎证实了现代化理论最初的假设，即与依附理论或世界体系理论的主张相反，非西方国家确实有可持续发展的机会。此外，西方现代性的稳定性及其特殊的制度体系似乎是某种历史的终点：苏联的解体可以被解释为通向现代化的道路只有一条。苏联模式之所以失败，是因为它的结构分化不足，这是现代化理论家一直强调的一点。由于现代化理论从正

---

① [以] S.N.艾森斯塔德：《现代化：抗拒与变迁》，张旅平等译，中国人民大学出版社1988年版，第1—2页。
② [英] 安德鲁·韦伯斯特：《发展社会学》，陈一筠译，华夏出版社1987年版，第34—39页；[美] 塞缪尔·P.亨廷顿：《导致变化的变化：现代化，发展和政治》，载[美] 西里尔·E.布莱克编《比较现代化》，杨豫、陈祖洲译，上海译文出版社1996年版，第51—58页。
③ [美] 西里尔·E.布莱克编：《比较现代化》，杨豫、陈祖洲译，上海译文出版社1996年版，《导论》，第6页。

反两方面被历史本身所证实,因而重新焕发了新的生命力。[1] 在现代化理论的各个发展阶段,经济史学家、历史社会学家和历史学家从事现代化的历史比较,涌现出罗斯托、摩尔、布莱克和罗兹曼等一批杰出的现代化历史研究者。

二 罗斯托

沃尔特·惠特曼·罗斯托(Walt Whitman Rostow,1916-2003),美国经济学家,发展经济学的先驱之一。罗斯托出生于纽约市曼哈顿区的一个俄罗斯犹太移民家庭,父母都是活跃的社会主义者。15岁时罗斯托获得全额奖学金进入耶鲁大学,19岁毕业。之后,他获得了罗德奖学金,前往牛津大学贝利奥尔学院学习,并于1938年获得文学硕士学位,1939年获耶鲁大学博士学位。从1940年起,罗斯托先后在哥伦比亚大学、牛津大学、剑桥大学、麻省理工学院、德克萨斯大学奥斯汀分校任教授,讲授经济学、经济史与历史。罗斯托还先后担任过欧洲共同体执行秘书助理、总统国家安全事务特别助理帮办、国务院政策计划委员会顾问和主席、总统国家安全事务特别助理等。著有《19世纪英国经济论文集》(1948)、《经济增长过程》(1952)、《经济增长的阶段——非共产党宣言》(1960)、《政治与成长阶段》(1971)、《这一切是怎样开始的:现代经济的起源》(1975)、《世界经济:历史与展望》(1978)等。代表作为《经济增长的阶段——非共产党宣言》。[2]

罗斯托在学术上最重要的研究成果是通过历史比较提出经济增长阶段的理论。战后,欧美资本主义进入快速发展时期。与此同时,亚

---

[1] Wolfgang Knobl, "Theories That Won't Pass Away: The Never-ending Story of Modernization Theory", in Gerard Delanty and Engin F. Isin eds., *Handbook of Historical Sociology*, London: SAGE Publications Ltd, 2003, pp. 104–105.

[2] Walt Whitman Rostow, *The Stages of Economic Growth: A Non-Communist Manifesto*, Cambridge: Cambridge University Press, 1960.

中篇 西方比较史学的实证研究

非拉国家在赢得民族独立后也面临经济发展问题。有鉴于此，西方发达国家在过去几个世纪中是如何实现经济发展的，从传统社会到现代社会有哪些共同规律可循，成为社会科学亟须回答的急迫课题。1958年秋季，罗斯托在剑桥大学经济与政治学院以"工业化过程"为题进行系列讲座，并在此基础上撰写了《经济增长的阶段——非共产党宣言》。书名副标题被称作"非共产党宣言"，是因为该书试图取代传统的苏联五种生产方式理论将人类社会的发展分为原始社会、奴隶制社会、封建社会、资本主义社会和社会主义社会五个阶段的主张，但实际上苏联的五种生产方式理论与马克思的《共产党宣言》的相关论述并无直接关系。在该书第一章《导论》中，罗斯托开宗明义地指出：本书提供了一个经济史学家归纳整个现代史的方法。这种归纳方式就是一系列的增长阶段。从传统社会到现代社会包含一系列必经的发展阶段，按照这一系列阶段，把每个国家或地区的经济发展过程进行划分是可能的和有益的。实际上，增长阶段论的目的不仅是要描述现代化顺序的一致性，也同样要说明每个国家经历的特殊性。为此需要解决许多问题，例如在什么力量推动下传统的农业社会开始现代化过程？常规的增长什么时候和如何成为每个社会的内在特征？何种力量推动持续增长的过程和决定它的轮廓？增长过程在每个阶段具有什么共同的社会和政治特征？每个阶段中每个社会的独特性在哪些方面表现出来？什么力量决定了较发达地区和较不发达地区的关系？增长的先后顺序与战争爆发有什么关系？最后，复利增长（指增长按几何级数进行的，类似于利息和本金都计算利息一样）把我们带到什么地方？[①]

罗斯托的经济增长论并不意味着经济决定论，相反，经济增长是多种因素共同作用的结果。他主张，虽然经济增长论是从经济方面观察这个社会的方法，但是它绝不意味着政治、社会组织和文化等因素

[①] [美] W. W. 罗斯托：《经济增长的阶段——非共产党宣言》，郭熙保、王松茂译，中国社会科学出版社2001年版，第1、2页。

只是从经济中派生出来的上层建筑。事实上,社会是互为作用的有机体。虽然经济变化的确具有政治和社会后果,但是在本书中经济变化本身被看作政治和社会以及狭义的经济力量的结果。换言之,经济增长并不只是经济本身的事情,还需要政治、社会和文化的变革作为前提条件。该书最引人注意的是罗斯托以世界主要国家为例对经济增长五个阶段的概述,它们分别是传统社会、起飞前提条件、起飞、走向成熟、大众消费阶段。[1]

首先是传统社会(the traditional society),它是以前牛顿时代的科学技术和前牛顿时代人类对物质世界的态度为基础的。农业居于首要地位,贸易和制造业都有不同程度的发展。但由于科学技术未被经常和系统地利用,因而传统社会的生产力水平受到限制。这个社会结构的纵向流动虽然存在,但范围是很狭小的。传统社会的价值体系包括长期的宿命论和短期的个人选择权的结合。家庭和宗族等血缘关系在社会组织中发挥重要作用。中央政治统治存在于传统社会中,但是政治权力的重心一般在地方,操纵在那些拥有或控制土地的人手中。传统社会包括中国的王朝,中东和地中海的文明,中古欧洲社会。牛顿以后其中一些社会仍归于传统社会。[2] 该书的主题是论述传统社会以后的社会,在这些社会中,传统社会的主要特征如经济、政治、社会结构及其价值观都发生了变化,从而使经常性的增长成为可能。

第二是起飞前提条件(the preconditions for take-off)阶段,包括处于转变过程中的所有社会。传统社会的转变需要利用现代科学的成果,阻止报酬递减,从而享受由复利增长所带来的幸福和机会,做到这些需要花费很长时间。创造起飞前提条件的阶段最初是在17世纪末和18世纪初的西欧发展起来的,世界市场的扩张和国际竞争成为该阶段经济增长的推动力。在西欧国家中,英国由于地理、自然资

---

[1] [美] W.W.罗斯托:《经济增长的阶段——非共产党宣言》,郭熙保、王松茂译,中国社会科学出版社2001年版,第2—4页。
[2] [美] W.W.罗斯托:《经济增长的阶段——非共产党宣言》,郭熙保、王松茂译,中国社会科学出版社2001年版,第6页。

源、贸易机会、社会和政治结构的优势而成为第一个充分发展起飞前提条件的国家。其他国家，创造起飞前提条件不是从内部产生的，必须借助于外部先进社会的力量来动摇传统社会，建立新社会。这一阶段的经济和社会的主要特征仍是低效率的生产方式，但在政治方面建立一个有效的中央集权的民族国家是起飞的一个必要条件。

第三是起飞（the take-off）阶段。根据罗斯托的解释，起飞成为现代生活中巨大的分水岭，它是稳定增长的障碍和阻力得以最终克服的时期，增长成为正常状态，复利变成习惯和制度结构。实现起飞需要三个条件：第一，有效的投资率和积累率从大约占国民收入的5%提高到10%或以上。第二，制造业成为主导产业，新的企业家阶级扩大了，支配着私人部门日益增大的投资。同时，农业生产率革命性的变化是成功起飞的一个必要条件。第三，社会政治结构发生转变，以便稳定的增长率能够正常地维持下去。罗斯托认为，只要具备了上述三个条件，一个国家的经济就可实现起飞。一旦起飞，经济也就可以自动持续增长了。英国在1783年后20年里实现了起飞，法国和美国在1860年以前的几十年，德国是在1850—1875年之间，日本在19世纪最后25年实现了起飞，印度和中国已经以相当不同的方式发动了它们各自起飞的引擎。

第四是走向成熟（the drive to maturity）阶段。在该阶段，由于现代技术在各个经济领域中广泛使用，起飞后是一段时期的持续（即使是有波动的）增长。产量超过人口增长，经济结构不断发生变化，在国际经济中占有一席之地，新的价值观和制度取代阻止增长进程的旧价值观和制度。起飞开始后大约60年（或者说起飞结束后40年左右）一般达到所谓的成熟阶段。从起飞到成熟的过程中，工业和技术的结合进一步扩展，19世纪末或稍后一段时间，德国、英国、法国和美国已经跨越了这个转变。

第五是大众消费时代（the age of mass-consumption）。这时主导部门转向耐用消费品和服务业，各种家用电器逐渐得到普及，便宜的大众化汽车对人民生活产生革命性的经济和社会影响。该阶段在美国始于1913至1914年福特汽车使用流水装配线，发展于20年代特别是战后十年，即1946至1956年。由于战后几年经济的迅速增长，西欧和日本在50年代已完全进入这一阶段。苏联在技术上为这一阶段做准备，中国如果要开启这一阶段则面临困难的政治和社会调整。[1]

基于上述经济增长理论，罗斯托对世界各主要国家在传统社会、起飞前提条件、起飞、走向成熟和大众消费五阶段发展上的异同进行了详细的比较研究。应该说，无论从理论还是实践看，该书堪称世界现代化历史比较研究的奠基之作。此外，1971年，罗斯托还出版《政治与成长阶段》，讨论了大众消费之后的第六阶段，并将其称为"追求质量阶段"（the search for quality）[2]。在此阶段，公共服务业和私人服务业成为提高居民生活质量的主导部门。人类社会不再只以物质产量来衡量社会发展的成就，还追求包括劳务形式、环境状况和自我实现的程度等反映生活质量指标的不断提高。

三　摩尔

巴林顿·摩尔（Barrington Moore Jr., 1913－2005）是美国著名历史社会学家和比较政治学家，出生在华盛顿特区。1936年摩尔毕业于马萨诸塞州的威廉姆斯学院，在那里学习了拉丁语、希腊语和历史。他对政治科学感兴趣，被选入美国大学优等生荣誉学会。1941年，摩尔获得耶鲁大学社会学博士学位。二战期间，摩尔曾作为政府的政策分析师在战略服务办公室和司法部工作。1945—1947年他执教于芝加哥大学社会科学系，1947年加入哈佛大学俄罗斯研究中心，1979年退休。摩尔著有《民主与专制的社会起源：现代世界形成中

---

[1] [美] W. W. 罗斯托：《经济增长的阶段——非共产党宣言》，郭熙保、王松茂译，中国社会科学出版社2001年版，第4—11页。

[2] W. W. Rostow, *Politics and the Stages of Growth*, Cambridge: Cambridge University Press, 1971.

中篇　西方比较史学的实证研究

的领主与农民》(1966)①、《反思人类苦难的原因和消除它们的若干建议》(1972)、《不公：顺从和反抗的社会基础》(1978)等。《民主与专制的社会起源》出版后风靡欧美文化思想界。到1975年，该书已行销9版，与韦伯的《新教伦理与资本主义精神》和迪尔凯姆（即涂尔干）的《论自杀》并列为20世纪社会科学的三大名著。摩尔由此声誉鹊起，1968年和1969年分别荣膺伍德罗·威尔逊奖和麦基弗奖。

《民主与专制的社会起源》主要探讨了各国现代化中政治演进的不同道路，而历史比较成为不可或缺的研究方法。摩尔认为，历史比较具有极其重要的功能，在致力于国别史的探讨时，比较研究会有助于提出很有价值的有时甚至是意义全新的问题。更重要的是，比较考察可为公认的历史解释提供初步的否证，比较研究还可以引出新的历史概括。② 他通过对英法美、德日和中俄等国家进入现代的历史的比较，得出了走向现代化的三条不同途径：最早的一条是英法美为代表的资本主义（经济上）和议会民主（政治上）携手并进的道路，经受了英国的清教革命、法国大革命和美国内战等一系列革命的考验，是为资产阶级革命的路线；第二条路线同样是资本主义的，但由于缺乏资产阶级革命冲击波强有力的震撼，它经过某种反动的政治形式发展为法西斯主义。例如德日通过自上而下的革命，实现了工业发展与繁荣的目标。第三条路线是共产主义道路，在中国和俄国，革命的发动以农民为主，但也不排斥其他阶级，从而有可能实现向共产主义的转变。此外，到20世纪60年代中叶，印度也步履蹒跚地进入现代化工业社会的过渡阶段，但未经历上述的资产阶级革命、自上而下的保守革命和共产主义革命。印度能否避免上述三种演进形式的代价而发现一条新的道路，或者受

---

① Barrington Moore Jr., *Social Origins of Dictatorship and Democracy: Lord and Peasant in the Making of the Modern World*, Boston: Beacon Press, 1966.
② ［美］B.摩尔：《民主与专制的社会起源》，拓夫等译，华夏出版社1987年版，《前言》，第3页。

第六章 现代化的历史比较

制于一条代价同样惊人的停滞路线，还将拭目以待。①

与对上述三条现代化道路的归纳相比，该书更重要的价值在于发现了三者之间的关系和成因。摩尔认为，上述三条历史轨迹不但在发展序列上是互相衔接的，而且在因果链条上是辗转递进的。西方民主道路的失败为德日法西斯主义开启了大门，而法西斯主义在俄国和中国的失败又直接引爆了共产主义革命。那么，为什么会出现三种前后相继的历史路线呢？与以往强调政治权力的至关重要性不同，摩尔认为影响现代化的关键因素是前现代社会的状况，或者说现代化开始前的农业社会的特点，例如工商业资产阶级的发展状况，土地贵族和农民各自的生存方式等。因此，需要研究的是，农业社会是否具有各种不同的特点，某些状态有利于演进为议会民主制，而其余的出发点对于民主事业却阻碍重重或根本是死路一条。第一条道路是通过资产阶级革命来开辟的，这类革命的关键特征是兴起了一个有着独立经济基础的社会集团，它摧毁了来自以往的对于民主资本主义的各种障碍。尽管城市工商业资产阶级是主要动力，但还需要土地贵族或农民等其他盟友的支持。英国的土地贵族构成资本主义民主潮流的重要组成部分，法国的土地贵族则站在反对立场上，在革命中被扫地出门。农民也是如此，他们在法国与资本主义和资产阶级民主的大方向一致；在英国和美国只是一支无足轻重的力量，前者在资本主义进程中遭到了毁灭，后者在资本主义开始时农民阶层还不存在。第二条路线同样是资本主义的，但这是资本主义的反动形式。在这类国家，资产阶级的力量相当薄弱，如果它采取彻底革命的方式，那么革命势必夭折。相对软弱的工商业资产阶级依赖土地贵族中的异端分子，在准议会政府的支持下，促成了现代工业社会所需要的政治经济变化。在这种政治体制下，工业发展十分迅速，但在经历了短暂和脆弱的民主时期后便沦为法西斯主义。第三条道路中强大的农业官僚主义禁锢着商业和工

---

① ［美］B.摩尔：《民主与专制的社会起源》，拓夫等译，华夏出版社 1987 年版，第 334 页。

· 127 ·

业的发展，由此产生了双重后果。一是资产阶级过于软弱，在现代化进程中甚至不能像日德那样充当一个二流伙伴。二是由于在通往现代化的道路上没有迈出任何实质性步伐，从而积累了大批农民。面对西方世界的入侵，农民备受压迫，戴上新的枷锁。①

该书提出了一个新论点，即在进入现代时期阶级结构决定了社会性质。在英法美这些资产阶级强大的国家，贵族资产阶级化或者被消灭，资产阶级革命导向民主。在德日等资产阶级不够强大的国家，贵族与资产阶级结盟，以自上而下革命的方式走向现代化，在政治民主化失败后导向法西斯主义的独裁统治。在中俄等资产阶级弱小的国家，自上而下革命失败，由精英领导的农民革命导向共产主义。有鉴于此，他的论断大体可以概括为"没有资产阶级，就没有民主"，资产阶级即中产阶级，他们是实现民主化的关键力量。德国历史学家于尔根·科卡对该书予以了高度评价，认为摩尔的结论主要受益于比较方法："穆尔（即摩尔）从民主和专制产生的角度出发，对英国、美国、中国、日本和印度进入现代的不同道路进行了研究。这一研究为我们提供了一个以比较为主、对复杂关系进行详细而全面研究的范例。穆尔的著作将各种不同发展的描写与条件的分析和后果的解释相互结合，也不缺乏关系史因素，但其广泛的、理论与史实方面的论述的动力则来自比较。"② 比如，通过比较可以看出，在上述三条道路中，只有自下而上的现代化道路最终获得了成功，而自上而下的现代化道路在东西方都一路坎坷，表明缺少现代性的现代化不能成功。

四　布莱克

西里尔·E.布莱克（Cyril Edwin Black，1915－1989）系美国历

---

① ［美］B.摩尔：《民主与专制的社会起源》，拓夫等译，华夏出版社1987年版，《前言》，第4、5页。

② ［德］于尔根·科卡：《社会史：理论与实践》，景德祥译，上海人民出版社2006年版，第58页。

史学家，主要致力于俄国史、欧洲史和现代化史的研究。布莱克出生于美国北卡罗来纳州的布赖森市，母亲是保加利亚人，父亲是土耳其伊斯坦布尔的罗伯特学院的首任院长。布莱克的童年和青年时期是在土耳其和保加利亚度过的，并在那里接受教育。1934至1935年布莱克就读于法国东部的贝桑松大学，1935年夏天转入德国柏林大学，1936年在美国杜克大学获得文学学士学位。1937年布莱克在哈佛大学（当时是美国的俄国研究中心）获得文学硕士学位，1941年在哈佛大学获得哲学博士学位，学位论文题为《保加利亚宪政政府的建立》，1943年出版。二战期间，布莱克利用自己有关东欧的专长为美国政府和联合国工作。

战后，美国高等院校重新调整了自己的方向，让学生为国家新的全球角色带来的挑战做好准备。为此，以往专注于古典和西方文明的课程，现在在保持传统优势下需要做出调整，开始关注世界其他地区。时任普林斯顿大学校长的罗伯特·F.戈欣将国际化作为自己任内的主要任务之一，1946年进入普林斯顿大学的布莱克则成为该校国际研究的主要设计师。布莱克还为普林斯顿大学的本科生开设俄国史课程，这门课他一直讲授到20世纪70年代，之后由他的学生继续讲授。

布莱克为普林斯顿大学乃至美国培养了大量地区研究尤其是俄国史的专家。1961—1968年布莱克担任普林斯顿大学外国和国际事务委员会主席，募集俄国、东亚、近东和拉丁美洲的研究资源。1968—1985年他担任该校国际研究中心主任，使之成为美国的俄国史研究中心，培养了35位研究生。1985年，美国斯拉夫研究促进协会授予他荣誉称号时指出，在他手下做过研究的专家数量，比仅作为朋友和同事得到过其帮助和建议的人还要多。布莱克于1986年从普林斯顿大学退休。1989年7月18日卒于充血性心力衰竭，享年73岁。[1] 布

---

[1] Patricia H. Marks, *Luminaries: Princeton Faculty Remembered*, Princeton: Princeton University Press, 1996, pp. 21-28.

中篇　西方比较史学的实证研究

莱克的主要著述有:《现代化的动力:一个比较史的研究》,《日本和俄国的现代化:一份进行比较的研究报告》(主编),《比较现代化》(主编) 等。①

美国的现代化历史比较兴起于20世纪五六十年代。② 1966年是美国比较史学特别是现代化历史比较的重要年份。如美国学者弗雷德里克森所言:"这年在比较史学方面出版了两部不寻常的气魄宏大的著作,一部是 C.E. 布莱克的《现代化的动力:一个比较史的研究》,另一部是巴林顿·摩尔的《独裁和民主的社会根源》(即《民主与专制的社会起源》)。这两部著作用宏观方法为比较史学研究提供了光辉的范例,这是比较全部社会基本动力的一种尝试。"③《现代化的动力:一个比较史的研究》始于约1959年对政治现代化的研究,据布莱克在该书《前言》中介绍,这项研究的第一个文本是他在1960年11月为弗吉尼亚大学詹姆斯·W.理查德比较历史讲座而准备的,而这个论题的某些部分已在《以历史的眼光看待政治现代化》中加以阐明,这篇论文又是为美国社会科学研究会于1959年组织的政治现代化讨论会准备的。

如何看待现代化在人类历史转变中的重要地位？布莱克认为,人类历史经历过三次革命性转变。第一次是大约100万年前人类的出现,第二次是7000年前开始的人类从原始社会到文明社会的转变,

---

① Cyril Edwin Black, *The Dynamics of Modernization: A Study in Comparative History*, New York: Harper & Row, 1966; Cyril Edwin Black, ed., *The Modernization of Japan and Russia: A Comparative Study*, New York: Free Press, 1975; Cyril Edwin Black, ed., *Comparative Modernization*, New York: Free Press, 1976.

② 在布莱克之前,美国社会科学学科已有许多部现代化历史比较的专著问世。例如,美国学者 D. 勒纳 (D. Lerner) 的《传统社会的消亡:中东的现代化进程》(1958),美国经济史学家罗斯托 (D. A. Rustow) 的《经济增长的阶段》(1960),美国人类学家克利福德·吉尔兹 (Clifford Geertz) 编《旧的社会与新的国家:亚洲和非洲的现代性探索》(1963),美国政治学家和社会学家 R. E. 沃德 (R. E. Ward) 和 D. A. 罗斯托编《日本和土耳其的现代化》(1964),以色列社会学家艾森斯塔德的《现代化:抗拒与变迁》(1966) 等。

③ [美] 乔治·M. 弗雷德里克森:《比较史学》,载项观奇编《历史比较研究法》,山东教育出版社1986年版,第313页。

而现代化则是人类历史上的第三次伟大的革命性转变。[1] 布莱克对现代化概念的起源做过考证。他认为，"现代化"作为一个描述自科学革命以来人类事务发生迅速变革的过程的一般概念出现较晚，但"现代"作为一个指称当前时代性质的术语可以追溯到6世纪晚期拉丁语的用法，被用于区别当代和古代的作家与作品。17世纪，"现代性""现代派"和"现代化"被用于赶时髦等贬义，十七八世纪欧洲历史学家逐渐放弃以基督教四帝国为基础的历史分期，开始使用古代、中世纪和现代的历史分期，现代具有了现代历史阶段的含义。从上一代人开始，"现代性"被广泛地运用于描述那些在技术、政治、经济和社会发展方面处于最先进水平的国家所共有的特征，而现代化则被用于描述这些国家获得这些特征的过程。此前，这一过程常常被称为"欧化"或"西化"，它们特指那些发生于早期现代的较发达国家对不发达国家的影响。这种用法的缺陷是，既无法考虑到发达国家自身的最初转变，也无法考虑到曾经的不发达国家对仍然落后的国家的影响。比如，人们不会把十七八世纪的英法两国的转变过程说成是西化，也不会把20世纪日本对"满洲"的影响说成是欧化。"工业化"和"工业革命"的含义过于狭窄，而"改革"一词则可以指历史上任何时期的变革。有鉴于此，现代化便成为描述最近几个世纪以来自西欧起步并波及整个人类的快速发展进程的较为理想的概念。

何谓现代化？布莱克认为，"现代化"一词指的是近几个世纪以来，由于知识的爆炸性增长导致源远流长的改革过程所呈现的动态形式。现代化的特殊意义在于它的动态特征以及它对人类事务影响的普遍性。基于此，"现代化"概念可以定义为："反映着人控制环境的知识亘古未有的增长，伴随着科学革命的发生，从历史上发展而来的各种体制适应迅速变化的各种功能的过程。"[2] 这一过程发源于西欧

---

[1] ［美］C.E.布莱克：《现代化的动力：一个比较史的研究》，段小光译，四川人民出版社1988年版，第3—5页。
[2] ［美］C.E.布莱克：《现代化的动力：一个比较史的研究》，段小光译，四川人民出版社1988年版，第11页。

一些国家并开始产生影响，这些变革在19和20世纪延伸到所有其他国家，并导致了一场影响各种人际关系的世界性转变。布莱克认为，这种转变的过程可以从既定体制对变化着的功能的适应来讨论。从历史上说，我们可以把经历这一过程的体制界定为世界上各种社会的传统体制。对于西欧各国而言，传统体制就是中世纪的那些体制，现代性对传统体制的挑战发生于12世纪至18世纪。在率先建设现代化的那些社会中，由于现代性的挑战主要来自内部，因而转变过程徐徐展开，延续了几个世纪。但在后来建设现代化的社会中，这些挑战越发来自外部，因而转变来得更加迅速和突然。当然，还有一些社会的传统体制一直延续着并长驱直入20世纪。[①]

那么，世界各地现代化进程何以会相差如此悬殊？应该说，现代化的起因或推动因素具有复杂性和相关性的特点，知识、政治、经济、社会和心理无不影响现代化的进程，但这些方面不能以相同的速度或同样的方式产生影响，它们在不同的社会也未必发生同样的相互作用。基于此，他主张："现代性的增长和传播从政治方面可以得到最好的理解。政治发展，相对说来是比较容易确定的，它为分析、比较和分期提供了最为恰如其分的框架。"布莱克将政治作为现代化的主要动力，他认为制约各国政治现代化的因素包括以下五个方面：第一，一个社会所出现的政治权力从传统向现代化领袖的转变，相对于其他社会是早还是晚；第二，一个社会中现代性对传统领袖的直接政治挑战是内部的还是外部的；第三，一个社会在现代早期是热心于疆界和人口的连续性还是经历着领土和人民的根本重组；第四，一个社会在现代早期是自治还是经受着拖延的殖民统治；第五，一个社会进入现代早期是带着成熟的体制（因而在很大程度上能够适应现代性的各种功能），还是带着实质上不成熟的体制（以致不得不让位于从更现代的社会所借鉴的东西）。依据上述五个方面，他通过对100多个国家的比较，确定了各国政治现代化的七种范型。[②]

---

① ［美］C.E.布莱克：《现代化的动力：一个比较史的研究》，段小光译，四川人民出版社1988年版，第12—13页。

② ［美］C.E.布莱克：《现代化的动力：一个比较史的研究》，段小光译，四川人民出版社1988年版，第81、148—170页。

第一种范型是由英国和法国构成的，它们是最早进入现代化的国家，在很大程度上以不同的方式为所有其他国家树立了典范。两国政治现代化始于17世纪和18世纪的英国资产阶级革命和法国大革命，并在19世纪和20世纪上半叶建立起成熟的政治现代化体制。英法两国还在从内部而来的现代性的深度上，在疆界和人口与现时代的连续性上，在传统体制对现代功能的适应上，都与其他社会有所不同。由此，两国传统体制对现代功能的适应比后来国家更有序平稳地进行，政治、经济、社会领域中实质性的变革循序渐进。

英国在新世界的旁系是政治现代化的第二种范型，来自旧世界的人在此居住，尽管他们有时只占人口的少数，但在政治和文化上却成为新社会的主导力量。这些旁枝一开始是依附性的，但它们不同于母国的其他殖民地。美国、加拿大、澳大利亚和新西兰构成这类范型的社会。这些社会也面临着作为内部问题的现代性的直接政治挑战，它们政治现代化的起步晚于母国，而且经历了土地和人民的根本性重组。这些社会的政治现代化包括政治权力转移和实现政治独立双重任务，主要体现为18—19世纪美国的独立战争和南北战争，以及19—20世纪加拿大、澳大利亚和新西兰的独立运动，脱离了母国的传统社会结构。

政治现代化的第三种范型由那些在法国革命后，直接或间接受其影响而发生了现代化领导增强的欧洲社会所组成，其政治现代化的起步稍晚于英法。它们也经历了重组疆界与人民的漫长和普遍的暴力冲突时期，包括北欧、南欧、中欧和东欧等国家。和前两种范型的社会一样，这些国家也在传统时代便发展出了易于适应现代功能的体制。然而，在政治领域，它们直到法国大革命后才毅然决定摆脱传统窠臼，其政治现代化受到法国模式的决定性影响。这些社会的经济转变最迅速的阶段发生在19世纪后期和20世纪前半期，后来大部分国家的工业生活方式已占主导地位。

第四种政治现代化的范型来自第三种范型的欧洲社会在新世界的旁枝，这种社会包括拉丁美洲20多个独立国家。这些社会与第二种范型的社会不同，它们受外国影响的程度更深，尤其是受那些不大强调现代化的第三种范型社会的影响。拉丁美洲的民族独立的实现并未导致现代化领导权力的增强，相反却确立了趋于使传统生活方式永恒化的新殖民主义形式。即使阿根廷、波多黎各和乌拉圭等欧洲人口占优势的国家，它们从欧洲殖民统治下解放出来已经一个世纪了，但其现代化领袖的地位仍未巩固。到了20世纪中叶，现代化领导在拉丁美洲的一半国家得到巩固，开始了经济转变过程。阿根廷、乌拉圭和委内瑞拉在人均发展水平上已大致上与苏联、意大利、日本和东欧较发达国家媲美。

第五种政治现代化的范型指那些未直接受外来干涉，但受率先现代化社会间接影响而进行现代化的社会，包括俄国、日本、中国、伊朗、土耳其、阿富汗、埃塞俄比亚和泰国。在这些社会中，传统政府都是强有力的，都有集中化官僚政府的长期经验，这使得它们能够在现时代长期抵御直接的、广泛的外来统治。它们本质上是自主地实现现代化，并像第一种范型那样具有源远流长的领土和人口的连续性。由此，在这些国家，有限集中的政治现代化形式是由在任统治者和官僚策动的，但他们并不能长期维持这种首创精神。除日本外，其他国家现代化领袖权力的强固都是通过革命完成的。传统文化的内聚力和认同感使这些国家在面对外来的现代化压力时保持了完整性，但它也以各种方式延宕了转变的过程。最极端的例子是中国，它是最古老和最成熟的传统社会，在使自己的体制适应现代性时困难也最大。这些社会在政治现代化上可以归结为一种范型，但在其他方面却差异极大。

第六种和第七种政治现代化的范型见于那些经历了殖民统治的亚洲、非洲、美洲和大洋洲的100个独立的和依附的社会。第六种和第七种范型的社会都经历了殖民主义，它们现代化的纲领往往采取强烈的民族主义和排外主义。一旦殖民地最终获得独立，其领袖通常都是排外主义者，甚至不惜以较慢的变革速度为代价。

五　罗兹曼

吉尔伯特·罗兹曼（Gibert Rozman，1943—　），美国社会学家，东方学家。罗兹曼出生于明尼苏达州的明尼阿波利斯市，1965 年在明尼苏达州卡尔顿学院（Carleton College）完成了中国和俄罗斯研究的本科学位，1971 年在普林斯顿大学获得社会学博士学位。1970—2013 年，他在普林斯顿大学任教，1979 年起担任普林斯顿大学社会学教授，1992 年以来担任马斯格雷夫讲座教授，1975—1980 年担任美国学术委员会中华文明研究会委员，1978—1986 年担任美国和苏联两国人文和社会科学委员会委员。罗兹曼的主要研究兴趣是中国、日本和俄国，也兼及有关现代化与前现代的宏观社会学比较，以及东亚与西方发展路径的比较。著有《1750—1800 年俄国的城市网络和前现代时期》，《中国清朝和日本德川幕府时代的城市网络》，主编《中国的现代化》、[①]《从德川过渡到明治的日本》，《东亚地区：儒家传统及其现代适应》，《东亚民族认同：共同根源与中国例外主义》等。

罗兹曼主编的《中国的现代化》出版于 1981 年，至今已逾 40 年，但仍是国外关于中国现代化研究最系统的著作之一。该书主编首先对现代化做了如下定义：我们把现代化视作各社会在科学技术革命的冲击下，业已经历或正在进行的转变过程。现代化过程具有长期性和多层面性的特征。所谓长期性，指的是现代化过程往往要经历一个或数个世纪时间。基于此，该书分为两部分，第一部分"历史遗产：18 世纪和 19 世纪"，第二部分"20 世纪的转变"，探讨了中国现代化艰难曲折的过程。所谓多层面性，指的是现代化是一个涉及社会各层面的转型过程。因此，作者在以上两个部分中分别从国际背景（外

---

① Gibert Rozman, ed., *The Modernization of China*, New York: Free Press and Collier Macmillan, 1981.

部环境)、政治结构、经济结构和经济增长、社会整合、知识和教育五个方面来考察各种变化,力求描绘出一幅完整的相互关系和多项转变的图画。该书由九位学者合作完成,其中四位(布莱克、詹森、利维和罗兹曼)也是1975年出版的《日本和俄国的现代化:一份进行比较的研究报告》[①]一书的作者。正因为如此,该书的结构框架与前书相同,都是从国际环境、政治结构、经济结构和经济增长、社会整合(前书是"社会的相互依赖")、知识和教育五个方面进行综合研究,并与日本和俄国进行简要比较。

  为什么选择日本和俄国与中国进行对比?作者认为,各个进行现代化的社会之间最为引人注目的区别,是我们称作先行者的那些早期现代化国家(主要是英国、法国和美国)与成功的后来者(诸如日本与俄国)之间的区别。前者是在很长一段时间内循序渐进地转变了本国的各种本土因素,而后者则是在很大程度上依靠借鉴外来模式迅速扩张或更换现存结构。由于中国亦属于后来者,因此我们将比较的目光聚焦于现代化后来者所遵循的道路上。此外,选择日俄作为比较对象非常适合,一是因为撰写过《日本和俄国的现代化:一份进行比较的研究报告》之后,有关这两个国家的情况可以信手拈来。二是两国在领土面积和人口上与中国具有可比性。俄国不仅有广袤的土地,也有相当数量的人口。日本虽然国土面积狭小,但人口一直属于世界上最多和最稠密的国家之列。第三,日俄两国中央政府的连续性也很突出。两国的现代化转变都起步于19世纪中叶,都未曾受过更加现代化国家直接的殖民统治。或许,在后来者队伍中,迅速实现现代化的大国唯有日本和俄国。许多关于中国与日本和俄国现代化的比较都强调中国现代化的相对迟缓,《中国的现代化》除此之外还要说明1949年以后中国现代化步伐的加快。总之,该书并非像书名一样只讨论中国的现代化;相反,如作者宣称的那样,"比较乃全书的主旨"[②]。

---

  ① [美]西里尔·E.布莱克等:《日本和俄国的现代化:一份进行比较的研究报告》,周师铭等译,商务印书馆1984年版。
  ② [美]吉尔伯特·罗兹曼主编:《中国的现代化》,"比较现代化"课题组译,江苏人民出版社1988年版,第5—6、21页。

第六章　现代化的历史比较

　　为此，该书在各主要章节的最后都设有"国际比较"一节，并在第十五章《结论：中国现代化的历史透视》中对上述国际比较进行了总结。先看18世纪至19世纪的比较。作者认为，就国际关系而言，中国在18世纪处于一个退却阶段，即忽视了侵略来自海疆的可能性，并将外贸局限在官方的密切管制之下。清帝国对国内事务的关注使中国人未能对下一阶段必然要遭遇到的世界海洋大国的挑战做好准备。日本当权者固然采取了更为极端的锁国政策，但他们的行动很显然是带有自卫性的，而且他们一刻也没有忘记，来自海外的威胁正在地平线上逐渐变得明晰可见。

　　在政治上，基于对清王朝安全的过度关心而精心设计的管控措施，滋生出愤世嫉俗和消极悲观的情绪，并导致行政管理的削弱。由于冻结了税额，在人口增加的情况下，未去扩大官僚队伍，并坐视正式和非正式的政府机构滑坡，清廷统治者逐渐失去了追求新的重大目标的手段。他们由于处心积虑地对汉族官吏进行监视和恐吓，使那些存在于中央政府权力中的有利于现代化的条件白白浪费掉了。在经济方面，18世纪缺乏扩大现有能力的进取性政策。18世纪末期朝廷大臣们明目张胆的贪污受贿表明，清政府过分关心自身的安全及随之而来行政管理削弱，对经济也不是没有损害的。尽管民营经济占据了主导地位，但也变得更容易受到官吏们随心所欲的干预。日俄两国借助国家积极干预，而西方某些国家则通过国际贸易和其他手段，都决定性地改造了国内的市场结构，而这在中国却从来没有发生过。中国在18世纪末期和整个19世纪并未能像过去那样，建立起经济增长的基础，以适应人口的增长。把中日俄三国社会整合的情况加以对比，更能清楚地看出，清朝初期和中期是缺乏发展动力的。经历过城市化的迅速发展之后，日俄两国在社会分层、定居、社会组织和资源动员等模式方面都实现了重大的转折。到18世纪末，日俄两国已大致上建立了能够适应现代化建设需要的社会基础设施，而中国至少在以下两方面无法与日俄相比。一是他们没有下功夫把分散在基层和地方上的资产吸引到城市，以使精英养成新的消费方式，或供国家之用。二是

· 137 ·

他们没有阻止人口的大幅度增长，而人口的增长减少了将来从农村抽取资源的潜在能力。最后，清代的教育无论就其内容还是普及性而言，好似都未发生什么变化。清廷在18世纪推行文字狱，限制学术讨论，因而中国此时思想没有创新，未能像俄国那样建立起国家科研机构，也未能像日本那样推广民众教育。在文化水平和对教育的依靠上，中国以前曾远远超过日本和俄国，也超过了所有其他国家。中国在新式挑战面前丧失掉挺身而起的机会并显得不堪一击。结果体现在19世纪，问题却起源于18世纪。①

再看20世纪（1900—1980）的比较。这一时期中国与日本和俄国现代化的差距有多大，并无公认观点。为此，作者大约以25年作为一个时间单位来概括中国的有关资料，将其现代化变革的速度和方式与日俄两国的相关情况进行比较。在20世纪的第一个25年（1900—1925），中国在戊戌变法失败后又重启改革。1905年中国废除科举制，此举类似于1861年俄国农奴制改革和1868年日本明治维新，但此项改革比日俄晚了三四十年。此时中国面临的国际环境已不同于18—19世纪。不仅德国和美国等更为现代化的国家出现在19世纪下半叶，而且日本和俄国因其在现代化建设方面获得的可观成就，已经作为亚洲大国而崛起，这对于中国的外交关系具有特殊意义。虽然国际环境的确对中国不那么友善，但是，中国和日俄差别的成因却在中国的国内政治结构，而不在外部。使中国不同于日俄的最主要原因，是在此次改革的十年中中国政治失去方向。清王朝在没有明显后继人的情况下垮台了，各省军阀对峙随之一哄而起。就建立一个具有征集资源和协调地方活动能力的中央集权政体来看，中国比日本和俄国又何止落后半个世纪。在经济方面虽然三国都出现了铁路营建和其他形式的改组与刺激，但中国传统经济部门没有像日俄那样通过公营和私营渠道汇聚到城市，1949年前中国农村也未发生过任

---

① ［美］吉尔伯特·罗兹曼主编：《中国的现代化》，"比较现代化"课题组译，江苏人民出版社1988年版，第630—632页。

第六章 现代化的历史比较

何可以与俄国废除农奴制或日本废藩置县相比拟的重大改革。此外，科举废除后几十年，中国没有出现像日俄两国那种在校学生人数激增的现象。

在20世纪的第二个25年（1925—1950），中国依然面临着不利的国际环境。日本入侵对中国的打击最大，使中国的现代化倒退了许多。物质上的毁坏，人员的牺牲，以及社会的动荡，使中国现代化的倒退更加严重，并摧毁了很有才干的新式领导人的权力基础。在政治领域，中国由于缺乏强有力的政府而越来越落到了日本和俄国政治转型的步伐之后。日本占领是促使中国团结的最后一根稻草。在经济方面，此时现代部门只提供国民生产大约3%的份额，不及19世纪80年代末和90年代初的水平。信贷、金融和长距离商业的发展水平不如半个世纪前的日本和俄国。在转型过程中，三国农村都相当落后，但中国农村的落后尤为严重。在教育方面，20世纪初日本开始普及初等教育，俄国开始基本上普及城市教育，然而中国在扩大民众教育方面是相当缺乏动力的。在新中国成立前，男性成年人的识字率不高于清朝时期的30%—40%。

在20世纪第三个25年（1950—1975），在现代化的跑道上长期落后于日俄两国之后，中国终于在20世纪50年代开始缩短与这两个先进邻国的距离。1949年以后，从国际环境上说，中国最初与苏联的密切结盟是中国对外关系的基石。在政治结构上，50年代中期之前，中国照搬苏联政治发展模式以奠定自己的政权基础。中国50年代经济上迅速发展，主要是由于它在和平与统一时期的经济恢复。尽管50年代过分强调重工业，激进的经济政策也造成了巨大浪费，但这10年里的整个经济成就仍使中国的现代化大大前进了一步。重视重工业的发展战略忽视了农业和服务业，从而也限制了城市和重工业部门的发展。在社会方面，中国通过更为严格的控制，社会整合成果到来较快，比日本和俄国也要早一些，不过它经常是时断时续的。在这三个国家里，在这个相同的现代化发展阶段，城市人口只占很小一部分，而且农村和城市的差距也大大地扩大了。特别是在中国，由于现代化的不平衡，使得城乡关系一直比较紧张。中国现代化转型在过去的长时期中一直进展缓慢，但在 20 世纪 50 年代匆忙地加快了速度，超过了别的国家。从这一点出发，我们就可以很好地认识中国现代化与众不同的道路。在教育方面，中国在教育和科学知识上也得到了迅速发展，部分补偿了前几十年间在这方面的落后状况。但此时开始的各种政治运动，对教育造成严重冲击。

20 世纪第四个 25 年（1975—1980）。从大部分指标看，中国这时只达到日本和俄国 20 世纪初期的水平，在某些方面接近日俄 20 世纪二三十年代的水平。在大约 80 年之后，中国依然落在日俄两国后面，其情形大致与 1955 年的状况相似。在国际上，这一时期的关键问题是如何偿付对改革开放的新经济计划至关重要的从国外进口的工厂和设备。他们仿照石油输出国组织的办法，扩大石油出口和纺织品出口，后者能使中国沿海地区的小型新兴工业成为有效的外汇赚取者。事实上，从 1905 年以来，由于缺乏必要的统一，日本占领和倒向苏联，中国从没有为现代化而充分开发过国际关系的潜在利益。该时期的政治问题主要是如何处理毛泽东的遗产。70 年代末呈现出了一些对这些问题的正面回答，但那些在过去 25 年来使中国吃尽了苦头的许多东西，仍远未得到解决。在经济上，中国人在密集使用劳动力方面非常成功，但他们面临如何保持增长率不致下降的严峻挑战。人均消费量将不断提高，必须为不断扩大的非农业劳动增加工资。各项社会指标不是齐头并进的。非农业劳动力占比较低，城市化率估计为 20%，不足 50 年代的日本和苏联的一半（日本在 1955 年为 56%，苏联在 1959 年为 48%）。农村人口向城市迁徙的速度以及城市相互之间的人口流动量，人均消费水平，劳动力调拨的速度以及结婚夫妻建立新的独立家庭的比例等，所有这些指标都更加接近于前现代的水平，而不是现代水平。在教育方面，20 世纪六七十年代所贯彻执行的教育政策，对现代化产生了极为有害的影响。在 70 年代，大量的中国人受到的是低水平的教育，甚至低于 60 年代初期的水平。在 70 年代末，教育政策陡然转变，中国人显然正在急于对教育上的失误进行补偿。[①] 该书的价值在于，通过与日俄对比，对 18 世纪至 20 世纪 70 年代中国现代化的历史遗产进行了较为全面的"盘点"，表明在现代化的后来者中，中国的现代化在历尽曲折后仍明显落后于日本和俄国，未来的道路仍然漫长而艰巨。

[①] [美] 吉尔伯特·罗兹曼主编：《中国的现代化》，"比较现代化"课题组译，江苏人民出版社 1988 年版，第 634—648 页。

第七章

转型研究的历史比较

一 从"过渡"问题到"转型"研究

"过渡"(transition)问题通常是一个马克思主义的历史研究课题,旨在研究从奴隶社会向封建社会、从封建社会向资本主义社会形态的转变,后者主要探讨西欧封建主义危机和资本主义起源的一系列理论与实证问题。20世纪50年代和70年代,国外马克思主义和非马克思主义史学家就此展开过两次国际性大讨论,过渡问题由此成为引人瞩目的重大学术课题。

20世纪初,西欧主要资本主义国家的工业化业已完成,其先决条件是传统农业社会的根本性改造。这一过程在西欧各国持续了数个世纪之久,与封建主义危机和资本主义起源密切联系在一起。应该说,过渡问题的研究其来有自,比利时历史学家亨利·皮朗(Henri Pirenne, 1862-1935,又译皮雷纳)的《中世纪的城市》(1925年英文版)、《中世纪欧洲经济社会史》(1936年英文版)和《穆罕默德与查理曼》(1937年法文版,1939年英文版)等论著,[1]可视为20世纪西欧学者研究过渡问题的较早渊源。皮朗主要探讨作为工商业中心的中世纪西欧城市是如何起源的。17—19世纪的学者对中世纪西

---

[1] [比]亨利·皮雷纳:《中世纪的城市》,陈国樑译,商务印书馆1985年版;[比]亨利·皮朗:《中世纪欧洲经济社会史》,乐文译,上海人民出版社1964年版;[比]亨利·皮朗:《穆罕默德和查理曼》,王晋新译,上海三联书店2011年版。

第七章 转型研究的历史比较

欧城市起源的分析侧重于政治和法律方面，而皮朗代之以经济和社会因素，并将其与资本主义起源联系起来。皮朗主张，由于7世纪至8世纪阿拉伯人扩张和9世纪北欧人入侵，导致地中海和北海贸易中断，从事国际贸易的商人阶层消失，工商业城市变为行政中心，市场沦为使用价值的交换场所，加洛林帝国陷入封闭的庄园经济。皮朗将导致中世纪自然经济的原因归咎于默罕默德，即所谓没有穆罕穆德就没有查理曼。11世纪左右远程贸易（即国际贸易）复兴，商人阶层再度出现，刺激了作为工商业中心的城市兴起。因此，远程贸易作为一种外部力量在此后几个世纪瓦解了自然经济，促进了资本主义的诞生。皮朗的观点强调外因的作用，属于贸易决定论，因而也被称为"贸易起源说"。

二战以后，英国马克思主义史学家、剑桥大学三一学院研究员莫里斯·赫伯特·多布（Maurice Herbert Dobb，1900－1976）从生产方式角度研究西欧的过渡问题。1946年，多布出版《资本主义发展研究》一书，[①] 认为以往学者对资本主义起源曾提出过三种解释，分别以桑巴特和韦伯、皮朗、马克思为代表。他主张西欧资本主义既不起源于桑巴特和韦伯所说的资本主义精神，也不是皮朗把资本主义等同于建立在远程贸易基础上的生产组织，或者说是一种为市场生产的制度。他赞成马克思的观点，将资本主义理解为一种特定的生产方式，重视生产资料的所有制形式，以及与生产过程紧密联系的人们的社会关系。基于此，资本主义不是简单地为市场生产的制度，更为重要的是，那里的生产者与生产资料完全分离，劳动力成为可以自由买卖的商品。英国资本主义不是始于12世纪或14世纪，而是16世纪下半叶至17世纪初。多布遵循马克思主义有关农业资本主义起源的传统，主要关注资本主义在农村的发展，认为圈地运动推动了农村资本主义生产关系的成长。16世纪许多小土地持有者被迫放弃了土地使用权，

[①] M. Dobb, *Studies in the Development of Capitalism*, London: Routledge and Kegan Paul, 1946.

进入无产阶级或半无产阶级行列。与此同时，农村中也分化并成长起富裕农民或约曼阶层。在致富以后，他们通过承租或直接购买的方式扩大土地规模，并从圈地运动牺牲者或茅舍农中雇佣农业工人。可见，圈地运动在原始积累中的重要性不仅在于财产的积累，更重要的是创造了无产阶级。

然而，在该书出版后的最初几年，学术界反响平平。尽管1948年、1950年卡尔·波拉尼和 R. H. 托尼分别在英国《经济史评论》杂志发表了评论文章，但两人对多布的著作都没有进行实质性的回应。除了《经济史评论》外，英国著名专业期刊《英国历史评论》和《历史》，以及经济理论期刊《经济杂志》和《经济学刊》未发表任何评论文章。对多布著作的这种消极态度不仅是由于二战以后对马克思主义历史解释的排斥，更主要的是英国史学界普遍反对理论概括、崇尚经验主义的学术传统使然。有鉴于此，20世纪50年代过渡问题的讨论被迫移师美国马克思主义刊物《科学与社会》杂志进行。1950年第2期的《科学与社会》围绕从封建主义向资本主义过渡问题发表了美国哈佛大学马克思主义经济学家、《每月评论》主编保罗·斯威齐（Paul Marlor Sweezy，1910-2004）和多布的争论文章，[①]揭开了这场国际性论辩的序幕。

斯威齐赞成皮朗的贸易起源论，对多布的《资本主义发展研究》进行了批评。首先，斯威齐指责多布将封建制等同于农奴制，而没有将其定义为一种生产制度，特别是一种生产使用价值的制度。其次，斯威齐批评多布否认贸易增长是封建制度衰落的原因，主张远程贸易是一种创造力，它在为使用价值生产的旧封建制度中创造了一种为交换价值生产的新制度，强调后者对前者的瓦解作用。再次，斯威齐对多布从14世纪危机到16世纪下半叶这200余年的间隔期提出质疑。该阶段农奴制已经瓦解，多布既然将封建制等同于农奴制，但仍坚持该时期是封建

---

① Paul M. Sweezy, "A Critique", and Maurice Dobb, "A Reply", in *Science & Society*, Vol. 14, No. 2 (Spring, 1950), pp. 134–167.

社会，无疑是自相矛盾。最后，斯威齐批评多布关于资本主义起源于生产者自身的观点并不准确。他认为，马克思所说的生产者成为商人和资本家，这里的生产者指的不是工匠，而是身兼商人和雇主的人（呢绒商或包买商），在乡村纺织业中盛行的外放制（即家内制、分散的手工工场或包买商制度）便是该阶段英国工业资本主义起源的重要形式。

多布在答复文章中对斯威齐的批评进行了简短的反驳。其一，斯威齐把封建制定义为一种生产制度主要是基于交换关系的性质，而自己将其定义为一种生产关系是基于在生产者和领主之间存在的社会关系。其二，斯威齐对封建主义的定义使他只用远程贸易等外部因素解释封建制的衰落。然而，参考东欧的"再版农奴制"（second serfdom，即西欧农奴制解体后又于16—17世纪在东欧重新出现），远程贸易的影响正是在该地区强化了农奴制。其三，14—16世纪之间的200余年封建关系仍处于主导地位，因此社会性质也只能是封建的。其四，这个时期经济和政治上的基本力量是富裕农民或约曼农场主，这个农业资本家阶层是从作为生产者的农民中兴起的。

1952—1953年，日本东京大学教授高桥幸八郎、多布、斯威奇、伯明翰大学教授希尔顿和牛津大学教授希尔等纷纷在该杂志发表文章展开争鸣，1955年意大利佛罗伦萨大学教授朱利亚诺·罗卡奇、1956年法国巴黎大学教授乔治·勒费弗尔也在其他杂志撰文参加了讨论。这场在1950—1956年进行的国际性大讨论就是著名的"多布—斯威齐论辩"（The Dobb – Sweezy Debate）或"过渡论辩"（The Transition Debate），参加者主要是马克思主义史学家。后来，希尔顿将这些文章和一些补充材料结集出版，题为《从封建主义向资本主义过渡》，并撰写了序言。[①]

---

① Rodney Hilton, ed., *The Transition from Feudalism to Capitalism*, London: NLB, 1976；国内有关此次论辩的译文集和研究综述可参考《历史研究》编辑部编译《资本主义起源的研究译文集》，科学出版社1961年版；齐思和、马克垚：《西欧进步史学家关于英国资本主义萌芽问题的论战》，载北京大学历史系编《北大史学论丛》，高等教育出版社1959年版。

中篇　西方比较史学的实证研究

　　如果说20世纪50年代过渡问题的国际性大讨论主要是针对皮朗和斯威齐的贸易起源说，那么1976—1982年进行的"布伦纳论辩"（Brenner Debate）则主要指向波斯坦（M. M. Postan，1899－1981）为代表的新人口论。波斯坦较早使用人口数量解释中世纪欧洲的经济社会演变，成为新人口论的奠基人。1950年在巴黎召开的第十届国际历史科学大会上，波斯坦作了题为《中古社会经济基础》的报告，[①]提出新人口论的假说，旨在反对以往学者以货币价值的变化解释中世纪的价格运动，倡导以人口因素作为原动力。后来，这一观点演变为对中世纪长期经济社会变迁的三种标准解释之一。[②] 在1966年出版的由他主编的《剑桥欧洲经济史》第一卷第七章《中世纪全盛时期的农业社会》中，[③] 波斯坦撰写了第七节英格兰部分，阐述了人口数量和经济演变趋势的关系，简单说就是两阶段论：英国社会在1100年至1500年存在以14世纪初为分水岭的两种截然相反的发展趋势。12—13世纪人口稳步增长，对粮食需求的压力导致土地短缺，人口过剩，边际土地利用扩大；与此相联系的是，粮价和地租上涨，土壤肥力和工资下降。人口压力导致农民竞佃，为取得稀缺的土地，农民在13世纪被迫接受领主提出的各种不利条件，处境恶化。而14世纪至15世纪饥荒和时疫导致人口锐减，人地关系松弛，粮价、地租和劳役量下降，劳动力供不应求，工资上涨，领主被迫放弃对农奴的控制，农民普遍获得自由，因而人口锐减导致农奴制的崩溃。

　　1976年美国著名的马克思主义经济学家和历史学家，加州大学洛杉矶分校历史学教授，社会理论与历史比较研究中心主任罗伯特·布伦纳（Robert Paul Brenner，1943—　）在英国《过去与现在》杂志第70期发表《前工业欧洲农村的阶级结构和经济发展》，挑战波斯

[①]　[英]波斯坦：《中古社会经济基础》，马克垚译，《世界历史译丛》1980年第4期。

[②]　[英]约翰·哈彻、马克·贝利：《中世纪的模型：英格兰经济发展的历史与理论》，许明杰、黄嘉欣译，上海三联书店2021年版，第二章《人口与资源》。

[③]　[英]M. M. 波斯坦主编：《剑桥欧洲经济史》第1卷，郎立华等译，经济科学出版社2002年版。

坦的新人口论，引发了"布伦纳论辩"①。布伦纳认为，环顾学术界，人口学模式和商业化模式已成为前工业欧洲长期经济发展的标准解释，但英国与法国同样的人口学趋势却导致了不同结果：同样是12—13世纪人口增加，英国人口过剩，经济形势有利于领主而非农民。尽管同期法国北部也出现过类似于英国农奴制加强的趋势，但其他地区领主与农民的关系却朝着相反方向发展。因此，学术界有12—13世纪英国"领主或庄园反动"（seigneurial or manorial reaction，即强化劳役制）、法国"农民征服"（peasant conquest，即领主向农民出租自营地和取消劳役制）的说法，反映了两种截然不同的结果。

另外，人口减少也不能自动导致农奴地位的改善。尽管英国黑死病后人口锐减，但农奴地位没有立即得到改善，领主还想重新控制农奴以应对劳动力短缺。例如禁止农奴迁徙，否则就要缴纳迁徙税；以立法形式控制雇工的最高工资；提高地租等。直到1381年的瓦特·泰勒起义，农民仍将废除劳役制和雇工立法、地租恢复到传统的每英亩4便士作为斗争目标。可见，人口下降后农奴制并没有自动解体；相反，"领主或庄园反动"又持续了半个世纪。1400年，即1381年农民起义被镇压近二十年以后，领主控制农奴的努力才最终失败。过渡时期的农民斗争分为两个阶段。14世纪后期至15世纪是第一阶段，欧洲农村阶级斗争持续不断，农民斗争的目标是废除农奴制，争取土地所有权和剩余产品分配权，这些斗争最终成为危及封建制度的重要因素。不过，与西欧农民获得自由和免除劳役相反，东欧的农民不仅没有从人口下降和劳动力不足中获得利益，反而由于国家法律限

---

① Robert Brenner, "Agrarian Class Structure and Economic Development in Pre – Industrial Europe," *Past & Present*, 70, February, 1976, pp. 30 – 75; 该文译文和此次论辩的研究综述可参见 [美] 罗伯特·布伦纳：《前工业欧洲农村的阶级结构和经济发展》，尚信译，《世界历史译丛》1980年第5期；张云鹤：《西方关于从封建主义向资本主义过渡的新讨论》，《世界历史》1980年第6期。此外，国外学者对以布伦纳为代表的有关过渡问题的马克思主义解释模式的讨论，见 [英] 约翰·哈彻、马克·贝利：《中世纪的模型：英格兰经济发展的历史与理论》，许明杰、黄嘉欣译，上海三联书店2021年版，第三章《阶级力量与财产关系》。

制他们在规定时间离开商品性粮食生产的大庄园,在此后的几百年中成为"再版农奴制"的牺牲者。可见,中世纪晚期的人口减少在东西欧导致了截然不同结果。

尽管黑死病后西欧农民在第一阶段斗争中全部获得了自由,但在第二阶段(16—17世纪)斗争中法国和英国却出现不同结果。两国农民斗争的对象是那些拥有土地并追求自主经营以便获得最大利润的地产主,后者常常通过圈地驱逐过剩佃农。在这场斗争中,由于农民拥有土地继承权,法国的地产主失败了,由此形成了以小农为基础的农业制度,后者没有能力和兴趣对农业进行资本主义改造。但在英国,由于自由土地持有者以外的农民失去土地的世袭保有权,地产主胜利了,他们通过圈地运动建立起独立经营的资本主义农场,相当多的被驱逐农民成为工农业劳动力的后备军。英法农民第二阶段斗争之所以出现不同结果,是由于英国贵族力量强大,贵族与国家在政治上密切合作。农民在早期现代失去土地控制权,租地农场主和地产主可将土地集中起来,对生产方式进行资本主义改造。而法国贵族力量较弱,农民村庄抵抗力量强大,加之绝对君主制国家支持农民,农民建立起对土地的稳固权利,因而法国农民的土地财产权阻碍了农业资本主义的起源。

布伦纳的文章发表后引起激烈论辩,波斯坦和哈彻、拉杜里等新人口论者纷纷撰文反驳,希尔顿、法国巴黎大学教授居伊·布瓦等马克思主义史学家虽然支持布伦纳反对新人口论的原则立场,但在对封建主义和过渡问题的具体认识上也提出许多批评。此次论辩主要是在马克思主义和非马克思主义史学家间进行,全部讨论文章发表在《过去与现在》杂志上。[①] 1982年,布伦纳发表《欧洲资本主义的农村根

[①] 布伦纳在1976—1977年的文章中分别批判了新人口论和贸易起源说(即新斯密式马克思主义),《过去与现在》杂志发表的是与新人口论的争论文章。此外,布伦纳还在英国《新左派评论》杂志发表了批判贸易起源说的文章,并与斯威齐进行了论辩。参见 Robert Brenner, "The Origins of Capitalist Development: A Critique of Neo-Smithian Marxism", *New Left Review*, No. 104, 1977, pp. 25-92; Paul Sweezy, "Comment on Brenner", *New Left Review*, No. 108, 1978, pp. 94-95; Robert Brenner, "Reply to Sweezy", *New Left Review*, No. 109, 1978, pp. 95-96.

源》作为答复,为这场讨论画上了句号。① 1985 年,此次论战的文章结集出版,题为《布伦纳论辩:前工业欧洲农村的阶级结构和经济发展》,希尔顿为之作序。②

如果说"过渡"问题聚焦于封建主义向资本主义的转变,主要是 20 世纪中期马克思主义史学家讨论的课题;那么,转型(transformation)研究大多开始于 20 世纪晚期,研究者通常为非马克思主义史学家,他们研究的时期主要是早期现代(early modern,16—18 世纪),关注东西方从传统社会向现代社会转变等更具可比性的议题。"早期现代"这一术语可能最早出现在 1869 年。在英国、北美和德国,直到 20 世纪 60 年代末和 70 年代初历史学家才开始有意识地使用这个词;而在法语、意大利语和西班牙语等罗曼族语中,这几个世纪仍被称为"现代史"(modern history)。在所有这些国家,1450—1500 年和 1800 年之间的时期都是一个完整的研究领域。③

早期现代作为一种新的欧洲历史分期方法,它将现代史分为两部分,16—18 世纪为早期现代,19 世纪至二战前为现代。那么,为什么西方学者要在"现代"之前加上"早期",或者说早期现代与以往历史分期中的现代有什么区别?简言之,这主要是历史观变化使然。文艺复兴以来的历史分期方法一直是断裂式的古代—中世纪和现代三段论,马克思和韦伯等也主张 16 世纪进入了资本主义时代。换言之,中世纪和现代是断裂的,从现代开始人类进入了充满现代性的一个新的历史时期。早期现代主义者则认为,中世纪的许多特征在现代延续

---

① Robert Brenner, "The Agrarian Roots of European Capitalism", *Past and Present*, No. 97, Nov., 1982.

② T. H. Aston and C. H. E. Philpin, eds., *The Brenner Debate: Agrarian Class Structure and Economic Development in Pre-Industrial Europe*, Cambridge: Cambridge University Press, 1985;此次讨论的部分文章被翻译成中文,包括[英]希尔顿:《封建主义的危机》,孙秉莹译;[法]布瓦:《反对新马尔萨斯主义的正统》,张云鹤译,以上两文均见《世界历史译丛》1980 年第 5 期。

③ Hamish Scott, "Introduction: 'Early Modern' Europe and the Idea of Early Modernity", in Hamish Scott ed., *The Oxford Handbook of Early Modern European History, 1350-1750, Volume I: Peoples and Place*, Oxford: Oxford University Press, 2015, pp. 1-2.

中篇　西方比较史学的实证研究

下来，现代开始的最初几个世纪与之前的中世纪具有连续性，新旧交替，因而是一个转型时期。在他们看来，现代性的一系列特征并不完全适用于1500年的欧洲。当时的经济主要为了满足民众的生存需求，宗教和哲学属于一个完整的系统，物理和形而上学的原则被故意混合在一起。政治生活中封建王朝仍至高无上，直到启蒙运动和法国大革命时代，许多现代性因素才变得清晰可辨，消费经济、思想的自由交流、宽容和理性统一的国家刚刚开始出现。在此意义上，1500年至1800年之间的几个世纪形成了欧洲历史的"早期"现代时期。① 基于此，早期现代主义者将中世纪向现代转变从文艺复兴时期的14—15世纪、马克思的15—16世纪后移到16—18世纪。换言之，从现代性的角度看，早期现代不是名副其实的现代，而是中世纪晚期向现代的转型期，真正意义上的现代是从19世纪开始的。

　　历史观的上述转变是战后新史学在西方普及的结果。战后新史学完成了"社会转向"，研究对象从政治史和精英文化史转变为经济史和社会史，兰克的政治史和布克哈特的精英文化史受到冷遇。社会史转向成为早期现代历史分期方法产生的土壤，其研究主题构成传统史学的激烈竞争者。早期现代研究尤其强调社会和经济的发展，而政治和文化的重要性却在下降。② 与过渡问题相比，转型研究在时间（包括中世纪晚期和早期）、空间（涉及东西方）和主题（涵盖东西方）上更广泛，更具比较性，有助于历史比较研究的进一步发展。科卡认为，20世纪70年代前后历史学家对历史比较兴趣的增加，主要是由于摆脱了德国历史主义的模式，历史研究出现"分析性的转向"（新史学擅长分析），史学家开始投身历史比较，"国际比较研究，特别

---

① E. Cameron, "Editor's introduction", in E. Cameron, ed., *Early Modern Europe: An Oxford History*, Oxford: Oxford University Press, 1999, p. 40.
② Hamish Scott, "Introduction:'Early Modern' Europe and the Idea of Early Modernity", in Hamish Scott eds., *The Oxford Handbook of Early Modern European History, 1350 – 1750, Volume I: Peoples and Place*, Oxford: Oxford University Press, 2015, p. 3.

是在迅速扩展的社会史研究领域里，在近25年中获得了一个令人瞩目的飞跃"[1]。诚然，20世纪晚期比较史学不仅在社会史，而且在经济史和经济社会史领域大放异彩。

二 布罗代尔

费尔南·布罗代尔（Fernand Braudel，1902—1985），法国年鉴学派第二代掌门人，曾被誉为20世纪最重要的历史学家之一。布罗代尔出生于法国洛林地区默兹省的吕梅维尔小镇，在那里的一个小山村度过了童年。布罗代尔的父亲是一名小学教师，后来当上了巴黎郊区一所小学的校长，布罗代尔随父亲移居巴黎读书。他在伏尔泰中学毕业后，1920年进入索邦大学攻读历史，1923年布罗代尔经过考试获得中学历史教师资格。1923—1932年他在法属的阿尔及利亚首府阿尔及尔担任中学历史教师，在这个风景优美的地中海海滨城市度过九年，萌生了将地中海作为一个历史研究课题的兴趣。1932—1935年布罗代尔相继在巴黎几所中学任教。1935—1937年他与人类学家施特劳斯前往巴西建立圣保罗大学，自称这是他人生最快乐的时期。1937年布罗代尔在返回巴黎途中结识了年鉴学派第一代领导人之一的费弗尔，从此成为费弗尔的"思想之子"，被任命为巴黎高等研究实践学院的历史教师，并在费弗尔指导下攻读博士学位。在他的影响下，布罗代尔的论文从对西班牙国王腓力二世时期地中海地区的外交研究转向了对16世纪晚期地中海地区复杂整体的宏大考察。1939年，布罗代尔应征入伍，驻守马其顿防线。1940年，布罗代尔在法国陆军担任中尉时被俘，囚禁在德国美因茨和卢卑克等地的战俘营将近5年。在此期间，凭借非凡的记忆力，布罗代尔写出了《地中海和腓力二世时期的地中海世界》的初稿。1947年，他的博士论文通过

---

[1] ［德］于尔根·科卡：《社会史：理论与实践》，景德祥译，上海人民出版社2006年版，第60页。

答辩。战后他重返索邦大学，担任多种重要学术职务：1946—1985年与费弗尔一起担任《年鉴》杂志社的共同主任和主任，1956—1966年任《年鉴》杂志主编；1949—1972年担任法兰西学院教授，1972年担任该院名誉教授；1949—1956年与费弗尔共同担任巴黎高等研究实践学院第六部的史学研究中心主任，1956—1972年担任主任。1984年荣获法国学术界的最高荣誉法兰西学院院士。布罗代尔还为来自南欧和东欧、南美和非洲的年轻学者提供奖学金，让他们前来法国学习，进一步扩大了他在国际学术界的影响力。他获得了20多个国家的荣誉博士学位，1976年美国纽约州立大学宾厄姆顿分校还创建了"布罗代尔经济、历史体系和文明研究中心"，中心第一任主任由该校"杰出教授"沃勒斯坦担任。

布罗代尔的《15至18世纪的物质文明、经济和资本主义》堪称比较世界经济史的经典之作。该书的写作缘起是，1952年费弗尔创办《世界之命运》丛书，邀请布罗代尔合作编写两卷本的《1400—1800年的欧洲史》，费弗尔撰写"思维与信仰"部分，布罗代尔则负责"物质生活史"部分。至1956年去世时，费弗尔并没有完成自己那部分，而布罗代尔花费27年（1952—1979）最终完成三卷本的《15至18世纪的物质文明、经济和资本主义》。该书是布罗代尔继其成名作《地中海与腓力二世时期的地中海世界》（1949年法文版）之后最重要的著作，第1卷《日常生活的结构：可能与不可能》成书于1967年，后经修改与第2卷《形形色色的交换》和第3卷《世界的时间》于1979年同时出版。全书描绘了15—18世纪400年间世界范围内商业资本主义向工业资本主义的不同演变。

这项工作之所以持续了如此漫长的时间，主要是因为该书涉及反思以往的转型理论和对各国历史进行比较，难度较大。布罗代尔在研究资料时发现，从商业资本主义向工业资本主义转型既不是在16世纪，也不是在18世纪，而是长达数个世纪，唯有从世界史的总体视野出发才有可能解释主要变迁。有鉴于此，他放弃已有的理论模式和

第七章 转型研究的历史比较

欧洲史局限,全面考察和比较 15—18 世纪的世界历史,如他在《绪论》中所言:"在本书的构思过程中,我故意把理论——各种理论——撇开,而专一地注意具体观察和从事历史比较。我立足于长时段,根据过去和现在的辩证关系,从时间上进行比较:这种方法从未使我失望。我还从地域上进行尽可能的比较,因为在力所能及的条件下我把自己的研究扩展到全世界,使之'世界化'。"[1] 除欧洲史部分外,该书对非洲史一笔带过,而对亚洲与美洲则着墨甚多。为此,他求教过研究日本史的叶里绥、研究中国史的谢和耐、研究印度史的托尔内等法国学者。正是这些东方学家的帮助,布罗代尔才得以完成这部比较世界经济史的巨著,揭示出造成各国商业资本主义向工业资本主义转型不同结果的原因。

以往认为,前工业时期欧洲的发展意味着逐步进入市场、企业、资本主义投资的合理境界,直到工业革命发生,把人类历史分成两段。布罗代尔发现,19 世纪前的历史其实要复杂得多。实际上,经济不是以一种形式,而是以多种形式存在着。与其他形式相比,人们更喜欢描述以透明形式存在的市场。可是在市场下面还有不透明的层次,我们姑且称之为物质生活或物质文明。此外,在市场之上还矗立着市场经济的上层建筑,它是资本主义的活动场所,没有它资本主义是不可想象的。资本主义不但置身其中,还在其中繁荣昌盛。[2] 有鉴于此,如书名所示,布罗代尔将 15—18 世纪的经济视作一种由物质文明、市场经济和资本主义组成的三层分立模式。该书的三分结构同《地中海与腓力二世时期的地中海世界》的三分结构是对称的。两书第一部分处理的均为几乎静止不动的历史,第二部分是缓慢变化的制度结构,第三部分是更为迅速的变化,其中第三部分的区别在于前者

---

[1] [法]费尔南·布罗代尔:《15 至 18 世纪的物质文明、经济和资本主义》第 1 卷,顾良、施康强译,生活·读书·新知三联书店 1992 年版,布罗代尔《绪论》,第 21—22 页。

[2] [法]费尔南·布罗代尔:《15 至 18 世纪的物质文明、经济和资本主义》第 1 卷,顾良、施康强译,生活·读书·新知三联书店 1992 年版,布罗代尔《绪论》,第 19—20 页。

处理的是趋势，后者处理的则是事件。①

应当说，布罗代尔将历史比较贯穿于《15 至 18 世纪的物质文明、经济和资本主义》的各卷之中。第 1 卷讨论的是日常生活或物质文明，包括人口、食品、衣着、住房、技术、货币和城市等，即人与物或物与人。布罗代尔提出，人口数量是一个灵敏的指示器。"在本书涉及的四个世纪里，世界人口大约翻了一番。"然而，上述增长并不像以往西方学者所说的那样只出现在欧洲，"中国和印度人口增减的节奏与西方大致相同，似乎整个人类都服从同一宇宙命运"。换言之，世界人口出现共时性波动。人口的共时性在 18 世纪显而易见，在 16 世纪也有很大可能，在 13 世纪从法国的圣路易王朝直到遥远的元朝也存在着共时性。不仅如此，与之前的两次人口增长不同，18 世纪人口增长之后便不再有倒退。显然，对这一世界性现象必须在相同的规模上加以解释。布罗代尔认为，所有人口增长在同时或几乎同时发生的原因在于，"在各地，特别是随着 18 世纪经济的普遍恢复——更早的时期也已经如此——人所开发的地域无疑大大增加了。世界各国当时都进行了国土开发，向空闲的或一半空闲的地带移民"②。以此为基础，频繁发生的饥荒和瘟疫等旧的生态体系随同 18 世纪一起结束，极大地降低了死亡率。

除人口外，第 1 卷大部分篇幅是对物的比较。首先是食品生产比较。该时期人们的食物主要依靠植物提供。哥伦布发现新大陆前的美洲和非洲显然是如此。无论今昔都以稻米为主食的亚洲文明显然也是如此。远东所以很早拥有大量居民，那里的人口后来所以有惊人的增长，唯一原因是肉食极少。导致这种植物为主的食品结构的道理非常简单：如果按单位面积计算，农业提供的热量远远胜过畜牧业，农业

---

① [英] 彼得·伯克：《法国史学革命：年鉴学派，1929—1989》，刘永华译，北京大学出版社 2006 年版，第 40 页。

② [法] 费尔南·布罗代尔：《15 至 18 世纪的物质文明、经济和资本主义》第 1 卷，顾良、施康强译，生活·读书·新知三联书店 1992 年版，布罗代尔《绪论》，第 29、31、50 页。

养活的人数要比畜牧业多 10—20 倍。① 其结果是，随着人口增长，饮食结构越来越趋向以植物为主。总的来说，欧洲以吃肉为主。在中世纪晚期的几百年间，欧洲家家户户的案子上堆满了肉，人人都能敞开肚皮吃饱。因为地中海以北的欧洲有大量空闲土地，其中一半可用于放养牲畜，那里的农业后来还为畜牧业留有很大的发展余地。但在 17 世纪后每况愈下，似乎随着欧洲的人口增长，植物为主的普遍规律开始抬头。直到 19 世纪中叶，由于畜牧业推广了科学方法，以及进口了美洲的腌肉和冻肉，欧洲才终于摆脱了肉食不足的困境。② 与中世纪相比，15—18 世纪欧洲谷物产量也出现大幅度增长。布罗代尔使用了农业史学家巴斯的研究成果，后者将 13—19 世纪早期欧洲小麦、大麦、黑麦和燕麦的产量汇集在一起集中比较，反映出各地不同的增长趋势。应该说："在这个缓慢的发展过程中，应该区分几个发展速度不同的地区类型：占首位的是英格兰、爱尔兰、尼德兰；其次是法国、西班牙、意大利；第三是德意志、瑞士各州、丹麦、挪威、瑞典；第四是广义的波斯米亚、波兰、波罗的海地区和俄罗斯。"从长时段来看，增长速度基本保持在 60%—65%，英格兰、爱尔兰、尼德兰等人口众多的地区在最后一个阶段（1750—1820）发展特别突出，其原因主要是依靠发展牧草种植与畜牧业，使粮食产量有了革命性的增长。③ 至迟到 19 世纪，小麦已成为欧洲人的主粮。

其次是城市比较。与东方相比，西方城市也有独到之处，马克斯·韦伯对此曾做过深入研究。布罗代尔认为，欧洲城市享有无与伦比的自由；它们自成天地，自由发展。城市实力之大，竟能左右整个国家。由于大小城市星罗棋布，互通声气，城市得以执行自己的经济政策，经常能粉碎障碍，不断为自己取得新的特权，庇护或

---

① ［法］费尔南·布罗代尔：《15 至 18 世纪的物质文明、经济和资本主义》第 1 卷，顾良、施康强译，生活·读书·新知三联书店 1992 年版，第 118 页。
② ［法］费尔南·布罗代尔：《15 至 18 世纪的物质文明、经济和资本主义》第 1 卷，顾良、施康强译，生活·读书·新知三联书店 1992 年版，第 120 页。
③ ［法］费尔南·布罗代尔：《15 至 18 世纪的物质文明、经济和资本主义》第 1 卷，顾良、施康强译，生活·读书·新知三联书店 1992 年版，第 140、141、142 页。

恢复旧的特权。西方城市的奇迹不仅在于它在经历了5世纪的浩劫后于11世纪又告复苏。城市的这类绵延数百年的扩张、诞生或复兴在历史上屡见不鲜，例如公元前5世纪至公元2世纪的古希腊、古罗马，9世纪起的伊斯兰国家，宋代的中国莫不如此。但是每个复苏时期都有国家和城市两名赛跑选手，最后通常是国家赢了，于是城市隶属于国家，受到强有力的控制。欧洲最初的城市繁荣时期发生的奇迹在于城市遥遥领先，赢得这场比赛，至少在意大利、佛兰德尔和德国如此。在相当长的时期内，城市充分体验到独立生活。尽管"这一巨大事件的起源还没有研究清楚，但是它产生的重大后果十分明显"[1]。西欧各地城市的独立程度不同，可无一例外地实行城市自治。西欧自治城市是工商业中心，成为市场经济发展最理想的庇护所。

该书第2卷对世界各地市场经济的命运进行了历史比较。布罗代尔所说的市场经济与通常用法并不一致，只是交换的同义词，为此他研究了市集、交易会（庙会）、私下交易、交易所等形形色色的交换。他认为，市场经济在世界上普遍存在，但它并不等同于资本主义。古代中国有较为发达的市场经济，但并未导致资本主义；因而，"坚持在（市场）经济和资本主义之间做出区分，中国的具体实例正好为我们提供了依据"。他论证说，中国拥有牢固的市场经济，地方市集星罗棋布，小工匠和小商贩走街串巷，城市中店铺鳞次栉比，四方商旅往来繁忙。可见，基层经济活动十分活跃，贸易也很兴旺，政府也有意扶植工商业，虽然它实行农本政策。"但国家机器仍高高在上地监视一切，它对富得异乎寻常的任何人都持明显的敌对态度。"[2]尽管古代中国是亲市场的，但却是反资本主义的，不时对富商巨贾的"掐尖"就是证明。有鉴于此，中国并不缺少市场经济，而是缺少市

---

[1] ［法］费尔南·布罗代尔：《15至18世纪的物质文明、经济和资本主义》第1卷，顾良、施康强译，生活·读书·新知三联书店1992年版，第605—608页。
[2] ［法］费尔南·布罗代尔：《15至18世纪的物质文明、经济和资本主义》第2卷，顾良、施康强译，生活·读书·新知三联书店1992年版，第654页。

场经济向资本主义发展的重商主义的政治环境。换言之，专制政府是古代中国市场经济没有发展出资本主义的主要障碍。正如张芝联在该书"中译本代序"中指出的那样，比较方法使布罗代尔发现了造成东西方历史转型不同结果的原因："通过欧洲与非欧洲国家的经济体系的比较，揭示、归纳西欧早期资本主义的运转机制和'策略'。为了对比西欧和中国，说明市场经济不一定导致资本主义，他用大量篇幅描述中国的大米生产、城市生活、商业活动……他把中国资本主义不发达的原因，归诸国家的干预和阻碍，并以中国资本主义在国外（例如南洋群岛）蓬勃发展作为反证。"[1] 此外，他还以日本和欧洲为例论证了一个政治多元化社会有利于资本主义的发展。

15世纪至18世纪是商业资本主义向工业资本主义的转型时期，布罗代尔在第三卷将其称为"世界的时间"。转型在空间和时间上极为复杂。由于在世界范围内转型存在多种路线图，因而"世界不是一条河流，而是几条河流"。此外，各国乃至各地转型的时间表并不相同，因而，尽管"我们能推导出一种世界规模的经验时间：世界的时间，但它既不是，而且也不应该是人类历史的总和。这种非同寻常的时间在不同时代和地点控制着某些空间和某些实在，但其他实在，其他空间却不受它的支配，仍与它格格不入。"鉴于转型是一个世界性现象，并不局限于欧洲，所以"研究历史最好应采用比较方法，世界历史是唯一站稳脚跟的历史"[2]。与以往的国家本位不同，布罗代尔将"经济世界"作为转型研究的基本单位。经济世界只涉及世界的一个局部地区，它在经济上独立，基本能自给自足，内部的联系和交流赋予它某种有机的整体性。如同社会、文明、国家乃至帝国一样，很久以来经济世界业已形成，例如腓尼基、迦太基、古希腊、古罗

---

[1] 张芝联：《费尔南·布罗代尔的史学方法（中译本代序）》，[法]费尔南·布罗代尔：《15至18世纪的物质文明、经济和资本主义》第1卷，顾良、施康强译，生活·读书·新知三联书店1992年版，第11页。

[2] [法]费尔南·布罗代尔：《15至18世纪的物质文明、经济和资本主义》第3卷，顾良、施康强译，生活·读书·新知三联书店1992年版，布罗代尔《前言》，第2—3页。

马、伊斯兰、诺曼人、11世纪以降的欧洲、莫斯科公国、中国和印度等。经济世界包括特定地域，其存在要求以一个城市为中心，资本主义（不论什么形式）在经济世界中占统治地位。一切经济世界都由若干互相联系但又位于不同水平上的区域组成：一个狭小的中心，一些相当发达的次等地区，最后是广大的外围地带。由于国际分工上的差异，中心或"心脏"汇集着各种最先进的东西。下一个环节，即所谓能干的副手虽然也处于有利地位，但仅能得到部分利益。广大的边缘地区人口稀少，保存落后的古代形态，容易陷入被剥削的境地。不过，上述区域分工不是永远不变的，只要从一个区域转入另一个区域，社会、经济、技术、文化和政治秩序势必跟着发生质的变化。[①] 布罗代尔详细研究了11世纪以来欧洲经济世界的几个成长阶段，以及18世纪以来美洲、非洲、俄国、土耳其帝国、东亚和印度等不同经济世界与欧洲的复杂关系。欧洲经济世界的最终胜出表现在商业资本主义完成了向工业资本主义的蜕变，工业革命无疑成为这种跨越的显著标志。当然，欧洲经济世界的胜出，政府的重商主义政策仍是重要原因。

三　沃勒斯坦

伊曼纽尔·沃勒斯坦（Immanuel Wallerstein，1930－2019），美国社会学家、历史学家、经济学家和政治学家，世界体系理论的代表人物，在西方学术界被称为"新左派"或"新马克思主义"学者。沃勒斯坦1930年生于纽约，1954年和1959年在哥伦比亚大学先后获得社会学硕士、博士学位。1958—1971年沃勒斯坦在哥伦比亚大学社会学系任教，1971—1976年任加拿大麦吉尔大学社会学教授，1976年起任纽约州立大学宾厄姆顿分校社会学"杰出教授"和"费

---

① ［法］费尔南·布罗代尔：《15至18世纪的物质文明、经济和资本主义》第3卷，顾良、施康强译，生活·读书·新知三联书店1992年版，第2—24页。

尔南·布罗代尔经济、历史体系和文明研究中心"主任，1977 年起主编《评论》（*Review*）期刊，1993—1995 年任哥宾根重建社会科学委员会主席，1994—1998 年任国际社会学学会主席，2000 年起任耶鲁大学资深研究员，同年，美国社会学会全体会员投票选举一名 20 世纪美国最伟大的社会学家，沃勒斯坦以高票胜出，当选为美国 20 世纪最伟大的社会学家。沃勒斯坦著述丰富，包括《现代世界体系》（四卷本，1974—2011），《资本主义世界经济》（1979），《世界体系分析：理论与方法学》（1982），《历史资本主义》（1983），《世界经济的政治学：国家、运动与文明》（1984），《非洲和现代世界》（1986），《自由主义之后》（1995），《民主、资本主义与转型》（2001），《知识的不确定性》（2004），《世界体系分析导论》（2004），《不确定的世界：变化时代的世界体系分析》（2013），《资本主义拥有未来吗?》（2013），代表作是四卷本的《现代世界体系》。[1]

沃勒斯坦认为，现代世界的形成是新石器时代以来人类历史上发生过的最重要事件。社会科学的重要论断之一，是认为人类历史发展过程中存在着一些巨大的分水岭。新石器时代或农业革命被公认为是这样一个分水岭，另一个巨大的分水岭是现代世界的形成。社会科学家普遍认为，在以往几百年中，社会结构发生了巨大变化，使今天的世界与往日的世界存在着根本的不同。如何描述今天的世界与以往的世界的这种差别，并探讨发生差别的原因，沃勒斯坦在研究单位和研究方法上独辟蹊径。他使用"世界体系"而不是主权国家作为研究单位，但何谓世界体系，他并没有给出明确界定。在研究方法上，他

---

[1] Immanuel Wallerstein, *The Modern World‑System*, Vols. Ⅰ‑Ⅱ, New York: Academic Press, 1974, 1980; Vol. Ⅲ, San Diego: Academic Press, 1989; Vol. Ⅳ, Berkeley: University of California Press, 2011; 国内曾先后出版过该书的两卷本和四卷本的中译本，分别为：[美] 伊曼纽尔·沃勒斯坦：《现代世界体系》第 1 卷，尤来寅等译，罗荣渠审校；第 2 卷，吕丹等译，高等教育出版社 1998 年版；[美] 伊曼纽尔·沃勒斯坦：《现代世界体系》第 1—4 卷，郭方等译，社会科学文献出版社 2013 年版。

没有采用人类学、经济学、政治学、社会学和历史学等多学科方法，而是采用自创的一体化学科的研究方法（unidisciplinary approach）。《现代世界体系》四卷分别对应世界体系的四个主要时代。第1卷研究世界体系的起源和早期状态，大致从1450年至1650年。第2卷研究世界体系的巩固，大致从1650年至1815年。第3卷研究世界经济体转变为全球性事业，大约从1815年至1917年。第4卷研究从1917年到2010年的资本主义世界经济体的巩固等。① 这里主要关注沃勒斯坦在第1卷研究欧洲世界经济体的起源和早期状态中的历史比较。

沃勒斯坦认为，欧洲世界经济体产生于15世纪末和16世纪初。欧洲不是当时唯一的世界经济体，此外还存在其他的世界经济体。但是只有欧洲走上了资本主义发展的道路，从而使其能够超越其他的世界经济体。这是如何和为何发生的？为此需要了解在1450年之前的3个世纪中世界发生了什么。在12世纪，东半球拥有众多的帝国和小世界。当时，地中海是一个贸易中心，主要贸易者包括拜占庭、意大利城市和北非的商人；印度洋—红海混合区形成另一个贸易中心；中国地区是第三个；从蒙古到俄国的中亚大片陆地是第四个；波罗的海地区正在形成第五个。从经济意义上说，当时西北欧还是一个非常边缘的地区，那里的基本社会形态或社会组织后来被称为封建制度。②

封建制度不应被看成是贸易的对立物，相反，它在一定程度上与贸易发展是携手并进的。1150—1300年，在欧洲封建生产方式架构内出现了一次地理的、商业的和人口的扩张。1300—1450年，上述扩张又在地理、商业和人口三方面收缩。扩张之后的收缩引起了一场"危机"。这不仅表现在经济领域，在政治领域也显而易见，例如贵族自相残杀的战争和农民起义。在文化方面，基督教遭到攻击，这后

---

① ［美］伊曼纽尔·沃勒斯坦：《现代世界体系》第1卷《16世纪的资本主义农业与欧洲世界经济体的起源》，尤来寅等译，高等教育出版社1998年版，第1、6、10、11页。

② ［美］伊曼纽尔·沃勒斯坦：《现代世界体系》第1卷《16世纪的资本主义农业与欧洲世界经济体的起源》，尤来寅等译，高等教育出版社1998年版，第12、14页。

来被称为现代西方思想的第一次震荡。上述危机不是由某个单一原因引起的，而是周期性经济动向、封建制度的长期趋势和气候条件恶化共同作用的结果。①

封建制度的空前危机使大规模的社会变化成为可能，其中最重要的是欧洲资本主义的世界经济体的出现。现在，欧洲所要发展和维护的是占有剩余产品的一种新形式。它不是建立在对剩余产品的直接占用上（如奴隶制），不是以贡物的形式（如在帝国的情况下），也不是以封建地租的形式（如在欧洲封建制度下）。现在发展的是另一种攫取剩余产品的形式，它建立在更有效、更扩大的生产力基础上，先在农业，然后又在工业方面，运用世界市场机制，并有国家机器的协助。该书提出的论点是，以下三个因素对建立欧洲资本主义的世界经济体具有决定意义：一是地理扩张，即海外探险；二是世界经济体的不同区域的不同产品，劳动力管理方法的多样化的发展变化；三是后来成为资本主义世界经济体的各个中心国家中相对强大的国家机器的建立。其中，第二和第三点在很大程度上有赖于第一点的成功。因而，从理论上说，欧洲的领土扩张是解决封建制度危机的关键前提。如果没有这一点，欧洲很可能早已分裂成相对的无政府状态，然后进一步收缩。②

沃勒斯坦对上述三个因素的形成进行了历史比较。在海外探险方面，中国和葡萄牙的海外探险几乎是同时开始的，郑和在1405—1433年间7次下西洋都大获成功。在7次航海中，他经过了从爪哇到锡兰（今斯里兰卡）而直抵东非的印度洋的整个洋面，给中国朝廷带回备受赞赏的贡品和舶来品。但在仅仅28年后，中国人便缩回到大陆中，停止所有进一步的尝试。其中原因无疑是多方面的，沃勒斯坦则从欧洲和中国在农艺学和国家形态的差异上进行了解释。欧洲发

---

① ［美］伊曼纽尔·沃勒斯坦：《现代世界体系》第1卷《16世纪的资本主义农业与欧洲世界经济体的起源》，尤来寅等译，高等教育出版社1998年版，第15、27、28页。
② ［美］伊曼纽尔·沃勒斯坦：《现代世界体系》第1卷《16世纪的资本主义农业与欧洲世界经济体的起源》，尤来寅等译，高等教育出版社1998年版，第28、29页。

展养羊和小麦，中国发展稻米。后者要求较小的空间和较多的人力。欧洲更需要地理扩张。因为凡属重大决策都集中在一个帝国架构中，帝国本身首先关心的是在短期内维持其世界体系的政治平衡。[1] 而欧洲小国林立，都需要地理扩张，葡萄牙政治安定，地理位置优越，成为欧洲最早进行海外探险的国家。

在国际劳动分工方面，在16世纪末，欧洲的世界经济体不仅包括西北欧和地中海的基督教地区，而且包括中欧和波罗的海地区，也包括南北美洲某些地区，以及大西洋岛屿和非洲海岸的少数几个飞地。换言之，16世纪的欧洲世界由两个以前更加分离的体系所构成，即以意大利北部各城市为中心区的基督教地中海体系和欧洲北部、西北部的佛兰德尔—汉萨商业网。附属于这个综合体的，一边是东埃尔比亚（East Elbia，位于德国东部）、波兰和其他一些东欧地区，另一边是大西洋岛屿和部分新大陆。资本主义世界经济体是以世界范围的劳动分工为基础建立起来的，在这种分工中，世界经济体划分为三种不同区域，分别为中心区、半边缘区和边缘区；每个区域被派定承担不同的经济角色，发展出不同的阶级结构，因而使用不同的劳动控制方式。例如，边缘区（东欧和西属美洲）采用强迫劳动（即农奴制和奴隶制），中心区（英格兰、尼德兰和法国北部）自由劳动（雇佣劳动和自我经营）日益增加，半边缘区（意大利、西班牙和法国南部）是分成制。[2] 它们各自从世界经济体系的运转中获得不平等的利益。

那么，16世纪欧洲的世界经济体为何会出现上述三种不同的劳动组织方式或劳动控制方式，沃勒斯坦对其中原因进行了比较。他认为，劳动控制方式与生产和生产力有关。从西属美洲奴隶制来说，甘蔗、棉花等都是劳动密集型生产，它们适于在残暴的监工下聚集起一群非熟练的劳动力。由于美洲土著奴隶大量减少，结果西班牙人和葡

---

[1] ［美］伊曼纽尔·沃勒斯坦：《现代世界体系》第1卷《16世纪的资本主义农业与欧洲世界经济体的起源》，尤来寅等译，高等教育出版社1998年版，第41、49—50页。

[2] ［美］伊曼纽尔·沃勒斯坦：《现代世界体系》第1卷《16世纪的资本主义农业与欧洲世界经济体的起源》，尤来寅等译，高等教育出版社1998年版，第80—81、99页。

第七章 转型研究的历史比较

萄牙人很早就不在西半球吸引印第安人来补充奴隶劳动力,而开始完全依赖从西非廉价输入在种植园劳动的奴隶。可是,并非到处都使用奴隶,出现再版农奴制的东欧,出现新形式租佃和雇佣劳动的西欧,以及西属美洲的许多经济部门也没有使用奴隶。这是因为,谷物生产、家畜饲养和矿山劳动比蔗糖生产需要更高的技巧,并不适合奴隶劳动。此外,本土劳动力总是供应不足,而从遥远的地方输入奴隶,对于像小麦这类需要做很多管理工作的产品是不划算的。因此,东欧和西属美洲发展了使用本地人的强制的商品性农作物劳动和委托监护制。与边缘区相比,西欧(包括地中海基督教世界)居民密度原来就要大得多,因而农业更加精耕细作。同时,西欧部分土地又从耕地改为畜牧之用,结果是较少需要强制。最后是半边缘区(即正在向边缘化结构转变的以前的中心区,即欧洲的地中海地区)发展了一种中间形式,即分成制。可是,为什么不是租佃制和强制的商品性农作物劳动制,而是分成制?因为这里主要是农业区,当劳动力充足时,分成制可能比强制的商品性农作物劳动更为有利。同时,分成制是一种风险最小的方式,这样就导致分成制在专门从事农业生产的地区最有可能被采用。①

最后是欧洲的世界经济体中绝对王权的建立。绝对王权在西欧的兴起与欧洲世界经济体的出现显然是同时发生的。它既是原因也是结果。因为,一方面,如果不是由于商业的扩张和资本主义农业的兴起,扩大了的官僚国家就得不到足以资助它的经济基础。但另一方面,国家机构本身就是新资本主义体系的主要经济基础,国家乃是最大的企业家和商人的主要顾客,更不要说是其政治保障了。那么,绝对王权在中心区是如何产生的?其他地区为什么没有出现?政治行为最初产生于国家结构之中,而这些国家由于它们在世界体系中的作用不同,结构也不同,中心国家的中央集权化最甚。16世纪国家机器

---

① [美]伊曼纽尔·沃勒斯坦:《现代世界体系》第1卷《16世纪的资本主义农业与欧洲世界经济体的起源》,尤来寅等译,高等教育出版社1998年版,第101、107、110、111页。

· 163 ·

的操纵者是国王,他们运用四种主要机制:官僚化、垄断武装、创立法统和所属臣民的均匀化加强王权。具体说,中心区的君主通过出售官职、募集军队、君权神授和宗教的统一(如驱逐犹太人)获得很大力量。半边缘区和边缘区的君主则失败了。这是与世界经济体内劳动分工的地区作用紧密相关的。不同的作用导致不同的阶级结构,不同的阶级结构产生不同的政治制度。绝对王权和专制王权含义不同,沃勒斯坦反对将绝对王权等同于专制王权。他认为,"绝对"一词无论在理论上还是事实上都是不恰当的。在理论上,绝对并不意味着不加限制,例如王权会受到神法与自然法的限制。在事实上,无论近代国家的初期或后期,绝对王权都不意味着不受限制的君主政体。它是一种相对的专制,因而为资本主义发展留下了一定空间。①

四 麦克法兰

艾伦·麦克法兰(Alan Macfarlane,1941—),英国人类学家和历史学家。麦克法兰出生于英属印度一个英国茶叶种植园家庭,在英国接受教育,先后在牛津大学、伦敦政治经济学院和伦敦大学亚非学院学习历史学和人类学,获博士学位。之后麦克法兰任职于剑桥大学国王学院社会人类学系,1991年晋升为教授,曾任系主任,2009年成为荣休教授。他是英国学术院(British Academy)与欧洲科学院(Academia Europaea)院士、皇家人类学会名誉副会长及皇家历史学会会士。麦克法兰长期致力于研究英国现代性的起源,著有《英国个人主义的起源——家庭、财产权和社会转型》(1978)、《现代世界的诞生》(2013)等著作。②

---

① [美]伊曼纽尔·沃勒斯坦:《现代世界体系》第1卷《16世纪的资本主义农业与欧洲世界经济体的起源》,尤来寅等译,高等教育出版社1998年版,第173、176、182、190页。

② [英]艾伦·麦克法兰:《英国个人主义的起源——家庭、财产权和社会转型》,管可秾译,商务印书馆2008年版;《现代世界的诞生》,管可秾译,上海人民出版社2013年版。

第七章 转型研究的历史比较

麦克法兰曾因主张英国的现代性起源于中世纪中期而成为正统学术界的异类。①《英国个人主义的起源——家庭、财产权和社会转型》是麦克法兰的代表作，旨在廓清"英格兰在工业革命以前的几个世纪中，究竟是怎样一种社会"。在此之前，学术界普遍接受对英格兰史的一种"概观"，即"认为英格兰的历史是一个缓慢而又稳定的经济增长过程，是一个转型的过程：始于一个小规模的'农民'社会，而在16世纪这个'农民'社会逐渐瓦解，最后在其废墟之上诞生了第一个工业化国家"。然而，麦克法兰在对工业革命前的英格兰历史和当代喜马拉雅地区的研究中发现，英格兰并不存在同期其他欧洲国家和当代喜马拉雅地区农民社会的特征。为此，他宣布："本书正是一次尝试，旨在描述另一版本的英格兰史，它将会解决上述的一部分困难。"②

该书名反映了这部著作的主旨，其中的"origins"和"individualism"都是双关语，按照马克·布洛赫的说法，origins 既表示"开端"又表示"原因"，这两个不同意思在该书中都用到了，既探寻英国个人主义的发端时间，又探寻其原因。individualism 同时包括个别的、独特的和个人主义双重含义，前者表明英国在欧洲是特立独行的，后者强调与团体和国家相比，个人享有更大的权利和特权。尽管麦克法兰未对个人主义概念做出明确界定，但指出"此中表达的观点是：社会是由自治的、平等的单元即单一的个人组成，归根结底，这样的个人比任何更大的多人组合式团体更加重要。个人主义反映在个人私有财产权的概念上、个人的政治与法律自由上、个人应与上帝直接交流的观点上。而本书将集中讨论个人主义在经济领域的种种表现，但是也会提到其他领域的一些表征"③。他认为，英国个人主义起源可用

---

① 徐浩：《中世纪西欧与现代社会的起源》，《中华读书报》2014年11月26日。
② [英] 艾伦·麦克法兰：《英国个人主义的起源——家庭、财产权和社会转型》，管可秾译，商务印书馆2008年版，麦克法兰：《序》，第5—6、10页。
③ [英] 艾伦·麦克法兰：《英国个人主义的起源——家庭、财产权和社会转型》，管可秾译，商务印书馆2008年版，麦克法兰：《序》，第11页。

以解释英国是否不同于欧洲其余地区,以及何时变得不同于欧洲其余地区等问题。

在论证方面,麦克法兰主要关注英国工业革命前农民社会是何时和如何消失的。他认同16—17世纪英国已非农民社会的传统观点,但主张这一过程早在黑死病前甚至13世纪或更早即已开始。如果说世界范围内农民社会的特征可以概括为实行家庭土地财产权和家庭农场依赖家庭成员的劳动,那么13世纪的英国已非农民社会。为此,麦克法兰将13世纪以来的英国与其他农民社会进行了比较。在1200—1349年的英国,土地转让的动机和频率不同于东欧、传统印度或传统中国的情况,甚至不同于14世纪欧洲大陆部分地区的情况,当时那些地区实际上根本不存在土地市场。英国在这一历史阶段中,发生着家庭的时空变换和土地的买进卖出,表明当时英国的土地财产权已经属于个人而非家庭所有。此外,当时的英国也不像古代的印度和中国的农民家庭那样主要使用家庭劳动力进行生产。事实上,英国那充满流动性的劳动力市场似乎与我们预期的情况恰好相反。虽然1349年颁布的《雇工法》试图遏制之,但这个市场依然流动不息。[①] 由此可见,13世纪广泛存在的土地市场和劳动力市场成为英国不同于其他农民社会的重要证据。

《现代世界的诞生》是麦克法兰毕生研究的一个总结。他认为,现代社会的诞生是一件十分困难之事,受制于现代性的发展状况。在第一章《怎样提问》中,他主张现代性归纳起来具有5个表征,一是恰到好处的人口结构,这意味着死亡率和生育率得到有效的调控。第二个表征是政治支柱,我们发现许多成功的现代民族的最突出表征是政治自由。第三个表征是一种特定的社会结构:家庭的力量必须被削弱,基于血统的严格的社会分层必须被消除,一个开放的、流动的、较为贤能主义的体系必须被建立;公民的首要忠诚对象必须是国家,

---

[①] [英]艾伦·麦克法兰:《英国个人主义的起源——家庭、财产权和社会转型》,管可秾译,商务印书馆2008年版,第174、195、198页。

而不是任何其他因血缘而来的团体——这又依赖个人取代集体，成为社会的基本单位。但是，要想让这种体系建立起来，就必须让一大群居间的社团得以成长，它们给予某种不只是契约的东西，它们处于公民和国家之间，我们将它们称之为公民社会。第四个表征是一种全新的财富生产方式的兴起。很多人将现代性归因于一种特定的生产方式，最根本地看，也许归因于非人力驱动的机器所促成的高度的劳动分工。这便是今人所称的工业革命，它给自由和平等带来了一种特殊风味。第五个表征是一种特定的认知方法。现代性以科学的和世俗的思维模式而著称。有能力生发新思想，有能力保持怀疑和暂缓判断，有能力鼓励人们质疑，有能力通过实验而加速进步，这大体上是我们所称的科学革命。这"五个表征中的任何一个能逆潮流而出现，都足够神秘，然而它们还须在同一时间齐刷刷地出现在同一地点，那简直是不可思议。"[1] 英国是人类历史上最古老的现代化国家，将现代性引进我们的世界，那么英国是何时先于其他欧洲国家具备上述五个表征的，麦克法兰从贸易政策、技术、资本主义起源、物质生活、等级和阶级、文化、家庭和人口、公民社会、权利和官僚机构、法律、教育、知识、宗教和伦理、民族性等方面，通过英国与其他欧洲国家的历史比较提供了答案，表明向现代社会的转型是一个需要全方位改革的系统工程。

五 琼斯

埃里克·琼斯（Eric Jones，1936— ），英裔澳大利亚经济史学家和历史学家，出生在英国汉普郡，在牛津大学获得经济史博士学位。1970年至1975年，琼斯担任美国西北大学经济学教授，1975年至1994年在澳大利亚的拉筹伯大学（La Trobe University）担任经济

---

[1] ［英］艾伦·麦克法兰：《现代世界的诞生》，管可秾译，上海人民出版社2013年版，第21—22页。

中篇　西方比较史学的实证研究

学和经济史教授。琼斯还访问过耶鲁大学、曼彻斯特大学、普林斯顿大学、柏林大学和慕尼黑经济研究中心。2000年他在拉筹伯大学退休,并在澳大利亚的墨尔本大学墨尔本商学院担任兼职教授,在英国雷丁大学国际商业研究中心担任兼职经济学教授。此外,琼斯还担任过企业和世界银行等国际组织的顾问。著有《农业与工业革命》(1974)、《欧洲奇迹:欧亚史中的环境、经济和地缘政治》(1981),以及回答批评者的小册子《增长再现:世界历史上的经济变迁》(1988)等。①

《欧洲奇迹:欧亚史中的环境、经济和地缘政治》是一部比较经济史著作,琼斯也以该书闻名。作者认为,欧洲作为一个创新的、分权的但稳定的体系实属异类,因此需要设法了解的是,到底是什么促进了欧洲长期的经济变化,以及是什么阻碍了亚洲的变化。琼斯没有把经济结果只归结于纯粹的经济行为选择,而是认为自然环境特别是政治体制也是重要的制约因素。他认为:"促使欧洲经济体系成型的关键影响因素,似乎是在一个有利的自然环境中所做出的政治决策,这种环境给出的是一个方向而非准确的演进次序。经济行为的选择必须在这种演进框架内加以研究,至少对于所讨论的时期而言如此。"在他看来,欧洲似乎拥有环境优势,虽然这些优势不能保证欧洲的发展,但是亚洲因为没有这些优势致使发展更为困难。只有欧洲通过资产阶级革命等实现了削减"绝对权力"这一政治上举世瞩目的壮举,从而减少了风险和不确定性,才鼓励了更多富有成果的投资,促进了增长。当然,上述解释是否符合历史实际,还需要通过与亚洲的比较加以检验。如他所说:"当前,在缺乏一般理论的情况下,我发现比较的方法能够提供一种控制胡乱推测的手段,并给予某种既见森林又见树木的希望,因此,我着重强调了欧洲经历和亚洲经历之间的比较

---

① [英]埃里克·琼斯:《欧洲奇迹:欧亚史中的环境、经济和地缘政治》,陈小白译,华夏出版社2015年版; Eric Jones, *Agriculture and Industrial Revolution*, Oxford: Basil Blackwell, 1974; *Growth Recurring: Economic Change in World History*, Oxford: Clarendon Press, 1988.

和对照。"①

琼斯认为，对极长期经济变化的解释也应该明确考虑不同的初始生产条件的影响。欧洲存在的丰富的政治多样性、资本积累和贸易，可以在一定程度上被解释为适应于欧洲特殊的区位和禀赋的结果。大片的冲积三角洲和河谷极少，加之生长季节气温较低，意味着土地产出率低于东方，较低的人口密度有助于避免政治上向中央集权主义畸变。拥有肥沃和平整土地的地区零星地分布在欧洲，这些生产性地区形成了非常成功的政治单元核心，而它们当中的最成功者成了各民族国家的战略中心。此外，欧洲的人均收入高于亚洲，部分是因为自然灾害少，部分是因为采取了不同的婚姻模式。亚洲人感到要尽可能多生儿子，以确保家族的劳动力数量，欧洲人则通过延迟结婚或不结婚控制生育。延迟结婚降低了生育率，从而使个人有可能对人力资本的质量做较大的投资。由于土地没有全部用来生产粮食，欧洲可以有比其他地方更多的土地用于像牲畜和木炭、生铁一类的生产资料的生产。由于自然灾害和社会灾害的负面影响相对较小，欧洲资本积累比其他地方稍微容易些。还有，欧洲的地理环境也有利于远程贸易，与中亚大草原相距遥远，避免了这些马背上的游牧民族的严重践踏等等。② 不过，自然环境只能影响但不能决定历史进程。对此，琼斯从技术、地理大发现、市场经济、诸国体系和民族国家五个方面探讨了15世纪至18世纪欧洲的变化，并对比了亚洲伊斯兰教的奥斯曼帝国、印度的莫卧儿帝国和中国的明清帝国与欧洲的不同，由此回答了亚洲被欧洲反超的自然环境以外的内生性原因。换言之，欧洲的崛起是亚洲所缺少的先天条件和后天条件的结合，并非外部的和偶然因素的结果。

---

① ［英］埃里克·琼斯：《欧洲奇迹：欧亚史中的环境、经济和地缘政治》，陈小白译，华夏出版社2015年版，《序言》，第5—6页。
② ［英］埃里克·琼斯：《欧洲奇迹：欧亚史中的环境、经济和地缘政治》，陈小白译，华夏出版社2015年版，第7、12、29、31页。

第八章

加州学派的历史比较

一 加州学派

加州学派（California School），因其核心成员曾在美国加州的不同大学任教而得名。此概念最早由美国学者杰克·A.戈德斯通（Jack A. Goldstone, 1953— ，中文名为金世杰）提出，用以归类一群对"大分流"或"西方的兴起"（即为何工业资本主义兴起于西欧而非其他地区）问题拥有特定答案的学者。①

2000年，戈德斯通在美国《社会学理论》杂志发表了《西方崛起与否？对经济社会史的修正》（见本书附录三），对该学派的起源与发展进行了总结。他说，他之所以将这些学者统称为"加州学派"，是因为其中大多数人在加州的多所大学工作，此外也包括美国和世界各地的学者。加州大学的学者在加州学派中占据重要地位，加州大学各分校的学者有王国斌（R. Bin Wong，尔湾分校）、杰克·A.戈德斯通（戴维斯分校）、彭慕兰（Kenneth Pomeranz，尔湾分校）、万志英（Richard von Glahn，洛杉矶分校）、王丰（Wang Feng，尔湾分校）和康文林（Cameron Campbell，洛杉矶分校）。加州、美国和世界各地的学者有加州太平洋大学的丹尼斯·弗莱恩（Dennis Flynn）

---

① 赵鼎新：《加州学派与工业资本主义的兴起》，《学术月刊》2014年第7期；[荷]皮尔·弗里斯：《国家、经济与大分流——17世纪80年代到19世纪50年代的英国和中国》，郭金兴译，中信出版集团2018年版，《导论》，第1页。

第八章 加州学派的历史比较

和阿瑟·吉拉尔德（Arturo Giraldez），加州理工学院的李中清（James Lee），南加州惠蒂尔学院的罗伯特·B.马克斯（Robert B. Marks，中文名为马立博），德国学者多伦多大学的安德鲁·贡德·弗兰克（Andre Gunder Frank），英国学者剑桥大学的杰克·古迪（Jack Goody），伊利诺伊大学的詹姆斯·布劳特（James Blaut），纽约社会研究新学院的珍妮特·L.阿布-卢格霍德（Janet Abu-Lughod），以及其他许多学者，他们的研究正在改变人们对亚欧差异性的认识。①该文发表后，加州学派成员不断变化。许多人早已不在原单位任职，王国斌去往加州大学洛杉矶分校，彭慕兰现任职于芝加哥大学，戈德斯通执教于乔治·梅森大学，李中清和康文林前往香港科技大学等；还有些学者如弗兰克、古迪、布劳特和阿布-卢格霍德已经去世。

加州学派核心成员主要从事修正古代中国社会经济史及其与欧洲比较的主流观点。彭慕兰认为，加州学派代表着一个对中国史和世界史进行学术再评价的潮流。很多人现在把这个流派称之为加州学派，甚至于尔湾学派，但这个学派的成员只是一种松散的组合，且不限于加州。②由此可知，该学派的存在主要基于修正中国史和世界史的主流解释这一学术理念，此外并没有严格的学术传承和共同的组织机构等其他维系纽带。从目前看，由于人员变动较大，尔湾学派已名存实亡，加州大学各分校的学者在加州学派中的重要性正在下降。

1989—2000年是加州学派的形成时期，其成员的代表作如火山爆发一样集中问世。③那么，加州学派为什么在20世纪八九十年代横

---

① Jack A. Goldstone, "The Rise of the West – or not? A Revision to Socio – economic History", *Sociological Theory*, Vol. 18, 2000, p. 179；戈德斯通在后来的著作中还在加州学派成员中增加了约翰·霍布森（John Hobson），参见［美］杰克·戈德斯通《为什么是欧洲？世界史视角下的西方崛起（1500—1850）》，关永强译，浙江大学出版社2010年版，《序言》，第ii页，脚注2。

② ［美］彭慕兰：《大分流——欧洲、中国及现代世界经济的发展》，史建云译，江苏人民出版社2003年版，彭慕兰中文版《序言》，第1页。

③ Jack A. Goldstone, "The Rise of the West – or not? A Revision to Socio – economic History", *Sociological Theory*, Vol. 18, 2000, p. 179, footnote 19.

空出世？主要有两个原因。一是继斯宾格勒和汤因比之后，20世纪下半叶，特别是六七十年代以来欧美学术界出现了一股针对欧洲中心论的批判浪潮，以全球史的兴起和快速发展为代表，强调以全球眼光重新审视人类历史的发展进程。在这一大背景下重新定位早期现代中国在世界经济中的地位，逐渐成了国外学者一个新的研究方向。二是20世纪后期中国经济快速增长引发了国外重新认识清史，正如弗兰克所说，"世界现在已经再次'调整方向'（re‐orienting，即面向东方），中国正再次准备占据它直到1800年以后一段时间为止'历来'在世界经济中占据的支配地位，即使不是'中心'地位。也就是说，既然世界本身正在调整方向，那么我们这些观察者也该不失时机地'调整'我们的历史学和社会理论以及我们的世界观的'方向'。这正是本书的书名，表明本书旨在为实现这一重要目标而贡献绵薄之力。"[1] 通常也被认为是加州学派成员的中国学者李伯重也从强调现实与历史密切联系的角度解释加州学派的起源。他认为，要真正认识今天中国经济奇迹必须回看过去，从历史中发现今天中国经济奇迹的内在根源。而带着今天的新问题去看过去，历史才会复活，展现出新的面相，看到许多先前看不到的东西。[2] 实际上，类似的修正史学此前也曾出现在日本。针对日本战后的经济增长，在20世纪七八十年代出现了一种修正观点，认为日本现代经济增长的根源可以追溯到明治维新（1868）之前，它曾被过去的主流学者长期摒弃并视为停滞落后的时期。相反，对修正派而言，正是德川幕府时期（1603—1868）所积累的社会与经济进步，才促使日本超过了包括中国在内的其他国家，为走上现代化和工业化道路准备了更好的条件。然而，其

---

[1] ［德］安德烈·贡德·弗兰克：《白银资本：重视经济全球化中的东方》，刘北成译，中央编译出版社2000年版，弗兰克《中文版前言》，第20—21页。该书的中英文版本书名不同，弗兰克这里指的是英文版书名《调整方向：亚洲时代的全球经济》（Andre Gunder Frank，*Reorient：Global Economy in the Asian Age*，Berkeley：University of California Press，1998）。

[2] 李伯重：《序：从历史中发现中国奇迹的根源》，［美］万志英：《剑桥中国经济史：古代到19世纪》，中国人民大学出版社2018年版。

第八章 加州学派的历史比较

后随着日本经济增长速度放缓，修正派开始又将关注点转向18世纪的中国。①

毫无疑问，加州学派正是20世纪晚期国际上这股修正世界史和中国史潮流的主要代表。他们将以往有关现代世界起源的主流历史叙事称为欧洲中心论，试图代之以其他中心论或多元论。弗兰克在《白银资本：重视经济全球化中的东方》一书的前言中开门见山地指出："在这部著作中，我用一种'全球学的'视野来颠覆欧洲中心论的历史学和社会理论。我将从一种涵盖世界的全球视野来考察近代早期的经济史……从一种全球视野看，在近代早期的大部分历史中，占据舞台中心的不是欧洲，而是亚洲……我将从这种更全面的全球视野和目的出发来展示历史事件，从而说明在世界整体中'东方的衰落'和随之而来的'西方的兴起'。这种方法将会摧毁马克思、韦伯、汤因比、波拉尼、沃勒斯坦以及其他许多现代社会理论家的反历史的—科学的——其实是意识形态的——欧洲中心论的历史根基。"② 王国斌也认为，以往对非欧洲地区历史的叙述采用的是一种"本地对西方挑战的回应"的欧洲中心论的模式，但他对后者的批评相对温和，主张"不应因为反对欧洲中心论，就断言以欧洲为标准来进行比较不对；相反，我们应当扩大这种比较……欧洲中心论的世界观固然失之偏颇，但从其他的中心论出发来进行比较，情况依然"。他呼吁历史比较的双方要互为主体，使用各自标准来评判对方，从而培养起多元化的观点来取代各种各样的历史中心论。③ 彭慕兰主张，欧洲中心论的表现是将欧洲视为世界体系的中心和从内部因素解释欧洲崛起，"现有的大部分著作一直被限定在一个非此即彼的框架中——不是用一个以欧洲为中心的世界体系——它进行了必需的海外原始积累——就是

---

① 马德斌：《中国经济史的大分流与现代化——一种跨国比较视野》，徐毅、袁为鹏、乔士荣译，浙江大学出版社2020年版，第58页。
② [德]安德烈·贡德·弗兰克：《白银资本：重视经济全球化中的东方》，刘北成译，中央编译出版社2000年版，《前言》，第1—2页。
③ [美]王国斌：《转变的中国：历史变迁与欧洲经验的局限》，李伯重、连玲玲译，江苏人民出版社1998年版，《导论》，第1、3页。

用所谓的欧洲内生的发展,来解释几乎所有一切现象。在这两种选择中,大部分学者倾向于后者"①。

在反对欧洲中心论的基础上,加州学派否认1500年是世界历史的分水岭,而将这一时间推迟到1800年工业革命在英国完成以后。基于此,他们重新审视1800年前的中国与欧洲,发现两者之间存在着"惊人的相似",这就是美国史学家濮德培所称的"欧亚相似论"(Eurasian Similarity Thesis)。② 这种相似性主要表现在经济方面,例如早期现代(16—18世纪)欧亚大陆的两端(英格兰和中国江南)的财富、发展与增长水平非常类似,亚洲的落后仅仅是最近二百年发生的事情。王国斌在分别考察了双方农业和手工业后认为:"当我们转而考虑中国在16至19世纪之间究竟发生了什么时,我们发现:在近代早期的欧洲和明清时期的中国的经济扩展中,斯密型动力都起了重要作用。中西之间的分道扬镳,直到工业革命发生后才出现。"③ 弗兰克也持有类似看法,他通过考察印度和中国为中心的亚洲贸易后认为,早期现代绝大部分时期亚洲胜过欧洲,"亚洲在1750年很久以前的世界经济中就已经如日中天、光芒四射,甚至到了1750年依然使欧洲黯然失色"。"但是,正是这种经济优势在18世纪晚期逐渐成为亚洲各地区的绝对和相对劣势。人口和收入的增长以及经济和社会的两极分化造成了越来越大的资源压力,限制了社会底层的有效需求,使亚洲比其他地方更容易获得廉价劳动力,生产和贸易开始衰退。"④ 霍布森和马立博等甚至认为,早期现代时期的亚洲从未落后于欧洲,

---

① [美]彭慕兰:《大分流——欧洲、中国及现代世界经济的发展》,史建云译,江苏人民出版社2003年版,《引言》,第3页。
② 欧亚相似论是美国新清史运动的组成部分,濮德培(Peter C. Perdue)将该运动分成欧亚相似论和阿尔泰学派(Altaic school)两部分,前者重视明清社会经济与欧洲的比较,后者则强调清王朝在欧亚地区的成功,他著有《中国的西征》,当属于阿勒泰学派。参见 Peter C. Perdue, *China Marches West: The Qing Conquest of Central Eurasia*, Cambridge, MA: Belknap Press of Harvard University Press, 2005, pp. 542 - 543。
③ [美]王国斌:《转变的中国:历史变迁与欧洲经验的局限》,李伯重、连玲玲译,江苏人民出版社1998年版,第79页。
④ [德]安德烈·贡德·弗兰克:《白银资本:重视经济全球化中的东方》,刘北成译,中央编译出版社2000年版,第83、423页。

相反，欧洲与东亚相比应被视为落后地区，欧洲中心论者所主张的欧洲社会具有长期优势的观点，在很大程度上只是这些学者头脑中的乌托邦。①

加州学派有关直到1800年后中欧经济才分道扬镳的观点，集中体现在彭慕兰的《大分流——欧洲、中国及现代世界经济的发展》一书中，因此，"大分流"（great divergence）理论也就成为加州学派提出的新见解的代表。所谓大分流，指的是西方世界（即西欧及新大陆部分地区）克服前现代增长限制，在19世纪超过莫卧儿帝国时期的印度、清朝中国和德川幕府时期的日本，成为最强大和富裕的世界文明国家的社会经济转变。除了将工业革命视为一场"突变"外，彭慕兰的另一个主要观点是，工业革命应归功于可以获取殖民地资源和便捷的煤矿位置两个偶然因素，与英国或欧洲的独特性或内生优势没有必然关系。正如他在该书的《引言》中所说的："本书承认欧洲发展的内在因素的重要性，但着重于直到1800年以前，这些过程与其他地区——特别是东亚——的过程的相似之处。确实存在某些重要的差异，但我将证明，它们只有在欧洲拥有海外资源特权所规定的背景下才能引起19世纪的大变革……然而，由于它在各种各样节省土地的技术方面继续落后，在没有海外资源的条件下，迅速增长的人口和对资源的需求可能迫使它回到一种更为劳动密集型的道路上去。这种情况下，它与中国和日本的差异将会小得多。因而，本书认为海外高压统治带来的好处有助于解释欧洲的发展和我们在欧亚大陆其他一些地方（主要是中国和日本）所看到的现象之间的差别……还有其他一些完全不适合上述任何一种情形的因素也起了作用，例如煤矿的位置。"② 马立博也强调工业革命的起因是与英国无关的各种外力的结果："虽然工业革命开始于英国（实际上仅仅在英国的一个地区），但与其说是由于英国人的胆识、独创性或政治

---

① 转引自［荷］皮尔·弗里斯《国家、经济与大分流——17世纪80年代到19世纪50年代的英国和中国》，郭金兴译，中信出版集团2018年版，《导论》，第1页。

② ［美］彭慕兰：《大分流——欧洲、中国及现代世界经济的发展》，史建云译，江苏人民出版社2003年版，《引言》，第2页。

因素，还不如说是由于包括印度、中国和新大陆殖民地在内的全球发展。换句话说，历史地看，工业革命是由全球性的力量决定的。"① 总之，加州学派主张，中国和欧洲之间不存在导致大分流的重大和系统性差异；相反，18 世纪后期和 19 世纪欧洲和亚洲经济之间的大分流是由于欧洲部分地区（尤其是英国）和亚洲发生的相对较近的变化（例如英国发生了工业革命）使然，而不是由于欧洲文明作为一个整体相对于其他文明的长期比较优势。在加州学派看来，欧洲的胜出在某种意义上意味着其坐享其成。②

21 世纪以来，学者们对加州学派反对欧洲中心论，以及大分流的原因和时间等观点进行了反思。林甘泉对加州学派有关欧洲中心论的批判持有不同看法，指出欧洲中心论如何界定，欧洲在世界历史发展进程中是否起过中心作用，这些问题还没有研究清楚。这两个问题如果弄不清楚，就可能把欧洲中心论变成一种标签，随意贴到一些学者头上。文明中心在世界历史上是客观存在的。当我们说某一个国家或地区是历史的中心时，意味着它处于历史领先或主导地位。人类文明是多元的，世界历史在不同时空下曾形成过若干具有巨大影响力的中心。西亚的巴比伦、北非的埃及、南亚的印度、东亚的中国、欧洲的希腊和罗马等世界几个文明古国，都曾经是该地区一定时段的经济、政治和文化中心，对其他地区发挥过不同程度的影响。因此，"承认这种地区的历史中心，并没有什么不妥。欧洲是否扮演过世界历史中心的角色呢？就近代历史而言，回答是肯定的"③。

加州学派将大分流原因归结为偶然因素，学者们对此亦提出不同看法。中国学者马德斌主张工业革命的发生不是偶然因素决定的，而是内部多种因素长期作用的结果，包括财政革命、金融革命，政治制

---

① ［美］罗伯特·B. 马克斯：《现代世界的起源——全球的、生态的述说》，夏继果译，商务印书馆 2006 年版，第 11 页。

② Jack A. Goldstone, "The Rise of the West – or not？ A Revision to Socio – economic History", *Sociological Theory*, Vol. 18, 2000, p. 180.

③ 林甘泉：《从"欧洲中心论"到"中国中心论"——对西方学者中国经济史研究新趋向的思考》，《中国经济史研究》2006 年第 2 期。

度的革命乃至科学革命等等。仅就资源禀赋来说，工业革命作为动力革命也需要同时满足几个必要条件。首先是燃料——即煤炭——的供应。但煤矿资源只是一个方面，工业革命的另一个最大特点就是用机器来替代人的劳动，所以必须要有铁矿业与机器制造业的基础。最后，还有一个重要的因素，由于工业革命用机器代替劳动力，所以很适合一个劳动力工资比较高而煤炭资源价格比较低的地方。这样看来，工业革命发生在工人工资相对较高（相对南欧和其他地区）而煤炭资源又比较丰富的英国北部不完全是偶然的。[①] 其他学者则突出国家在大分流中的重要作用。在"延长的18世纪"，由于国家在资源控制、制度组织与效率效果，以及经济政策和经济思想上的差异，导致英国出现了现代经济增长，而它在清朝则未能出现。[②]

　　加州学派主张大分流出现在19世纪，然而许多学者则认为应当始于工业革命之前的一个世纪甚至更早。以实际工资（工资购买力）为例，16世纪下半叶以来，印度和中国非熟练雇工的白银工资和谷物工资与英国的差距不断加大，其中白银工资下降更为明显。16世纪末，印度非技术工人的白银工资仅为英国的1/5强；到了18世纪，这一数字降至英国的1/7强。尽管直到17世纪末，印度的谷物工资仍然接近英国的水平，但数据显示，印度的谷物工资在18世纪急剧下降。出现这种差异的部分原因是英国谷物工资的上升，还有部分原因是印度谷物工资的下降。这意味着印度看起来更像欧洲南部、中部和东部的边缘地区，而不是西北部国家。中英工资比较也类似于印英。1550—1649年，中国非熟练雇工的白银工资占英国的39%，已大大落后于英国；1750—1849年中国非熟练雇工的白银工资降至英国的15%，差距进一步拉大。与此同时，中国非熟练雇工的谷物工资到清中期时也大幅度落后于英国。1550—1649年中国谷物工资为

　　[①] 马德斌：《中国经济史的大分流与现代化———一种跨国比较视野》，徐毅、袁为鹏、乔士荣译，浙江大学出版社2020年版，马德斌：《导言：为什么工业革命发生在18世纪的英国而不是中国？》，第4、5页。
　　[②] ［荷］皮尔·弗里斯：《国家、经济与大分流——17世纪80年代到19世纪50年代的英国和中国》，郭金兴译，中信出版集团2018年版，《导论》，第3页。

英国的87%，到1750年至1849年则降至38%。① 如果说实际工资关系到经济发展的速度、经济领导地位和生活水平等重大问题，那么该结果表明，欧亚大分流至少从16世纪下半叶已经开始，工业革命则导致双方的差距进一步加大。

晚近学者发现，欧洲内部的"小分流"（little divergence）先于欧亚之间的大分流。荷兰学者范赞登认为，大分流的渊源可以追溯到中世纪末欧洲内部发生的"小分流"。② 具体说，中世纪早中期欧洲各地的实际工资一直持续增长，从15世纪下半叶开始，英国和荷兰所在的北海地区仍继续保持这一势头，但南欧和中欧等地却陷入长期停滞。究其原因是北海地区中世纪晚期以来所实行的"欧洲婚姻模式"推动了人力资本优化和公民权提升等一系列制度创新，带来制度绩效上升和交易成本下降，引发人均收入的持续增长，这表明北海地区即西北欧与欧洲其他地区的差距由来已久，至少从中世纪晚期以来，这一地区已成为欧洲经济的领头羊。实际上，欧洲内部的小分流不仅具有地区意义，也具有世界意义，它预示了西北欧率先与其他欧亚地区之间的大分流。③ 此外，瑞士学者罗曼·施图德对欧洲和印度粮食市场整合的研究也否认了加州学派有关大分流出现在1800年以后的观点。他认为，印欧之间的大分流至少出现在17世纪。因为早在17世纪，欧洲就有了更大面积整合的区域性市场；而印度各地的市场一直是相互割裂的，价格之间的相关性，也仅仅局限在短距离的市场之间。这一状况一直延续到19世纪晚期铁路时代的到来才告结束。④

应当说，通过这场辩论，学术界对欧亚大分流的时间越来越趋向

---

① Stephen Broadberry and Bishnupriya Gupta, "The Early Modern Great Divergence: Wages, Prices and Economic Development in Europe and Asia, 1500 – 1800", *The Economic History Review*, New Series, Vol. 59, No. 1 (Feb., 2006), pp. 17 – 18, 19.

② ［荷］扬·卢滕·范赞登：《通往工业革命的漫长道路——全球视野下的欧洲经济，1000—1800年》，隋福民译，浙江大学出版社2016年版。

③ 徐浩：《从"小分流"看欧亚历史转型》，《中国社会科学报》2021年12月6日A05。

④ ［瑞士］罗曼·施图德：《大分流重探——欧洲、印度与全球经济强权的兴起》，王文剑译，格致出版社2020年版。

一致。即它出现在早期现代，而非19世纪以来。例如英国经济史学家斯蒂芬·N.布罗德贝里和比什努普里亚·古普塔在《早期现代的大分流：1500—1800年欧洲和亚洲的工资、价格和经济发展》一文的摘要中这样概括道：与彭慕兰等"世界史学家"的主张恰恰相反，1500—1800年亚洲的繁荣地区看上去更像欧洲萧条的南部、中部和东部地区，而不像发达的西北欧地区。欧亚之间的"大分流"在1800年以前已经走得很远了。[1] 此外，19—20世纪以来有关欧洲的兴起及欧亚比较的主流观点至今继续有效，并在争论中得到进一步的充实与完善，即证明现代世界的兴起与其说是一个"欧洲奇迹"，不如说是一个"英格兰奇迹"。正如麦克法兰所说，"'大分流'的辩论加强了先前的传统解读，使我们相信世界某地正在发生独一无二的事情。这场辩论也凸显了一个事实：这不是一个'西方'现象，而是一个英格兰现象。"[2] 无论欧洲现象还是英格兰现象，大分流应主要从欧亚地区的内部因素中得到解释。近年来，仍有学者撰文探讨大分流的内在原因，例如陈志武的《从资本化体制看中西大分流》[3]，表明这场争论仍未完全止息。

二 弗兰克

安德烈·贡德·弗兰克（Andre Gunder Frank，1929－2005），德国左翼社会学家、经济史学家。弗兰克出生在德国柏林，父母是犹太人。1933年纳粹上台后，弗兰克举家迁往瑞士定居。弗兰克在瑞士度过童年，1941年随全家移民到美国，在位于宾州费城西部的斯沃斯莫尔学院读本科，1950年获得经济学学士学位。1957年他在芝加

---

[1] Stephen Broadberry and Bishnupriya Gupta, "The Early Modern Great Divergence: Wages, Prices and Economic Development in Europe and Asia, 1500–1800", *Economic History Review*, LIX, 1 (2006), p.2.

[2] ［英］艾伦·麦克法兰：《现代世界的诞生》，管可秾译，上海人民出版社2013年版，第55页。

[3] 陈志武：《从资本化体制看中西大分流》，《清史研究》2020年第6期。

哥大学获得经济学博士学位，论文题目是《1928—1955 年乌克兰农业的增长和生产力》。其博士生导师是诺贝尔经济学奖得主弗里德曼，但他强烈反对致力于资本主义市场和货币问题研究的芝加哥学派理论。

博士毕业后弗兰克曾辗转美国、拉美和欧洲多所大学任教。1957—1962 年，他在美国的密歇根大学、爱荷华大学和韦恩州立大学（位于底特律市）担任讲师和助理教授，期间曾访问古巴、加纳和几内亚。1962 年他移居拉丁美洲，先后任教于巴西利亚大学（1962—1965）、墨西哥国立自治大学（1965—1966）和智利大学（1968—1973）。在拉丁美洲期间，他开始研究拉美的不发达（underdevelopment）问题，成为依附理论（dependent theory）的奠基人之一。他主张拉丁美洲和第三世界不发达的关键性因素与其归结为这些国家本身，不如说是资本主义的世界体系的结构和功能造成的，而这一体系是在哥伦布发现美洲时诞生的。他的论文《不发达的发展》(1966) 和《发展的社会学与社会学的不发达》(1967)，专著《资本主义与拉丁美洲的不发达》(1967)，成为依附理论的重要文献。1968 年，他担任智利大学社会学系和经济学院的教授，参与了萨尔瓦多阿连德政府的改革。1973 年军事政变后，弗兰克逃到德国柏林，1974—1978 年在德国施塔恩伯格的马克斯—普朗克研究所担任客座研究员。1978 年他搬到了英国的诺威奇，在那里被任命为东盎格利亚大学发展研究学院的发展研究教授。从 1981 年起，他还担任阿姆斯特丹大学发展经济学和社会科学教授，直到 1994 年退休为止。

20 世纪 80 年代末以来，弗兰克转向对传统的世界体系理论的反思。1989 年加州学派成员珍妮特·L. 阿布－卢格霍德出版《欧洲霸权之前——1250—1350 年的世界体系》一书，[1] 将世界体系从 16 世纪上溯到 13 世纪。该书对弗兰克影响很大，促使他与过去思想决裂，放弃马克思的历史阶段理论（以欧洲为核心的世界体系和资本主义

---

[1] ［美］珍妮特·L. 阿布－卢格霍德：《欧洲霸权之前——1250—1350 年的世界体系》，杜宪兵、何美兰、武逸天译，商务印书馆 2015 年版。

等）和主流的经济史叙事（西方的兴起）。20世纪90年代，他转向世界史研究，从全球史视野考察世界体系是如何形成的。他首先寻找13世纪世界体系的起源。1993年，他出版与巴里·吉尔斯合作的《世界体系：500年还是5000年？》，①认为世界体系的形成不晚于公元前4000—前3000年，与以往学者的观点形成了巨大反差。1994年退休后，他在多所美国大学和加拿大大学工作，研究早期现代亚洲和中国在世界体系中的重要性。1998年，他出版了《调整方向：持续亚洲时代的全球经济》（中译本题为《白银资本：重视经济全球化中的东方》)②，集中探讨了1400年至1800年的全球经济，对这一时期世界各地的联系做出了不同于以往的解释，1999年获世界历史学会大奖。弗兰克晚年罹患癌症，遗著《重新定位19世纪：持续亚洲时代中的全球经济》（合著）是《调整方向：持续亚洲时代的全球经济》的续篇，于2014年出版。③

《白银资本》是弗兰克晚年世界史研究的代表作，也是加州学派最激进的著作之一。该书理论方法论的出发点是坚持全球观点，反对欧洲中心论。弗兰克认为，欧洲中心论产生甚晚。16世纪至19世纪前期，欧洲人对亚洲的看法基本上仍是正面的。然而，19世纪中期欧洲人对亚洲尤其是对中国的看法发生急剧变化，工业革命的完成和欧洲在亚洲的殖民活动促成了这种转变。19世纪后半期，世界历史被全盘改写，社会科学也诞生了。这种社会科学不仅是一种欧洲学问，而且成为欧洲中心论的虚构。

不仅如此，二战以后美国拥有世界经济和文化支配权力，欧洲中心论变得更加普遍，并由此派生了现代化理论和罗斯托的《经济增长

---

① ［德］安德烈·冈德·弗兰克、巴里·K.吉尔斯主编：《世界体系：500年还是5000年？》，郝名玮译，社会科学文献出版社2004年版。

② Andre Gunder Frank, *Reorienting: The Global Economy in the Asian Age*, Berkeley and Los Angeles: The University of California Press, 1998；［德］贡德·弗兰克：《白银资本：重视经济全球化中的东方》，刘北成译，中央编译出版社2000年版。

③ Andre Gunder Frank, Robert A. Denemark, *Reorienting the 19th Century: Global Economy in the Continuing Asian Age*, Boulder, CO: Paradigm Publishers, 2014.

的阶段》，其共同之处在于都是以欧洲为起点，宣称英国后来是美国给世界其他地区的现代化进程提供了一面镜子。还有一些学者如林恩·怀特、埃里克·琼斯和罗伯特·布伦纳等也就欧洲对于世界其他地区的优势和霸权做出了内因论的解释，认为欧洲的兴起当然是一种奇迹，这种奇迹应归因于欧洲特有而其他地区缺乏的独特性。弗兰克引述了加州学派成员布劳特在其《殖民者的世界模式：地理传播论与欧洲中心历史学》一书中归纳的欧洲独特论的几种代表性观点，如生物学观点（种族优越论和人口节制论），环境论（令人烦躁的热带非洲，因干旱而专制的亚洲，气候宜人的欧洲），独特的理性与自由（相对东方专制主义而言，这是韦伯理论的主要思想，也是马克思理论的组成部分），欧洲历史上的技术优越论（无视对中国、印度和伊斯兰世界先进技术的借鉴），社会结构论（国家的发展，教会和新教伦理的重要性，资产阶级的角色，核心家庭等）。弗兰克将欧洲中心论斥之为地方主义，主张地方主义是欧洲中心论历史学和社会理论的原罪，因为它们都是以欧洲作为出发点，由此向外窥探。而本书则要把这种方法颠倒过来，要从整个世界的角度来反观世界内部得出与流行的欧洲中心论的社会理论迥然不同的结论，把那种社会理论颠倒过来，或者说，正过来。① 他将此方法称为整体主义，以取代以往长期流行的地方主义。

《白银资本》从国际贸易角度论证了早期现代亚洲尤其是中国始终处于中心地位。作者认为，自从1500年以来就存在一个全球世界经济及世界范围的劳动分工和多边贸易，它们在非洲—欧亚的根源可以上溯到公元1000年。甚至在十字军东征以前，这个世界政治经济的结构及其动力就推动着欧洲寻求通向亚洲的途径。尽管哥伦布的航海活动将新大陆纳入旧世界，但1400年至1800年世界贸易和分工的模式始终保持着稳定。这一时期全球贸易的主要参加者包括美洲、非

---

① ［德］贡德·弗兰克：《白银资本：重视经济全球化中的东方》，刘北成译，中央编译出版社2000年版，第48、88页。

洲、欧洲、西亚、印度和印度洋、东南亚、日本、中国、中亚以及俄国和波罗的海9个地区，其中最重要的是欧洲和中国。从欧洲来说，美洲金银的输入者和输出者是西欧和南欧，因为它们以此来弥补与其他地区（除美洲和非洲）之间的长期和巨大的结构性贸易赤字。在欧洲的总出口中，黄金和白银从未少于2/3。在1615年荷兰东印度公司全部出口物中实物只占6%，金银占94%的价值。1660年至1720年，该公司向亚洲输出的贵金属仍高达总值的87%。此外，英国政府在授予东印度公司的特许状上要求，英国出口产品至少占该公司出口总值的1/10，但即使这一点出口产品都难以在亚洲找到市场。英国东印度公司的产品最远出口到西亚，后来少量的细呢绒销往印度，但被用作地毯和鞍垫而不是服装面料。欧洲大部分出口物品是金属或金属制品，其他商品则难以在亚洲找到销路。总之，欧洲在获得美洲金钱时相对容易和廉价，如果没有这种资源，欧洲几乎不可能参与世界经济。但欧洲一直有贸易赤字，"在世界经济中始终是一个边缘角色"[①]。

与欧洲相比，中国的生产和出口在世界经济中却长期处于领先地位。中国在瓷器生产方面是无与伦比的，在丝绸生产方面也几乎没有对手；这些都是中国最大的出口产品，主要是卖给其他亚洲买家，其次是供应马尼拉—美洲贸易；在1600年以后还出口茶叶。反之，中国进口印度的棉织品，东南亚的香料、檀香木、造船木料或船只，以及其他地方的白银。与此同时，中国也生产大量的棉织品，主要为了自己消费，也有一部分出口到欧洲。中国的制造业在世界市场上具有高产出、低成本的竞争力，因此中国能够有效地提供这种商品供给。有鉴于此，从哥伦布到亚当·斯密的几百年间，"整个世界经济秩序名副其实地是以中国为中心的"[②]。

弗兰克还考察了美洲白银在国际贸易中所扮演的角色。自远古以

[①]［德］贡德·弗兰克：《白银资本：重视经济全球化中的东方》，刘北成译，中央编译出版社2000年版，第119页。

[②]［德］贡德·弗兰克：《白银资本：重视经济全球化中的东方》，刘北成译，中央编译出版社2000年版，第169页。

中篇　西方比较史学的实证研究

来就存在一个非洲—欧亚的金银市场，但通过哥伦布及其后继者的航海活动，西班牙人又使加勒比海地区的黄金加入到这个市场。1545年和1548年在秘鲁和墨西哥先后发现银矿，由此美洲白银开始涌入这个市场，这些新增的白银从1600年甚至更早一些时候起对亚洲各个地区产生了影响。应该说，白银维系着美洲、欧洲和中国的三角贸易。那么，美洲为什么要生产这种货币？因为白银当时是现在仍是与其他东西一样的商品，生产、销售和买卖这些货币与生产、销售和买卖其他商品一样能产生利润，甚至更容易，更有利。不过，白银的价格与供求关系成反比。在矿藏丰富的美洲，白银的供给价格较低，而在越远的地方乃至地球另一面的亚洲，价格较高。这就是为什么白银主要是绕着地球向东旅行，远抵亚洲的原因。中国由于大量白银进口导致黄金升值和白银贬值，金银比价从1600年前后的1∶8上涨到17世纪中期和末期的1∶10，到18世纪末则翻了一番，达到1∶20。尽管如此，与世界其他地方相比，中国的金银比价仍然偏低，导致白银价格相对较高。从1592年到17世纪初，在广州用黄金兑换白银的比价是1∶5.5到1∶7，而在西班牙的兑换比价是1∶12.5到1∶14。这表明，中国的银价是西班牙银价的两倍，两者之间的套汇可以产生75%到80%的利润。加之，欧洲商品难以在中国找到市场，因此向中国出口白银成为套利（低价兑换黄金）和平衡贸易赤字的最有效方法。与此同时，中国对世界白银拥有巨大需求。"原因在于，个人、公司和政府能够用货币来购买其他商品……无论在个人和商号的微观层次上，还是在地方、地区、'国家'和世界经济的宏观层次上，货币都润滑着制造业、农业、贸易、国家开支等等的机制，也润滑着制造和操作这种机制的那些人的手。"[1] 大量白银涌入促使中国建立起货币的银本位制度，加速了地租货币化和农副业商品化进程。

除了国际贸易，弗兰克还考察了全球各地的人口、生产、收入、

---

[1] ［德］贡德·弗兰克：《白银资本：重视经济全球化中的东方》，刘北成译，中央编译出版社2000年版，第196页。

生产力、贸易、技术以及经济和金融制度，对主要地区进行了比较，并主张上述地方都是全球经济的组成部分和产物。他认为，比较而言，亚洲许多地区的发展不仅在1400年远远领先于欧洲，而且直到1750年至1800年也依然如此。此外，欧洲在1800年以后的起飞不是基于其特有的科学、技术、制度和历史文化等方面的准备，这些不过是欧洲中心论的神话，而是世界其他地方更早和同时发展所派生的结果。弗兰克断言，西方暂时的兴起是由于亚洲以往的经济优势（即拥有大量廉价劳动力）在18世纪晚期逐渐成为亚洲的劣势的结果。人口和收入的增加以及经济和社会的两极分化造成了越来越大的资源压力，限制了社会底层的有效需求，使亚洲比其他地区更容易获得廉价劳动力，生产和贸易也开始衰退。而欧洲以及后来的北美和日本有能力利用19世纪和20世纪这场泛亚洲危机。它们设法成为新工业化经济体，先后实行进口替代和出口拉动政策。但它们目前也经历着与原先的亚洲经济中心相似的社会经济衰退，而亚洲似乎正在恢复它们的经济和社会活力。[①]

弗兰克对早期现代世界史研究的主流观点做了颠覆性修正，但其正确性受到包括加州学派其他成员在内的学者们的质疑。加州学派成员王国斌在为《白银资本：重视经济全球化中的东方》撰写的《序言》中认为，尽管弗兰克的著作富有启发性，但他主张中国经济具有比欧洲经济更大的生产力，由于他引用的资料有限，这个标新立异的论点还有待进一步论证。此外，王国斌认为美洲白银对中国经济的促进作用大于英国。中国江南地区的农业商业化严重依赖美洲的白银，白银供应减少会减缓江南地区的商业拓展；而英格兰东南部的商业化主要得益于伦敦的扩展，即使因缺少白银而减少进口中国的瓷器、丝绸和茶叶，也不可能遏制该地区的城市化进程以及相关的市场发展。[②]

[①] [德]贡德·弗兰克：《白银资本：重视经济全球化中的东方》，刘北成译，中央编译出版社2000年版，第305、423页。

[②] [德]贡德·弗兰克：《白银资本：重视经济全球化中的东方》，刘北成译，中央编译出版社2000年版，王国斌：《序言》，第13、16页。王国斌对该书的评价，另见周武《历史变迁中的中国与欧洲——王国斌教授访谈录》，《社会科学》2004年第8期。

中国学者王家范也认为,弗兰克为了自己的思想体系可以这样摆弄历史,但中国人万不能因别人的捧场而失掉对自身历史的冷静分析。套用弗兰克的话:中国历史也不需要"皇帝的新衣"[①]。

三 王国斌

王国斌(R. Bin Wong, 1949—)是美籍华裔汉学家,擅长中国经济史研究及中西历史比较。1967年王国斌成为密歇根大学经济系的本科生,后来转而学习历史。他原本想学习欧洲史,特别是西欧史。1971年在哈佛大学读研究生时王国斌选择西欧史作为主攻方向,同时做一些中国和欧洲历史的比较。为此,他希望听几门费正清的中国史课程。不过,费正清反对他一面学习欧洲史一面学习中国史的做法,建议他集中精力学习中国史。王国斌部分地听从了费正清的建议,将研习重心从欧洲史转到了中国史,先后师从费正清、亚历山大·伍德赛德(Alexander Woodside,研究中国史和越南史)、约瑟夫·弗雷泽(Joseph Fletcher,研究蒙古文、满语和中文等)和孔飞力四位教授攻读博士学位,同时继续选修欧洲史课程。他的欧洲史课程以社会经济史为主,特别是14世纪至20世纪初的欧洲社会经济史,并阅读了大量相关的英文、法文史料和研究论著。这种做法对他后来的研究帮助很大,使其有可能从容而深入地对中国和欧洲的历史进行比较研究,他的学术论文许多都是以比较方法写成的,例如1983年的一篇论文《在中国和西欧为生存而发生的骚乱》就是这种比较的最初尝试,这篇文章在法国《年鉴》杂志上发表。他的博士学位论文题为《清代中国食物供应的政治经济学》(*The Political Economy of Food Supplies in Qing China*),也引入了比较视野和比较研究的理论。[②]

[①] 王家范:《解读历史的沉重:弗兰克〈白银资本〉读后》,http://www.aisixiang.com/data/20777.html。

[②] 周武:《历史变迁中的中国与欧洲——王国斌教授访谈录》,《社会科学》2004年第8期。

第八章 加州学派的历史比较

1981年王国斌离开哈佛大学，前往中国社会科学院经济研究所访学，主要工作是在中国第一历史档案馆搜集史料。1982年至1985年他去密歇根大学的研究员协会（Society of Fellow）工作，从事教学与研究。1985年王国斌任加州大学尔湾分校亚洲研究中心主任（Director of the Center for Asian Studies at UC Irvine）、钱塞勒历史学和经济学讲座教授（Chancellor's Professor of History and Economics）。2004年至今一直担任加州大学洛杉矶分校亚洲研究所主任（Director of the UCLA Asia Institute）和历史学教授。

王国斌是加州学派的代表人物之一，主要研究中国的政治、经济和社会变化模式，特别是自18世纪以来的中国历史，并与亚洲尤其是欧洲进行比较。在他的著作中，1997年出版的《转变的中国：历史变迁与欧洲经验的局限》[1] 是最著名的。此外，他还以中文、英文、法文和日文在北美、东亚和日本的学术期刊上独立或合作发表了50多篇文章。王国斌的近著是2011年出版的《大分流之外——中国和欧洲经济变迁的政治》[2]，从中欧各自政治对经济的不同影响上分析了大分流的原因。

《转变的中国：历史变迁与欧洲经验的局限》于1998年出版中文版，吴承明为之作序，称赞"它是迄今我所见到的唯一的一部从整体上考察、在观点和方法上都具有新思维的中西比较史学著作"[3]。王国斌认为，西方国家的全球性政治扩张，以及起源于欧洲的资本主义制度所导致的经济变革，是推动近200年来世界历史发展的最强大力量。与弗兰克完全否认资本主义等极端化观点不同，王国斌并不否认欧洲历史的特殊性，主张如果离开民族国家形成和资本主义发展就很难去想象欧洲早期现代的历史。以往认为西方之外的地区没有民族国

---

[1] R. Bin Wong, *China Transformed: Historical Change and the Limits of Europe Experience*, Ithaca & London: Cornell University Press, 1997.

[2] R. Bin Wong and Jean-Laurent Rosenthal, *Before and Beyond Divergence: The Politics of Economic Change in China and Europe*, Cambridge, Mass.: Harvard University Press, 2011.

[3] ［美］王国斌：《转变的中国：历史变迁与欧洲经验的局限》，李伯重、连玲玲译，江苏人民出版社1998年版，吴承明：《序》，第2页。

家和资本主义,因而是在受到欧洲影响后才进入世界历史洪流的。有鉴于此,"本地对西方挑战的回应"通常被认为是非西方国家早期现代历史的主轴。对此观点的反弹是非西方国家的文化和历史具有完整性,与欧洲无关。这种做法破除了以本地—西方为主轴的单元论,主张亚洲、非洲和拉丁美洲社会具有多元特性,在研究本地历史时力求摆脱欧洲。不过,作者并不赞成这种做法,提出"要超越欧洲中心论,首先应当回到欧洲;应当将欧洲民族国家形成与资本主义发展的实际发生情况,作为历史过程而非抽象的理论模式,认真进行讨论"①。

基于此,作者将中西历史比较置于资本主义发展和民族国家形成的背景下,且没有像弗兰克那样就经济谈经济,而是平衡地讨论经济、政治和社会三个层面,甚至社会部分的篇幅还明显多于经济和政治部分。如其所言:"本书所采取的策略是:选择近代欧洲史上的两大历史过程——资本主义的发展与民族国家的形成,来与中国的经济、政治变化进行比较,然后用关于集体行动的研究(中西集体行动貌似相同,实则有异),来深化上述比较。"②他希望,通过讨论能对中国与欧洲历史变化的诸种动力提出一种新的观点,并借此表明,比较史学如何能够有助于修正社会理论。

在该书上编"经济变化"中,王国斌认为,1967年以后的30年中,中外学者对中国经济史的认识基本达成共识,即中国经济在宋代出现过一个重大变革,但这种变革并未在下一个千年中持续下去,明清时期经济陷入停滞,导致中国没有顺利实现现代化。他认为,学者们得出明清经济落后论的主要原因在于,"他们仍然是以所谓的欧洲经济发展道路为标准,来质疑中国何以未发生类似的现象"。而对于明清经济停滞的原因,中国学者大多将其归咎于国家政权、帝国主义和封建势力的阻碍,西方学者则认为明清时期的中国缺少欧洲历史上

---

① [美]王国斌:《转变的中国:历史变迁与欧洲经验的局限》,李伯重、连玲玲译,江苏人民出版社1998年版,《导论》,第2页。
② [美]王国斌:《转变的中国:历史变迁与欧洲经验的局限》,李伯重、连玲玲译,江苏人民出版社1998年版,《导论》,第3页。

第八章 加州学派的历史比较

发生过的经济、政治和思想文化上的变革。王国斌主张，找出差异并不费力，但如果缺少一些主要的分析标准，就很难评价这些差别有多重要。为此，需要把双方的那些相似之处作为底线，然后再去找这样的分析标准。一旦有了这种标准，就能够探讨欧亚不同地区所走的独特道路。王国斌所说的"相似之处"指的是双方在早期现代均处于农业社会。在1776年出版的《国富论》中，亚当·斯密主张英国经济发展的动力是劳动分工及专业化所带来的较高生产率。人们生产最适宜生产的产品，然后与他人交换，从而在市场上获得较丰厚的利润，这就是所谓的斯密型动力。尽管这一原理是从英国经验中得出的，然而，"我们可以看到，在16至19世纪，中国许多地区都存在斯密型动力"[1]。由此，斯密型动力便成为中欧经济的"分析标准"。

吴承明在为该书撰写的序言中也指出，王国斌实际是把经济发展的动力作为比较研究的标准。在16—18世纪，欧洲和中国的经济发展都适用亚当·斯密的经济增长理论，即贸易和市场的扩大，通过交换中的比较优势，促进了分工和专业化，而后者带来的生产率的提高，乃是经济发展之源。在这种斯密型动力的推动下，欧中的农业经济，包括农村手工业的发展道路基本相同。但到19世纪，欧洲的农村手工业被城市的机械化工厂工业所取代，更适用于新古典主义的以储蓄和投资为动力的增长理论，遂与中国经济发展分道扬镳。19世纪西方的入侵，尽管扩大了中国的贸易和市场，但其结果主要是扩大了斯密型动力的运作空间，并未根本改变中国经济发展的动力，直至20世纪前叶仍然如此。[2]

在该书中编"国家形成"中，王国斌把近代国家形成的起点确定到1100年。在此之前的罗马帝国和秦汉帝国时代，中西的基本政治制度比此后至20世纪以前之间的任何时代都更为相似。上述两个帝

---

[1] [美]王国斌：《转变的中国：历史变迁与欧洲经验的局限》，李伯重、连玲玲译，江苏人民出版社1998年版，第6—7、12页。

[2] [美]王国斌：《转变的中国：历史变迁与欧洲经验的局限》，李伯重、连玲玲译，江苏人民出版社1998年版，吴承明：《序》，第5、10—15页。

中篇　西方比较史学的实证研究

国对双方后来的历史留下不同影响。尽管秦汉帝国灭亡了，但是用以实现早期帝国统治稳定的官僚机器还活在典章制度之中。随着中华中期帝国的建立，大众温饱的问题，对于确立帝国之合法性和建立政治的意识形态至为关键。罗马帝国也留下了重要的制度与意识形态遗产，由此发展出关于天主教会的政治作用的新思想和罗马法的新用法，但其帝国制度却后继无人。罗马帝国覆亡后，欧洲的政治权威在许多世纪中一直支离破碎，再也未能在一个帝国的范围内得到行使。中国不仅一直维持着统一帝国的形象，而且不断地再创统一帝国的实体。1100年以后，中国仍然是一个农业帝国。但是欧洲却发生很大变化，在政治上从众多细小单位并存的一盘散沙，逐渐转变为受几个强国支配。由此，中西早期现代国家的形成过程可以加以比较。为了杜绝欧洲中心论或中国中心观，王国斌尝试在中西近代国家形成的比较中互为主体，"通过这种把比较中的主体与客体的地位进行转换，我们希望创立新的国家形成说"①。

作者认为，欧洲国家的形成拥有两个显著特征，一是公民权扩大和大规模官僚机构建立时权威关系的变革，致使国家与社会的分离；另一是战争与征税推动了国家的扩张。从欧洲的角度看中国的国家形成，无论是公民权扩大和官僚机构形成，还是战争与征税，似乎与明清中国都无关。在中国，公民权完全是个外来文化概念，而大规模的官僚机构则已存在了上千年，也缺少战争造成的税收制度的变化，因而没有出现欧洲市民社会的概念和无代表不纳税的原则。从中国的视角看欧洲，国家是维持社会秩序的工具，因而必须综合运用意识形态手段、物质利益手段和强制性手段对社会实施控制；而欧洲国家在这些方面的作为由于受到教会、贵族和城市的掣肘以及国家自身组织能力的制约，都比中国更为有限。②除了差别外，中国和西欧国家形成

---

①　[美] 王国斌：《转变的中国：历史变迁与欧洲经验的局限》，李伯重、连玲玲译，江苏人民出版社1998年版，第100页。

②　[美] 王国斌：《转变的中国：历史变迁与欧洲经验的局限》，李伯重、连玲玲译，江苏人民出版社1998年版，第100、103、104—109页。

也有相似之处，如都要维护国内秩序，防御外敌入侵，征集这些活动和其他活动所需的资金等。

王国斌还比较了早期现代中欧各自的国家—经济关系的异同。他认为，人们常把英国和法国资本主义发展与国家所实施的经济政策连在一起。例如在市场上从家长专制主义向自由放任主义的转变，后者使得经济活动的进行不受政府干预。此外，国家在制定经济活动的规则与肯定个人财产权利方面起了重要作用，而肯定个人财产权利又给予人们为己牟利的活动以保障和激励，因为他们知道努力的成果会得到保护。早期现代英法国家实施的经济政策，目的在于保护个人的经济机会。相反，明清时期的国家对于个人的经济权利或自由的私人经济活动，没有提出什么新的见解。国家也未实行任何工业化计划。尽管中国国家对于商人与市场持积极态度，但是支持私人市场活动，并未为中国官员带来任何伴生的新观念（例如发展个人的财产权利，或者在政治学与经济学之间做出任何概念性的突破）。国家依然积极关注农业经济并促进农业经济的扩展与稳定，这些工作占据了国家的主要日程。[①] 应当说，欧洲民族国家和中国农业帝国的经济政策对各自未来的现代化命运产生了不同影响。

在该书下编"社会抗争"中，王国斌通过粮食骚乱和抗税活动等较小范围的集体行动检验了他在前两编中阐述的观点。以往将食物骚乱简单视为歉收的结果，因而就这些事件的发动、经过和结局来说，在中国和欧洲基本上是相同的。不过，如果将它们置于政治和社会的大环境下考察，双方的差异性就会一目了然。在18世纪至19世纪，欧洲各国资本主义发展，在国内外实行自由贸易政策，食物骚乱经常是作为地方力量反对粮食外运导致粮价上涨的斗争出现的，到19世纪基本停止。而在中国，19世纪时那些18世纪曾卓有成效的漕运和仓储制度遭到破坏，商人贩运粮食并不能保障各地粮食供给和粮价稳

[①] ［美］王国斌：《转变的中国：历史变迁与欧洲经验的局限》，李伯重、连玲玲译，江苏人民出版社1998年版，第112、113页。

定，因而食物骚乱主要是由于供给方面的不稳定和不充足所致，到20世纪更是越演越烈。中欧的抗税运动具有一些共同特征，人们团结起来反对那种违反他们心目中的公平观念的征税。不过，18世纪欧洲抗税运动主要是由于民族国家增设新税特别是城市工商业税引起的，并于税收改革完成后在20世纪消失。中国的抗税运动始终是指向如何征收旧税即田赋，与农民和士绅利益攸关。19世纪国家权力衰弱，地方团练、秘密社会参与抗税行动。到20世纪，抗税活动更加普遍，并且具有革命斗争的激进性质。① 换言之，欧洲食物骚乱和抗税活动主要是政策与制度剧烈变革所致，而中国则主要出于生存和传统因素。

2011年王国斌与罗森塔尔合著出版《大分流之外——中国和欧洲经济变迁的政治》，试图从中欧政治和经济互动的差异上对大分流做出解释。如作者所说："要对欧洲18世纪末期至19世纪初期的剧变给出具有说服力的解释，必须要比较大分流发生前几个世纪之中，中国和欧洲经济变迁背后的政治逻辑。当我们回顾过去的历史，中国和欧洲的不同状态的政治原因就极其鲜明地呈现在眼前。起初是中国居于上风，因为这个帝国已经进入了以专业化和市场整合为主要特征的'斯密型成长'阶段。然而欧洲在分裂之中却发展起了资本使用和运营的机制，使其逐渐后来居上。"② 具体说，公元1000年以来出现于欧洲的多国竞争模式和中国的统一帝国模式对双方经济发展产生不同影响。欧洲各国在战争和竞争中催生了资本密集型生产方式，中国则在统一中孕育了一个大规模的市场。直到1750年之后，资本密集型的机器生产显露出优势，导致双方的大分流。作者也重视地理生态因素的制约作用，但认为随着交通成本的降低，该因素的制约作用将会变

---

① [美]王国斌：《转变的中国：历史变迁与欧洲经验的局限》，李伯重、连玲玲译，江苏人民出版社1998年版，第192、221—222页。

② [美]王国斌、罗森塔尔：《大分流之外——中国和欧洲经济变迁的政治》，周琳译，江苏人民出版社2019年版，王国斌、罗森塔尔：《导言：经济史上的奇迹、神话与解释》，第7页。

小，而政治与经济的互动仍是未来经济变迁的长期决定性因素。尽管王国斌没有改变大分流的时间，但提出内因，即 11 世纪以来中欧各自政治模式（统一帝国和多国竞争）与经济模式（劳动密集型和资本密集型）的互动是导致双方大分流的主要原因，令他的观点在一定意义上有别于加州学派其他成员着意强调的外因论和偶然论。

四　彭慕兰

彭慕兰（Kenneth Pomeranz，1958—　），美国历史学家、汉学家，加州学派代表人物，"大分流"理论的创立者。彭慕兰 1980 年毕业于康奈尔大学，1988 年在耶鲁大学师从史景迁，获哲学博士。1988—2012 年在加州大学欧文分校历史系任教，曾任该校历史学系主任、历史学和东亚语言文学教授，加州大学系统的世界史研究组主任。2006 年彭慕兰入选美国艺术与科学院院士（fellow of the American Academy of Arts and Sciences），2013—2014 年担任美国历史学会主席，也是唯一获得过两次费正清奖的学者，现任芝加哥大学历史学系教授。彭慕兰主要研究中国史，也对历史比较和世界史感兴趣。主要著作有：《腹地的构建：华北内地的国家、社会和经济（1853—1937）》（该书为作者 1988 年的博士学位论文），《大分流——欧洲、中国与现代世界经济的发展》（以下简称《大分流》），《贸易创造的世界：社会、政治和新兴的世界经济》（合著）[1]。此外，他还是《全球史杂志》（*Journal of Global History*）的创刊编辑之一。

像《白银资本》一样，《大分流》也是加州学派较为激进的著作之一。作者认为，19 世纪后期社会学的经典著作和 20 世纪五六十年

---

[1] Kenneth Pomeranz, *Making of the Hinterland: State, Society, and Economy in Rural North China, 1853–1937*, Berkeley: University of California Press, 1993（该书中文版由马俊亚译，社会科学文献出版社 2005 年版）; Coauthor with Steven Topik, *The World that Trade Created: Society, Politics and an Emerging World Economy*, Armonk, NY: M. E. Sharpe, 1999; *The Great Divergence: China, Europe and the Making of the Modern World Economy*, Princeton, NJ: Princeton University Press, 2000.

中篇　西方比较史学的实证研究

代的现代化理论都主张，在现代西方及其过去之间，以及现代西方和非西方社会之间存在着一种根本性对立（鸿沟）。而最近欧洲经济史学界提出的商业化理论则断言，完善发育的市场和其他资本主义制度在时间上可以回溯得越来越远，甚至可以回溯到通常被认为是资本主义对立面的封建主义时期。对中世纪科学技术的分析也表明，那个曾经被贬为黑暗时代的时期现在开始被认为具有相当的创造性。这些晚近的研究表明，在海外扩张之前，西欧就已经走上了一条独有的前途广阔的发展道路。在一些最近的研究中，工业化本身不再是一个转折点，它被包容进长达几个世纪的无差别的发展中。这意味着，当较近的著作试图缩小第一条鸿沟时，却暗示出第二条鸿沟即欧洲特殊论可以追溯到更早。而本书的一个中心论点是，"人们能够同样容易地找到根据，缩小18世纪的西方与至少是欧亚大陆其他一些地方之间的鸿沟"①。

　　寻找欧亚大陆的相似性离不开比较，彭慕兰介绍了该书使用的比较单位和比较方法，它们在很大程度上受益于他在加州大学尔湾分校的同事王国斌。首先是比较单位。两人都认为，在进行东西方比较或者任何比较时所用的单位必须具有可比性，而现代民族国家并不是最理想的单位，因而中国或印度作为一个整体更适合与整个欧洲而不是与单个的欧洲国家进行比较。正如中国既有富裕的江南也有贫困的甘肃一样，欧洲同样既包括英格兰也包括巴尔干。尽管江南不是一个独立国家，但在18世纪其人口（1750年前后大约有3100万—3500万人）超过了除俄国以外的任何一个欧洲国家。就其在中国的经济地位来说，江南是英格兰的一个合理的比较对象。"在这种情况下，为什么不对这些区域直接进行比较，而宁可引入那些无论日常生活还是贸易、技术传播及其他等等的主要模式都没有多少相关的有着很大随意性的大陆单位呢？"② 换言之，应该直接对这些核心区而非民族国家

---

①　[美] 彭慕兰：《大分流——欧洲、中国及现代世界经济的发展》，史建云译，江苏人民出版社2003年版，《引言》，第3页。
②　[美] 彭慕兰：《大分流——欧洲、中国及现代世界经济的发展》，史建云译，江苏人民出版社2003年版，《引言》，第6页。

· 194 ·

或大陆等更大地理空间进行比较。

其次，彭慕兰也首肯王国斌有关最好的比较方法是交互比较（也称双向比较，对等比较）的观点，交互比较问的是为什么欧洲不是中国，而不只是为什么中国不是欧洲。直言之，双向比较主要关注欧洲为什么没有像中国那样失败，而不仅是中国为什么没有像欧洲那样成功。如他所说，交互比较就是"在按照较为一般的做法探讨那些使非欧洲地区没能走上标准化的欧洲道路的阻碍因素的同时，寻找那些使英国从一条本来可能使它更像长江三角洲或古吉拉特（印度西部邦名）的发展道路分流的不存在的、偶然的和阻碍性的因素"。简言之，交互比较需要探讨双方为什么没有走上彼此的发展道路。为此，交互比较要求"在通过另一方的前景进行观察时，把比较的双方看作'互相偏离'，而不是总把一方看作标准"[①]。他举例说，以往相信欧洲的某些制度在早得多的时间里就处于最终确实使工业化必然发生的状态，即使没有美洲和位置有利的矿物燃料，纵然存在任何具体的地方资源短缺，技术发明也已经足以支撑增长，而不必凭借在别处支持了总体而不是人均增长的极端劳动密集的方式。但一旦我们真正把欧洲与其他一些前工业社会的水准进行对照，坚持这样一种必然性需要的大量假设似乎就是不可靠的。"因而，双向比较既提出了新问题，也重新设定了老问题之间的关系。"[②]

《大分流》从批判欧洲中心论出发，但将这些观点反其道而用之，主张欧洲的特殊性在亚洲许多地方同样存在。彭慕兰将20世纪六七十年代以来西欧人口、生态、积累、市场、公司和制度方面的许多重要研究斥之为欧洲中心论，该书借用了上述论点，特别是制度学派的观点，但最终证明的却是两个不同命题，得出截然相反的结论。首先，无论把资本主义的起点推回到多久远，工业资本主义是到1800

[①] ［美］彭慕兰：《大分流——欧洲、中国及现代世界经济的发展》，史建云译，江苏人民出版社2003年版，《引言》，第6页。

[②] ［美］彭慕兰：《大分流——欧洲、中国及现代世界经济的发展》，史建云译，江苏人民出版社2003年版，《引言》，第7页。

年才诞生的，矿物能源的大规模应用使之摆脱了前工业社会共有的约束。资本积累和经济制度都没有显示出西欧经济在那以前拥有决定性的优势，使工业化只能在那里而非别处发生。此前几个世纪西欧核心区市场驱动的发展，确实足以并无疑成为工业化的一个重要先兆，但与出现在亚洲各核心区的商业化和原始工业发展极为相似的过程相比，它对工业革命或许并没有更大的传导性。成型于早期现代欧洲的科学技术的发展模式较为不寻常，但它们自身仍然不能保证西欧会走上一条与东亚根本不同的经济发展道路。其次，在英国以外，欧洲的工业化至少直到1860年还是相当有限的。因此设想有一个以西欧共同特征为基础的欧洲奇迹是危险的。加之，在整个西欧普遍共有的因素中，有许多至少在欧亚大陆其他地方同样存在。[1] 简言之，由于19世纪前欧洲并没有在经济上拥有比亚洲更大的优势，以及欧亚存在诸多的相似性，因此无法用特殊性或内生优势解释19世纪欧洲的脱颖而出；或者说，欧洲的特殊性或内生优势尚不足以成为其胜出的充分条件。

　　该书共分三部分，主要论述了上述两个结论。第一部分"无数令人惊异的相似之处"，作者否认欧洲长久以来存在任何独特性或内生优势，相反却强调19世纪中期前欧洲生产力方面具有内生优势的观点存在疑问。西欧的人口—婚姻体系（指核心家庭）尽管是独特的，但并没有更好地形成生育控制，西欧人的寿命也不比其他地区更长。没有什么可以表明西欧的资本积累明显更多或具体化为决定性的全面技术优势。西欧也不能表明，土地和劳动等要素市场比中国的更接近于斯密的自由而有效率的市场理论，或许还要远很多。此外，备受诋毁的中国家庭劳动利用模式看起来与西北欧模式同样可以对变化中的机会和价格做出反应。有鉴于此，西欧最发达地区远非独一无二的，相反与欧亚大陆其他人口稠密的核心区拥有共同的重要经济特征，包

---

[1] ［美］彭慕兰：《大分流——欧洲、中国及现代世界经济的发展》，史建云译，江苏人民出版社2003年版，《引言》，第13—14页。

括商业化，商品、土地与劳动的相互修正，市场驱动的发展，家庭根据经济趋势调整其生育和劳动力的配置等。①

彭慕兰认为，尽管早期现代中英在技术上不分伯仲，但两者的煤炭使用量却此消彼长。究其原因，中国的煤矿主要分布于西北和北部，远离作为核心区的江南；而英国的煤矿却分布在西部工业区，那里正是工业革命的发源地。因此，尽管专业技术对欧洲采煤业的突破是至关重要的，但其发展依靠长期的经验和丰富廉价的供给，而后两者又完全取决于煤矿的位置，即是否在核心区或工业区附近。如他所言："这种经验之所以可行，是由于工匠的技术、消费者的需求和煤本身都彼此接近集中在一起。没有这种地理环境的幸运，一个地区可能在一个前途有限的领域很容易地发展出许多专门技术（例如在使用和改良柴炉方面），并且不会沿着这条最终会导致开发巨大的新能源供给的道路继续发展。中国的情况——那里长江三角洲与煤矿的距离比巴黎盆地与煤矿的距离远得多——使英国的幸运甚至更为轮廓鲜明。"② 中国煤矿受限于通风技术和运输成本，无法向江南大量供应煤炭和解决生态瓶颈；而英国成功解决了煤矿的排水难题，加之运输成本较低，通过大量使用矿石能源降低了对森林能源的依赖，大幅节省了土地，缓解了生态危机。

第二部分"从新风气到新经济？消费、投资和资本主义"，作者否认工业革命前欧洲经济与其他地区相比存在任何优势，断言迟至18世纪中叶，西欧的生产力或经济并没有独一无二的高效率，旧大陆其他地方与西欧同样繁荣，并有同样的原始工业化和或原始资本主义。尽管如此，亚洲社会没有像有些学者所说的那样，在满族或英国的入侵摧毁了资本主义萌芽前，一直在向工业资本主义的突破上发展。实际上，"看起来更可能的是，这个世界没有什么地方必然会向

---

① [美]彭慕兰：《大分流——欧洲、中国及现代世界经济的发展》，史建云译，江苏人民出版社2003年版，第100页。

② [美]彭慕兰：《大分流——欧洲、中国及现代世界经济的发展》，史建云译，江苏人民出版社2003年版，第61页。

这样一个突破发展：事实上，甚至在欧洲，18世纪后期的很多经济思想家们并没有看到这种未来"①。因而，与其把16世纪至18世纪西欧以外的其他先进经济看成没有成功的欧洲的实例，倒不如把这一阶段的欧洲看作一种并不特殊的经济可能更为合理。仅仅是在18世纪后期特别是19世纪，意料之外的重要断裂才使欧洲突破生态限制，成为一种幸运的反例。

第三部分"超出斯密和马尔萨斯之外：从生态制约到工业持续发展"，集中体现了彭慕兰对中英大分流原因的激进解释。如该部分标题所示，他将大分流的最终原因归结为是否超越生态制约。他认为，截止到18世纪，中国、日本和欧洲的核心区都从人口比较稀少的地带输入土地密集产品。西欧从波罗的海和东欧输入谷物、木材及牛，以及新大陆的剩余产品。中国的岭南从东南亚甚至印度进口，江南依赖长江上游及其支流的稻米和木材，1680年起依赖东北的木材和大豆。由此，核心区和其他地区之间发展起一种交换模式。核心区似乎在1720年达到了它能供养的最大人口，它输出钉子、瓷砖、工具、皮鞋，而最重要的是纺织品；其他地区输入制造品，输出稻米、木材、马匹和其他土地密集产品。输入的土地密集产品必须得到支付，因而所有核心区都需要尽量生产制造品，特别是纺织品。然而，中国核心区和其他地区的关系并未延续下去。由于原料输出地区实行进口替代（实行原始工业化，或称为勤勉革命）和人口增长而受到限制，核心区可以获得的稻米和原棉输入大幅度减少，其工业发展遭遇生态瓶颈。②

然而，西欧与落后地区却长期维持了中心区和边缘区的关系。首先，东欧扮演了一个生态上有能力输出大量谷物、木材和其他土地密集产品的外围贸易伙伴，通过再版农奴制生产谷物，用来交换西欧的

---

① ［美］彭慕兰：《大分流——欧洲、中国及现代世界经济的发展》，史建云译，江苏人民出版社2003年版，第193—194页。
② ［美］彭慕兰：《大分流——欧洲、中国及现代世界经济的发展》，史建云译，江苏人民出版社2003年版，第227、230页。

制造品。在 19 世纪后期，东欧没有经历中国早些时候曾出现的巨大人口增长和进口替代，这对西欧可能会成为一种优势。但是，东欧购买的西欧制造品不多。大部分东欧农民几乎不买输入品，基本上处于现金经济之外，城镇居民很少，只靠相当少的富裕领主自身，不能产生一个巨大的市场。东欧对制造品的消费不足限制了西欧通过这些交换扩大其食物、燃料、纤维与建材的进口。"所以，1800 年前后东西欧之间的贸易仍然保持着它从 17 世纪中叶以来的状况，远远不能够满足西欧的需求。因此，在 1800 年……生态压力在西欧像在中国和日本一样仍然未曾解决。这些压力可能完全阻止发展，也可能迫使它走上一条更为劳动密集的'东亚'（或是丹麦）道路而不出现重大突破。"①

其次，欧洲也与美洲保持着核心区和边缘区的关系，作为一种新外围的美洲成为欧洲土地制约解除的必要条件。"有一个核心区——西欧——能够逃出原始工业的死胡同，并在技术条件许可时把手工业工人转移到现代工业中。它能够这样做，主要是由于新大陆的开发使它不必动员数量巨大的追加劳动力（来提高土地的单位面积产量）。"② 新大陆既生产真正的资源也生产贵金属。新大陆真正的资源主要是来自加勒比海、巴西东北部和后来的美国南部的种植园产品，新大陆输出的农产品主要由奴隶种植，种植园几乎全部分布在岛屿上或海岸边。由于新大陆种植园的经营者从海外购买大部分劳动力，并且常常缩减他们为生产品的生产，西欧与该区域的贸易也逃脱了尾随着它与东欧原材料贸易而来的小市场问题。因为，新大陆种殖园的输出必须提高到足以负担购买奴隶的全部费用以及给奴隶吃饭穿衣的大部分费用。

彭慕兰认为，奴隶制在欧洲（特别是英国）工业发展中的意义的早期观点通常集中于出口市场，把殖民地出口视为欧洲工业发展的一

---

① ［美］彭慕兰：《大分流——欧洲、中国及现代世界经济的发展》，史建云译，江苏人民出版社 2003 年版，第 246 页。
② ［美］彭慕兰：《大分流——欧洲、中国及现代世界经济的发展》，史建云译，江苏人民出版社 2003 年版，第 247 页。

个刺激因素；它们因而容易受到内因论的攻击，后者认为国内市场也在不断发展。然而，"相比之下，本书的观点强调的是一些市场比另一些市场关系更大。因为新大陆和奴隶贸易提供了扩大中的国内市场不可能提供的东西：不需要大量使用英国的土地，工业品就能转化为数量不断增加而价格合理（甚至是下降的）土地密集的食物和纤维（和后来的木材）"。此外，美洲贵金属的作用也不容小觑，它成为欧洲的另一个新大陆和另一笔横财，墨西哥、秘鲁和巴西把数量巨大的贵金属运到了欧洲。尽管这些金属对欧洲经济发展或许没起到什么作用，但"这些金属可能帮助欧洲贸易的车轮涂了润滑剂，它们肯定在更有效的军事技术的发展中扮演了一个角色。同时，新大陆的很多珍宝继续东行，把其他商品带给了欧洲"。

彭慕兰对煤炭和新大陆资源为英国节约的土地数量做了计算：1815年前后采煤业年均产出相当于1500万英亩森林，1830年前后来自美洲的棉花、糖和木材相当于英国得到了2500万—3000万英亩的虚拟土地，而1830年英国耕地和牧场的总和只有2300余万英亩。[①] 彭慕兰将煤和殖民地作为限制欧亚大陆经济起飞的两个最重要的生态瓶颈因素，如他所说："如果不是既有煤又有殖民地，单独哪一项都不会有同样大的重要性；如果没有它们促成的资源制约的松弛，欧洲其他的革新不会独立创造出一个使其有限的土地不会阻碍无限的人均持续增长的新环境。"[②] 总之，煤炭和新大陆资源成为欧洲克服生态上的地心引力，完成起飞的决定性条件。由此，彭慕兰成为加州学派中以"幸运"（即偶然论）解释欧亚大分流的代表人物。但他没有回答的是，为何这种种"幸运"如此青睐英国，却没有落在其他国家头上。

《大分流》出版后随即引发学术界的广泛关注，其中也不乏质疑

---

① ［美］彭慕兰：《大分流——欧洲、中国及现代世界经济的发展》，史建云译，江苏人民出版社2003年版，第252—253、258、259页。
② ［美］彭慕兰：《大分流——欧洲、中国及现代世界经济的发展》，史建云译，江苏人民出版社2003年版，第63页。

第八章 加州学派的历史比较

之声,特别是彭慕兰将煤炭和殖民地资源的利用视为一种偶然性使然的论点更是饱受批评。2001 年,莱顿大学教授 P. H. H. 弗里斯发表《煤炭和殖民地真的至关重要吗?彭慕兰和〈大分流〉》,反驳彭慕兰的相关论点。他指出,说英国的工业化是因为煤炭和美洲本身,并不能说明为什么是英国而不是其他国家,如此有效地利用煤炭并建立一个帝国来适应工业化。原则上,其他国家可能也会这么做。拥有煤炭和美洲是不够的,相反,没有国家"拥有"它们。一个国家必须找到、掌握和使用它们。彭慕兰确实低估了其中的问题、成本和时间。弗里斯由此得出结论说,现代经济增长的出现不仅仅是煤炭和殖民地,甚至不只是煤炭、殖民地、技术和适合于胁迫外围地区和市场整合的国家结构。解开大分流之谜不只需要问为什么英国工业化而中国没有。彭慕兰并没有解决一个经典的历史问题,尽管他的研究富有启发性。[①] 多伦多大学历史社会学教授约瑟夫. M. 布莱恩特在《西方与其余地区再探:资本主义起源、欧洲殖民主义和现代性的来临的争论》一文中认为,从偶然性角度看待煤炭位置和殖民地资源完全是错误的,两者的使用皆是英国技术优势的结果。例如果没有技术手段和开采技术来提取和加工成可用的能源,地下的煤炭就毫无价值。就像帝制后期的中国一样,尽管中国拥有丰富的稀土资源(探明储量排名全球第三),但直到西方资本主义的渗透之后才开发出其潜力(尽管在几个世纪前的宋朝时期就已经率先生产焦炭和铁)。同样,跨洋殖民地也不是简单地成为一笔"意外之财",而是凭借先进的航运能力、政治—行政协调、显著且日益增长的军事优势等而被攫取和有效利用,这些优势使帝国的这些冒险活动得以持续和深化。[②]

其他学者也对彭慕兰有关英国工业革命是偶然性所致的观点提出了反驳。美国历史学家黄宗智认为,彭慕兰关于中国及长江三角洲煤

[①] P. H. H. Vries, "Are Coal and Colonies Really Crucial? Kenneth Pomeranz and the Great Divergence", *Journal of World History*, Vol. 12, No. 2 (Fall, 2001), pp. 436, 446.

[②] Joseph M. Bryant, "The West and the Rest Revisited: Debating Capitalist Origins, European Colonialism, and the Advent of Modernity", *The Canadian Journal of Sociology*, Vol. 31, No. 4 (Autumn, 2006), p. 433.

炭供应的论断大可置疑。蒂姆·莱特对中国产煤业的详细研究表明，就煤炭储量而言，中国是世界上最得天独厚的国家之一。显然，这些煤炭可以轻松满足长江三角洲的需求。也就是说，中国或长江三角洲的工业化之所以姗姗来迟，不能以彭慕兰所断言的缺少煤炭供应来解释，相反，是工业需求的缺乏解释了中国煤炭业的落后。简言之，彭慕兰的观点是本末倒置。① 英国经济史学家罗伯特·艾伦则否认彭慕兰有关英国和中国的大分流主要依赖于获取殖民地资源的观点。他在《全球视野中的英国工业革命》一书中强调，西北欧的兴起是在美洲和欧洲贸易发挥重要作用之前的一个世纪开始的。兰德斯和拉普等很多历史学家认为，商业革命始于17世纪，即大西洋贸易变得举足轻重之前，因而这是一场欧洲内部的重组，期间西北欧在毛纺织业的竞争中超过了地中海的生产商。② 综上所述，学术界大多对彭慕兰以偶然性解释英国和欧洲的胜出持批判态度。历史发展是必然性和偶然性的统一，偶然性背后蕴含着必然性，必然性有时通过偶然性发挥作用。彭慕兰断然否认两者的联系，以偶然性代替必然性，将别人的成功简单说成是幸运使然，只能是自欺欺人，经不起实证研究的检验，也无法从历史研究中获得真正的启示。

---

① Philip C. C. Huang, "Development or Involution in Eighteenth – Century Britain and China? A Review of Kenneth Pomeranz's 'The Great Divergence: China, Europe, and the Making of the Modern World Economy'", in *The Journal of Asian Studies*, Vol. 61, No. 2, May, 2002, p. 533.

② Robert C. Allen, *The British Industrial Revolution in Global Perspective*, Cambridge: Cambridge University Press, 2009, p. 128.

第九章

中西人均 GDP 的历史比较

一 中西人均 GDP 差距起点的争论

二战以后，随着欧洲战后重建，以及亚非拉国家在民族独立后寻求经济增长，经济发展越来越成为亟须解决的迫切任务。经济增长有很多的衡量标准，包括国内生产总值（GDP）和人均国内生产总值（GDP per capita，即人均 GDP）。[①] 尽管两者都是衡量宏观经济的重要指标，但 GDP 和人均 GDP 的作用却有很大不同。前者主要反映一个国家经济体量的大小，而后者则常常被用来表示一个国家的富裕程度，衡量该国家居民的生活水平，因而人均 GDP 比 GDP 能够更直接地体现国民和国家的贫富强弱。从历史上说，GDP 和人均 GDP 不一致的情况不乏其例，例如，1700 年，中国和欧洲（不包括土耳其以及俄国）的 GDP 分别占世界的 22.3% 和 21.9%，排名第二、三位；印度占 24.4%，排名第一。但与此同时，中国及欧洲人均 GDP 分别为 600 美元和 924 美元（以 1990 年美元计算），欧洲明显比中国更富裕；印度则为 550 美元，在三者中排在最后。1820 年，中国的 GDP 占世界的 32.9%，稳居第一，欧洲和印度分列第二、三名（23% 和 16%），但中国人均 GDP 却停滞不前（仍为 600 美元），与欧洲的差距进一步拉大（欧洲大部分国家已超过 1000 美元，英国和荷兰分别

[①] 此外还有国民生产总值（GNP）和人均国民生产总值（GNP per capita），与 GDP 和人均 GDP 的区别在于前者基于"收入"概念，后者则基于"生产"概念，但两者相差数额不大。

为1706、1838美元，是中国的3倍左右），印度降至533美元。① 由于各国人口数量不同，GDP的比较带有很大的迷惑性甚至欺骗性，因而绝不能代替人均GDP的比较。20世纪下半叶以来，国外史学界展开对历史上人均GDP的估计以及对中西人均GDP的比较，但学者们在中西人均GDP的差距始于何时的问题上存在不同观点，严重影响了对双方历史进程的认识。②

  人均GDP的计算以经济活动和人口为基础。19世纪以来出现了政府统计，学者们对现当代中西人均国内生产总值的看法分歧不大。相反，18世纪及以前缺少政府统计数据，因而学术界对中西人均GDP的历史比较存在较大争论。20世纪六七十年代流行的主流观点认为，西欧人均收入在工业革命前已经超过其他地区。美国哈佛大学历史学教授兰德斯在《解放了的普罗米修斯：1750年至今西欧的技术变革和产业发展》中认为，当时西欧人均收入已经高于世界其他地区。具体说，17世纪末英格兰和威尔士的人均年收入为9英镑，18世纪50年代为12英镑至13英镑，那时的货币价值相当于现在的8倍。换言之，18世纪50年代英国人均年收入为96英镑至104英镑。与此相比，百余年后的1961年尼日利亚的人均年收入为30英镑，印度为25英镑，只是二百余年前英国的1/3到1/4。在半工业化的拉丁美洲，1961年巴西人均年收入为95英镑，墨西哥为105.3英镑，刚刚达到二百余年前英国的水平。可见，西欧在工业革命前就已经很富裕了。与当时的世界其他地区和今天的前工业世界相比，西欧无疑更加富裕。这些财富是几个世纪缓慢积累的产物，来自于投资、欧洲以外资源和劳动力的占有，以及不仅在物质产品的生产方面，而且在它们的交换、分配的组织和融资方面的重大技术进步。③ 兰德斯有关工

---

① ［英］安格斯·麦迪森：《中国经济的长期表现：公元960—2030年》，伍晓鹰、马德斌译，上海人民出版社2008年版，第19、109、157页表格。
② 李桂芳、徐浩：《中西人均GDP的差距究竟始于何时？》，《经济社会史评论》2022年第3期。
③ David S. Landes, *The Unbound Prometheus: Technological Change and Industrial Development in Western Europe from 1750 to the Present*, Cambridge: Cambridge University Press, 1969, pp. 13–14.

业革命前西欧国家富裕程度已经超过非西欧国家的结论得到了诺贝尔经济学奖得主库兹涅茨的认可，后者在 1971 年获奖演讲中主张：今天的不发达国家的经济增长状况，在很多方面都与现在的发达国家（日本可能除外，甚至不能肯定）在进入现代经济增长的前夜有很大的不同。直言之，占当今世界人口最多的不发达地区的人均生产水平远低于发达国家在工业化之前的水平。[1]

20 世纪 70 年代晚期以来，随着亚非拉国家的经济崛起，兰德斯和库兹涅茨的观点受到挑战。瑞士经济史学家保罗·贝洛什在《经济杂志》发表《西方前工业社会和 19 世纪的国民收入估计：间接方法的建议》，最早提出工业革命前发达国家与发展中国家人均国民生产总值接近论。[2] 此后，他在《工业革命以来国民经济差距的主要趋势》一文中继续论证这一观点，认为欧洲和非欧洲国民收入的差距是工业革命的结果，18 世纪中叶欧洲的平均生活水平可能比世界其他地区还要低。这是由于中国文明达到很高水平，以及该国在世界的相对重要性（GDP 在世界上占 36%）。直到 1815—1820 年，工业革命对后来发达国家的影响一直微乎其微。发达国家和发展中国家之间的人均收入水平依然旗鼓相当，因为工业革命一开始只涉及一小部分未来的发达国家，而且最初增长得非常缓慢。[3] 直到 19 世纪 30 年代，由于工业革命和一些发展中国家生活水平下降的联合效应，这一差距变得很大。发达国家与发展中国家的收入差距在 1830 年和 1872 年至 1876 年间大幅增加，当时发达国家的国民生产总值的数量可能超过第三世界。大约 1872 年至 1876 年，占世界人口约 31% 的发达国家集

---

[1] Simon Kuznets, *Population, Capital and Growth: Selected Essays*, London: Heinemann, 1974, p. 179.

[2] Paul Bairoch, "Estimations du revenu national dans les sociétés occidentales pré-industrielles et au XIXe siècle: propositions d'approches indirectes", *Revue économique*, Volume 28, No. 2, 1977, pp. 177–208.

[3] Paul Bairoch, "The Main Trends in National Economic Disparities Since Industrial Revolution", in Paul Bairoch and M. Lévy-Leboyer, eds., *Disparities in Economic Development since the Industrial Revolution*, London: Cambridge University Press, 1981, p. 7.

中了世界50%的收入。这意味着当时发达国家与发展中国家的平均收入差距已经在1.0到2.2之间。到1913年,这一数字达到了1.0到3.4;1950年为1.0到5.2;1970年为1.0到7.2,1977年为1.0到7.7。如果1950年至1977年的趋势持续下去,2000年实际收入差距将在1.0到10.8之间。① 换言之,直到19世纪晚期,发达国家与发展中国家的收入差距才开始成倍增长。

贝洛什对工业革命前后发达国家与发展中国家收入差距的估计影响甚广,许多学者在研究中都不同程度地采纳了他的估计,致使发达国家和发展中国家的收入差距出现在工业革命之后的观点不胫而走,甚至成为新的主流观点。法国年鉴学派第二代领军人物布罗代尔在《15至18世纪的物质文明、经济和资本主义》第3卷中采用了贝洛什有关工业革命前各国人均国民收入数据,即以1960年的美元价格计算,1700年英国为150至190美元,1710年美洲英国殖民地为250至290美元,1750年日本为160美元,1781至1790年法国为170至200美元。1800年印度为160至200美元(但1900年为140至180美元),中国为228美元(1950年为170美元)。美国为269美元,西欧平均国民收入达到213美元,仅略高于当时的第三世界的水平,后者约200美元。据此,布罗代尔得出结论说:"保罗·贝洛什的计算结果表明,在1800年,正当欧洲在世界各地所向无敌,科克·拉佩鲁兹和布干维尔率领的船只完成了在浩瀚无涯的太平洋的探险航行时,欧洲达到的财富水平远不像今天那样把世界其他国家甩在自己的后面。"因此,工业革命前后发达国家与发展中国家收入差距的"这一对照促使我们用另一种眼光去重新考察1800年前和工业革命后的欧洲(加上当时享有优越条件的其他国家)在世界的地位,工业革

---

① Paul Bairoch, "The Main Trends in National Economic Disparities Since Industrial Revolution", in Paul Bairoch and M. Lévy – Leboyer, eds., *Disparities in Economic Development since the Industrial Revolution*, London: Cambridge University Press, 1981, p. 8.

命所起的作用将因此大大提高"①。换言之，发达国家和发展中国家人均收入的差距是工业革命的结果。美国史学家保罗·肯尼迪在《大国的兴衰——1500—2000年的经济变迁与军事冲突》中也引述了贝洛什有关工业革命是发达国家与发展中国家国民收入差距转折点的观点，如他所说："贝洛克（即贝洛什，下同）提出了一个值得注意——也令人震惊——的见解：1750年，欧洲和第三世界按人口计算的工业化水平相差不远，可是到了1900年，后者只是前者的1/18（2%比35%），只是联合王国（即英国）的1/50（2%比100%）。"②

当然，受此估计影响最大的非加州学派莫属，其核心成员弗兰克和彭慕兰有关18世纪中西人均GDP相近的观点主要依据贝洛什的估计。弗兰克认为，19世纪前中西人均GDP不分伯仲，因为据贝洛什估算，1800年中国的人均收入为228美元，高于他对18世纪英国和法国若干年份的估算，因为后者在150美元到200美元之间。到1850年，中国的国民生产总值下降到人均170美元。据弗兰克考证，贝洛什考察了包括库兹涅茨、兰德斯、麦迪森等在内的大约十种对世界范围人均收入差异的估算，发现迟至1700—1750年，即工业革命之前，世界范围收入的最大差距是1∶2.6（库兹涅茨估计为1∶2.4，兰德斯为1∶2.2和1∶2.6，麦迪森为1∶1.6或1∶1.3甚至1∶1.1），贝洛什"最后得出一个估算数字为1到1.1，或者说，世界各地的收入或生活水准实际上相同"③。应该说，弗兰克完全赞成贝洛什有关18世纪乃至19世纪上半叶中西人均收入大体相近甚至中国略高于西欧的判断。

相对于弗兰克，彭慕兰对贝洛什的估计则持相对审慎的态度，如他所言："保罗·贝洛克通过20世纪的数据回推，做出了对1800年

---

① [法]费尔南·布罗代尔：《15至18世纪的物质文明、经济和资本主义》第3卷，施康强、顾良译，生活·读书·新知三联书店1993年版，第618页。
② [美]保罗·肯尼迪：《大国的兴衰——1500—2000年的经济变迁与军事冲突》，陈景彪等译，国际文化出版公司2006年版，第146页。
③ [德]贡德·弗兰克：《白银资本：重视经济全球化中的东方》，刘北成译，中央编译出版社2000年版，第241页。

前后全世界大部分地区人均收入的估计。在他的数字中，'亚洲'作为一个整体极轻微地落后于西欧，但领先于整个欧洲，中国则甚至领先于西欧。但贝洛克的做法也有许多困难。我没有依赖他对每个经济体提出的单独的数字，而是一个主题接着一个主题，构建我自己的18世纪欧洲经济的'常态'。"①尽管彭慕兰没有采纳贝洛什有关18世纪中国人均收入领先于西欧的估计，但正如《大分流》第四章的标题"无数令人惊异的相似之处"所示，他仍主张工业革命前后中西人均国民收入不分伯仲。贝洛什和加州学派对工业革命前后中西人均国民生产总值或人均国内生产总值的修正，导致了20世纪晚期以来新一轮的欧亚历史比较异军突起，学者们甚至掀起了中西人均GDP的历史研究热潮。

二 麦迪森

安格斯·麦迪森（Angus Maddison，1926—2010），英国经济学家，擅长量化宏观经济史，包括对经济增长的测量与分析。麦迪森出生于英国泰恩河畔的纽卡斯尔，1938—1944年就读于达林顿文法学校，1945—1948年在剑桥大学塞尔温学院读本科，大学期间先后主修历史学和经济学，曾听过M. M. 波斯坦和R. H. 托尼等著名经济史学家的课程，马克思主义史学家莫里斯·多布是其导师。1949—1951年在加拿大的麦吉尔大学和美国约翰·霍普金斯大学攻读硕士学位研究生后，麦迪森决定暂时放弃攻读博士学位。1951—1952年麦迪森返回英国，在苏格兰圣安德鲁斯大学担任经济学讲师。直到1978年，他才在法国艾克斯—马赛大学获得博士学位。

1953年起，麦迪森长期在国际组织供职。1953—1958年，麦迪森成为1948年成立的"欧洲经济合作组织"的经济学家，该组织致

---

① ［美］彭慕兰：《大分流——欧洲、中国及现代世界经济的发展》，史建云译，江苏人民出版社2003年版，第32页。

力于帮助执行战后欧洲重建的马歇尔计划。1958—1962 年他出任该组织经济部主任。1960 年起，由于美国和加拿大加入，欧洲经济合作组织的名称已不再适用。1961 年，欧洲经济合作组织改名为"经济合作与发展组织"（The Organization for Economic Co-operation and Development），简称"经合组织"（OECD）。1963 年麦迪逊出任该组织的经济发展司司长助理，1964—1966 年担任发展中心的研究员，主要研究发达国家的经济发展问题。与此同时，麦迪森也开始关注发展中国家的发展问题。1966—1971 年，麦迪森离开了"经合组织"，致力于发展中国家的发展问题。之后他又返回该组织任职，1971—1972 年担任科学事务理事会顾问。1973—1974 年，麦迪森担任科学事务理事会经济分析和资源分配小组组长。1975—1978 年，他担任社会事务、人力和教育理事会中央分析司司长。

1978—1996 年，麦迪森为了有更多自由时间进行研究，离开"经合组织"进入学术界，担任荷兰格罗宁根大学的经济学系教授。他是格罗宁根大学"增长和发展中心"（the Groningen Growth and Development Centre）的联合创始人，该机构设在格罗宁根大学经济学院，专注于长期经济增长问题研究。麦迪森和他的同事们维护的"世界经济历史统计：公元 1—2008 年"（Historical Statistics of the World Economy: 1-2008 AD）数据库，现在几乎涵盖了世界上的每个国家，是分析长期经济增长最重要的数据资源之一，全世界的学者和政策分析师都在使用它。

麦迪森还是世界各国的历史国民账户（historical national accounts）建设领域的先驱，以既往几十年直到 1 年为周期对历史国民账户进行计算，尤其是各国在人均 GDP 领域的表现。他的工作使人们对一些国家变得富裕而另一些国家仍然贫穷的原因有了深刻和全新的理解。麦迪森有关各国人均 GDP 的长时段历史比较的主要论著有：《中国经济的长期表现》，《世界经济千年史》等。[①] 1996 年麦迪森退

[①] Angus Maddison, *Chinese Economic Performance in the Long Run*, OECD Development Centre, Paris, 1998; Second edition, revised, and updated: 960-2030, OECD Development Centre, Paris, 2007; *The World Economy: A Millennial Perspective*, OECD Development Centre, Paris, 2001.

休，2007年获得日本一桥大学名誉博士学位。2010年，麦迪森在巴黎西北郊塞纳河畔的讷伊逝世。

20世纪七八十年代以来，发达国家与发展中国家之间的收入差距究竟始于何时，重新成为一个争议性问题。麦迪森对该问题的研究是在其离开"经合组织"，进入学术圈，担任荷兰格罗宁根大学的经济学系教授之后开始的。1983年，他发表了《1700—1980年发达国家和发展中国家人均GDP水平比较》，证明这种比较的结果更接近于兰德斯—库兹涅茨的结论，而不是贝洛什的结论。具体说，1820年，四个发展中大国（巴西、中国、印度和墨西哥）未加权的人均GDP的平均值为人均113美元，而法国、英国和美国的平均值为280美元。法、英、美在1820年比西方平均水平高出约15%。但即便如此，西方对发展中国家的领先优势仍为2∶1。回到18世纪中叶（1760），假设第三世界人均生产在1820年之前停滞不前，人们仍然发现法国和英国明显领先。[1]

以上研究促使麦迪森反思18世纪前人均GDP历史比较中存在的问题。在他看来，关于经济增长的分析，一直以来着重于过去两个世纪资本主义时期的发展，而早期人均收入处于停滞状态的历史常常被忽视，因此需要采用更加长期的观点对前资本主义时期的人均GDP进行历史比较。1998年，麦迪森出版《中国经济的长期表现》这部中西人均GDP比较的划时代著作。2007年，麦迪森又出版了该书第二版和修订版，即《中国经济的长期表现：公元960—2030年》[2]，对过去两千年（有些数据开始于公元1世纪）中国和欧洲经济的增长表现进行了详细研究，并对未来做出了预测。

---

[1] Angus Maddison, "A Comparison of Levels of GDP Per Capita in Developed and Developing Countries, 1700–1980", *Journal of Economic History*, Vol. XLIII, No. 1 (March 1983), p. 29.

[2] Angus Maddison, *Chinese Economic Performance in the Long Run*, Paris: OECD Publishing, 1998; *Chinese Economic Performance in the Long Run, 960–2030 AD*, Second Edition, Revision and Updated, Paris: OECD Publishing, 2007.

第九章 中西人均 GDP 的历史比较

麦迪森首先分析了公元 1 世纪以来中国和欧洲人均收入此消彼长的长期趋势。他认为，公元 1 世纪初，欧洲（不包括土耳其以及俄国）人均 GDP 要高于中国。但到公元 1000 年，欧洲人均收入出现大幅度下降。与此同时，宋朝开始了经济扩张。9—13 世纪，中国出现了经济重心的南移，开发了水稻和棉纺织业的生产，这种生产上的发展和产品的多样化提高了中国人的生活水平。但这种提高相对而言不是很大，大约使中国的人均收入提高了 1/3。这种收入的提高伴随着更加集约化的劳动力的使用，也就是说，劳动生产率的提高要低于人均收入的提高。宋元之际，蒙古对中国的征服完全是破坏性的。中国人口减少了 1/3。北方承受忽视水利之苦，黄河堤岸被冲垮，大运河不再通航，严重破坏了农业生产。明清时期中国的人均收入没有增长，或多或少与之前持平。主要原因是该时期人均产量一直比较稳定，没有迹象表明畜牧业经济发生了变化，唐朝至清初城市人口比例只有轻微增长等。正是由于 13 世纪以来中国人均收入基本处于停滞状态，因而"在 15 和 18 世纪之间，中国的经济领先地位让给了欧洲。"[1]

那么，何以 10—14 世纪中国的人均收入高于欧洲，而 15—18 世纪欧洲在人均收入上逐渐超过了中国呢？麦迪森认为，主要原因并不是由于中国出现了特别不利的条件，而是由于西方极为特殊的有利条件促进了现代资本主义萌生。其中包括文艺复兴和启蒙运动推动了理性、科学、技术和教育的发展，外向型的民族国家之间具有重要的贸易关系和相对容易的知识交流，这刺激了竞争和创新，而中国则缺少上述变化。

长时段人均 GDP 数据是衡量各地区历史上经济发展的主要指标，具体显示了中国和欧洲各自领先地位的变化。麦迪森按照 1990 年的美元计算，公元 1 年，中国与欧洲人均 GDP 分别为 450 美元和 550 美元，欧洲明显高于中国。1300 年中国与欧洲人均 GDP 分别为 600 美元和 576 美元，中国略高于欧洲。1700 年，两者分别为 600 美元和

---

[1] ［英］安格斯·麦迪森：《中国经济的长期表现：公元 960—2030 年》，伍晓鹰、马德斌译，上海人民出版社 2008 年版，第 19 页。

924 美元，欧洲是中国的 1.5 倍。1700—1820 年，中国人口从 1.38 亿增长到 3.81 亿，增长速度几乎是同期日本人口的 8 倍，欧洲的 2 倍。中国的人口增长并未导致生活水平下降。在 18 世纪，尽管欧洲人均收入增长了 1/4，中国 GDP 的增长速度仍快于欧洲。此后，由于发生太平天国、黄河改道和大运河淤塞等一系列事件，中国人口在 1890 年时并未超过 1820 年的水平，人均收入肯定也降低了。在之前近两千年中国一直是世界上最大的经济体，但是到了 19 世纪 90 年代，这一领先地位被美国取代。民国时期（1912—1949）的纪录仍令人失望。中国 1952 年的人均国民生产总值要低于 1820 年的水平。中国在世界 GDP 中所占比重从 1/3 降到了 1/20，实际人均收入从世界平均水平降到了平均水平的 1/4。①

2001 年，麦迪森出版《世界经济千年史》，基本延续了前书观点，但在中西人均 GDP 差距的起点上做了微调。他从长期定量证据中得出八点主要结论，其中涉及中国和西欧（不包括东欧和苏联）人均 GDP 历史比较的有如下三点：第一，公元 1000 年左右西欧收入处于最低点，显著低于公元 1 世纪时的水平，也低于同期的中国、印度以及东亚、西亚。第二，11 世纪是西欧经济开始上升的转折点。尽管增长缓慢，但到 1820 年比公元 1000 年增长 3 倍。在此期间，西欧内部的经济领先地区也发生了变化。尽管意大利北部特别是威尼斯重新开通地中海贸易，葡萄牙和西班牙开辟了前往美洲和亚洲的贸易通道，但与在 1600 年成为领先经济体的荷兰和 19 世纪的英国相比其速度要低许多。第三，在 14 世纪时，西欧的人均收入超过了作为亚洲领先经济体的中国。此后一直到 20 世纪后半期，中国和亚洲大部分地区的人均 GDP 基本处于停滞不前。这种停滞缘于当地制度和政策，也缘于 18 世纪以来西方强化了殖民剥削。值得注意的是，由于该书将比较范围从欧洲缩小为西欧，西方领先中国的时间也从最早

---

① ［英］安格斯·麦迪森：《中国经济的长期表现：公元 960—2030 年》，伍晓鹰、马德斌译，上海人民出版社 2008 年版，第 19、36 页。

15 世纪提前到 14 世纪。[1]

三 范赞登

范赞登（Jan Luiten van Zanden，1955— ），荷兰经济史学家，乌得勒支大学社会经济史教授和全球经济史教授，是荷兰、欧洲和全球经济史方面公认的专家。范赞登于 1981 年以优异成绩毕业于阿姆斯特丹自由大学经济学专业，1985 年在瓦赫宁根大学获得博士学位，论文题目为《19 世纪荷兰农业的经济发展（1800—1914）》。获得博士学位后，范赞登先在鹿特丹的伊拉斯谟大学工作了两年，1987—1993 年担任阿姆斯特丹自由大学社会经济史教授，1993—2009 年，范赞登被任命为乌得勒支大学社会经济史教授；自 2009 年起担任全球经济史教授，与乌得勒支的同事一起建立了全球经济史中心（Centre for Global Economic History）。2001—2009 年范赞登担任阿姆斯特丹国际社会历史研究所高级研究员，率领科研团队对早期现代荷兰的 GDP 进行了开拓性研究，为其他国家学者研究早期现代的 GDP 提供了借鉴。2003 年范赞登获得荷兰科学研究组织授予的国家最高科研奖斯宾诺莎奖，以表彰他"将整个荷兰经济史置于国际地图上，并领导了优秀的研究项目"。1997 年，范赞登成为荷兰皇家艺术与科学学院（The Royal Netherlands Academy of Arts and Sciences）院士，2009—2012 年担任国际经济史协会（The International Economic History Association）主席，2012 年担任国际经济史协会名誉主席，2016 年成为欧洲科学院（The Academia Europaea）院士。范赞登著述丰富，与本章相关的文章和著作主要有：《早期现代经济增长：1500—1800 年欧洲经济调查》，《"早期现代主义者的反抗"与"第一个现代经济"：评价》，《测量早期现代经济：1510—1514 年荷兰的历史国民账户》，

---

[1] ［英］安格斯·麦迪森：《世界经济千年史》，伍晓鹰、许宪春、叶燕斐、施发启译，北京大学出版社 2003 年版，第 30 页。

《通往工业革命的漫长道路——全球视野下的欧洲经济,1000—1800年》等。①

范赞登是继麦迪森之后对历史上欧洲和欧亚人均 GDP 进行比较研究的重要学者。他研究该问题的缘起是,20 世纪 90 年代欧洲掀起了早期现代经济增长速度的争论。这场争论由主张早期现代经济快速增长的乐观派格雷姆·斯努克斯发起。1990 年、1994 年和 1995 年,他发表了《上个千年的经济增长:英国工业革命的定量视角》、《经济变革的巨浪》和《市场在盎格鲁-诺曼经济及其后的动态作用,1086—约 1300》三篇论文,② 认为从 1086 年编纂《末日审判书》到 1800 年,英国的人均 GDP 增长了近八倍。按此观点,工业革命前的经济增长速度几乎与 1780 年后的一样快。而相对保守的观点则认为,1500—1800 年欧洲的增长要比 1800 年后的慢很多,除了一两次快速增长(例如荷兰的黄金时代)外,人均增长是比较慢的(如比利时)或根本不存在(如意大利和西班牙)。这些文章提交给 1994 年在意大利米兰举行的第十一届国际经济史大会,麦迪森和范德威将其编辑成会议论文集《经济增长与结构变化,基于国民账户重建的长期比较方法》。③

---

① Jan Luiten van Zanden, "Early Modern Economic Growth: A Survey of the European Economy 1500 - 1800", in M. Park, ed., *Early Modern Capitalism*, London: Routledge, 2001; "The 'Revolt of the Early Modernists' and the 'First Modern Economy': Assessment", in *Economic History Review*, Vol. 55, No. 4 (Nov., 2002), pp. 619 - 641; "Taking the Measure of the Early Modern Economy: Historical National Accounts for Holland in 1510/14", in *European Review of Economic History*, Vol. 6, 2002, pp. 131 - 163; *The Long Road to the Industrial Revolution: The European Economy in a Global Perspective, 1000 - 1800*, Leiden: Koninklijke Brill NV, 2009.

② G. D. Snooks, "Economic Growth During the Last Millennium: A Quantitative Perspective for the British Industrial Revolution", in *Working Paper in Economic History*, No. 140, Australian National University, 1990; "Great Waves of Economic Change", in G. D. Snooks, ed., *Was the Industrial Revolution Necessary*? London: Routledge, 1994; "The Dynamic Role of the Market in the Anglo - Norman Economy and Beyond, 1086 - 1300", in R. H. Britnell and B. M. S. Campbell, eds., *A Commercialising Economy, England 1086 to c. 1300*, Manchester: Manchester University Press, 1996.

③ A. Maddison and H. Van der Wee, eds., *Economic Growth and Structural Change, Comparative Approaches over the Long Run on the Basis of Reconstructural National Accounts*, Eleventh International Economic History Congress Milan, 1994.

第九章 中西人均GDP的历史比较

范赞登尝试综合上述两派的研究成果，承认欧洲各地区经济增长速度的差异。此后，范赞登发表了《早期现代经济增长：1500—1800年欧洲经济调查》，对欧洲六国（英国、荷兰、比利时、意大利、西班牙和波兰）的人均GDP进行了估计，表明意大利、西班牙和波兰等外围国家出现了长期停滞。1500—1750年，这些国家的人均GDP先是下降，随后出现了温和的复苏，至少在西班牙和波兰是这样，只有西班牙1820年的人均GDP可能略高于1570年。与南欧和东欧的停滞相比，北海沿岸国家在早期现代表现出相对缓慢的增长（如比利时）或快速的增长（如英国）。这些估计表明，在1520年到1820年间，英国的人均GDP大约翻了一番；荷兰的同期增长幅度较为温和，仅为50％左右；比利时的增长可能更小。总的来说，这六个国家的整体增长确实非常温和，在三个世纪里人均GDP平均仅增长了25％，而这主要得益于包含了最具活力的欧洲部分（如英格兰和荷兰）的样本。①

那么，如何解释早期现代西欧各地经济增长的差距，成为范赞登关注的问题，2009年出版的《通往工业革命的漫长道路——全球视野下的欧洲经济，1000—1800年》给出了他的最新研究成果。② 针对加州学派提出的早期现代的欧亚相似论和19世纪的欧亚大分流，该书的研究重点在于将欧洲发展置于世界历史视野之中进行评价。范赞登认为，欧洲各地工资水平增长与差异和欧亚之间的大分流均缘于欧洲内部的变化。

范赞登在该书中提出"小分流"（little divergence）概念，用以描述和解释1400—1800年北海地区（英国和低地国家）工资水平经历了与西欧其他地区（意大利和西班牙等）不同的发展过程，并最终

---

① Jan Luiten van Zanden, "Early Modern Economic Growth: A Survey of the European Economy 1500–1800", in M. Park, ed., *Early Modern Capitalism*, London: Routledge, 2001, p. 77.

② [荷]扬·卢滕·范赞登：《通往工业革命的漫长道路——全球视野下的欧洲经济，1000—1800年》，隋福民译，浙江大学出版社2016年版。

导致了工业革命。"小分流"是就地理范围而言的,指欧洲内部的分流,主要表现为从中世纪开始的西欧各地普遍的人均收入增长,到早期现代时却出现了两种截然不同的变化。具体说,900年至1300年的经济增长是一个泛欧洲现象,几乎所有地区都出现了人口显著增加、城市化水平提高和实际收入增长。然而,早期现代的情况则非常不同,这个时期的增长大部分集中在包括低地国家和英国在内的北海地区,荷兰和英国先后成为欧洲经济增长的领头羊。与此相反,17世纪至18世纪意大利北部人均收入在15世纪至16世纪达到和保持高位后开始下降,西班牙人均收入在16世纪至18世纪接近停滞,西欧大部分地区也是如此。那么,欧洲内部的人均收入差异始于何时?研究表明,15世纪上半叶欧洲内部的实际工资差异非常小,但从1450年后开始增大,这表明北海地区与西欧其他地区出现了"小分流"①。

  如何解释西欧内部的"小分流"?为什么只有北海地区延续了从公元900年开始的经济蓬勃发展过程,而西欧其他地区却在中世纪末期和早期现代陷入了长期停滞?如果说15世纪下半叶英国和低地国家的实际工资与西欧其他地区的差距开始增大,那么北海地区为什么在中世纪末期可以变成生产率更高的经济体?对此反差现象,范赞登的解释是,中世纪早中期拉丁基督教的欧洲共同建立起富有效率的制度,导致经济普遍发展。中世纪末期北海地区开始领先于西欧其他地区,主要是因为低地国家和英国在家庭领域完成了一项重要变革。尽管中世纪晚期低地国家和英国在经济和政治等宏观结构上具有显著差异,但两者在家庭结构等微观层面却存在着关键相似点。它们影响着家庭的人口行为以及他们怎样同产品市场、劳动力市场和资本市场的互动,而这些正是北海地区的独特性所在,也是导致"小分流"的原因和该地区经济蓬勃发展的主要因素。②

---

  ① [荷]扬·卢滕·范赞登:《通往工业革命的漫长道路——全球视野下的欧洲经济,1000—1800年》,隋福民译,浙江大学出版社2016年版,《导言》,第8页。
  ② [荷]扬·卢滕·范赞登:《通往工业革命的漫长道路——全球视野下的欧洲经济,1000—1800年》,隋福民译,浙江大学出版社2016年版,第119页。

范赞登所说的家庭结构即指欧洲婚姻模式（European marriage pattern，该概念最早由匈牙利裔英国经济学家哈伊纳尔于1965年提出，详见本书第十一章第三节），它是14世纪至15世纪以来在北海地区产生的一种最具特色的制度，其标志是由父母和未婚子女组成的核心家庭（因子女通常在结婚前建立新居，婚后不与父母一起生活）。促使该模式产生的因素包括：教会倡导的婚姻应建立在夫妻双方一致同意而非父母之命的基础之上，财产的代际转移（父母退休时将家庭土地转移给继承人来交换对方为自己养老），包括女性在内的年轻人婚前以学徒或仆人身份进入劳动力市场，上述三个因素最早和普遍出现在西北欧的北海地区。欧洲婚姻模式的主要特征和对经济发展的影响也独具特点：前者包括女性平均结婚年龄较晚，女性中的独身率较高，以及成婚男女之间的年龄差异相对较小；后者则表现为广泛参与的劳动力市场、形成高水平的人力资本，以及保障上述发展的制度和信任体系，它们成为导致工业革命的重要因素。由此，工业革命可以被解释成发生在中世纪后期的变化的延续。[①]

"大分流"宣称工业革命导致欧洲脱颖而出。实际上，这里所说的欧洲是作为工业革命发祥地的西北欧，并非指整个欧洲。那么，西北欧究竟何时脱颖而出，与欧亚大陆其他地区分道扬镳的？范赞登从制度效率、人力资本形成和经济绩效三个方面进行了比较。制度效率包括利息率、市场一体化程度以及劳动力市场的广度和深度。除了市场一体化程度不分伯仲外，至少从中世纪晚期以来，西北欧较低的利息率和高水平的劳动力市场水平表明了其制度比其他地区更富效率，已经开始为长期经济增长提供适当的刺激。人力资本形成来源于人口模式的改变，家长从拥有较多子女，最大化后代数量，转变为拥有较少子女，但对他们进行大量投资，即最大化后代质量上来。范赞登研究了1800年前几个世纪人力资本形成和知识积累的发展方式，认为

[①] ［荷］扬·卢滕·范赞登:《通往工业革命的漫长道路——全球视野下的欧洲经济, 1000—1800年》, 隋福民译, 浙江大学出版社2016年版, 第四章。

两者都是通过知识经济的发展来推动的,并且是先于现代经济增长的出现而发生的。由于识字率和教育程度等衡量人力资本的标准数据通常难以获得,因而需要采用书籍生产数量和技能溢价(skill premium,指高技能劳动工资和低技能劳动工资的比率)等替代性的定量指标,来反映人力资本形成的长期发展过程。研究表明,"小分流"期间,西北欧拥有比其他地区更低的技能溢价水平和更高的书籍生产数量,熟练和非熟练工人的收入差距缩小,识字率提高,从而导致以技术发明创造为特征的知识经济的诞生。[1]

经济绩效是检验西北欧与欧亚其他地区制度效率和人力资本形成的最终标准,可以通过人均GDP来衡量。范赞登等综合其他学者的研究后认为,1300—1800年,西北欧国家的人均GDP持续增长,并在不同时间超过了西欧其他地区。在1500—1800年,南欧和中欧的人均GDP水平没有任何进步,尽管意大利在1300—1500年的收入水平很高,但在15世纪之后没有增长。相比之下,英国和荷兰的人均GDP在1300—1800年间增长了一倍多。荷兰和英国与西欧其他地区"小分流"的时间表有所不同。1600年左右,荷兰的人均GDP水平已经远远高于欧洲其他国家。英国只是在18世纪与欧洲其他国家拉开了距离,但它也是一个在整个时期持续增长的国家。[2] 与此同时,中国的人均GDP可能和整个西欧没有什么区别,但是却明显低于北海地区。研究表明,实际工资的增长也遵循了相同模式。在18世纪,日本和中国的实际工资和意大利、德国和西班牙大体相当,但英国、荷兰和佛兰德尔的实际工资却比欧亚大陆其他地区高出许多,[3] 表明北海地区已领先于欧亚其他地区。

---

[1] [荷]扬·卢滕·范赞登:《通往工业革命的漫长道路——全球视野下的欧洲经济,1000—1800年》,隋福民译,浙江大学出版社2016年版,《导言》。

[2] Aleandre M. Deplejt and Jan Luiten Van Zanden, "Accounting for the 'Little Divergence': What Drove Economic Growth in Pre–industrial Europe, 1300–1800?" *European Review of Economic History*, No. 21 (2016), p. 390.

[3] [荷]扬·卢滕·范赞登:《通往工业革命的漫长道路——全球视野下的欧洲经济,1000—1800年》,隋福民译,浙江大学出版社2016年版,第329页。

综上所述,"小分流"研究对于进一步推进欧亚历史转型比较具有重要价值,应给予必要的重视。"小分流"特别强调中世纪末期至早期现代经济增长模式转变的重要性,北海地区率先从劳动密集型经济转变为知识经济,为工业革命时期资本密集型经济的建立奠定了必要的基础。由于经济增长模式的转变,中世纪末期至早期现代北海地区已经先于欧亚大陆其他地区经历了人均收入的持续增长,避免了收入停滞或下降为标志的内卷化。从以上意义上说,"小分流"不仅导致了欧洲内部的分流,同时也引起了西北欧与欧亚其他地区的"大分流"。无疑,经济增长模式转变和人均收入持续增长从根本上说主要是内部因素长期作用的结果,它们包括中世纪至早期现代形成的各种富有效率的制度,像微观层面的家庭,中观层面的村社、庄园、行会和大学,宏观层面的各种国家制度和法律等,每个层面的变革都不可或缺。没有它们就不会有中世纪欧洲的普遍进步及后来内部的"小分流",工业革命自然也就无从谈起。在此过程中,人均 GDP 始终是检验发展与否的重要衡量标准。

四　布罗德贝里

斯蒂芬·诺埃尔·布罗德贝里（Stephen Noel Broadberry, 1956— ）,英国经济学家。1975—1978 年,布罗德贝里在华威大学经济学和经济史本科学习,1978—1981 年在牛津大学纳菲尔德学院攻读经济学和经济史硕士研究生,1982 年获得该校经济学博士学位,论文题为《两次世界大战期间英国的失业:一种非均衡方法》。1981 年以来布罗德贝里在牛津大学、卡迪夫大学、英属哥伦比亚大学和华威大学经济系任教,1995—2011 年担任华威大学经济系经济史教授,2011—2015 年担任伦敦政治经济学院经济史教授,2015 年至今担任牛津大学纳菲尔德学院经济史教授。此外,布罗德贝里还有许多社会兼职,2005 年至今任社会科学院院士（Fellow of the Academy of Social Science）,2011—2013 年任欧洲经济史学会（European Historical Economics Society）主席，2016—2019 年任经济史学会（Economic History Society）主席，2016 年至今任英国学术院院士（Fellow of the British Academy），以及《经济史评论》《欧洲经济史评论》等杂志的编辑。布罗德贝里著述丰富，与本章相关的论著有《1270—1870 年英国经济增长》（合著）等。①

2015 年，布罗德贝里与其他四位学者联袂出版了《1270—1870 年英国经济增长》一书，采用"历史国民收入核算"（historical national income accounting）方法分别对该时期英国的 GDP 和人均 GDP 数据进行了研究。他认为，在历史国民收入核算提供的方法框架内，可以通过收入、支出和产出三种不同的方法来估算 GDP，所有这些方法都应该产生大致相似的结果。限于其他两种方法在史料上存在的局限性，该书采用产出方法，通过还原扣除了通货膨胀因素的农业、工业和服务业的数据，从而最终得出实际国内生产总值（real GDP）的估计。② GDP 不能反映生活水平的高低，后者取决于经济产出是否比人口增长更快。将实际国内生产总值除以总人口，从而得到实际人均国内生产总值（real GDP per capita），即实际人均 GDP。③

为什么要同时研究 GDP 和人均 GDP？布罗德贝里认为，目前，联合国、世界银行和其他几个国际组织公布了世界上大多数经济体的人均 GDP，按财富对它们进行排名，并确定其中最发达和最不发达的国家。最富裕国家和最贫穷国家之间的差距现在大约是 200 倍，而在工业革命改变生产力水平之前，这一差距很少超过 5 倍。现代经济增长可以很快，十几个国家目前报告的人均国内生产总值增长率在

---

① Stephen Noel Broadberry, Bruce Campbell, Alexander Klein, Mark Overton and Bas van Leeuwen, *British Economic Growth, 1270 – 1870*, Cambridge: Cambridge University Press, 2015.

② Stephen Noel Broadberry, Bruce Campbell, Alexander Klein, Mark Overton and Bas van Leeuwen, *British Economic Growth, 1270 – 1870*, Cambridge: Cambridge University Press, 2015, "Prologue: Historical National Income Accounting", xxxii.

③ Stephen Noel Broadberry, Bruce Campbell, Alexander Klein, Mark Overton and Bas van Leeuwen, *British Economic Growth, 1270 – 1870*, Prologue: Historical national income accounting, pp. 188 – 189.

10%至20%之间；其他十几个国家可能是负的，大多已经很穷，经济萎缩，人均GDP下降。尽管这种负增长有很多历史先例，但这种快速增长却没有，因为表现最好的前现代经济体几乎从未实现过每年超过2%或3%的增长率，而且在任何一段稳定时期内保持0.5%或以上的增长率都很难得。事实上，从历史上看，人们常常认为大多数国家在很长一段时间内几乎没有经济增长。这是因为经济扩张总是容易开始，并最终被人口增长所超越。何以如此，马尔萨斯、大卫·李嘉图和其他古典经济学家认为19世纪前生产增长永远也赶不上人口增长。这方面的例子很多，例如在欧洲经济体中，意大利和佛兰德尔早期表现出取得突破的希望，但未能实现。荷兰随后超过了这两者，但证明无法保持其势头。最后留给了后发国家英国，后者成为第一个向工业革命过渡的国家。紧随其后的是几个最接近它的欧洲邻国。追溯历史的起源，绘制历史发展蓝图，解释英国何时、如何以及为何成为世界上第一个工业化国家，一直是历史研究的关键课题。①

关于1270—1870年英国（英格兰1270—1700，大不列颠1700—1870）人均GDP趋势，值得注意的不是其变化的幅度（实际上，变化幅度很小），而是几乎从这一系列变化开始，稳定和增长就压倒了下降。13世纪70年代至19世纪70年代英国人均GDP的下降确实发生过，但不像增长阶段那么明显，也不像稳定阶段那么持续。除了13世纪下半叶这个明显的例外和马尔萨斯逻辑的直接挑战，英国人均GDP倾向于保持稳定，即使在人口持续增长的条件下也是如此。这种韧性是一项巨大的成就。②

具体说，在13世纪70年代至19世纪70年代的600年间，英国

---

① Stephen Noel Broadberry, Bruce Campbell, Alexander Klein, Mark Overton and Bas van Leeuwen, *British Economic Growth, 1270 – 1870*, Cambridge: Cambridge University Press, 2015, pp. 187 – 188.

② Stephen Noel Broadberry, Bruce Campbell, Alexander Klein, Mark Overton and Bas van Leeuwen, *British Economic Growth, 1270 – 1870*, Cambridge: Cambridge University Press, 2015, p. 205.

人均GDP的变化可能是缓慢的，但其累积效应令人印象深刻：人口增长了5倍，GDP增长了28倍，人均GDP增长了5.7倍。英国6个世纪人均GDP的增长是阶段性的，大致可以分为五个主要阶段。第一阶段从13世纪70年代一直延续到1348年黑死病爆发，这是人均GDP最低的时期；第二阶段从黑死病到15世纪70年代，人口下降，人均GDP上升了1/3；第三阶段从15世纪70年代一直到1651年内战结束，人口增长但人均GDP维持在黑死病后的较高水平；第四个阶段从17世纪50年代到18世纪70年代工业革命前夕，人均GDP增长了90%；第五个阶段从18世纪70年代到19世纪60年代，人口和GDP都在强劲增长，人均GDP几乎翻了一番。①

最后，布罗德贝里还将英国人均GDP与欧洲其他地区和中国进行了比较。19世纪中期，英国成为欧洲的主要经济体，人民享受的生活水平高于当时世界其他地方。但这一过程来得较晚。17世纪最后一个25年英国的人均GDP超越了以往的先进经济体即中部和北部意大利及南部低地国家，19世纪早期超过了荷兰共和国（后者自16世纪20年代以来一直是欧洲领先的经济体）。② 与此同时，欧亚大陆最西端和最东端的经济之间出现了更大的分流。在第二个千年之初，北宋时期的中国已经在人均GDP上领先世界。13世纪蒙古征服中国后，欧洲商人、旅行者和传教士纷纷来到中国，他们对中国社会的技术、商业和行政的复杂性感到敬畏，长江三角洲地区的情况尤其如此。然而，在文艺复兴的鼎盛时期，意大利的人均GDP可能至少与中国最发达地区的人均GDP一样高。16世纪以来，欧洲的经济领导地位已转移到北海南部地区，中国和亚洲其他地区开始落后，欧洲世

---

① Stephen Noel Broadbery, Bruce Campbell, Alexander Klein, Mark Overton and Bas van Leeuwen, *British Economic Growth*, *1270 – 1870*, Cambridge: Cambridge University Press, 2015, pp. 403 – 404.

② Stephen Noel Broadbery, Bruce Campbell, Alexander Klein, Mark Overton and Bas van Leeuwen, *British Economic Growth*, *1270 – 1870*, Cambridge: Cambridge University Press, 2015, pp. 423 – 424.

界霸权时代已经来临。这不仅仅是因为西欧在增长，也是因为中国在下降；以至于到了1750年，中国的人均GDP尚未超过马可·波罗前往中国忽必烈朝廷时（1260—1279）的英国。[1]应该说，布罗德贝里对英国6个世纪人均GDP的研究也印证了范赞登"小分流"导致"大分流"的观点。

为了验证该书提出的中西人均GDP历史比较的结论，2017年，布罗德贝里与北京大学管汉晖、清华大学李稻葵合作撰写了《中国、欧洲和大分流：980—1850年历史国民核算研究》，利用中英工农业和服务业产值与人口数据对10世纪晚期至19世纪中叶两国人均GDP再次进行比较，提出中国在中古晚期已经落后于部分西欧国家的最新看法。该文作者们认为，从借助于历史国民收入核算得出的人均GDP数据来看，中国经济运行状况可以概括为：北宋、明、清时期的实际GDP的年均增长率分别为0.88%、0.25%和0.36%。尽管北宋末期到明朝开始之前的实际GDP和人口水平也急剧下降，但两个朝代的实际GDP或多或少与人口保持了同步，因此人均GDP在一个高水平上下波动。然而，在清朝时期，人均国内生产总值以 -0.34% 的年率急剧下降。结果，1620年的人均GDP与公元980年的水平大致相同，但到1840年已降至980年水平的70%左右。[2]

---

[1] Stephen Noel Broadberry, Bruce Campbell, Alexander Klein, Mark Overton and Bas van Leeuwen, *British Economic Growth*, *1270 – 1870*, Cambridge: Cambridge University Press, 2015, pp. 427 – 428.

[2] Stephen Noel Broadberry, Hanhui Guan, and David Daokui L, "China, Europe and the Great Divergence: A Study in Historical National Accounting, 980 – 1850", *University of Oxford*, *Discussion Papers in Economic and Social History*, Number 155, April, 2017, pp. 24 – 25. 该文转年发表在 *Journal of Economic History*, 12（2018），pp. 955 – 1000. 此前，该团队成员发表的相关文章见金星晔、管汉晖、李稻葵、斯蒂芬·布罗德贝里：《中国在世界经济中相对地位的演变（1000—2017）——对麦迪逊估算的修正》，《经济研究》2019年第7期；李稻葵、金星晔、管汉晖：《中国历史GDP核算及国际比较：文献综述》，《经济学报》2017年第2期；管汉晖、李稻葵：《明代GDP及结构试探》，《经济学季刊》2010年第9卷第3期；李稻葵：《我们从中国古代人均GDP中发现了什么？》，《财经界》2017年第21期。

中篇　西方比较史学的实证研究

从中英人均 GDP 比较而言，在 11 世纪晚期的《末日审判书》（1086）时，北宋要比英国富裕得多，堪称是当时世界上最富裕的国家。然而，从此以后，中国的人均收入直到明朝末期一直没有变化。从 14 世纪中叶开始，随着英国人均收入的增加，在经历了黑死病的灾难后，英国在 14 世纪（1400 年）赶上了中国，并在 16 世纪逐渐领先。清朝时期，中国的人均收入下降，而英国的人均收入从 17 世纪中期开始迅速增长，中国远远地落在了后面。到 19 世纪中期，中国的人均 GDP 仅为英国的 20%。即使考虑到中国的地区差异，中国与西欧的大分流在 18 世纪工业革命前很久即已开始。① 那么，西欧如何先于早期现代二三百年（该文认为意大利人均 GDP 早在 1300 年即 13 世纪已经超过中国），在中世纪晚期实现了赶超中国的艰巨任务，究其原因在于那里出现的政治、法律、社会、经济等一系列结构性转型，② 有学者将中世纪晚期（13 世纪晚期至 15 世纪晚期）的结构性变化称之为"大转型"③。诚然，大转型在欧洲各地的发展并不平衡，在以英国为代表的西北欧，大转型率先使封建文明过渡到转型文明，后者奠定了包括工业革命在内的早期现代一系列发展的历史基础。④ 从这个意义上说，大转型是大分流的先决条件。正如坎贝尔所说的：

---

① Stephen Noel Broadberry, Hanhui Guan, and David Daokui L, "China, Europe and the Great Divergence: A Study in Historical National Accounting, 980 – 1850", *University of Oxford, Discussion Papers in Economic and Social History*, Number 155, April, 2017, pp. 29 – 30.

② ［英］艾伦·麦克法兰：《英国个人主义的起源——家庭、财产权和社会转型》，管可秾译，商务印书馆 2008 年版；［英］艾伦·麦克法兰：《现代世界的诞生》，管可秾译，上海人民出版社 2013 年版；［美］哈罗德·J. 伯尔曼：《法律与革命——西方法律传统的形成》，贺卫方、高鸿钧、张志铭、夏勇译，中国大百科全书出版社 1993 年版；［英］克里斯托弗·戴尔：《转型的时代——中世纪晚期英国的经济与社会》，莫玉梅译，徐浩审校，社会科学文献出版社 2010 年版。

③ Bruce M. S. Campbell, *The Great Transition: Climate, Disease and Society in the Late - Medieval World*, Cambridge: Cambridge University Press, 2016. 该书中译本见［英］布鲁斯·M. S. 坎贝尔：《大转型：中世纪晚期的气候、疾病、社会与现代世界的形成》，王超华译，中信出版社 2023 年版。

④ 徐浩：《西北欧在欧洲文明形成中的核心作用》，《史学月刊》2021 年第 10 期；《欧洲文明的现代转型——以转型、大分流与小分流的争论为中心》，《天津社会科学》2024 年第 1 期。

"对（北海地区南部）这个核心区域而言，大分流的根源在于大转型的完成。正是从那时起，布拉班特、荷兰和英格兰先后开始发展，它们先是超越了欧洲经济的长期领跑者意大利，然后是赶超最先进的和商业上最发达的中国省份。"① 显而易见，大转型导致了中世纪晚期西北欧的脱颖而出（小分流），以及欧亚的大分流。

---

① ［英］布鲁斯·M.S.坎贝尔：《大转型：中世纪晚期的气候、疾病、社会与现代世界的形成》，王超华译，中信出版社2023年版，第21页。

下 篇

西方比较史学的理论方法

第十章

比较史学的本体论

一 历史比较的单位

所有历史研究对象都有自己的单位,大到文明史、世界史、地区史和国别史,小到地方史或某一历史人物或现象等,比较史学也不例外。所不同的是,世界史到地方史等研究对象的单位可以随意选择,而比较史学则会受到一定限制,这就是美国学者小威廉·西威尔所称的"比较的单位"①。

比较的单位决定于比较史学的定义,不同定义导致不尽相同的比较单位,在此问题上国内外学者的认识存在着一定的差别。国内学者认为,历史比较就是选择两个及以上的类似历史现象进行差异性和相似性的比较,以说明两者的异同,除此之外对比较单位并没有附加任何其他限制,似乎只要是相似的历史现象就可以进行比较。如1987年庞卓恒在《比较史学》中主张,比较史学指的是对各种历史现象进行纵向和横向比较的一套理论和方法论体系。②所谓"各种历史现象",意味对历史比较单位无须附加任何限制。

范达人主张历史比较概念探讨的是理论方法,从他的定义中也可以看出对历史比较单位的观点。1990年范达人在《当代比较史学》

---

① [美]小威廉·西威尔:《马克·布洛克与历史比较的逻辑》,朱彩霞译,载项观奇编《历史比较研究法》,山东教育出版社1986年版,第150页。
② 庞卓恒:《比较史学》,中国文化书院,1987年(未公开出版),《导言》,第1页。

中写道:"历史的比较研究,是指对历史上的事物或概念,包括事件、人物、思潮和学派等等,通过多种方法进行比较对照,判明其异同,分析其缘由,从而寻求共同规律和特殊规律的一种方法。"[1] 在此,除了默认比较对象要有相似性外,该定义对比较单位也没有附加任何限制,它似乎包括历史上存在过的一切"事物或概念"。

与国内学者不同,除了相似性这一不可或缺的条件外,国外学者对历史比较单位还附加了另一个限制。也就是说,并非所有两个及以上的类似历史现象都可以进行比较。西方比较史学的奠基人马克·布洛赫较早讨论了这个问题,他在1928年发表于《历史综合杂志》上的《比较史学之方法——论欧洲社会的历史比较》对比较史学的定义是:"在我们的领域里,比较意味着什么呢?无可置疑,比较就是在一个或数个不同的社会环境中选择两种或数种一眼就能看出它们之间的某些相似之处的现象,然后描绘出这些现象发展的曲线,揭示它们的相似点和不同点,并在可能的范围内对这些相似点和不同点做出解释。"[2] 布洛赫比较史学的定义表明,历史比较单位同时需要来自"不同的社会环境"和"具有某些相似之处"两个限制条件。

布洛赫对不同社会环境这一限制条件做了进一步的解释:"从历史的角度讲,比较因而需要两个条件:一是被观察的事物的某种相似——这一点本是不在话下的,二是产生这些事物的环境之间的某种不同。例如,要研究利穆赞地区的领主制度,就会自始至终都把有关这个或那个领地的情况加以对比,换一个通俗的说法,这样做就意味着对它们进行比较。然而,这种做法未必会使人感觉到自己正在进行专门术语含义上的历史比较,因为,这是从同一社会的各个部分选取要研究的各种不同的对象,这个社会在整体上是一个大的统一体。在实践中,则又习惯于认为比较史学的名称仅仅适用于对发生在国家疆界两边或民族界限内外的现象所进行的对比。确实,在所有的社会的

---

[1] 范达人:《当代比较史学》,北京大学出版社1990年版,第2页。
[2] [法]马克·布洛克:《比较史学之方法——论欧洲社会的历史比较》,齐建华译,载项观奇编《历史比较研究法》,山东教育出版社1986年版,第104页。

类比中，政治的或民族的对比给人的印象最为直接。但是，正如我们将要看到的，这是一种简单化，这些简单化有些粗劣，让我们坚持使用不同环境这个更灵活、更精确的概念吧。"①

据此，布洛赫主张，如果比较同一社会环境中的两个及以上具有相似性的历史现象便不属于严格意义上的比较史学，或者说不是"专门术语含义上的历史比较"，法国利穆赞地区的庄园比较就是这样，因为"这个社会在整体上是一个大的统一体"。这意味着，同一国家内同一地区的相似历史现象不应进行比较，因为相同环境下的异同比较没有任何价值。像历史哲学一样，比较史学最关心的不是"发生什么"，而是"为什么发生"的问题，其中比较对象的不同社会环境是构成这种解释的重要前提条件。不过，布洛赫也反对将"不同社会环境"这一限制条件简单地解释为不同国家和民族，认为这样做过于简单化，而是坚持使用"不同社会环境"这样一个更灵活和更精确的术语作为比较单位的限制条件。

有学者认为，布洛赫对比较单位的界定过于模糊。1967年美国学者小威廉·西威尔在《历史与理论》杂志发表的《马克·布洛克与历史比较的逻辑》中认为：布洛赫主张只有不同社会环境下的相似历史现象才能进行比较，"这一断语，就其正确性而言，并没有为我们确定比较单位的界限提供一个公式，而且布洛克也没有在任何其他地方为我们提供这类公式"②。尽管如此，他还是认同布洛赫反对将比较局限于不同国家和民族之间的意见，指出"上述关于比较单位的规则对于比较史学的实践具有不可低估的重要意义"，其中包括可以避免呆板的比较结构的应用，以及避免不作真正的比较。此外，"这些规则将促使我们抛弃那种集中于（国家或民族间）两个或数个社会的研究才是历史比较的通常假定。单个国家的历史，如果在系统提

---

① ［法］马克·布洛克：《比较史学之方法——论欧洲社会的历史比较》，齐建华译，载项观奇编《历史比较研究法》，山东教育出版社1986年版，第104—105页。

② ［美］小威廉·西威尔：《马克·布洛克与历史比较的逻辑》，朱彩霞译，载项观奇编《历史比较研究法》，山东教育出版社1986年版，第151页。

出问题时运用了比较，如果这个国家发展的解释性说明经过比较方法验证，那这个国家的历史就可以是一部比较史"①。基于此，比较的方式是多种多样的，有时是在同一国家的不同区域之间，有时是在不同的体制之间，有时是在国与国之间，而有时又在另一些社会制度之间，都依解释的问题不同而异。在这方面，"布洛克的《法国农村历史特点的起因》（中译本书名为《法国农村史》）实际上为这种比较史学提供了一个最好的范例"②。《法国农村史》对法国农业生产和庄园制度进行过国内外比较。从"不同社会环境"这一历史比较单位的限制条件上讲，不同国家和民族是天然的历史比较单位，同时也不排斥同一国家内部的相似历史现象的比较。不过，同一国家相似历史现象需要来自不同的社会环境。欧洲南部文明（地中海文明，承袭大量古代拉丁文明的因素）和北部文明（北海文明，主要是由日耳曼民族创造的）无疑属于不同的社会环境，布洛赫在《法国农村史》中对法国南北方农业生产差异性的比较，正是立足于这两种欧洲文明，即不同的社会环境的基础之上。

二战以后，比较史学进一步受到新史学的影响，经常以传统国家和历史分期以外的专门史题目作为历史比较单位，如巴勒克拉夫所说："比较史学可以定义为按照政治、社会、经济、文化和心理的规范和范畴——而不是按照国家的划分和人为的历史分期——对过去历史加以概括，并进行研究。"他认为，发生上述转变的原因，主要是由于对常规叙事史的成果和启发潜力感到不满，同时也由于社会科学造成的影响。不仅如此，历史学家现在越来越关注超越国界和时间先后次序的社会和政治行为的模式。③他举例说，如果我们将12世纪的英国、法国和德国的历史都置于封建社会的范畴内，它们有许多问题

---

① ［美］小威廉·西威尔：《马克·布洛克与历史比较的逻辑》，朱彩霞译，载项观奇编《历史比较研究法》，山东教育出版社1986年版，第154页。

② ［美］小威廉·西威尔：《马克·布洛克与历史比较的逻辑》，朱彩霞译，载项观奇编《历史比较研究法》，山东教育出版社1986年版，第154页。

③ ［英］杰弗里·巴勒克拉夫：《当代史学主要趋势》，杨豫译，上海译文出版社1987年版，第268页。

是共同的。从 1400—1750 年，所有欧洲国家的政府形式都是绝对君主制、贵族制和官僚制这三者之间各种不同关系的产物。再如，在 19 和 20 世纪，一切社会所面临的共同问题是在多大程度上适应工业化社会和城市化社会的需要，历史上的重要分水岭在以农业为主的不发达社会与城市化的工业社会之间，而不在法国或德国那样一些国家之间，也不在现代、中世纪或文艺复兴时期之间。

20 世纪晚期，历史比较单位向多层次发展。1996 年，德国社会史学家于尔根·科卡在《论历史比较研究》中这样定义历史比较："历史比较研究的特征是在提问的引导下，对两个或几个历史现象就其异同进行系统性研究，以求在此基础上做出尽量可靠的描写与解释，并对历史行为、经历、过程与结构作进一步的探讨。"在此，于尔根·科卡也未对历史比较单位附加限制。他认为，至少在现代史的研究中，民族国家之间的比较在以往占优先地位。但由于历史研究近年来的经验与新的重点，偏重民族国家史以及国与国之间的比较已显得不再合适。许多问题若用小一点的地区性比较能够处理得更好。总之，过去，民族间的比较处于科研的中心，将来应该有多层次的比较，应该创造新的比较形式。[①] 换言之，历史比较单位要与时俱进，兼顾国与国比较以外的其他更低、更小层次。

不过，在 1999 年出版的《历史比较研究导论》中，德国历史学家哈特穆特·凯博认为，布洛赫等老一代史学家的比较史学定义并未过时。他反对将历史比较局限于不同民族国家的范围，主张同一国家内部可以进行比较。他仍坚持布洛赫有关同一社会（即相同的社会环境）不能比较的原则。"对同一社会不同时代的比较，对同一社会不同人群的代际关系（如古罗马步兵团的老年士兵和青年士兵）的比较通常并不被看成是社会的比较。不仅是当代社会科学家，而且历史学家也不把这类对比当作比较研究来看待。"当然，这种比较在大量

[①] ［德］于尔根·科卡：《社会史：理论与实践》，景德祥译，上海人民出版社 2006 年版，第 53、54 页。

下篇　西方比较史学的理论方法

进行，甚至比真正的比较研究更为普遍。这么说并不意味着排除了同一国家的历史比较，如果将德国的巴登地区与其相邻的阿尔萨斯比较，我们可以把它看成是社会的历史比较，而把巴登地区的纳粹时代同其战后时代进行比较就不算是社会的比较。因为，"尽管两个社会时代之间发生了深刻的转变，但社会历史的时代仍然处在同一空间、同一村庄、同一城市或同一地区以及同一国家之内，由于同一机构、建筑、自然环境，至少是同一语言和文化，并且大多是同样的人们及其记忆，它们使这些时代如此紧密相连，以至于它们的历史就不成其为两个社会的相互映照比较的历史。"①

可见，历史比较单位并不限制本国史，而是排除对相同社会环境下的相似历史现象的比较。如是，不仅国别史是理想的历史比较单位，本国史也是可以比较的。简言之，历史比较单位受空间限制，同一或者同类空间的相似历史现象不能进行比较。正如美国学者乔治·M. 弗雷德里克森所说："比较史学的主要目的是系统地对比研究两个或几个社会的某些进程和制度，这些社会在传统的历史编纂学中通常不属于同一地理区域，只是在这种研究中，比较本身才始终处于核心地位。"② 总之，历史比较单位必须是处于不同自然和人文环境中的社会，不同的文明、大洲、民族和国家的比较无疑可以满足这个条件，但国内比较却需要仔细斟酌。只有比较不同社会环境下的两个及以上具有相似性的历史现象，才是合适的历史比较单位，因而算作真正的比较。

二　历史比较的用途

在许多科学领域中，比较方法很久以来已经证明了自身的效能。

---

① ［德］哈特穆特·凯博：《历史比较研究导论》，赵进中译，北京大学出版社 2009 年版，第 6 页。
② ［美］乔治·M. 弗雷德里克森：《比较史学》，司美丽译，载项观奇编《历史比较研究法》，山东教育出版社 1986 年版，第 312 页。

第十章 比较史学的本体论

然而，大多数历史学家还没有信服这一方法，认为比较史学只是历史哲学或普通社会学的组成部分。实际上，比较方法可以而且应该深入到细节研究中去。比较方法的未来，同时也是历史学的未来即取决于此。应该说，比较方法对历史学家具有许多用途，以至于马克·布洛赫形象地将其称之为"一种最有效的魔杖"[1]。

在《比较史学之方法——论欧洲社会的历史比较》中，布洛赫以绝大部分篇幅并借助大量欧洲中世纪史和早期现代史实例，论述了比较方法的用途。[2] 在他看来，比较史学的主要用途至少有五点：第一，比较史学可以帮助研究者提出问题。他认为，要解释现象首先必须发现现象。在这个最初的步骤中，我们首先看到比较方法的用途。尽管查阅文献就可以认识历史事实，但是我们毕竟还应该善于阅读。历史学家如同法官，一份文献如同一个见证人，正像大多数见证人那样，只有面对提问，它们才会予以说明。难点在于提出一份系统的问题清单，而比较给予历史学家这个永久的预审法官最珍贵的帮助恰恰就在这里。欧洲大约在16世纪初至19世纪初发生过席卷英国大部分地区的圈地运动。这场广泛的圈地运动是以圈并公有地和圈并耕地两种形式进行的，运动的特征主要表现在集体耕作的消失和农业经营的个体化。圈地运动是一场重大变革，因此，任何英国历史书籍都不会不讲圈地运动。然而，我们在法国历史书中却看不到提及这类运动的材料。18世纪史料对北部圈地有所记载，而更早、更深入和更有效地进行了圈地运动的东南部的普罗旺斯却较少受到关注。这显然是一个值得研究的问题，布洛赫认为，他之所以发现了这个问题，不是由于特别熟悉当地的资料，而是阅读了一些有关英国圈地运动或有关发生在其他欧洲国家类似农村革命的书籍，并尽力从中获得启示。

---

[1] ［法］马克·布洛克：《比较史学之方法——论欧洲社会的历史比较》，齐建华译，载项观奇编《历史比较研究法》，山东教育出版社1986年版，第111页。

[2] 参见［法］马克·布洛克《比较史学之方法——论欧洲社会的历史比较》，齐建华译，载项观奇编《历史比较研究法》，山东教育出版社1986年版，第107—133页。

第二，对各种不同的、相邻近的社会中的现象进行认真的比较，最明显的益处就是可望看出这些社会集团相互之间产生的影响。慎重的调查活动肯定能够揭示出中世纪各社会中的一些至今尚未充分揭示的潮流。如拿法兰克王国的加洛林王朝（751—843）同墨洛温王朝（481—751）相比，加洛林王朝具有一些完全独特的特点。对教会来说，墨洛温王朝的历代统治者从来只是普通的世俗人士，而加洛林王朝的建立者丕平和他的后代则相反，他们即位时都要领圣油，打下王权神授的烙印。如果我们只注意高卢，那么加洛林国家在我们看来几乎就是凭空创造的。但是，让我们把眼光放远些，看看比利牛斯山脉那一边的情况。我们可以看到，在蛮族统治下的欧洲社会中，从7世纪开始，就有一些君主接受了神圣的"涂圣油"仪式。这些人是西哥特人的君王，当时那里实行了一种宗教君主制，关心的是如何以国家的作用推行教会的命令，那里的宗教会议与政治会议混在一起。布洛赫还调查了西哥特人的影响是通过什么渠道进入高卢的，初步认为主要是在阿拉伯人征服之后的一个世纪中，西班牙流民进入法兰克王国，其中一些人属于上层阶级，还有一些了解当地政治和宗教习俗的教士，他们可能将涂圣油仪式带入加洛林王朝。此外，西班牙宗教会议的文献，对加洛林时代的教会法也起了一种不可否认的作用。

第三，历史比较可以帮助我们在对原因的不懈探索中迈进一步。比较方法似乎正是在这点上能够给予历史学家们以最大的帮助，把他们带入一条可以探索到真正原因的道路，同时也可以使历史学家们避免钻进一些没有出路的死胡同。法国十四五世纪全国三级会议和外省三级会议的起源和原因可以借助比较方法避免片面的地方性解释。我们看到，在不同的时期，法兰西各地到处涌现出等级会议，可是在德国的诸侯邦国内也出现了各级会议，在西班牙产生了议会会议，意大利则建立起议会。此外还有与此不同的英国议会和德国帝国议会等。历史学家从各自角度都不可能解释这个问题，因为这是一个欧洲现象，需要在欧洲范围内予以解释。在这项调查中，观察一下其他地区已经取得的成果，简言之，来一点历史比较，对于引导他们的注意力是有益的。另外一个问题是，在德国的历史学家中有人研究十二三世纪在神圣罗马帝国内建立起来的邦国（即小诸侯国），并把这种现象看作德国的特殊现象。实际上，法国这一时期也出现封建公国加强的现象。历史比较方法可以从中世纪后期和近代初期领主权演变的角度启发他们慎重从事。由于货币贬值和收入受到威胁，领主们的财政陷于危险的境地，各地的领主们都关心如何躲过这场灾难。他们在不同地方采用不同方法，如法国按收成比例以实物地租代替货币地租（分成制），英国和德国东部通过不同方法剥夺农奴的财产等。总的来看，这种努力是普遍现象，比较迫使我们看到产生多种多样结果的最初的势头是一种欧洲现象，一种只能以欧洲的原因加以解释的现象，避免片面性的地方解释。

  第四，历史比较方法有助于清除虚假的相似性，它们往往不过是同形异义，其中有些可能还会埋下隐患。人们多少次把13—15世纪英国的维兰制（villainage）和法国的农奴制（servage）相提并论。当然，乍一看是会很容易发现这两种制度之间的相似点的，两者都是被剥夺了自由的人。实际上，这不过是表面的相似，根据地点和时间的不同，不自由的概念在内容上有很大的变化。实际上，维兰制是英国特有的制度。正如维诺格拉多夫指出的，这种制度极具特点，是在它赖以产生的政治环境的发展过程中形成发展起来的。从12世纪后半期开始，英国国王就逐渐使全国承认了王室法庭的权力，在这方面他们比法国邻居做的早得多。不过这种早熟也付出了代价。当时社会组织的状况迫使王室法官们尊重某种界线，即他们必须永远不干涉领主和以维兰身份（包括生而自由者和生而为奴者出身的维兰）耕种领主土地的人之间的事情。于是，所有维兰都被排斥在王室司法权的管辖之外，与享有王室法庭保护的自由人区分开来。从此，生而自由者和生而为奴者出身的维兰成为一个统一的阶级，除了劳役外，还要承担属于奴役性质的各种捐税。法国的情况则完全不同。国王的司法权在法国取得的进展要晚得多，同时也慢得多。结果，没有产生任何把自由佃农（法国人称为维兰，意为村民）同塞尔夫（serf，生而为奴者，即农奴）同等对待的原因。在法国，维兰和塞尔夫直到最后都并行地存在下来。法国没有英国那样的自由人和不自由人的法律规定，只有拥有特权的贵族和非贵族的区分。

第五，比较还可以在历史上截然不同的社会中揭示出一种超越国家和民族界限的极为古老的关系。欧洲有三种田制。大片地区的农村土地是分块耕种的，呈狭长形，没有篱笆（敞田），英国、法国北部和中部、德国的几乎全部地区，还有波兰和俄国的大部分地区的土地都是这样。与此同时，法国南部的田地几乎呈方形；而法国西部和英国西部地区则是围起来的小块土地（圈地）。总之，欧洲的耕地分布图与政区的分布图和语言的分布图完全不同。耕地的分布可能早于政区分布和语言分布。仅就第一种田制而论，它们广为分布在彼此毫无联系的各个社会之中。如果我们只在英国、德国和法国进行观察，那么我们就永远也弄不清楚这些田地究竟具有何种意义。因此，历史比较给予我们的教育就是，它使我们意识到，打破那些陈旧的地形范畴的时候已经到了，我们不能硬要以此区分社会现实。这些范畴容纳不了我们硬要往里塞的内容。

小威廉·西威尔认为，布洛赫之所以采纳比较方法，主要取决于他的这样一个信念，即历史除非能在确立现象之间的关系的解释方面取得成功，否则就无法理解。在这方面，比较方法实质上是一个处理解释性问题的工具。在他看来，布洛赫比较研究主要有三个用途，一是比较方法可以应用于验证解释性假说，二是它还可以用来发现不同社会的独特性，三是为历史研究系统地提出问题。比较方法的这三种用途，尽管目的不一，但应用的却是同一个逻辑，即假说验证的逻辑。①

后世学者对比较史学用途的看法与布洛赫大同小异。美国历史社会学家巴林顿·摩尔总结了比较史学的三种用途，第一，"在致

---

① ［美］小威廉·西威尔：《马克·布洛克与历史比较的逻辑》，朱彩霞译，载项观奇编《历史比较研究法》，山东教育出版社1986年版，第147页。

力于国别史的探讨时,比较研究会有助于人们提出很有价值的,有时甚至是意义全新的问题"。第二,"更重要的是,比较考察可为公认的历史解释提供初步的否证"。最后,"比较研究还可以引出新的历史概括"①。1980 年,美国学者格鲁在《美国历史评论》杂志发表的《比较史学的论证》中认为,比较史学是不可避免的。现在的问题不在于历史学家是否应该做出对比,而是当他们进行对比时,历史研究是否受益。在他看来,历史比较被认真地加以运用时,就可以在四个阶段上有助于历史学家的工作:提出问题阶段;鉴定历史问题阶段;制定适当的研究规划阶段;做出和验证重要结论阶段。② 1982年,美国学者彼得·科尔钦在《美国历史评论》发表的《美国比较史学》中提出,比较史学有三种广泛联系的目的或功能。首先和最重要的是,比较史学能产生一种选择意识,显示一些值得注意的发展运动,这些运动如果不运用比较的眼光去考察也许就发现不了。例如只有对比大多数其他新大陆国家奴隶人口数量的稳定,美国奴隶人数迅速增长(自 1808 年禁止奴隶贸易后的半个世纪中增长了约三倍)才值得注意。二是提出假设,在此过程中学者们试图解释历史的差异性和独特性,估量并最终把那些造成特殊条件的可变因素分离出来。这里,历史比较以历史"实验"的原始形式起作用,允许研究者检验各种各样的社会的、经济的、人口统计的、政治的以及理性的因素相互作用。三是检验假设,历史学家试图认识共同的模式,进行历史的概括,只有通过比较才能做出这种概括。③

德国社会史学家于尔根·科卡在 1999 年发表的《论历史比较研究》中也概括过比较方法的用途。第一,从启迪学的角度看,比较研究能够使我们看到不比较就看不到的或很难看到的问题,布洛赫对英

---

① [美] B. 摩尔:《民主与专制的社会起源》,拓夫等译,华夏出版社 1987 年版,《前言》,第 3 页。

② [美] 雷蒙德·格鲁:《比较史学的论证》,张云秋译,载项观奇编《历史比较研究法》,山东教育出版社 1986 年版,第 292 页。

③ [美] 彼得·科尔钦:《美国比较史学》,朱彩霞译,载项观奇编《历史比较研究法》,山东教育出版社 1986 年版,第 258 页。

下篇 西方比较史学的理论方法

法圈地运动的比较表明,英吉利海峡两岸农业社会问题应该相似,因此需要同类的、尽管不是完全相同的解决办法,应该会有可比较的、回顾起来可以观察到的发展,即资本主义农业的形成。第二,从叙述方面看,历史比较特别适用于突出单个的、常常是独一无二的和特别有意思的例子,即发现某个历史比较对象的独特性。例如只有在将德国工人运动与英国、法国和意大利等其他国家的工人运动比较时,我们才能明显地认识到,德国工人运动相当早就以独立力量登上了政治舞台。第三,从分析方面看,比较研究能在解释历史问题方面起到不可替代的作用。一方面,它有助于认识空间与时间上的具体因果关系,我们可以通过19世纪与20世纪不同社会的社会抗议运动的比较来测定某些国家暴力手段对社会抗议的影响。另一方面,我们可以用比较研究来对以讹传讹的解释做出检验。布洛赫为我们在破除此类地方史的假设解释方面提供了例子,即如果我们发现中世纪与早期现代封建领主权在欧洲绝大部分地区几乎同时得到加强(当然各地的形式不同),那么我们就不会轻信地方史与区域史学家提供的特殊的地方性的解释。此外,仔细的比较也能用来驳倒普遍化的假解释,例如资本主义危机不会处处导致法西斯运动的得势,而只是在某种条件下才有可能,而这些条件只在一部分工业社会中才有。第四,从模式方面看,比较研究常能使我们对事物刮目相看。鉴于其他比较选择道路的存在,我们自己的发展道路就显得不那么理所当然了。各国历史科学仍存在过于重视本国或本区域历史的倾向。有了比较的压力,这一倾向就难以维持。狭隘性会被逐渐消除,[①] 避免误把土丘看成高山,将小溪视为大海。

三 历史比较的类型与局限性

从研究内容上说,20世纪以来比较史学已经存在过许多类型。

---

① [德]于尔根·科卡:《社会史:理论与实践》,景德祥译,上海人民出版社2006年版,第51—52页。

第十章 比较史学的本体论

1978年,英国史学家巴勒克拉夫在《当代史学主要趋势》中提出,历史学家是从不同角度去探讨比较史学的,截至20世纪70年代产生了许多类型。一是斯宾格勒和汤因比将比较史学建立在寻求文明统一性的基础上,他们使用这种方法寻找或追溯文明兴衰的周期和典型阶段。对他们使用的方法尤其是生物类比法产生的怀疑很可能就是促成这种方法失宠的原因。二是把比较史学当作一种手段,确定某些事件之间的统一性。斯宾格勒和汤因比建立各文明统一性的目标过于宏大,但这种方法可以运用于范围比较有限的一些问题上,即重大事件或过程的比较。克兰·布林顿在《革命剖析》(1957年修订版)中比较了英国革命、美国革命、法国革命和俄国革命,力图确立革命必须经历的几个规范化的阶段。① 另一个例子是罗斯托在《经济增长的阶段——非共产党宣言》中通过比较方法来建立经济增长问题以及前工业社会向工业社会过渡的"起飞"的前提条件。上述探讨历史事件统一性的历史比较也受到指责。这些反对观点所提出的最根本问题是,这类比较史学的方法是否充分考虑到了各个有关社会之间的差别,例如1640年的英国与1789年的法国之间,或1789年的法国与1917年的俄国之间在基本结构方面的差别。反对罗斯托著作的观点则认为,英国或美国经济增长或起飞的各个阶段的模式,不能适用于印度等社会结构完全不同的国家。三是历史学家抛弃了这类有时亦称为"过程比较方法"的比较史学,转向采用基础更为广泛的"结构比较方法"。以布林顿的《革命剖析》与帕尔默和戈德肖特的《民主革命的时代:1760—1800年欧洲和美国的政治史》和《法国和十八世纪的大西洋革命》② 为例可以看出这两种方法的差别:布林顿最关心建立事件发生的周期性次序,而帕尔默和戈德肖特却试图考察那些决定18世纪最后40年内荷兰、瑞士、法国和英属北美殖民地的西方

---

① C. Brinton, *The Anatomy of Revolution*, Revised Edition, New York: Vintage, 1965.

② R. R. Palmer, *The Age of the Democratic Revolution: a Political History of Europe and America, 1760-1800*, Princeton, N. J.: Princeton University Press, 1959-1964; J. Godechot, *France and the Atlantic Revolution of the Eighteenth Century*, New York: Free Press, 1965.

下篇　西方比较史学的理论方法

革命运动的共同因素，以寻找超越国界的统一模式、思想运动和社会变化。① 诚然，这些结构和共同因素是如何形成的，这种结构比较方法似乎也没有给出令人信服的解释。

　　美国学者格鲁也做出了类似的归纳，将历史比较划分为四种主要类型。第一种是"指各文明体系的比较，即以斯宾格勒、索罗金和汤因比的方式进行规模宏大的比较"。尽管它们至今仍对许多人有鼓励和刺激作用，但与历史结构的研究和大多数讲究实际的历史学家所做的真正工作没有密切的联系，后者中极少有人同意历史科学研究中的最重要的任务将是对整个文明体系的发展进行研究。第二种是对文明的某些中心题目进行比较研究，历史学家对此感到得心应手。这种比较研究的任务仅仅是以更大的规模探讨熟悉的事件，例如比较宗教或国家与社会的关系等，它们也是历史文献的主题。第三种已经被充分认识的比较方式不是研究整个文明体系，也不是研究它们的主要方面，而是研究历史过程。它们涉及的范围非常广泛，从生产方式的比较研究到一个单独的行业实现工业化的速度和程度，从革命这一题目的比较研究到现代教育制度的普及的比较研究。这种历史比较尤其与经济学、社会学或人类学的某些学派有着密切的联系。近年来许多常被引用的历史比较著作属于此类，但其中大部分不是由历史学家所著。第四种是将结构作为比较的单位。人类学和社会学的结构功能理论有助于阐明这个问题，并且特别被研究政党和经济发展的历史学家有效地运用着。②

　　比较史学作为史学流派是由于研究方法而非研究领域。事实上，所有研究方法都有自己的优点和不足，被布洛赫称为"一种最有效的魔杖"的比较方法也不例外。在《比较史学之方法——论欧洲社会的历史比较》中，布洛赫警告说，比较方法不是万能的，科学上没有万

---

　　① ［英］杰弗里·巴勒克拉夫：《当代史学主要趋势》，杨豫译，上海译文出版社1987年版，第273—277页。
　　② ［美］雷蒙德·格鲁：《比较史学的论证》，张云秋译，载项观奇编《历史比较研究法》，山东教育出版社1986年版，第286—288页。

能法宝，因此他在这里不是以某种新的灵丹妙药的发现者身份来讲话的。尽管如此，他并未系统地解释过比较史学的局限性。① 实际上，比较方法不但不是万能的，还须恰当使用，避免滥用，否则就会影响比较史学的声誉。那么，什么是比较史学的局限性呢？

英国史学家巴勒克拉夫认为在使用比较方法时至少应注意以下几点。第一，比较方法不能验证理论观点。正如 M. M. 波斯坦所强调的，比较史学的目的不是要验证理论观点，例如经济理论的某些观点是否正确。理由很简单，以这些方式得到的大多数结论是无法用事实来验证的。第二，不要把类比当作比较史学。正如布洛赫所说，在人文科学方面人们也几乎总是借比较方法一词把两种差异极大的研究活动混合起来。这就是普通的比较和严格意义上的比较。我们必须对松散的类比有所认识。不过，这种松散的类比实际上仍然是历史学家最常用的共同方法。它贯穿在汤因比的整个著作中，但缺乏科学和启迪的价值，在严肃的比较史学中没有地位。第三，比较要有可比性。所有比较方法都必须遵循一条最基本的原则，即只有在可比较事情之间才有可能进行真正有意义的比较。最后，个别化和概念化必定是相辅相成，共同存在的。但只有对个别性充分加以考虑后，我们才有把握研究共同性。②

美国学者小威廉·西威尔也讨论过比较方法的局限性。第一，比较方法是否有用，不是历史研究领域决定的，而是以被说明问题的类型为根据。布洛赫的《比较史学之方法——论欧洲社会的历史比较》所举实例来自社会经济史，而他的《国王神迹》和《封建社会》则属于心态史和政治史。由此，比较方法的真正局限性在于它仅能用于一定类型的问题，即仅仅在我们试图解释多少带有普遍性的现象时，比较方法才是行之有效的。换言之，比较通常不适用于特殊性问题。

---

① [法] 马克·布洛克：《比较史学之方法——论欧洲社会的历史比较》，齐建华译，载项观奇编《历史比较研究法》，山东教育出版社 1986 年版，第 103 页。

② [英] 杰弗里·巴勒克拉夫：《当代史学主要趋势》，杨豫译，上海译文出版社 1987 年版，第 272—273 页。

下篇　西方比较史学的理论方法

第二，比较方法仅能在解释过程中的一个阶段里为我们提供帮助。比较方法是一种方法，是一套在搜集和使用证据、检验解释性假说中应用的规则，它并不能为我们提供可验证的解释，后者是历史想象的任务。历史想象力要求掌握各种范例，制定出构成历史事件联系性基础的逻辑。在某种情形下，比较方法可以补充历史想象力，但绝不是历史想象力的代用品，它是必须受到历史想象力制约的有用工具。第三，如果认为比较方法和比较观点可以为所有历史学家提供有价值的帮助，那将是一个严重的错误，因为它不能为主题较狭窄的历史学家提供任何东西。①

在2002年3月2日提交给海牙第四次欧洲社会史大会"比较解释问题"讨论组的论文《比较与超越比较》中，德国史学家于尔根·科卡也注意到，尽管比较史学具有显而易见的用途，但为什么长期以来此类研究却不多见，即使现在仍继续停留在原地不动呢？原因是多方面的，其中包括了比较方法和传统历史研究方法不相容的三个特点：一是比较研究忽视原始材料和相关语言。比较研究包含的案例越多，就越依赖二手资料，越难接触原始材料或用原始资料使用的语言阅读资料。而早在18世纪晚期现代历史研究兴起之时，人们就认识到最广泛地接触原始材料和学习相关语言是基本要求。二是比较研究与传统历史研究方法格格不入。比较方法预设备比较项彼此独立，它们不能是彼此的延续也没有相互影响，这样才可以进行比较。它们是被看作独立的个案，放在一起来寻找相似或不同之处。如此，比较打断了历史的延续性，割裂了相互影响，阻碍了叙事的流畅性。然而，重建延续性，强调相关性以及叙事完整性是历史科学的传统要素。三是整体是不能拿来比较的。人们只能从几个角度进行比较。历史学家必须确定从哪个角度、哪些问题或认知兴趣比较两个或多个案例。在研究中要比较的案例越多，对要比较的观点、疑问和问题的选

---

① ［美］小威廉·西威尔：《马克·布洛克与历史比较的逻辑》，朱彩霞译，载项观奇编《历史比较研究法》，山东教育出版社1986年版，第156—160页。

择就越显重要。换言之，比较意味着选择、提取和一定程度上脱离前后联系，这样在比较方法和历史研究之间又存在矛盾。①

应该说，上述看法在一定程度上揭示了比较方法的局限性，但有些失之于绝对化。例如比较方法不能检验理论假说。实际上，比较方法可以检验封建主义和绝对主义的理论学说。英国新马克思主义史学代表人物佩里·安德森在1974年出版的《从古代到封建主义的过渡》和《绝对主义国家的系谱》两部著作中，将封建主义和绝对主义基本视为一种西欧现象，认为东欧的封建主义和绝对主义与西欧存在较大差异，这主要是由于两个地区从古代向封建和从封建向资本主义过渡的历史条件存在较大差异所致。安德森的上述研究将封建主义和绝对君主制主要视为一种西欧现象（但各国仍存在发展类型和程度的差异），东欧的封建主义和绝对君主制与西欧形同而实异，前者的绝对君主制实为东方式的君主专制，这种差异性至今仍影响着东欧。此外，比较史学并不排斥使用第一手资料，布洛赫的《国王神迹》主要基于原始资料写成，像布洛赫在该书导言中所罗列的，包括账簿、公文资料、叙事文学、政治和神话作品、医学论文、礼拜文、人物雕像碑等等。② 至于比较史学不能做到整体比较，并不是其独有问题。几乎所有历史都无法整体研究，除史料不允许外，也无此必要。因此，所有历史研究都是史学家选择的结果，因而只能是整体历史的一小部分。

---

① [德] 于尔根·科卡《社会史：理论与实践》，景德祥译，上海人民出版社2006年版，第69页。

② [法] 马克·布洛赫：《国王神迹：英法王权所谓超自然性研究》，张绪山译，商务印书馆2018年版，《导言》，第7页。

第十一章

比较史学的认识论

一 历史比较的目的

　　社会科学和历史学研究都程度不同地使用比较方法，那么，从比较史学的认识论角度说，社会科学家和史学家出于什么目的使用比较方法，布洛赫和其后一段时间的很多致力于比较史学理论方法研究的学者对此没有进行过讨论。1980年，萨达·斯哥克波尔和玛格丽特·萨默斯在《社会与历史比较研究》杂志发表《历史比较在宏观社会研究中的运用》，探讨了社会科学家使用比较方法的几种目的。[①]两位作者提出的问题是，社会科学家使用比较方法不同于单一的研究历史过程的方法的动机是什么？以及通过历史比较的特殊方式要达到什么目的和怎样达到这些目的？他们认为，在比较史学中至少存在三种明显不同的应用于历史比较的推理，分别包括作为"宏观因果分析的历史比较"，"作为理论的平行论证的历史比较"，以及"作为事物源流对比的历史比较"，每一种都给予历史事件的错综对比以明显的目的性。

　　在使用作为宏观因果分析的历史比较中，学者们是要做出关于宏观意义的结构和进程的因果推论。代表作有巴林顿·摩尔的《民主与

---

① [美]萨达·斯哥克波尔、玛格丽特·萨默斯：《历史比较在宏观社会研究中的运用》，周启朋译，载项观奇编《历史比较研究法》，山东教育出版社1986年版，第161、194页。

专制的社会起源》,罗伯特·布伦纳的《前工业时期欧洲的农村阶级结构与经济发展》等。进行理论平行论证历史比较的学者的目的是想说服读者,一种特定的和明确叙述了的假说或理论,当它应用于一系列有关的历史过程时,可以反复多次地表现出它的富有成效性。代表作有S.N.艾森斯塔德的《帝国的政治体系:历史上的官僚主义社会的兴衰》①,以及杰弗里·佩奇的《土地革命:不发达世界的社会运动与出口农业》等。运用作为事物源流对比的历史比较的学者们主要是为了显示出其所探讨的具体事例的特点,并表明这些特点如何影响社会进程的发展。代表作有瑞哈德·本迪克斯的《国家建设与公民身份》,将西欧的政治现代化与俄国、日本和印度进行对照。他的另一部著作《君主还是人民:权力和统治权的授予》深入探讨了英国、法国、德国和普鲁士、俄国、日本的政治变革,表明以人民为名义的政权同君主政权一样是多种多样的。②

20世纪90年代,有些德国学者也相继论述了这个问题。德国历史学家哈特穆特·凯博对该问题的研究最为详细。③ 他认为,历史比较所依据的意图并非都是同样的。人们可以根据不同动机把比较划分为四类,即分析性、解释性、理解性和认同性。

第一,分析性比较。历史比较的第一个动机是对历史原因的历史分析,以及历史类型学的建构。分析性比较主要是试图通过从历史环境和历史条件中去解释或对一定的社会结构、体制、心态、事件和决策进行模式归纳。19世纪和20世纪的历史巨变和转型,如工业化、劳动和企业转变、人口变迁、家庭构建、两性关系变迁、教育扩展、

---

① [以]艾森斯塔德:《帝国的政治体系》,阎步克译,贵州人民出版社1992年版。Jeffery M. Paige, *Agrarian Revolution: Social Movements and Export Agriculture in the Underdevelopment World*, New York: Free Press, 1975.

② Reinhard Bendix, *Nation – Building and Citizenship*, New Enlarged edition, Berkeley and Los Angeles: University of California Press, 1977; *Kings or People: Power and the Mandate to Rule*, Berkeley and Los Angeles: University of California Press, 1978.

③ 见[德]哈特穆特·凯博《历史比较研究导论》,赵进中译,北京大学出版社2009年版,第四章。

下篇　西方比较史学的理论方法

职业化、城市化、价值观转变、消费社会和大众媒介的普及、社会运动、民族形成及演变等都属于分析性比较的对象。分析性比较具有四个优点，一是它能够较好地和准确地把握历史原因。二是令人信服的各种历史模型的建构没有历史比较的概览是不能成立的。三是分析性比较比其他任何方法都能更好地揭示历史变迁进程的多样性和矛盾性。四是有助于史学家对他所研究的课题在所比较的国家中的研究状况有一个基本的了解。

　　第二，解释性比较，又称启蒙性、评判性和裁决性比较。这种比较主要涉及的是社会发展的积极和消极的方面，即首先是为更好地解释与其他社会成功发展相比另一个社会的发展失误。历史比较的这一目的并不是没有争议的，因为历史学家在此扮演了法官的角色，而缺乏充分衡量便不能对一个社会的积极和消极方面予以评判。尽管如此，这种比较的动机仍占有重要位置。只要历史学家坚持科学方法，其判断是基于历史真实证据，并准备随时进行修正和接受检验，这类评判就是可行的。出于这种动机的历史比较有许多课题，如德意志特殊道路，19世纪后期法国经济的落后，1914年前意大利国家管理的软弱，以及19世纪中期以来英国经济的衰落等。除了考察发展的失误外，出于解释性比较动机的历史学家还对自己国家或文明的先导作用或成功发展进行国际性比较。例如斯堪的纳维亚国家持续的非暴力民主化进程与其他欧洲国家的比较，较早实行国家社会保障制度的德国同其他欧洲国家的比较，或最早开始工业革命的英国与欧洲大陆的比较。解释性比较有几个长处，一是在对历史发展失误的评价中较为稳妥可信。二是它可以就历史学家对历史发展失误的错误判断加以排除和净化。三是在寻找积极发展和消极发展的多重原因时，这类比较仍具奇效。

　　第三，理解性比较。这种历史比较的意图是更好地理解其他不同社会的独特性、特有的制度、心态和结构中的逻辑性，目的是更好地理解另外的社会，更好地接近它们。有关这一意图的比较研究成果无法准确地提出名单，它或隐或现地存在于一系列比较研究的后面，尽管这种研究至今仍不普遍，但将会越来越重要。理解性比较不同于浪漫主义提出的理解，后者认为每个社会都遵循自身的和特有的内在逻辑，只有通过其自身才能理解，因而这种理解的途径不能引向明确的比较考察。相反，理解性比较认为，所比较的社会之间存在着不同程度的基本共性，由此出发，理解性比较筛选出另一个社会的特殊性，并根据对特殊性的解释来促进对独特性的理解。在此意义上，这种历史比较对理解其他社会有着不可忽视的几个优点，一是同其他比较意图近似，都是精确地分出各种共同性和差异性。二是它可以使产生差异性的历史条件清晰化，社会和文化的差异性通常会很快被作为一个国家长期延续的特点来看待。三是这种历史比较也在相对应的语言、概念、画面及深层观念方面开拓了对另一社会理解的领域。四是在于它强调同各个比较社会之间的多种历史关系的研究。

第四，认同性比较。历史学家通常需要发现历史的认同性或者对其进行重建，写出一个国家、地区、地方、组织职业的这类历史，使读者在这种历史中重新发现自我、找到自我以及发展这种认同的条件。认同史比较研究的例子包括文明之间的比较，西方世界、伊斯兰教世界、中国和印度文明之间的比较，正如马克斯·韦伯的历史比较在19世纪和20世纪初使欧洲人和西方获得发现自我和理解自我的一个重要途径。在新的一些关于欧洲家庭模式（指中世纪晚期西北欧国家实行的青少年担任仆人、晚婚、核心家庭、财产转移、退休制度和协议养老等创新）的历史比较中，对欧洲社会的认同性和讨论起了重要作用。历史比较对于认同史具有几重好处。一是它比其他方法能够更好地令史学家从地理位置的优劣上解释国家认同。二是有助于揭示人们具有的区域、国家、城市和地方等多重的身份认同。三是展示各国和各大洲史学家的认同史成果。

另一位德国历史学家于尔根·科卡在《论历史比较研究》中也涉及这个问题。[①] 他认为，历史比较可以镶嵌于各种不同的理论结构之

---

① 参见 [德] 于尔根·科卡《社会史：理论与实践》，景德祥译，上海人民出版社2006年版，第55—58页。

中，为各种不同的目的服务，常见的有以下几种：第一，出于对自我特征的兴趣的比较。历史学家试图通过对另一个国家、社会、乡村的观察，以求得到对自身历史更进一步的认识。此类比较法属于非对称性对比，主要目的是为了自我认识。例如马克斯·韦伯本来主要对西方文明的发展道路感兴趣。为了理解为什么西方能有资本主义经济、独立的市民城市、官僚制的领土国家、世俗化的文化、现代科学以及其他理性的生存条件，韦伯对亚洲的高级文化进行了比较性观察，钻研为什么那里没有出现类似的发展。他从西方的角度出发，使用了西方的范例提炼出来的问题与概念对非西方文化进行比较研究，当然也想了解它们，但更是为了间接地、更好地理解西方的发展道路。类似的比较还有德国独特道路的论点。这一论点出于19世纪与20世纪德国的发展情况与另外一个或几个西方国家同类的发展过程进行比较。这些比较大都是对德国史进行批判性解释的组成部分，揭露德国历史的缺陷，如议会制推行过晚、自由主义软弱、专制国家的巨大影响、抵抗法西斯主义力量弱小等。

第二，类型学的比较。这种比较必须至少对三个比较对象进行相对均等的研究。类型学比较一部分来自比较政治学和历史社会学，如对19世纪西欧、中欧和东欧民族国家形成道路的类型学比较，19世纪与20世纪西欧的政治现代化与俄国、日本和印度的比较。其他如现代化的比较，不同政治制度之间的过渡，特别是从极权专制或威权性国家向现代议会民主制度的过渡，以及各个机构（如军队）、社会阶级（如资产阶级）或各种思想意识在此进程中的作用与意义。对于历史学来说，上述比较容易低估历史发展的多样性、灵活性或未完成性，因而某些类型化的研究倾向于某些过程或结构，如英国的工业化、盎格鲁撒克逊的民主制度或通过革命形式形成的法国民族国家，假定为具有普遍意义的过程或结构。用这些国家的例子作为标准衡量其他国家与地区，将后者看成充满缺陷、偏差或者迟到的。还有就是针对那种认为机构、经济制度、社会甚至文化都遵循普遍发展模式，因而是大同小异的观点，类型学方法可以树立现实通常是多样性的出发点。此外，类型学方法还可以使用"功能等同物"思想，其假定（作为有待检验的猜测），为解决同一问题的各种不同办法能达到同样的效果。例如法国和德国社会福利国家的形成在速度上和程度上不同，德国是借助社会福利国家来达到的，法国则是通过一个开放的优秀的教育制度实现了这一目标。

第三，综合分析性的历史比较。它对一个在时间和空间上具体的研究对象做全面性、历史性和系统性的关联分析。它要求史实可靠和理论充实，并以比较为核心。相关研究包括1962年格申克龙在《经济落后的历史透视》①一书中对欧洲各国工业化过程的比较，列举了各国工业化的根本相似处以及显而易见的不同处。他还把这一比较案例视为一个欧洲工业化总体系的组成部分，既研究各国在总体系里的不同地位（相对落后性）以及时间上的不同，又从它们的相互影响，即它们的关系史方面来解释它们的不同点。巴林顿·摩尔在《民主与专制的社会起源》中从民主和专制产生的角度出发，对英、法、美、德、日、中、俄和印度进入现代化的不同道路进行了研究。这一研究提供了一个以比较为主，对复杂关系进行详细而全面研究的范例。

二 相似和相异

相似和相异既是人类历史本身固有的特征，也是历史比较研究的对象。因此，相似和相异对历史本身和历史比较研究来说都是不可或缺的。

从人类历史本身来说，相似和相异，或者称之为普遍性或特殊性、统一性或多样性、共同性或差异性，在人类历史发展中并行存在。以传统农业为例，从相似来说，相对于现代农业而言，人类各文明中传统农业都是落后的，技术原始，单位产量和劳动生产率较低，限制了城市和其他非农产业的持续扩大，以及人们生活水平的不断改

---

① ［美］亚历山大·格申克龙：《经济落后的历史透视》，张凤林译，商务印书馆2012年版。

善,其唯一出路是接受现代农业的改造。从相异来说,中古时期各文明特别是欧亚大陆的传统农业又各有特点,中国和英国、西欧等在农牧业生产结构、劳动生产率、城市化水平和生活水平乃至政治、法律与社会等方面存在诸多不同,从而影响了各自农村乃至整个社会走向现代化的进程。那么,同为传统农业,为何结果相差如此悬殊,这是比较史学所要面对的问题。应该说,人类历史本身存在的相似或相异显而易见,是无法抹杀的,甚至存在到今天,构成历史比较中探讨相似和相异问题的客观对象。

再从历史比较研究说,自古以来研究者从各种层面探寻人类各文明的相似和相异。首先,研究者通常从现象层面比较各民族的相似或相异,例如希罗多德《历史》的前半部分记述了波斯帝国的扩张,以及小亚细亚、埃及、利比亚、西徐亚(黑海北岸古国)等东方各国的风俗习惯,指出了埃及人和其他民族存在的许多差异。具体而言,不仅那里的气候与世界其他地方不同,河流的涨落与其他任何河流不同,而且居民的大部分风俗习惯也同其他人的风俗习惯相反。[①]对各民族之间存在的相似或相异现象的比较还有很多,其中不乏较为深刻的发现。15世纪英国大法官福蒂斯丘于玫瑰战争期间在法国避难多年,亲身感受到英国和法国的君主制政体类型存在明显不同。他认为,历史上有两种不同类型的政体,一种称为"王室的统治",另一种称为"政治且王室的统治"。二者的区别是,在"王室的统治"下,国王可以凭借他自己制定的法律来统治他的人民,只要他愿意,他可以向他们横征暴敛,而无需他们的同意。在"政治且王室的统治"下,国王只能凭借人民同意的法律来统治他们,没有他们的同意,他就不能向他们征缴赋税。[②] 由于国王不能擅自立法和征税,英国农民遭受的剥削明显少于法国,因而生活水平较高。福蒂斯丘有关

---

① [古希腊]希罗多德:《历史》上册,王以铸译,商务印书馆2007年版,第125页。
② [英]约翰·福蒂斯丘:《论英格兰的法律与政制》,袁瑜琤译,北京大学出版社2008年版,第117页。

第十一章 比较史学的认识论

中世纪晚期英法君主制政体类型的比较属于对客观现象的描述和分类，让人们看到英法君主制政体同中有异，并为解释中世纪晚期至早期现代英法现代化进程的差异，特别是英国后来居上的原因提供了重要视角。

其次，研究者常常还会更进一步，从原因角度比较各文明的相似或相异。例如希罗多德在《历史》的后半部分叙述了希波战争的经过，特别是比较了雅典由弱变强及率领希腊各城邦战胜强大的波斯帝国的制度性原因。在希波战争之前，雅典曾经实行僭主制度，其结果是贫困和暴政。建立民主制后，雅典的实力强大起来。权利的平等，不是在一个例子，而是在许多例子上证明是一件绝好的事情。当在僭主统治下的时候，雅典人在战争中并不比任何邻人高明，可是一旦他们摆脱了僭主的桎梏，他们就远远地超越了他们的邻人。因而这一点便表明，当他们受压迫时，好像是为主人工作的人们一样，他们宁肯做个怯懦鬼，但是当他们被解放时，每一个人都尽心竭力地为自己做事情。① 通过上述比较，希罗多德实际上揭示了希波战争胜负的原因，即相对弱小的希腊之所以能够战胜强大的波斯，其中制度起了决定作用。实行僭主制的雅典绝无可能带领希腊打败波斯，而以雅典为代表的希腊民主制却能以弱克强，最终战胜了波斯帝国的专制制度。此外，修昔底德在《伯罗奔尼撒战争史》中将雅典失败的原因归之于国内政党的倾轧、奴隶的逃亡，以及盟邦的离叛等。② 其中对盟邦离叛原因的分析采用了历史比较研究。修昔底德将双方对待同盟者的政策进行了对比：斯巴达没有要求同盟国缴纳贡款，但是注意使这些国家都是由那些为着斯巴达的利益而工作的贵族寡头所统治着；而雅典则逐渐夺取同盟国的海军，要求它的同盟国缴纳贡款，从而削弱了同盟的团结。③ 在此，通过双方对同盟国政策的对比，修昔底德从一个

---

① [古希腊] 希罗多德：《历史》下册，王以铸译，商务印书馆2007年版，第379页。
② 郭圣铭：《西方史学史概要》，上海人民出版社1983年版，第27页。
③ [古希腊] 修昔底德：《伯罗奔尼撒战争史》上册，谢德风译，商务印书馆1985年，第16页。

·253·

下篇 西方比较史学的理论方法

特定角度说明了雅典失败和斯巴达获胜的原因。

第三，有的研究者从历史发展模式上比较各文明的相似或相异。大体说，自古以来主张各文明遵循普遍发展模式的历史比较长期占据主导地位，其中古代大多主张历史倒退论。公元前8世纪古希腊诗人赫西俄德在《工作与时日》中首创悲观主义的历史倒退论，主张人类历史今不如昔，从黄金种族、白银种族、青铜种族、英雄种族到黑铁种族，然后再周而复始。因此，"人类将陷入深重的悲哀之中，面对罪恶而无处求助"①。基督教相信人类历史进步论，罗马帝国末期的神学家和拉丁教父圣奥古斯丁在《上帝之城》中最早系统提出基督教神学的历史进步论，主张人类通过救赎最终从暂时的尘世之城过渡到永恒的上帝之城。对此，克罗齐评论说，这种基督教的神学历史进步论"第一次真正打破了循环的观念，打破了人类事务永远重返起点的观点……在这里，历史破天荒第一次被理解为进步：对于这种进步，古人除了偶尔瞥见之外，他们没有能发现，因而陷入了令人不安的悲观主义。"② 基督教倡导人类的普遍史，由此进步论便具有了世界意义。

基督教的神本史观长期统治着中世纪史学，直到文艺复兴时期人文主义才重新成为历史学的主题。18世纪以来，随着各文明交往日益增加和自然科学方法的影响，主张人类各文明遵循类似自然现象那样的普遍发展模式的历史比较蔚然成风，世俗的历史进步论成为时代的主流。康德认为，人类行为正如自然事件一样，总是为普遍的自然律所决定的。历史学是从事于叙述这些表现的；不管它们的原因可能是多么隐蔽，但历史学却能使人希望：当它考察人类意志自由的作用的整体时，它可以揭示出它们有一种合乎规律的进程。③ 自诩世界公民的英法启蒙思想家通常主张，人类各文明遵循共同规律向前发展，

---

① ［古希腊］赫西俄德：《工作与时日》，张竹明、蒋平译，商务印书馆1991年版，第7页。
② ［意］贝奈戴托·克罗齐：《历史学的理论和实际》，傅任敢译，商务印书馆1997年版，第162页。
③ ［德］康德：《历史理性批判文集》，何兆武译，商务印书馆1990年版，第1页。

伏尔泰划分的希腊化时代、古罗马、文艺复兴和路易十四时期这四个伟大时代，亚当·斯密将看不见的手即市场经济，作为国家富强的不二法门，以及马尔萨斯揭示的农业社会中生产增长永远落后于人口增长的规律等，无不表明启蒙主义者对历史进步和人类历史发展普遍规律的坚定信念。

从19世纪以来，在浪漫主义、历史主义[①]和生物进化论的影响下，人类各文明演进中的不同发展道路的历史比较异军突起。如黑格尔认为，世界历史的本质是"精神"，精神的本质则是"自由"。世界历史无非是"自由"意识的进展，这一种进展是我们必须在它的必然性中加以认识的。然而，自由这一世界精神的本质在各民族历史中的发展程度极不相同。东方[②]所有人都没有自由，古希腊、古罗马只有部分人是自由的，日耳曼人则将自由从部分人扩大到所有人。[③]

马克思也认为，人类各文明的公社所有制形式决定了其走上不同的发展道路。例如在欧亚大陆的亚细亚、古希腊罗马、日耳曼和斯拉夫的农村公社土地所有制形式中，只有在日耳曼公社土地所有制基础上建立起封建社会和资本主义社会。马克思并不认为他所论述的有关西欧封建社会形态及其向资本主义的转变适用于其他地区，即使是实行斯拉夫所有制的东欧地区也不例外。1877年11月在《给〈祖国纪事〉杂志编辑部的信》中，马克思坚决反对俄国民粹主义者尼·康·米海洛夫斯基把他有关西欧由封建向资本主义的历史演进模式套用于沙皇俄国，断然否认各民族"都注定要走这条道路"[④]。

西方文明是独特的，不同于其他文明，这是韦伯进行各文明比较的出发点。因为，在他看来，古代资本主义存在于人类各文明，只有西欧从古代资本主义中发展出近代资本主义。为此，他探讨了为什么西欧而

---

① 关于历史主义的定义和影响，参见［美］格奥尔格·伊格尔斯：《德国的历史观》，彭刚、顾航译，译林出版社2006年版，《导论》。
② 黑格尔所谓的东方指亚细亚，包括中国、印度和波斯等。
③ ［德］黑格尔：《历史哲学》，王造时译，上海书店出版社1999年版，第18—19页。
④ 《马克思恩格斯全集》第25卷，人民出版社2001年版，第45页。

非其他地区发展出近代资本主义的原因。他认为,西欧近代资本主义是一种理性化的资本主义,新教对待工作的天职观和对待财富的禁欲主义成为资本主义精神成长的土壤。如他所说,"本文所谓的'资本主义精神'的概念,就是在此种特殊意涵下指称的。当然,指的是近代的资本主义。因为,此处所谈的仅止于此种西欧—美国的资本主义,这自然是由于提问的方式使然。在中国、印度、巴比伦,在古代与中世纪,都曾有过'资本主义'。然而,如我们将看到的,它们全都欠缺那种独特的风格"①。之所以如此,是因为犹太教、佛教、儒教和道教等都不具备这样的宗教伦理,因而那里的古代资本主义未能升华为近代理性化的资本主义,从而阻止了这些地区近代资本主义的产生。

在黑格尔、马克思和韦伯等人类普遍规律主导下各文明演进的多种道路的历史比较下,启蒙运动等所主张的各文明遵循类似自然现象那样的普遍发展模式的历史比较出现危机。如1958年美国《社会和历史比较研究》杂志主编斯拉普认为:"众所周知,在(19和20)世纪之交之前,对这些希望的质疑的反应已经出现。这部分原因是许多作者在处理比较时对证据表现出无忧无虑的态度。他们通常仅仅寻找不同民族、不同时代的制度和文化的相似性,忽略了相关的不同之处,即使是最肤浅的批评者也能证明这一点。事实上,他们所掌握的知识体系不足以验证任何雄心勃勃的概括。民族学依赖旅行者的故事,比较宗教学依靠少量的神圣文本,历史学除了古典世界和欧洲国家的政治演进,以及欧洲各国经济政策的性质之外,几乎没有确定的东西,人们对蚯蚓和其他无脊椎动物的了解远远超过对人类社会生活的了解。随着研究的扩展,有效的概括必然只能缓慢和实验性地推进。"② 有鉴于此,20世纪下半叶以来研究者大多比较普遍规律下各文明的不同发展道路,寻求文明的共同性与差异性相统一。③

---

① [德]马克斯·韦伯:《新教伦理与资本主义精神》,康乐、简惠美译,广西师范大学出版社2007年版,第28页。
② Sylvia L. Thrupp, "Editorial", *Comparative Studies in Society and History*, Vol. 1, No. 1 (Oct., 1958), p. 1.
③ 徐浩:《西方文明史比较中研究范式的转变》,《光明日报》2023年3月20日。

那么，什么是人类历史发展的普遍规律或共同性呢？在今天看来最大的公约数不是从前资本主义向资本主义的过渡，而是从传统社会走向现代化和现代文明。有鉴于此，传统社会的现代化和现代转型的历史比较，日益取代了资本主义起源的历史比较，并持续不断地吸引着研究者的兴趣。在此基础上，那种不顾人类历史发展普遍规律，单纯强调特殊发展道路的历史比较，以及那种忽视各文明不同发展道路的普遍模式的历史比较，越来越失去市场。

三 研究主体的制约

历史研究受研究者主体性的支配。从这个意义上说，比较史学与其他历史研究都是一样的。不过，由于比较史学受到比较单位、比较目的、可比性和其他与比较有关因素的影响，来自研究者主体性的制约比其他历史研究更加强烈且显著。研究者对历史比较的制约主要表现为，不同研究者经常在同类研究问题上因视角或标准不一，更深层的是世界观、历史观和价值观的差异，导致结论有所不同甚至截然相反。

类似的例子可谓不胜枚举。封建主义（feudalism）是否具有普遍性，以往出现过孟德斯鸠和伏尔泰完全否定和肯定的回答。事实如何，需要借助于比较方法。马克·布洛赫在《封建社会》第八编"作为一种社会类型的封建主义及其影响"中，讨论了封建主义是否具有普遍性的问题。他否认孟德斯鸠封建主义只在西欧出现过一次的观点，认为日本在幕府统治时期也存在过类似于西欧那样的封建主义，但这距伏尔泰所说的封建主义具有普遍性的观点还相去甚远。继马克·布洛赫之后，后世学者也对封建主义是否具有普遍性问题进行了比较研究。1950年10月31日至11月1日，美国学术团体协会（the American Council of Learned Societies）以封建主义为主题在普林斯顿大学召开了为期两天的学术研讨会，23位学者参加了会议，包括英国历史学家汤因比。与会学者中有1/3是中国学家、东方学家、社会学家、人类学家、哲学家，其余为历史学家。库尔本主编的会议论文集《历史上的封建主义》，1956年由普林斯顿大学出版社出版。[①]此项研究的目的是检验历史重复性的范围，为此，美国学术团体协会成立了历史统一性委员会，选择封建主义作为历史上或多或少的重复或统一性现象作为研究对象。该论文集分为三部分：第一部分是斯特雷耶和库尔本撰写的导论性论文，题为"封建主义的概念"；第二部分题为"个案研究"，由不同作者撰写了有关封建主义的8篇论文，分别辨析了西欧、日本、中国、古代美索不达米亚和伊朗、古代埃及、印度、拜占庭、俄国历史上是否存在封建政治制度。第三部分题为"封建主义比较研究"，由库尔本撰写，约占全书篇幅3/5，对本书所讨论的12种可能的封建主义予以总结分类。

据库尔本讲，近20年来，他将全部时间都用于比较史学研究，曾涉猎过中国、印度、俄国和伊斯兰等国的历史，包括这些国家的史前史。他认为，封建主义这一概念来自对早期欧洲史中某些事实的抽象，但其本身却不是这些事实之一。征服者威廉或布永的戈弗雷（Godfrey of Bouillon，1060—1100，法国伯爵，第一次十字军东征的军事统帅，耶路撒冷王国的建立者）等同时代人从未使用过这一概念。该术语主要是由18世纪学者发明的。他们看到了幸存到他们自己时代的某些特殊制度，反思这些制度起源和繁荣的那个时期，于是发明了封建主义的概念用来概括一长串松散而相关的事实。历史学家在9世纪的法兰克，12世纪的英格兰，14世纪的德意志发现了封建主义，他们也论述了旧制度结束时封建主义在欧洲大陆的幸存或复兴。那么，何为封建主义？斯特雷耶和库尔本做了如下解释："封建主义主要是一种统治方法，而不是经济和社会制度，尽管其显然修改过和被社会和经济环境改变过。所谓统治方法指的是封建主义的主要关系不是在统治者和臣民之间，也不是在国家和公民之间，而是在封主和封臣之间。这意味着，政治职能的履行依赖于在有限数量的个人之间的私人契约，政治权威被作为私人财产来对待。"很显然，该定义

[①] R. Coulborn, ed., *Feudalism in History*, New Jersey: Princeton University Press, 1956.

不同于布洛赫那种包括了封主与封臣、领主与农奴双重关系在内的广义封建主义定义，类似于比利时史学家冈绍夫只局限于封主和封臣关系的狭义标准。①

在该书第三部分，库尔本使用该定义对 12 种可能的封建主义个案进行了总结分类，其中只有四个是封建主义，八个不是封建主义。在前者中，西欧和日本的封建主义是仅有的得到充分证明的封建主义。此外，截至大约公元前 700 年的中国周朝和汉谟拉比后公元 500—600 年时的美索不达米亚具有封建主义存在的可能性。对周朝来说，这种可能性较大，除了封主封臣关系这一关键证据外，那里发现了证明封建主义存在的几乎所有证据。就后者而言，在利比亚王朝（公元前 945—前 730）法老统治下的埃及，北印度的拉其普特人国家，外来势力阻碍和改变了当地封建主义的发展方向。此外，另外 6 个并不属于封建主义。其中一种情况是一个大一统帝国分崩离析为 2 个及以上的独立国家，例如第 5 至第 12 王朝统治下的埃及，东汉至唐朝建立前魏晋南北朝时期的中国，5 世纪至 11 世纪时期的东罗马帝国。其他 3 个也不属于封建主义，分别是在帕提亚和萨珊王朝时期的伊朗—美索不达米亚，11 世纪以后的拜占庭，以及俄国，它们与封建主义的一致性尚不足1/3。应该说，该书是继布洛赫将西欧和日本的封建主义进行比较后西方学者在此方面的进一步尝试，除验证了布洛赫关于日本存在过类似于西欧的封建社会外，另外发现了中国周朝、6 世纪的美索不达米亚存在过封建主义，利比亚王朝时期的埃及和北印度的拉其普特人国家的封建主义的发展受到阻碍，而大统一后分崩离析的第 5—12 王朝的埃及、中国魏晋南北朝时期、5—11 世纪的东罗马帝国，以及中世纪的伊朗和美索不达米亚、11 世纪以后的拜占庭和俄罗斯都不存在封建主义，因而表明封建主义在世界范围内并非像伏尔泰所说的在北半球 3/4 的地区广泛存在。

---

① ［比］弗朗索瓦·冈绍夫：《何为封建主义》，张绪山、卢兆瑜译，商务印书馆 2017 年版。

下篇　西方比较史学的理论方法

　　边疆比较的不同观点来自于引起争论的"边疆学说"（frontier thesis），① 它由美国历史学家弗雷德里克·杰克逊·特纳（Frederick Jackson Turner, 1861 – 1932）在 1893 年首次提出。特纳的假设是，边疆塑造了诸如民族特性、民主和个人主义等美国历史的独特性。"自由土地区域的存在，它的不断向后退缩，以及美国移民的向西推进，解释了美国的发展。"② 检验特纳假设正确与否的方法主要有两种，一是拿美国与其他国家做比较，二是拿美国的西部边疆地区和东部进行比较，前者也是最引起历史学家兴趣的一种比较。如果说边疆在美国创造了某种特性，那么它在别国也应产生同样的特点。20 世纪五六十年代，美国的边疆比较研究通过对美国与加拿大、澳大利亚、南非、俄国和古罗马边疆问题影响的比较，检验特纳的边疆学说。学者们对其他国家的边疆运动是否产生了美国边疆运动的影响持截然不同的态度。否定者认为，美国的边疆经历实际上是独一无二的，尽管其他国家也有边疆，但没有产生美国那样的影响。之所以如此，无外乎两点原因，一是由于这些国家的边疆与美国的边疆的不同，二是由于其他一些阻碍个人主义和民主发展的因素。有鉴于此，特纳的边疆学说需要作严格的修正，即不是边疆本身的经历，而是美国一整套特有的内在文化价值创造了美国特征的边疆。代表作有，雷·艾伦·比林顿的《边疆》，A. L. 伯特的《如果特纳在写西部时看看加拿大、澳大利亚和新西兰》，西摩·马丁·李普赛特的《比较视角下的特纳命题：导论》等。③ 肯定者则认为，澳大利亚与美国的边

---

　　① 相关研究及著述见［美］彼得·科尔钦：《美国比较史学》，朱彩霞译，载项观奇编《历史比较研究法》，山东教育出版社 1986 年版，第 259—264 页。
　　② Frederick Jackson Turner, "The Significance of the Frontier in American History (1893)", in Ray Allen Billigton, ed., *Frontier and Section: Selected Essays of Frederick Jackson Turner*, Englewood Cliffs, N. J.: Prentice Hall, 1961.
　　③ Ray Allen Billington, "Frontiers", in *The Comparative Approach to American History*, ed., by C. Vann Woodward, New York: Basic Books, 1968; A. L. Bert, "If Turner Had Looked at Canada, Australia, and New Zealand When He Wrote About the West", in *The Frontier in Perspective*, eds., by Walker D. Wyman and Clifton B. Kroeber, Madison: University of Wisconsin Press, 1957; Seymour Martin Lipset, "The Turner Thesis in Comparative Perspective: An Introduction," in *Turner and the Sociology of the Frontier*, eds., by Richard Hofstadter and Seymour Martin Lipset, New York: Basic Books, 1968.

疆比较为特纳学说提供了证据,而加拿大、俄国和古罗马的比较只是确认了特纳的某些观点。代表作有 H. C. 艾伦的《丛林与边远地区:澳大利亚与美国边疆的比较》,A. 洛班诺夫 – 罗斯多夫斯基的《从特纳假说看俄国在远东的扩张》,唐纳德·W. 特雷德戈尔德的《从特纳对美国边疆的研究看俄罗斯的扩张》,保罗·L·麦肯迪什的《罗马殖民与边疆假说》等。① 应当说,特纳边疆学说具有一定的含糊性,民族特性、民主、个人主义和边疆等概念本身就有许多相互抵触的定义。围绕"特纳命题的检验",边疆影响的比较探讨了边疆运动与上述概念的关系,或谁影响谁的问题。那么,究竟是鸡生蛋还是蛋生鸡,主要取决于比较史学家对该假设有关概念的把握。

战后学者们在拉美与美国奴隶制比较问题上也受到了主体性的制约。② 1946 年弗兰克·塔南鲍姆出版《奴隶与公民:美洲的黑人》,1959 年塔南鲍姆的学生斯坦利·艾尔金斯出版《奴隶制度:美国制度和知识生活中的一个问题》。③ 两者分别认为,与英语文化传统相比,伊比利亚的文化传统更有助于按肤色不承认黑人为人,北美洲奴隶制比南美洲奴隶制更加残酷。在 20 世纪 60 年代和 70 年代初,一大批学者试图对塔南鲍姆 – 艾尔金斯的命题进行检验。1969 年,尤

---

① H. C. Allen, *Bush and Backwoods: A Comparison of the Frontier in Australia and the United States*, Sydney: Augus & Robertson, 1959; A. Lobanov – Rostovsky, "Russian Expansion in the Far East in the Light of the Turne Hypothesis," in *The Frontier in Perspective*, eds., by Walker D. Wyman and Clifton B. Kroeber, Madison: University of Wisconsin Press, 1957; Donald W. Treadgold, "Russian Expansion in the light of Turner's Study of the American Frontier," *Agricultural History* 26 (October, 1952); Paul L. Mackendish, "Roman Colonization and the Frontier Hypothesis," in *The Frontier in Perspective*, eds., by Walker D. Wyman and Clifton B. Kroeber, Madison: University of Wisoconsin Press, 1957.

② 相关研究及著述见[美]彼得·科尔钦:《美国比较史学》,朱彩霞译,载项观奇编《历史比较研究法》,山东教育出版社 1986 年版,第 264—271 页。

③ Frank Tannenbaum, *Slave and Citizen: The Negro in the Americas*, New York: Alfred A. Knopf, 1946; Stanley M. Elkins, *Slavery: A Problem in American Institutional and Intellectual Life*, the third edition, Chicago: University of Chicago Press, 1976.

金.D.吉诺维斯在《不同国家的奴隶待遇：比较方法的应用问题》①中指出，奴隶的待遇包括三个方面：奴隶的物质条件、奴隶的生活质量和他们获得自由的机会。尽管塔南鲍姆和艾尔金斯的假设都相当大地推动了历史研究工作，但是内涵却不尽一致。前者强调的是种族关系和获得自由的假设，后者强调的是关于奴隶制本身性质的假设。不过，艾尔金斯以其温和奴隶制和残酷奴隶制的概念对塔南鲍姆命题重新做了阐述，因而引起历史学家的特别关注。

研究表明，北美洲实行的并非是一种残酷奴隶制。尤金.D.吉诺维斯将美国与巴西和加勒比海地区的奴隶制进行比较，认为南北战争前的一个世纪里，南部奴隶待遇在人身和物质水平上得到明显改善，这一点得到学者们的认同。另外，比较表明，美国的奴隶制是独一无二的，它不仅不同于西班牙、葡萄牙和法国的美洲殖民地，而且也不同于英国在加勒比海地区的殖民地，由此表明经济和民主的影响要优于民族、宗教和文化的影响。美国与其他国家奴隶制的比较表明，奴隶人口只有在美国是通过自然衍生而增长的，而在其他地方奴隶人口的增长则依赖于从非洲不断输入。理查德·邓恩在对弗吉尼亚的蒙特艾里和牙买加的梅索波托米亚两个种植园研究后发现，尽管后者女性奴隶比例略高于前者，但是其出生率还不及前者的一半，而死亡率却比前者高得多。其结果是，蒙特艾里在19世纪头20年人口每年增长1.9%，而梅索波托米亚则下降1.7%。邓恩认为，饮食和妇女劳动强度的差异是双方反差的主要原因。尽管美国奴隶制较为温和，但其种族关系却并不温和，甚至比其他地方更为严厉，种族隔离制度直至二战后才在民权运动中被最终废除。②

---

① Eugene D. Genovese, "The Treatment of Slaves in Different Countries: Problems in the Application of the Comparative Method," in *Slavery in the New World: A Reader in Comparative History*, eds., by Laura Foner and Eugene D. Genovese, Englewood Cliffss, N.J.: Prentive - Hall, 1969, pp. 202 - 203.

② Richard S. Dunn, "A Tale of Two Plantations: Slave Life at Mesopotamia in Jamaica and Mount Airy in Virginia, 1799 to 1828," *William and Mary Quarterly* 3rd ser., 34 (January, 1977), pp. 40 - 64.

第十一章　比较史学的认识论

关于资本主义起源或西方兴起的原因，西方学者通过比较研究提出许多解释，如马克斯·韦伯的新教伦理，罗伯特·布伦纳的阶级结构与财产关系，道格拉斯·诺斯的产权关系等不一而足。匈牙利裔的英国经济学家约翰·哈伊纳尔（J. Hajnal，1924—2008）则将其归因于更为微观层面的家庭类型。1965 年，哈伊纳尔发表《欧洲婚姻模式透视》[1]，指出西欧存在独特的婚姻模式，它具有两个显著特征，包括晚婚和高比例的独身者，其他地区则没有发现类似情况。欧洲婚姻模式在世界上都是独一无二的。该模式至少从 18 世纪以来已经存在，但其历史可以上溯到中世纪。他提出，探索欧洲婚姻模式有助于解释欧洲资本主义起源问题。

1982 年，哈伊纳尔在《人口与发展评论》杂志发表了《两种前工业时期的家庭形成制度》，转年被收入到沃尔、罗宾和拉斯勒特主编的论文集《历史上欧洲的家庭形式》中。[2] 复合住户制（joint-household system，即父母和两个及以上已婚子女家庭住在一起）是哈伊纳尔在对比前工业时期（17—18 世纪）两种家庭形成制度时提出的概念，以区别于西北欧的简单家庭户（simple family household，即父母与未婚子女住在一起）。西北欧指斯堪的纳维亚各国（包括冰岛，但不含芬兰）、不列颠岛、低地国家、德语区和法国北部等，17 世纪以来该地区实行简单家庭户制，其构成原则有：第一，男女两性都实行晚婚（男性的初婚年龄超过 26 岁，女性在大约 23 岁以上）。第二，结婚之后，夫妇负责管理自己的家庭（丈夫是家长，不与父母同住）。第三，婚前年轻人经常在其他家庭做仆人。与此同时，法国南部、意大利、芬兰和波罗的海国家的婚姻和家庭形成的类型不同于西北欧模式（伊比利亚半岛没有相应数据），实行所谓的复合住户

---

[1] J. Hajnal, "European Marriage Patterns in Perspective," in D. V. Glass and D. E. C. Eversley, eds., *Population in History: Essays in Historical Demography*, Chicago: Aldine Publishing Company, 1965.

[2] J. Hajnal, "Two Kinds of Pre-industrial Household Formation System", *Population and Development Review*, 1982, Vol. 8, pp. 449–494; in Richard Wall, Jean Robin and Peter Laslett, eds., *Family Forms in Historic Europe*, Cambridge: Cambridge University Press, 1983.

· 263 ·

制，其形成原则有：第一，男女两性早婚（男性初婚约在 26 岁以下，女性在 21 岁以下）。第二，年轻的已婚夫妇经常在一个复合住户里开始生活，一对老年夫妇管理这个家庭（年轻丈夫通常是家庭成员）。第三，拥有几对夫妇的家庭可以分解后形成两个或更多的家庭，每个包括一对或更多的夫妇。哈伊纳尔的发现得到其他英国史学家的证实，例如 1974 年哈梅尔和拉斯勒特在《不同时期和不同文化的家庭结构比较》中认为，早期现代存在着欧洲家庭模式。[①] 更多史学家则将欧洲家庭模式的出现上溯到中世纪中晚期。此外，前述的历史学家和人类学家麦克法兰在《英国个人主义的起源》一书中认为，13 世纪英国家庭普遍使用生命周期仆人和其他雇工，与古代印度和古代中国等传统的农民社会分道扬镳。荷兰学者范赞登将核心家庭作为中世纪晚期欧洲内部出现"小分流"（即中世纪末和早期现代西北欧人均 GDP 持续增长，而欧洲其他地区则出现停滞与下降的相反过程）的初始原因，小分流最终导致了西北欧在工业革命前与欧亚其他地区的"大分流"。

[①] E. A. Hammel and P. Laslett, "Comparing Household Structure over Time and Between Cultures", *Comparative Studies in Society and History*, No. 2 (1974).

第十二章

比较史学的方法论

一 现代比较方法的产生

比较方法是认识世界最重要和最普遍的手段之一。金岳霖认为,认识起源于实践。在实践过程中人们通过观察、实验等方法对事物或现象加以认识,得到许多感性材料。根据这些感性材料,再应用比较、分类、分析、综合与各种归纳推理,人们才能认识事物或现象的规律性。其中,比较方法就是比较两个或两类事物的共同点和差异点。通过比较就能更好地认识事物的性质。① 尽管历史比较方法的使用可以追溯到古希腊,但西方比较史学所使用的现代比较方法的出现却始于19世纪中期。现代比较方法首先来自自然科学,然后再相继应用到社会科学和历史学等人文科学。法国历史学家朗格索瓦在1890年时指出,比较方法一直以来对自然科学贡献良多,现在又被应用到语言学(philology)和政治史。② 美国历史学家斯拉普也认为,比较研究的思想借鉴于自然科学,尤其是备受推崇的比较解剖学,它的引入给研究人类社会生活的科学注入了新的活力。③

---

① 金岳霖:《形式逻辑》,人民出版社2006年版,第214、218页。
② Charles V. Langlois, "The Comparative History of England and France during the Middle Ages", *The English Historical Review*, Vol. 5, No. 18 (Apr.), 1890, p. 259.
③ Sylvia L. Thrupp, "Editorial", *Comparative Studies in Society and History*, Vol. 1, No. 1 (Oct., 1958), p. 1.

下篇　西方比较史学的理论方法

在社会科学中，法国实证主义哲学家奥古斯特·孔德（Auguste Comte，1798－1857）较早论述了现代比较方法。1830—1842年，他陆续出版六卷本的《实证哲学教程》，把来自自然科学的方法归纳为观察法、实验法、比较法和历史法，将其作为实证主义研究社会物理学或人类社会的四种方法。其中的比较法包括三个方面：一是与低等动物比较。例如将高等哺乳动物的社会状况与人类比较，以便了解人类初期的社会状态。二是与并存社会状态的比较，由此人类不同的进化阶段立刻就可以观察出来。三是对连续阶段的比较，但要使这种比较具有任何科学性，就必须遵循社会进化的普遍规律。① 通过比较法在内的上述实证主义的社会学研究方法，孔德的目的是要发现人类社会的普遍规律。

1843年，英国实证主义哲学的代表人物约翰·斯图亚特·密尔（John Stuart Mill，1806－1873，另译做约翰·斯图亚特·穆勒）在《逻辑学体系》第3卷第8章《论实验研究四法》中，提出了5条规则，依次被称为契合法（或求同法）、查异法（或求异法）、契合查异并用法（或求同求异并用法）、剩余法及共变法。密尔尽管提出了5条规则，但他始终只提"四法"，而把契合查异并用法置于其外。由于密尔将上述四法作为探寻因果关系的方法，因而它们又被称为"密尔求因果四法"。也就是说，密尔已将契合法（求同法）和查异法（求异法）作为自然科学研究的两种重要方法。② 不过，密尔对将比较方法用于社会科学持保留态度。他主张在道德或社会科学问题中

---

① Auguste Comte, Positive Philosophy, Chap. 1 View of the Nature and Importance of the Positive Philosophy, in F. Teggart, ed., *Idea of Progress: A Collection of Readings*, Berkeley: University of California Press, 1949, pp. 379–348.

② John Stuart Mill, "Two Methods of Comparison" (excerpt from A System of Logic, 1843), in Amatai Etzioni and Frederic L. Du Bow, eds., *Comparative Perspectives: Theories and Methods*, Boston: Little, Brown and Company (INC), 1970, p. 206. ［英］约翰·斯图亚特·穆勒：《穆勒名学》，严复译，北京时代华文书局2014年版，卷下，第八章论内籀四术。密尔所说的剩余法，指的是从已知部分原因或现象推断出剩余部分原因的一种归纳方法。共变法指的是，通过考察某些现象的同时存在、同时变化来检验并确立诸现象之间的因果联系及内在规则的一种归纳方法。

有效应用比较方法是不可能的，或得不到承认。密尔反对在社会科学中使用比较方法基于以下两个相互关联的条件，一是每个社会事件都具有独特性，二是对这些事件拥有决定影响的原因多种多样。① 有鉴于此，社会科学家不能像自然科学家那样通过比较发现研究对象间存在的普遍规律。

法国著名社会学家，社会学奠基人之一的迪尔凯姆（Émile Durkheim，1858－1917，另译为涂尔干）也对比较方法进行过讨论。他认为，验证因果关系假说的一般方法通常借助于直接实验，而在无法或难以进行直接实验的情况下则可以使用间接实验或比较方法。如他所说："我们只有一个方法证明一个现象是另一个现象的原因，这就是比较它们同时出现或同时消失的情况，考察它们在不同环境下结合时表现出来的变化是否证明它们是相互依存的。如果它们能够按观察者之意人为地再现，那就采用严格意义上的实验方法。如果相反，事实的产生并非我们所能支配，我们只能比较那些自发地产生的事实时，那就应该采用间接的实验方法或比较方法。"在此，迪尔凯姆区分了自然科学和人文社会科学两种不同的研究对象和研究方法，虽然社会学在理论上不能排除实验方法，但"因为社会现象显然不能由观察者所左右，所以只有比较方法适合于社会学"②。

可见，19 世纪时，社会科学已逐渐将比较作为重要研究方法。而与此同时，兰克学派的史学理论排斥主要利用二手资料和探讨共同性的比较方法，因而"19 世纪与 20 世纪初的历史科学将比较方法让给了语言学家、宗教学家、人类学家、民俗学家与地理学家、国民经济学的历史学派，特别是社会学。社会学的创始人，如韦伯、涂尔干、毛斯（Marcel Mauss，又译马塞尔·莫斯，1872—1950，法国社会学

---

① Bert F. Hoselitz, "On Comparative History," *World Politics*, Vol. 9, No. 2 （Jan., 1957）, p. 267.

② ［法］E. 迪尔凯姆：《社会学方法的准则》，狄玉明译，商务印书馆 2009 年版，第 138 页。

家）都明确主张进行历史比较；并得到了少数历史学家如辛策（Otto Hintze，1861—1940，德国历史学家）、布洛赫、皮奈（皮朗——引者注）、布罗代尔以及英国汉学家、科学史家李约瑟的共鸣。"[1]

可以肯定的是，布洛赫不是首倡现代历史比较方法的史学家，在他之前一些传统史学家已经呼吁进行历史比较研究，旨在探索隐藏在历史事件背后的因果关系。较早倡导比较研究方法的法国传统史学的代表人物之一的朗格索瓦主要研究欧洲中世纪史，曾任法国索邦大学教授、法国国家档案馆馆长。1890年他在《中世纪英法的历史比较》中开宗明义地谈到了使用比较方法进行历史研究的必要性：如果历史科学不只是批判性地罗列过去的现象，还要检查制约这些现象演变的法则，显然主要的手段应当是对其他国家并存的现象进行比较。因为除了与相似的事实进行比较外，没有任何更确切的手段可以了解一个特殊事实的产生条件和原因。[2]

1897年朗格索瓦与瑟诺博司（Charles Seignobos，1854—1942）合著出版了《历史研究导论》，成为国内外史学界公认的阐述传统史学方法论的经典之作，其中也涉及了比较方法在检验历史解释中的作用。[3] 该书共分为三部分，上篇"初基智识"或称基础知识讲述了史料的搜集和历史辅助学科，中篇"分析工作"讨论了被史学家拆分开来的史料的版本鉴定和内容鉴定（即所谓历史考据方法中的外证和内证），下篇"综合工作"讨论了史学家对历史进行整体思考的各种方法。该书的前半部分（上篇和中篇至第六章）由朗格索瓦执笔，后半部分（中篇第7—8章和下篇）由瑟诺博司完成，下篇第四章《构造之大体编裁》即结构的编排和裁剪中论述了比较方法的使用问题。

---

[1] [德]于尔根·科卡：《社会史：理论与实践》，景德祥译，上海人民出版社2006年版，第59页。

[2] Charles V. Langlois, "The Comparative History of England and France during the Middle Ages", *The English Historical Review*, Vol. 5, No. 18 (Apr.), 1890, p. 259.

[3] 该书中译本由商务印书馆1926年出版，题为《史学原论》，译者为李思纯，译文采用文言文。再版改名为《历史研究导论》，中国人民大学出版社2011年版。

瑟诺博司认为，历史比较可以验证对因果关系的解释是否是正确的。以往人们使用不同方法探究因果关系，例如除了历史哲学等将历史进程的原因归之于某个抽象概念（如理念或进步）外，"亦有应用自然科学之正式方法，以考求历史中原因，此方法即比较相近似之两项继续现象，而发现其常相聚合呈现者是也。此等'比较方法'，有数种殊异之方式。有时所研究者乃为一个社会生活之细节（一风俗习尚，一组织，一信仰，一法规），以抽象之辞语确定之。又有将各个殊异社会中之进化，亦加以比较，用以决认其由同一普通原因所造成之普通进化，于是遂有所谓比较文字学、比较神话学、比较法律学等"。瑟诺博司反对专门史比较，主张历史比较应着眼全局。"吾人可设想一种较为具体之方法，即非比较零碎之片段，而比较其全体，质言之，即比较其社会之全量是也。"具体说，历史比较的对象既可以是"在进化各个阶级中之同一社会（16世纪之英国与19世纪之英国）"，也可以是"彼此同时数个社会之普通进化（英国与法国）"，或"彼此不同时数个社会之普通进化（罗马与英国）"。通过比较，历史学家可以否认、但不能证实某个因果关系的假说。如其所说："此法，在消极方面极有效用，盖能决定某一事并非他一事实之结果，因彼并未尝常同时呈现（如妇女解放之事与基督教之关系）。然积极之效果，则吾人不能望之于此，盖在各项情形中，两事同时出现，绝不能遂指出其一事实为其他事之原因，或两者同为一单独原因之联合结果。"① 瑟诺博司主张，如果想要证实某个因果关系的假说，没有捷径可走，只能具体问题具体分析。

进入20世纪，国际史坛也将比较研究作为历史研究的重要方法。1900年在巴黎召开的首届国际历史科学大会即定名为"国际比较史学大会"②。此后，1903年、1908年、1913年又分别在罗马、柏林和

---

① ［法］朗格诺瓦、瑟诺博司：《历史研究导论》，李思纯译，中国人民大学出版社2011年版，第162—163页。
② ［德］卡尔·迪特里希·埃德曼：《国际历史科学大会百年历程：1898—2000》，山东大学课题组译，中国社会科学出版社2015年版，第20—21页。

伦敦召开了第 2—4 届国际历史科学大会，比较研究和比较方法没有成为这些会议的主题。鉴于历史学中比较研究相对落后的局面直到 20 世纪 20 年代初并未改善，尤其是第一次世界大战期间许多历史学家站在极端民族主义立场上为本国政府发动战争辩护，丧失了批判和公正的立场，鼓吹人种论和国家历史，堕落成了为战争辩护的工具，因而 1923 年在布鲁塞尔召开的第五届国际历史科学大会旨在超越民族主义，在科学性和世界性基础上正确理解文明的多样性和差异性的原因，而比较方法可以助一臂之力。大会筹委会主席、比利时著名历史学家亨利·皮朗在其所致的开幕词《历史比较方法》中指出，为了使人类从各种偏见中解放出来，历史学必须使用比较方法。"如果我们想理解民族独创性与个性，唯一的方法就是通过比较。事实上，正是通过比较，也只有通过比较，我们才能提升我们的科学知识。如果我们只把自己局限在国家的历史范围内，我们将永远无法做到这一点。"皮朗认为国别史研究需要借助于世界史的比较眼光，"为了理解一个民族的历史，只有求助于普遍意义上的科学。因此，我们不仅要确定该民族于各民族之林的位置，而且要在研究过程中，始终谨记与其他民族进行比较。这才是避免陷入想象的幻影、敏感的幻觉、爱国主义的冲动的唯一方法"[①]。本届国际历史科学大会上皮朗的致辞，极大地推动了西方比较史学的诞生。1928 年马克·布洛赫在第六届国际历史科学大会上宣读的《比较史学之方法——欧洲社会的历史比较》，被公认为西方比较史学诞生的重要标志。

二 历史比较的可比性

与简单的类比不同，严格的比较要求比较对象之间必须具有可比性（comparability）。可比性是指某些认识对象拥有可以对比和比较的

[①] ［比］皮朗：《历史比较方法》，高瑞译，黄艳红校，《经济社会史评论》2019 年第 1 期。

性质，其中有些是客观存在的，有些则是认识上的误区，需要加以辨别。

在《比较史学之方法——论欧洲社会的历史比较》中，马克·布洛赫认为，在人文科学方面，人们几乎总是借比较方法一词把两种差异极大的研究活动混合起来。看来唯有语言学家才能注意认真加以区别。他的这种判断来自法国比较印欧语言学家 A. 梅耶（Antoine Meillet，1866－1936）在1925年出版的《语言史的比较方法》一书。梅耶在界定比较方法时主张，运用比较法有两种不同的途径：通过比较来获得普遍规律或历史信息。这两种比较，同样合理，但绝对不同。[①]布洛赫关于比较方法的两种形式发展的总的看法，就是参照该书的提法写成的。

布洛赫赞同通过比较获得历史信息，而非归纳出普遍法则的做法。具体来说，根据所研究的领域不同，比较手段可能出现两种在原则上和效果上完全不同的应用。一是人们选择一些在时间上分开，并且在空间上相隔的具有相似性的社会。这些社会的相似点显然既不能解释为相互间的影响，也不能解释为出于任何沟通的根源。例如将美洲未开化人的风俗同耶稣时期开始的"初级社会"的风俗进行比较，是这种比较最为流行的一种类型，或者把地中海文明、古希腊或古罗马文明同我们时代的所谓"初级社会"作一番比较。这种比较方法的假设就是人类思想的单一性。或者说，在历史发展的过程中，人类尤其是早期人类知识惊人地贫乏。

比较手段的另外一种应用就是平行地研究那些既是相邻又是同时代的社会，它是一些相互之间不断影响的社会。由于它们的同期性和相互邻近，因而在发展过程中受过同样的重大原因的作用，并且至少部分可以追溯到一个共同的根源。在上述两类比较方法中，科学地讲，其范围窄者反而更卓有成效。由于后者能够更好地对近似点进行

[①] Alette Olin Hill, Boyd H. Hill, Jr, "Marc Bloch and Comparative History", The American Historical Review, Volume 85, Issue 4 (Oct., 1980), p. 829.

严格的分类和论证，就有可能希望得到对事实做出的假设少得多和精确程度多得多的结论。布洛赫建议采用后一种比较，即对欧洲各个不同社会，特别是西欧和中欧的不同社会，对在空间上相互接近的和同时期的社会进行比较。①

针对布洛赫有关历史比较可比性的看法，美国学者小威廉·西威尔提出不同意见。在他看来，布洛赫以论证的方式提出了历史比较的一个局限性，这就是，比较方法严谨的、关键性的应用仅在我们相对地理上近邻、历史上处于同一时代的社会进行比较时才是可能的。布洛赫把在时间和空间上彼此远离的社会之间的比较称为"大包大揽式比较方法"，尽管这种比较对某些目的来说不是没有价值的，但是从科学观点出发，这种比较太不精确，不能大加使用。相反，彼此不断影响和拥有共同起源的那些处于历史同时代的社会间的比较则是完全不同的，它比大包大揽式比较更有前途，能够给予我们多得多的坚实成果。

小威廉·西威尔认为，这一被布洛赫称为比较方法的局限性经不起仔细推敲。事实上，在这两种比较类型中应用的是同一逻辑，而比较在时空上彼此接近的社会唯一有利的条件不过是，这类社会很可能比那些彼此远离的社会更为相似，这主要是因为它们彼此之间不断相互影响。但是，仅是时空上接近并不一定就相似，有些彼此相距甚远的社会却更相似些。例如在工业化的研究中，没有人会否认德国和日本之间的比较可以和德国与奥地利之间的比较一样给人启发。尽管在论述时空上彼此远离的社会时应当多加谨慎，但是我们仍应该进行比较，不论什么社会制度，只要对我们假说的正确性有用就行。总之，把在彼此远离社会的比较中可能容易犯的潜在错误告知历史学家，比试图把它们限制在年代学和地理学上的近邻中妥当。② 换言之，只要

---

① ［法］马克·布洛克：《比较史学之方法——论欧洲社会的历史比较》，齐建华译，载项观奇编《历史比较研究法》，山东教育出版社 1986 年版，第 105—107 页。

② ［美］小威廉·西威尔：《马克·布洛克与历史比较的逻辑》，朱彩霞译，载项观奇编《历史比较研究法》，山东教育出版社 1986 年版，第 154—156 页。

第十二章 比较史学的方法论

方法得当，时空相隔较远的社会同样具有可比性。

尽管如此，历史比较的可比性还是存在许多限制。德国史学家哈特穆特·凯博认为，在比较研究中通常存在五种限定性，但研究者在运用时也要具体问题具体分析，不能教条化。[①] 第一，比较哪些历史时代？历史比较所涉及的第一个限定通常就是时间。对同一社会不同时代的比较，对同一社会不同人群的代际关系（例如古罗马步兵团的老年士兵和青年士兵）的比较通常不被看成是社会的比较。对巴登州地区的比较，如与其相邻的阿尔萨斯之间的比较可以被看成是社会比较，而把巴登地区的纳粹时代同其战后时代进行比较就不算是社会比较，因为这两个时代同处于一种社会环境下。此外，对同一时代的不同性质或阶段的社会的比较也不能成为比较的原则，其原因有二：一是这些社会处在完全不同的历史发展阶段，如一个社会处在前工业化、前民族形成或前民主化时代，而另一个已经步入这一时代。在此情形下，历史时间的错位比较具有十分重要的意义。如对英国和德国工业革命的比较，对瑞典和意大利南部扫盲运动的比较，或对英国和美国最初实行国家保险的比较，通常都是不同时期的历史比较。二是在完全不同时代之间对同一历史事件或进程的比较已构成了传统历史比较的一部分。马克斯·韦伯对不同历史文明中城市的比较，如对古埃及、阿拉伯世界、印度、中国和欧洲城市的比较即为例证。比较17世纪到20世纪早期的大西洋革命，比较17世纪到19世纪的民族形成等，都是不同历史时代比较的中心议题。可见，历史比较的时间限制主要强调的是相同的历史发展阶段或同类事件，不是机械地恪守相同时代原则。

第二，比较哪些社会群体和社会组织？在同一社会中对不同的社会组织、职业、社会背景与阶级、心态、机构的比较通常不被认为是历史社会的比较。如对法国官员和德国官员的对比则被看作是比较研

[①] 以下内容参见［德］哈特穆特·凯博：《历史比较研究导论》，赵进中译，北京大学出版社2009年版，第6—13页。

究，而对法国官员和法国农民之间的比较则不算是严格意义上的社会比较。这两种比较的不同在于，前者是以不同的社会作为比较的背景框架，后者则是以同一个社会作为比较的背景框架（此外，官员与农民也无相似性和可比性），而历史比较的两个或多个相似历史现象必须来自两个及以上的不同社会环境。

第三，比较哪些空间？以往认为只有早期现代以来形成的民族国家可以比较。实际上，历史比较不应仅局限于民族国家之间。如果根据这个标准，古代和中世纪就会被完全排除于比较之外，那时现代意义上的民族国家还未形成，所以对这一时期民族国家的比较则根本不可能。此外，民族国家比较原则对于19世纪和20世纪也不能成立。对于这一时代，不仅民族国家之间的比较，而且在同一国家中地区间的比较，以及超越民族国家的文明之间的比较都非常重要。19世纪和20世纪的历史进程、结构、心态长期以来很多都是区域性或超越民族性的。因此，应增加区域性和地方性的历史比较，以及整体文明之间的比较，不应把历史比较仅仅局限于民族国家之间。

第四，比较与互动。以往比较研究多数被限定在对不同社会之间形成鲜明反差的特点的研究上，不去考察比较社会之间的关系，如经济关系和外交关系，社会、文化以及政治之间的互动关系。总之，它不考察单方面或相互之间的影响和相互之间的依赖性，把一个国家的发展道路同另一个国家的发展道路的距离拉开。事实上，在许多比较中对两个社会的相互关系和相互依赖的研究十分必要。例如对共产主义国家波兰和东德的工业生产进行比较，不应该仅仅把两个社会对应起来，而是同时还要研究苏联对它们影响的程度，解释哪些发展出于民族性，或是出于有目的地执行了苏联模式。

第五，比较方法的人为界限。历史学家在使用比较方法时存在片面性，将自己局限起来。例如在社会之间的差异性和共同性上偏向前者。他们对历史比较的真正兴趣通常在于差异性，甚至把差异性研究作为历史比较的特点和特质。但是历史学家的这种划分会造成思想上的禁锢，仅仅关注差异性，闭眼不看另一部分历史事实，即社会之间的共同性。再有，历史比较课题的限制，认为有些课题不适合比较。实际上，布洛赫的历史比较涉及心态史（《国王奇迹》）、经济史（《法国农村史》）和社会史（《封建社会》）等多个领域。此外，比较对象数量（例如只能比较两三个不同社会而不可更多）的限制也没有说服力。

三 如何进行历史比较研究

历史比较方法有许多其他方法无法代替的优点，也存在某些局限甚至滥用的危险。那么如何趋利避害，科学地使用比较方法进行历史比较，显然是一个值得讨论的问题。布洛赫在《比较史学之方法——论欧洲社会的历史比较》最后一节从另一个角度探讨了这一问题，即各国学者实际上应该怎样进行研究，以便为历史比较创造条件。① 他认为，比较只有在以对有关事实的大量资料及事实本身进行深入细致的研究和考证为依据的时候才会具有价值。比较史学家的能力有限，不可能设想就过于广泛的地理和时间范围进行第一手的科研工作。严格的比较最终不可避免地将成为一小部分历史学家的专职。但是，由于许多领域的各种专门研究进展得还很差，比较研究本身也只能以很慢的速度发展。换言之，专门研究制约了比较研究。为此，他希望"专业论文的作者"即那些埋头于各种专题工作的历史学家在研究时需要注意以下三个方面。

第一，广泛阅读与专业相关的书籍。专题论文的作者应该不仅阅读有关他们本地区的书和相邻地区的书，还应阅读从政治地位或者民族特征来说与他们正在研究的那些社会相分离的、更遥远时期的社会的书籍。不仅要了解一般性教材，还应阅读那些性质和他们所从事的研究相类似的、翔实的专题论文。在阅读中，他们会发现需要调查的

---

① ［法］马克·布洛克：《比较史学之方法——论欧洲社会的历史比较》，齐建华译，载项观奇编《历史比较研究法》，山东教育出版社1986年版，第134—138页。

问题的各种线索，以及一些有利于引导研究工作的各种指导性假设。广泛阅读将指导历史学家避免过于重视地方性的虚假原因，提高对差异性的领悟力。

第二，史学家应使用规范的学术概念。历史学家将法国和德国进行比较时会发现，若把德文著作译为法文著作，单词往往无法完全对应。造成这种现象的原因主要不是语言问题，不一致的词汇大部分是历史学家自己生造的，或者在确定词的含义时又把词的含义扩大了。由此，我们无意识地编织了一套术语词汇表。欧洲历史就这样成为一个名副其实的通天塔（《圣经》中诺亚的子孙因操各种语言难以沟通而未能建成通天塔，这里指操各种不同概念，互不理解）。对于那些刚刚走出自己民族范围的没有经验的历史比较者来说，最可怕的危险正在于此。因此，历史学家应使用规范的学术概念，避免词汇的不一致。

第三，提出完全同样的问题。词汇的不一致只能说明缺少一种更深层的协调一致。在法国、德国、意大利和英国研究工作中，几乎从未提出过完全同样的问题。例如关于宫廷监管制在法国和英国有关中世纪历史中是一个完全被忽视的问题。又如司法权问题，在不同的国家按照完全不同的类别表述。作为一个历史学家，他是否一定会想到，本民族的过去的制度或历史现象是否也曾在别的地方出现过？其间在发展过程中有过什么变化？出现过哪些停顿或复兴？而目前的研究使历史学家无法满足这些合理的好奇心，导致上述问题都成为某种地方性课题。

为此，布洛赫呼吁历史学家在他们提出问题的观点中，在使用的术语中，能够从其他国家业已完成的成果中得到启发。这样，历史比较就能成为一种更容易认识和使用的方法，并将以本身的特点推动地方性的研究工作。应该说，没有这些地方性的研究工作，历史比较就将一事无成；但没有历史比较，地方研究工作也将一无收获。但愿我们能够结束这种互相不能理解的无休止的从民族史到民族史之间的讨论，即所谓聋子之间的对话。

如果说布洛赫以上讨论了历史学须要为历史比较创造条件，那么凯博则探讨了如何进行历史比较。① 在他看来，人们怎样才能把历史比较做得最好，哪些是历史比较会遇到的问题，如何解决，哪些情况下某一比较没有意义，应当放弃，这些问题以前几乎无人论及。他将说明对比较研究工作的要求，表明其限度，对错误的方式做出警示，指出历史比较的问题以及尽可能的解决办法。为此，他将上述内容归纳为五个问题。这些问题处于同一个层面，所选出的问题是依照研究工作的通常顺序排列的。

第一是熟悉研究状况。对于任何历史比较研究，研究者都应尽早和尽量彻底地熟悉各个比较社会的有关研究状况，它们是建构比较问题的前提。人们在开始研究一个比较项目前先要进行一个前项目，形式可能是硕士论文、研究介绍、讲座或文章、讨论课或论坛。在开始了解研究状况时，人们应注意以下目的。一是在所选比较社会中研究对象是否大体具有可比性；二是了解当时的术语和语言，注意它们的可比性和不可比性；三是确定在基本分析上是否真的可以放弃比较社会的某个部分，或者对其他国家具有明显的研究上的冲突或潜在的不同观点；四是更多地了解历史资料的情况，资料的形式和获取途径以及对资料的处理。资料收集不要局限于本地区，同时要彻底了解研究状况，多数情况下需要出国考察，搜集资料，与专家交流。

第二是比较的课题。就很多历史问题来说，不同社会之间的比较并非必要，但在所有重要问题的讨论中都提出了比较的问题。某个历史比较项目是否具有意义并能够取得成功，这取决于问题提出的方式，有六个要求必须得到满足。一是注意目的性比较。人们应该提出一个比较的问题。没有一个真正的问题，历史比较多数迟早要走入死胡同。二是注意比较问题与比较对象。人们应了解所选比较对象是否真正适合所要比较的问题。三是注意问题和方法。比较的问题与比较方法应该统一。四是注意比较的契机。人们应该尽早地清楚意识到要

---

① 以下参见［德］哈特穆特·凯博《历史比较研究导论》，赵进中译，北京大学出版社2009年版，第91—114页。

选择什么作为比较的类型，诸如差异比较还是异同比较，静态比较还是变迁等动态比较。五是注意比较的意图。人们应该清楚哪些基本意图能够引领比较研究。在比较问题中，很多意图都会起作用，但在比较项目中还是应该以一个意图优先，因为不同意图会要求不同的研究渠道和方法。六是注意比较的问题和知识背景。人们应清楚，问题通常是人们从自身社会某个特定的意义背景关系中产生出来的，人们不一定要期望，这种特定的意义背景关系在另一个社会也同样存在。

第三是比较事项的选择。选择比较事项是每个比较项目的一个关键决策。一是比较对象的可比性。当然人们几乎不可能具有绝对一致的研究对象，比较的目的正在于对不同社会的机制、结构和心态的差异性和共同性进行考察。如果比较的对象完全一致，那也就无需要比较了。尽管如此，人们还要清楚地认识到，比较对象在其内在逻辑、目的和形式上不会绝对南辕北辙。二是比较对象的数量。把比较对象限制在两个社会范围之中具有基本的优势，即社会背景能够被相当清楚地处理，也可以减少研究开支，如对研究状况的考察、外出调研、查询档案时的差旅开支。尽管如此，两个社会的比较并不占绝对多数，三个或多个社会的比较同样是常见的。三是比较对象的时间。在比较研究中可以对此问题进行直接回答，如果在选出的社会中对共同事件、共同机构、共同心态以及共同的共时性进程进行比较的话，有些问题则需要认真考虑其历史时限。比较研究中要经常特别认真地思考时段的划分，因为人们要进行比较的历史发展，并非在每个社会都是同步进行的。四是比较对象的空间。人们要确定的是，国际比较是所选地区事件的微观比较，还是对整个社会、整个文明、国家一级区域之间的宏观比较，或者是把宏观和微观比较结合起来。人们侧重哪种比较方式，是一个实践问题，应具体情况具体分析。

第四是关注历史背景的比较。历史比较应考虑哪些背景呢？无论如何，专门特定的比较研究背景是绝对不存在的。一是背景的选择取决于差异性比较还是共同性比较。一般来讲，如果主要是差异性比较，那么把考察对象放入比较社会之中就足够了。相反对于共同性的比较，一定要更为宽广的背景。例如在所比较的村庄、城市和地区中，要考虑到共同国家的背景（如果它们同属于一个国家），比较不同国家就要考虑其整个文明（如果它们属于同一个文明）。二是背景的选择取决于课题的跨度。由于比较课题不同，比较跨度也会各不相同。比较研究可以对世界范围的历史进程进行考察，也可以对很少国家特殊历史进程进行研究。如果考察的是洲际或世界范围的进程，只要研究状况允许，那么也要对各洲或世界范围的背景进行研究，对很少国家的特殊历史进程的研究也须研究各国的背景。时间差的比较（即纵向比较）要特别认真地考虑背景的选择，在比较中尽管各个社会处于不同的时代，但仍要将它们作为一个历史进程的同一制度或同一发展阶段来处理。例如对德国20世纪纳粹专制和东德专制的比较，需要考虑当时德国社会对专制统治的倾向性和反抗专制的薄弱性，以及纳粹统治残余在东德的延续。三是背景选择取决于比较的因果分析和类型学。对于历史比较来说，一般不会满足于简单地列举出原因，它还必须对广阔的历史背景和历史关系进行考察。例如克里斯蒂纳·艾森伯格（Christiane Eisenberg）从不同的体育竞赛传统出发，阐述了19世纪末和20世纪英国和德国体育运动的基本差异。为此，他详细考察了早期现代英国的体育竞赛史和德国国家体育彩票的历史。四是背景的选择要考虑当时人们优先关注的问题，这通常不同于今天的情况。例如对19世纪末期法国和德国的国家社会保险进行比较，表面看来，1914年以前德国的国家社会保险远比法国发达。而实际上，相比德国，法国把社会政策的优先重点放在劳动保护的立法上，法国劳动者的社会保险更多是由私人保险或仅受国家财政补贴的非营利的保险来承担。国家在社会保险方面的大规模干预同当时法国政治具有特殊影响的自由主义是相抵触的。

第五需要注意的是资料选择问题。资料的选定在任何比较历史分析中都具有决定性意义，通常也是特别棘手的。通常，比较对象的资料在比较社会中并不一致，对此研究者通常要做出决定，即是否这种资料不平衡性能够在他的分析中得到调整，是否研究结果最终更多地取决于资料的差异性，所以资料的差异性和比较社会之间不可能被分割开来。编写比较性的集体传记，在一些国家更多的是依据大量的传记性著作，而在另一些国家则更多地只能依赖档案材料，这样写出的集体传记是否具有真正的意义？有关社会流动的比较是否可能？对其中一个社会的考察主要是基于居民管理局的档案，另一个则主要取决于检查机构的档案。当然，资料的差异多数不会如此巨大。尽管如此，认真思考在多大程度上资料的可比性得到保证总是必要的。在分析中人们应该清楚，是否人们在比较社会之间发现的差异与资料本身的差异无关。

附录一

改革开放以来的中国比较史学

王超华*

比较史学兴起于 20 世纪初的欧洲，其标志是法国年鉴学派领军人物马克·布洛赫开创性地进行欧洲社会历史的比较研究，并由此建立一套完整的理论方法体系。第二次世界大战结束之后，比较史学逐渐繁荣，并形成一门独立的史学流派。[①] 在我国学界，比较史学研究起步较晚，伴随着改革开放的进程而勃兴。虽然它非我国原创，但作为比较史学核心的历史比较法在我国却是一项悠久的传统，于古代历史文献与近世史学研究中随处可见。[②] 因此，当代中国比较史学，既是对西方比较史学理论成果的借鉴和吸收，也是对中国史学千百年来的比较研究传统的延续。系统梳理比较史学在中国的发展线索，总结其得失，对于推动中国史学理论发展十分必要，对于促进相关实证研究的深入也不无裨益。

1987 年，庞卓恒出版《比较史学》一书，在详述西方比较史学发展进程的同时，还对中国当代著名学者（周谷城、吴于廑、何兹全

---

* 王超华：中国社会科学院世界历史研究所副研究员。

① 徐浩、侯建新：《当代西方史学流派》（第二版），中国人民大学出版社 2009 年版，第 223—233 页。布洛赫在 1928 年第六届国际历史科学大会上宣读《欧洲社会历史的比较研究》(Pour une Histoire Comparée des sociétés européennes)，由此被誉为"比较史学流派中一位最杰出的名家"，而该文被认为"至今仍不失为一篇对比较方法理解得最透彻、在理论上最令人信服的文章"。当然，比较史学的渊源如历史学本身一样古老。

② 易孟醇：《我国传统史学中的比较法》，《北方论丛》1990 年第 3 期。

等）的历史比较研究成果进行了介绍和评价。[1] 到了20世纪90年代初，范达人先后推出《当代比较史学》和《比较史学》（与易孟醇合著）。这两部专论除了介绍欧美、苏联等国家的比较史学，论述马克思主义经典著作、中国传统史学中的历史比较，还厘清了之前的十年（1980—1990）中国（包括港台地区）比较史学的发展线索及研究主题。[2] 此后不久，又先后有零星几篇文章梳理了中国比较史学的发展及方法运用。[3] 从上述论著，我们可以了解到比较史学在中国的早期发展的基本状况。但由于它们各有侧重从而造成全面性不够，而近年来，我国学界在比较史学的讨论主题、研究内容上呈现出一些新的特点，值得继续总结。鉴于此，本文在广泛搜集资料并借鉴前人研究成果的基础上，尝试对中国当代比较史学的发展线索、理论方法、研究主题再作梳理，希望能为学界同仁开展新的比较研究提供一些思路。

一　比较史学在中国的兴起与发展

20世纪70年代，在如何编纂世界史这个问题上，吴于廑就提出历史的综合比较方法具有重要价值。他认为，我们要编写一部新的、具有特色的世界史，首先得破除自古以来就有的各种中心论，必须树立以世界为一全局的观点，来考察人类历史的发展。世界历史有一个发展的过程，光靠研究某个国家或地区远远不够。不对若干重要课题进行综合比较研究，不在这种研究上超越国别史和地区史的局限，并

---

[1] 庞卓恒：《比较史学》，中国文化书院，1987年（未公开出版）。
[2] 范达人：《当代比较史学》，北京大学出版社1990年版；范达人、易孟醇：《比较史学》，湖南出版社1991年版。对于这两部著作，学界评价颇高，尤其是后者被有的学者称为"中国比较史学的一块里程碑"。见熊家利《中国比较史学发展的里程碑》，《求索》1992年第4期。
[3] 史陵之：《近年来我国的比较史学研究》，《历史教学》1991年第11期；蒋大椿、李洪岩：《解放以来的历史比较方法研究》，《近代史研究》1993年第2期；侯建新：《国内关于中西历史比较研究综述》，载侯建新《转型时期的西欧与中国》，济南出版社2001年版，第389—432页；瞿林东主编：《史学理论与史学史学刊》，社会科学文献出版社2006年版，第80—121页。

且取得合乎科学的成果，要编成一部有特色的、好的世界史是困难的，不可能的。在践行这种综合比较历史研究的理念上，他以极其宏观的视野，先后推出《世界历史上的游牧世界与农耕世界》《世界历史上的农本与重商》《历史上农耕世界对工业世界的孕育》《亚欧大陆传统农耕世界不同国家在新兴工业世界冲击下的反应》等文章，分别围绕特定问题进行了阐发，至今仍有很高的理论价值和现实意义。①

改革开放之后，随着思想的解放和与国际史学界交流机会的增加，历史比较研究受到广泛关注。1981年3月24日，周谷城在《光明日报》发文，号召学界开展中西历史的比较研究，被誉为中国当代比较史学的"首倡者"。他认为，通过中西历史比较，可以摆脱"欧洲中心论"的影响，可以突出中西历史的不同特点，可以帮助我们解决历史分期问题。②周谷城的号召很快得到学界回应。在同年10月召开的中国哲学史比较研究学术讨论会上，有学者指出，用历史唯物主义观点进行历史人物的比较是完全可行的。第二年，季羡林在为《比较文学译文集》所作的序中提出，关于奴隶社会向封建社会过渡的问题，如果将中国与其他古文明进行比较，会有助于讨论的"推进和深入"。同年，林甘泉也提出，在中国古代史分期讨论中，不能就中国论中国，必须对中西古代社会进行比较研究。其他学者，如范达人、庞卓恒、赵吉惠等先后发文探讨比较史学的理论和方法，也都是对周谷城文的响应。③在那个时候，有些中国史学工作者已经感觉到，历史比较研究正在"引起我国史学工作者日益浓厚的兴趣……虽然还只是肇端伊始，也不免偶有实无，但是初步取得的进展已经表明，科学的历史比较研究是正确发现和深刻阐明历史发展客观规律的一种重要

---

① 《吴于廑文选》，武汉大学出版社2007年版，第13—23、69—180页。
② 周谷城：《中西历史的比较研究》，《光明日报》1981年3月24日。同时参见范达人、易孟醇《比较史学》，湖南出版社1991年版，第199页；王秀青：《周谷城与中西历史比较研究》，《淮阴师范学院学报》（哲学社会科学版）2004年第4期。
③ 张隆溪选编：《比较文学译文集》，北京大学出版社1982年版，季羡林《序》，第2页；林甘泉：《中国古代史分期讨论五十年》，上海人民出版社1982年版，第434—435页；范达人、易孟醇：《比较史学》，湖南出版社1991年版，第199页。

方法"①。

此后,国内学界关于比较史学理论和方法的论文、进行历史比较研究的论文增多,关于比较史学的论著问世,关于比较史学的课程在多所大学开设,专题研讨会也多次举行,中国史坛上出现了一股比较史学热。② 1989年11月,长期关注中西历史比较的中国世界中世纪史研究会成立比较史学分会。1991年5月,比较史学会在贵州大学召开了首届学术研讨会。会议以"近年来比较史学研究得失的回顾"为议题之一,对过去十年的中国比较史学研究状况进行了总结。参会的数十位学者围绕比较史学的定义与研究对象、中西文化比较、中西封建社会比较等话题展开了热烈讨论,并对比较史学的建设和发展方向提出了建议和意见。③ 尽管比较史学研讨会并未如学界同仁期待的那样不定期召开,但这次研讨会的引领作用是巨大的。此后,我国比较史学进入成长、提高和深化的发展阶段,无论是历史比较研究还是史学流派比较研究都出现了一批高质量的成果。与此前(20世纪80年代)以介绍性成果为主不同,此时的研究呈现出专题性、综合性的特点,比较史学发展也进入了一个新阶段。④

进入21世纪之后,比较史学研究在中国热度不减。此时,随着西方史学史、史学理论研究的发展,国内学界开始引介和研究西方比较史学发展的最新研究成果。在这个过程中,中国史学工作者也逐渐加深了对比较史学相关问题的认识。新世纪初,张广智所著《西方史学史》多次再版,但囿于内容所限,仅以少量篇幅介绍作为"历史学的新领域和新方法"之一的比较史学,简单论述了西方比较史学理论发展的发展线索、最新成就以及问题所在。⑤ 之后,何兆武、陈启

---

① 童超:《近年来历史比较研究综述》,《中国史研究动态》1983年第3期。
② 范达人:《当代比较史学》,北京大学出版社1990年版,第99—113页。
③ 孟广林:《中国比较史学研讨会要》,《历史研究》1991年第5期;比较史学学术讨论会会务组:《全国首届比较史学学术讨论会综述》1991年第4期。
④ 侯建新:《国内关于中西历史比较研究综述》,载侯建新《转型时期的西欧与中国》,济南出版社2001年版,第395页。
⑤ 张广智:《西方史学史》,复旦大学出版社2004年版,第350—352页。

能所编的《当代西方史学理论》用了一定篇幅来论述西方比较史学。在编者看来,西方比较史学一词包含了"比较史学"和"历史的比较研究"两重不同的含义,其发展大体经过了三个阶段:以思辨的历史哲学为基础的宏观文明史比较、以实证主义为基础的有限历史过程的比较、以结构—功能主义为基础的社会结构比较。三阶段之间有清晰的逻辑发展关系,是20世纪以来西方史学理论和史学方法发生的巨大变化的一部分。但由于结构—功能主义理论本身的缺陷和研究者本人主体观念的制约,西方比较史学呈现出一定的局限性。[1] 对此,徐浩、侯建新所著《当代西方史学流派》也持大致相同的观点。该书回顾了比较史学的发展历程,及其在20世纪60年代之后出现的"中兴局面"。在此基础上,作者们发现,西方比较史学的功能包括探求统一性、揭示历史发展的特殊性、增进国民了解、消除民族偏见,以及建立博大与和谐的世界史学。当然,比较史学也有不少问题和局限性,尤其是来自研究者主体的制约。同时,在进行比较研究之时,比较双方要有相似性尤为关键。此外,对于历史研究而言,比较史学只是一个特定角度,不能取代其他角度的探求。因此,对于比较研究方法只有使用得当,才有广阔的前景。[2] 与此同时,也有学者注意到,全球史史学开创了新的研究领域,即研究区域国别间的互动交流和全球文明体的关联,它带来的方法论具有进步意义。[3]

正是在此时,中国人民大学率先成立"比较史学研究中心",成为我国第一个专门从事历史比较研究的科研和教学机构。[4] 2003年10月,"中西历史比较研究学术论坛"在北京召开。与会的70多名学者围绕中西历史比较的价值、理论与方法、经济社会史、政治

---

[1] 何兆武、陈启能主编:《当代西方史学理论》,上海社会科学出版社2003年版,第303—324页。

[2] 徐浩、侯建新:《当代西方史学流派》,中国人民大学出版社2009年版,第233—241页。

[3] 何平:《文化与文明史比较研究》,山东大学出版社2009年版,第68—107页。

[4] 许昊(徐浩):《中国人民大学历史系"比较史学研究中心"成立》,《世界历史》2003年第4期。

史和思想文化史等主题进行了热烈讨论和广泛交流，所获成果不俗。①与此同时，随着美国"加州学派"的一批著述的翻译出版，国内外学界围绕中西"大分流"现象及其原因进行了激烈争论。② 这次争论在中国史学界激起强烈反响，东西方从封建主义到资本主义的过渡（或从中世纪到近代的转型）原因和过程的异同成为研究焦点，又一波史学比较的高潮随之而来。尤其是对于世界史研究而言，因"大分流"引起的中西历史比较让其呈现出了"新态"。③ 侯建新在总结改革开放 40 年来国内中世纪史研究得失时也指出，"与'过渡'问题讨论联系在一起，是比较史学的兴起。国内学者在政治制度比较、中西封建社会比较、中英农村经济比较等方面发表了引人注目的成果。"④

就这样，在一波又一波研究高潮的推动之下，中国当代比较史学研究已硕果累累。整体而言，这些成果按照内容大致可以分为以下几类：中西古史比较研究、中西封建社会和现代化比较研究、中西文化和史学比较研究。它们是下文将要论述的主要对象。

二 中西古史比较研究

中国当代比较史学一个重点领域是中西古史比较研究。从事古代史研究的林志纯、刘家和等都提倡比较研究，并身体力行之。他们学贯中西，在中西古史比较研究中成就斐然。2012 年出版的《日知文集》（五卷本）处处可见林志纯将比较作为史学研究一以贯之的指导

---

① 孟广林：《"中西历史比较研究学术论坛"述要》，《世界历史》2004 年第 2 期。

② 围绕这个问题，学界召开了相关学术研讨会，如 2012 年 8 月，"中西经济大分流：历史比较分析"国际学术研讨会在清华大学召开，与会学者的新成果体现了世界经济史比较研究的最新学术进展。

③ 陈勇：《学科交叉、比较研究与世界史新态：当代世界史研究略议》，《历史教学问题》2003 年第 1 期。

④ 侯建新：《中国世界中世纪史研究 40 年》，《世界历史》2018 年第 4 期。

思想的痕迹。① 林志纯的历史比较研究基本上围绕一个主题展开，即中西古典文明。20 世纪 90 年代，林志纯提出"中西古典学"的概念，在对其反复论证之后，将研究范围扩张到所有古代文明，时间上延至中古文明。在此过程中，他创造性地提出了"古代文明三大地区与中西古典文明两大系统"的理论，即古典文明世界是一个古典文明整体，包括三个古代文明地区，构成中西古典文明两个系统。不同文明发展道路的统一性和多样性为历史的比较研究提供了可能性。古代各个文明之间既有"同"又存"异"的现实是历史比较研究最重要的内在条件。而近百年来考古学、古文字学和文献学的大发展为中西古史比较研究提供了丰富资源。因此，历史比较研究的条件日益成熟和完备。通过中西文明的比较研究，可以达到"相互启发，举一反三之效"②。在这种宏大理论体系之下，林志纯从"民主"和"专制"的视角对古代中国和古代希腊的早期国家和政治发展道路展开比较，寻找古代文明发展的规律性和统一性。与此同时，他还从"连续"和"断裂"的视角进行中西历史的比较研究，阐发中西文明的差异性和多样性，这样的研究凸显出历史比较研究的价值和意义。③ 可以说，林志纯"晚年致力于中西古史比较研究的成果，为后人开启了一片新的研究领域"④。

　　刘家和的文明比较研究同样具有开创性意义。他认为，比较研究的功能在于明同异，包括共时性的比较，即不同国家、民族、社会集团等等之间在同一历史时期中的同异，和历时性的比较，即一个国家、民族、社会集团等等在不同历史时期中的同异。同异是历史的比较研究赖以实现的前提。总之，有相同，才能比其异同；有相异，才

---

① 林志纯:《日知文集》，高等教育出版社 2012 年版。
② 林志纯:《日知文集》第 1 卷，高等教育出版社 2012 年版，第 471—472、527、537 页。
③ 王大庆:《日知先生的历史比较研究思想、实践和特点初探——读〈日知文集〉札记》，《古代文明》2016 年第 2 期。
④ 林志纯:《日知文集》第 1 卷，高等教育出版社 2012 年版，刘家和:《序》，第 3 页。

附录一　改革开放以来的中国比较史学

能比其同异。① 同时，世界史能在各国历史发展的具体规律之上显示出人类社会发展的一般规律，只有通过比较研究，才能找到某种典型，并透过对典型的分析而对一般规律有所了解。② 在这种思想的指导下，刘家和将视野投向"轴心时代"，他指出，那时的中国、印度和希腊具有几点相同的社会历史特征：铁器使用引起社会经济新发展；血缘关系逐渐解体，地域组织得以建立；存在小国林立的局面，存在尖锐复杂的矛盾和斗争。③ 在这样的时代背景下，双方在政治制度建设、思想形态发展等问题上呈现出许多相同的特点。在《中西古代历史、史学与理论比较研究》一书中，刘家和从批判黑格尔曲解中国历史特点的论断入手，对中西的历史、史学和理论等进行了比较研究，并认为，探求中西历史的相同点是重要目标。例如，在小邦演变为帝国的过程中，出现了中国古代郡县制和罗马的行省制两种政治制度形式，在对形成过程、结果及制度设置等进行比较后，作者指出，二者虽差异很大，但实为一种规则的两种模式。同样，在古代中国和古代希腊的农工商业观念之中也都有农本商末的思想，尽管在对待"末"业上，思想家和改革者存在不小的分歧。因此，不能完全用现代人的眼光来解释和评判古代人的经济生活，更不能犯"古史现代化"的毛病。④

在老一辈学者的带动下，中西古代历史比较研究出现了一批高质量成果。例如，中国社会科学院世界历史研究所施治生、刘欣如、郭方等编的《古代王权与专制主义》、《古代民主与共和制度》尝试寻找古代东西方文明在政治制度演进上的特征及差异。编者认为，根据古代王权的发展变化及其性质，可以将其分为早期王权和专制主义两

---

① 张越、何佳岭：《史学·史学理论及史学史·比较史学——访刘家和教授》，《山东社会科学》2007年第5期。
② 刘家和：《中国史对世界史的意义》，《史学史研究》1986年第2期。
③ 刘家和：《古代中国与世界：一个古史研究者的思考》，武汉大学出版社1995年版，第578—583页。
④ 刘家和主编：《中西古代历史、史学与理论比较研究》，北京师范大学出版社2013年版，第143—184页。

个阶段，古代中世纪国家都普遍存在王权统治的形式，而古代大一统帝国又都实行君主专制。同时，古代民主与共和的历史存在，也并不限于古希腊罗马，而是包括东方国家在内的古代世界范围的一种现象。当然，编写者们也注意到，由于各民族历史发展的不平衡性，上述要素产生的条件及存在基础并不相同，内容及在东西方国家中的表现有所差别，对于其发展演变的历史逻辑，也不可能确定一个适合世界各国的统一和绝对的时间界线。① 在关于中西古典文明的比较上，受刘家和影响和启发，王成军进行了不少研究，其关注范围不仅包括中西古典史学的比较，如司马迁与古希腊史学家如普鲁塔克、修昔底德的比较，《史记》与古希腊史学的比较，还重点探讨了诠释学对于比较史学发展的价值和影响。② 此外，李友东在对中国与希腊文明的整体地理环境和中心地理环境进行研究后认为，在文明起源早期，生产力的低下导致了地理环境对人的制约作用加大。虽然两个文明发展路向不同，但却都是在地理环境制约下由"现实的人"探索到的最可持续的发展道路。③

三 中西封建社会及现代化比较研究

中国当代比较史学的另一个重点领域是关于中西封建社会的比较研究。1991年召开的首届比较史学学术研讨会的其中一个主题是"封建社会晚期的中西历史比较研究"，这证实了该问题在中国学界的受关注程度。实际上，在之前的十年，这个问题一直是中国比较史学关注的热点。中国世界中世纪史研究会则是这项研究的积极推动者，因为对中世纪史研究者来说，中西比较既是新的研究方法，也是

---

① 施治生、刘欣如编：《古代王权与专制主义》，中国社会科学出版社2015年版；施治生、郭方编：《古代民主与共和制度》，中国社会科学出版社2007年版。
② 王成军：《世界史背景下中西古典史学的比较与诠释》，科学出版社2015年版。
③ 李友东：《先秦中国和古代希腊文明起源的地理环境之比较》，《史学月刊》2007年第5期。

新的研究理路。早在1980年西宁召开的学会年会上就出现了一批这方面的论文,此后该学会又在昆明、长春、天津、广州等地召开过有关中西封建社会比较的专题性学术会议。1985年5月,该学会联合《历史研究》编辑部、南开大学历史系、天津师范大学历史系召开"中西封建社会劳动者生产生活状况比较研究讨论会",围绕"有关劳动者生产生活史比较研究的理论和方法论问题"、"中西封建社会劳动者生产生活状况的比较"两个议题,与会学者展开热烈讨论,并取得丰硕成果。[1] 截至20世纪90年代初,关于中西封建社会比较主题的论文已经有数百篇之多,涉及经济、政治、思想文化等多个领域。[2] 包括庞卓恒、毕道村、熊家利等在内的研究者们关注的问题包括中西封建主义的延续时间、封建专制制度、封建社会的结构、劳动人民生产生活对封建制度发展的影响、封建城市发展道路等。[3] 此后很长一段时间里,上述问题仍然是国内中世纪史研究的重点,而且呈现出日益细化的趋势。[4] 在20世纪90年代,以朱寰《亚欧封建经济形态比较研究》、马克垚《中西封建社会比较研究》为代表的研究成果证实比较史学经过20多年发展正在走向深入和成熟。[5]

在20世纪我国关于中西封建社会的比较研究中,大多数学者都尝试寻找中西封建制度的差异,来解释中西走上不同道路的原因。对此,近年来,马克垚在多部论著中反复强调,要从世界范围内说明封建社会的问题,就应当建立全世界范围内适用的封建政治经济学,以

---

[1] 荣建、许郝、左蘅(张永健、徐浩、庞卓恒):《中西封建社会劳动者生产生活状况比较研究讨论会综述》,《天津师范大学学报》1985年第4期;许好、左衡(徐浩、庞卓恒):《中外封建社会劳动者生产生活状况比较研究讨论会概述》,《历史研究》1985年第5期;南开大学历史系、天津师范大学历史系、中国世界中世纪史研究会、《历史研究》编辑部:《中外封建社会劳动者状况比较研究论文集》,南开大学出版社1989年版。

[2] 史陵之:《近年来我国的比较史学研究》,《历史教学》1991年第11期。

[3] 范达人、易孟醇:《比较史学》,湖南出版社1991年版,第203—220页。

[4] 孟广林、余永和:《改革开放以来的西欧中世纪史研究》,《史学月刊》2008年第9期。

[5] 侯建新:《国内关于中西历史比较研究综述》,载侯建新《转型时期的西欧与中国》,济南出版社2001年版,第396—398页。

全世界民族、国家的历史为依据，在探讨各国历史的特殊性时也要探讨世界历史发展的统一性。① 正是基于这样的学术思想，他一直在思考和寻找中西封建社会经济形态的共性。他认为，无论在中国还是西欧，对自己的封建的理解都有一个把它先当作法律、政治制度的过程。一些西方学者仍然把封建制度看作是一种政治、法律制度，即封君封臣关系、封土制度、国家权力衰落等，并以此来说明西欧的独特性，否定封建社会在世界范围的普遍性，这无疑是失当的。他通过对中西诸国封建结构的比较，探求其发展能力，进一步追寻这些结构对资本主义发生的影响。他选择农业生产力、小农经济、地主经济、城市、工业商业、王权、阶级、人口等问题进行探讨，以破除西欧中心主义，并证实中西封建制度及其发展只有某些现象上和程度上的区别，而无本质上的差异。② 以专制主义为例，他用大量篇幅论述罗马帝国、西欧、俄罗斯、中国专制主义思想和制度的形成发展，之后得出结论称，各国专制主义尽管呈现出不同的特点，但它的普遍存在和内在一致性仍然是毋庸置疑的。③ 在对中西古代文明进行比较的过程中，彭顺生也主张以辩证的观点来看待中西封建社会差异，而不是纠结于"中西古代文明孰优孰劣"的争论。④

朱寰同样推崇中西封建经济社会的比较研究。他主编的《亚欧封建经济形态比较研究》由他本人、马克垚、姜伯勤、孙义学等四位学者参与撰写，以中、英、日、俄四国为样本，分土地国有问题、封建土地所有制、封建地产的经营、农民的身份、封建农民经济、农村公社、封建城市、中世纪工商业、中世纪城市居民九个部分，采取分—总结合的方式展开全面比较。从内容设计上来看，它既是比较研究，又可称为四国的专门史。从结论来看，四位学者发现亚欧封建经济形态存在共性，如土地国有存在于中古各国、封建土地均存在租佃经

---

① 马克垚：《封建政治经济概论》，人民出版社2010年版，第10—28页。
② 马克垚主编：《中西封建社会研究》，学林出版社1997年版，第4—19页。
③ 马克垚：《古代专制制度研究》，北京大学出版社2017年版，第43—45页。
④ 彭顺生：《中西古代文明史比较研究》，华侨出版社1996年版。

营、土地所有均在变动等等。当然,该书还比较了亚欧封建经济的不同,如市民的功能及其历史作用、工商业发展差异,从而论述了近代以来各国走上不同道路的原因。①

对于东西方世界为什么走上不同的道路,戴逸尝试从18世纪寻找答案。他主编的《18世纪的中国与世界》分九卷,按照政治、军事、边疆民族、经济、农民、社会、思想文化、对外关系等主题,将中国放在世界历史范围内进行宏观、综合性的比较研究,力求改变中国史和世界史分割和独立研究的习惯,扩大了研究视野,令人耳目一新。② 例如,该书边疆民族卷将中国的人口流动与美国的"西进运动"、同时期中美两国的边疆政策进行对比研究,寻找差异性及其根源,并指出,整体结构是否合理是边疆开发的关键所在;该书社会卷比较了中国与世界(英、日)社会精英的共性与个性,并认为他们的特质、生产生活方式、权力体系影响着社会向着不同方向发展。③ 再以该书农民卷为例,作者选取英国作为中国的比较研究对象,针对农村经济、农村生产关系、农村商品经济、农民生产生活等问题进行了全面而系统的分析,从而在一定程度上呈现出中英两国在走向近代化过程中农村所发挥的极为不同的作用。④ 从乡村寻找西方(尤其是英国)步入现代化的根源是不少学者的选择。例如,在对转型时期的西欧与中国进行比较研究时,侯建新发现,个人财富的积累、对个人权利的保护等是西方实现社会转型的重要机制。在中国,这些机制是缺失的。在传统社会的农村经济状况方面,如农业劳动生产率、雇佣经济、乡村基层组织、消费水平等,中国同西欧(尤其是英国)均存在较大差距或差异,这样一来,社会的前进方向自然就与西欧大为

---

① 朱寰主编:《亚欧封建经济形态比较研究》,东北师范大学1996年版。
② 戴逸主编:《18世纪的中国与世界·导言卷》,辽海出版社1999年版,第2—5页;李文海等:《专家简评〈18世纪的中国与世界〉》,《清史研究》2000年第1期。
③ 成崇德:《18世纪的中国与世界·边疆民族卷》,辽海出版社1999年版;秦宝琦、张妍:《18世纪的中国与世界·社会卷》,辽海出版社1999年版。
④ 徐浩:《18世纪的中国与世界·农民卷》,辽海出版社1999年版。该书单行本题为《相似还是相异?——18世纪中英农村经济与社会比较》,商务印书馆2022年版。

迥异。① 王晋新也将眼光投向了"转型时期"（15—17世纪），并对中国明朝与英国都铎王朝的土地所有和占有状况、地产运动、农业生产状况和经营方式、农村副业和工业发展等问题进行了比较，由此提出农村经济的发展和变革为两国经济社会结构由以农为本的自然经济向近代以工商为本的商品经济的转变提供了基本条件，成为制约和促进两国社会从封建主义阶段向资本主义阶段转变的重要因素。② 徐浩将清代华北与中世纪英格兰的农民经济进行了比较，认为双方在环境、人口和耕地，粮食生产，农村工副业与城市市场，以及农民非生产性支出与消费等诸多方面存在明显差异，这在很大程度上决定了两国现代化的不同道路和命运。③

实际上，改革开放以来，我国社会各界急切寻找通往现代化的道路，学界也开始系统总结西方及其他各国实现现代化的经验与教训，取得了不少成果。罗荣渠对我国的现代化比较研究做出了重要贡献。他尝试从宏观历史的视角对各国现代化的进程和道路开展讨论。他主编的《各国现代化比较研究》围绕现代化与历史文化传统的关系、工业化的道路与经验、政治变革与社会文化发展三个主题，将研究对象从中国与西欧扩展到中东、印度、拉美、非洲等以前没有被关注的地区，从不同视角考察了各国现代化的进程和经验，为学界深入研究中国现代化的历史进程提供了国际参照系。④ 工业革命的进程与工业社会的形成一直是学界关注的重点。王章辉、孙娴将研究视野扩大到欧美五国（英、法、德、美、俄），从工业革命初期轻工业比重大、重工业相应发展、工业部门之间的相互关系等方面寻找五国出现上述

---

① 侯建新：《现代化第一基石：农民个人力量与中世纪晚期社会变迁》，天津社会科学院出版社1991年版；《农民、市场与社会变迁——冀中11村透视并与英国乡村比较》，社会科学文献出版社2002年版；《转型时期的西欧与中国》，济南出版社2001年版、高等教育出版社2005年版。

② 王晋新：《15—17世纪中英两国农业鄂竞技比较》，东北师范大学出版社1996年版。

③ 徐浩：《农民经济的历史变迁——中英乡村社会区域发展比较》，社会科学文献出版社2002年版。

④ 罗荣渠主编：《各国现代化比较研究》，陕西人民出版社1992年版。

局面的独特原因，并得出工业各部门相互依存、基础工业是发展动力、世界市场推动工业化深入等三点重要结论。① 相较之下，同期的东方与工业革命和现代化几乎是绝缘的。对于现代化在东西方的不同境遇和"大分流"的起源问题，徐浩指出，按照孟德斯鸠、黑格尔、马克思和韦伯等人的论述，东西方自古以来便经历了不同历史道路，而非像晚近以来有些国外学者所主张的那样，直到很晚才由于偶然因素出现了大分流。权力制衡、精神自由、财产所有制等因素都长期和必然地决定了古代中国的历史进程，从根本上导致中西历史的差异性。② 赵鼎新也认为，西欧与中国差异巨大，早在工业革命发生与传播之前，它们的发展已经遵循不同的规律。市场经济、工业资本主义与民族国家是西方崛起和中国落伍的关键因素。最后，中国并非自发地迈入现代化，而是被西方和日本帝国主义拖入到工业化和现代化的历史进程之中。③

四 中西文化与史学比较研究

（一）中西文化比较研究

中西历史文化的比较在中国有过两次高潮，第一次出现在20世纪初新文化运动前后，第二次则是开始于改革开放开启之时，与中国当代比较史学的兴起发展可谓亦步亦趋。1985年12月，中国文化书院举办"中西文化比较研究"研习班。三年后，在此次研习班上发表演讲的十余位中西学者的录音讲稿被整理为《中西文化比较研究》一书公开出版。④ 接下来的十余年间，学界关于文化的讨论方兴未艾，

---

① 王章辉、孙娴主编：《工业社会的勃兴：欧美五国工业各命比较研究》，人民出版社1995年版，第319—356页。
② 徐浩：《相似还是相异？——近现代国外有关中西方文明的历史比较》，《史学理论研究》2016年第3期。
③ 赵鼎新：《国家、战争与历史发展：前现代中西模式的比较》，浙江大学出版社2015年版，第121—151页。
④ 中国文化书院讲演录编委会编：《中西文化比较研究：中国文化书院讲演录第二集》，生活·读书·新知三联书店1988年版。

据有学者不完全统计，1980—1995 年有相关论著百余部，论文四百余篇。1997 年，季羡林、张光璘选编《东西方文化议论集》，收录了 20 世纪 80 年代以来关于该主题的众多论著。① 在中西文化特点的事实判断及其优劣取舍的价值判断方面，以及对待古今和中西文化的基本态度方面，包括周谷城、季羡林、费孝通等在内的学者对世纪初论争的是非得失做了回顾和反思。在此基础上，众多论者都主张从历史的、发展的观点，全面地认识人类文化发展的共性、时代性和各民族文化发展的个性和民族特性以及两者之间的关系，从而对古今中西文化做出符合实际的价值判断，以面向世界的开放胸怀，敞开吸纳世界文化中的一切积极成果，创造社会主义现代化的新文化。针对理论和实际探讨中的困惑，庞卓恒从"文化"的科学定义入手，考察了文化研究中面临的几个实证研究问题，如各民族文化的共性和个性、中西历史文化中的分异、文化的时代限定性和跨越时代的传承特性、不同文化之间互相冲突或融汇的原因和条件等，并提出，含有不同的价值体系的文化会发生怎样的关系，总是以不同的文化主题所要争取或维护的经济和政治利益为转移，而其深层根基就是与之相适应的生产生活方式。正是这深层根基，决定着文化的产生、发展和衍变，也最终决定着不同文化之间是出现冲突，还是吸收、融会的关系。②

近年来，虽然文化比较不再是热点问题，但也有一些新的研究出现。以法律文化为例，张中秋从法的形成、法的本位、法的文化属性、法与宗教伦理、法的体系、法的学术、法的精神、法律文化的价值取向八个方面对中西法律史进行了比较研究，并力图在比较中辨异、求同、汇通。③ 当然，对于其中所谓"法的本位"差异在于中西方集团本位和个人本位的不同，庞卓恒早就曾指出，这种认识可能并不准确，说它是一种个体—群体文化或探求个体本位与群体本位交汇

---

① 季羡林、张光璘选编：《东西方文化议论集》，经济日报出版社 1997 年版。
② 庞卓恒：《唯物史观与历史科学》，高等教育出版社 2004 年版，第 192—228 页。
③ 张中秋：《中西法律文化比较研究》（第四版），法律出版社 2009 年版。该书第一版出版于 1990 年版。

途径的文化更能反映它的全貌。尤为重要的是，制度文化和观念文化的比较只有联系到对生产生活方式，并进而联系到对日常的生产生活实践活动的比较来进行，才能得出较为科学的结论。① 此外，还有人探讨中西城市格局与文化的关系。例如，龙登高发现，美国各州的首府城市，很少位于作为经济中心的大城市，也很少是该州最大城市，与中国省会城市的经济地理格局大异其趣。这种经济中心与政治中心分离的现象，是分权的民主政体之下主流民意的体现，并制约了行政中心的规模扩大；其基础性制度市场配置资源则推动了经济中心的不断壮大。② 对此学界亦早有类似研究，即在20世纪80年代，侯仁之就曾指出北京和华盛顿呈现出封闭与开放的不同风格，并不无道理地指出，这是由两国历史上形成的不同的文化造成的。③

（二）中西史学比较研究

所谓史学比较，指的是就历史学自身进程中以其理论、著作、研究方法、发展途径与特征等为对象进行比较研究，从专业研究的角度来看，史学比较对于深入认识史学发展的作用，进而扩及历史研究的总体研究的意义都是非常重要的。中西史学都有自己的历史传统和研究体系，自19世纪末以来，二者开始交汇、互相参照。早在20世纪90年代初，就有研究者指出，有望成为中国史学界关注的一个热点就是中外史学的比较研究，因为通过比较可以显示各自的风格与特点，并看出它们在世界史乃至世界文明史上所作的重要贡献。而这种具体的史学比较可以称之为"狭义的比较史学"④。2005年，北京师范大学史学理论与史学史研究中心在安徽芜湖召开专题学术研讨会，主题即为"理论与方法：历史比较和史学比较"，就史学比较的相关

---

① 庞卓恒：《中西文化的历史比较》，《天津社会科学》1991年第6期。
② 龙登高：《中美首府城市的历史比较与制度分析》，《思想战线》2017年第2期。
③ 侯仁之：《从北京到华盛顿——城市设计主题思想试探》，《城市问题》1987年第3期。
④ 张广智：《关于深化西方史学研究的断想》，《社会科学》1992年第3期；张广智：《西方史学史》，复旦大学出版社2004年版，第352页。

问题展开了广泛交流。2007 年，瞿林东主编的《史学理论的世界视野——外国史学研究》出版。该书收录了至少六篇关于比较史学的专题论文，内容涉及中西古文明比较、封建社会比较、史学理论比较等内容，是中国学界关于史学比较研究的集体结晶。[①]

众所周知，自 19 世纪末 20 世纪初以来，中国的中西史学比较已经持续了上百年。只不过，它在 20 世纪上半叶是以借鉴西方史学为目标，旨在比较中西史学的差异，寻求二者结合的可能。在新中国成立之后，尤其是在改革开放之初的十余年时间里，中西史学比较研究已经成为一个较专门的课题，研究成果日渐增多，研究规模日益扩大，研究程度逐渐深入，研究趋势令人鼓舞。[②] 这时的研究成果主要呈现出以下几个特征：第一，中西史家、史著、史学思潮的个案研究多，如司马迁与希罗多德的比较、章学诚与西方学者的比较、黑格尔与中国学者的比较等；第二，中西古代史学比较是主要比较对象，诸如中西古代史学的起源、发展途径、编纂理论与方法、事实判断与价值判断、史学地位等；第三，中西史学精神是关注焦点，研究视角涉及历史观、人本主义、编修理论与实践等；第四，在中西史学比较的理论方面也取得了一定成绩。同时，从现有成果看，当前研究中还存在着对西方史学乃至中国史学的了解不够深入和全面的现象，以致出现值得商榷的情况，这是需要我们注意的。[③] 因此如果将史学比较作为"支撑史学史总体结构的鼎足之一"，当前的研究还面临着诸如如何把握中西史学理论各自特点、提升史学理论的概念比较层次、保持对概念发生和演变的历史性的充分自觉等亟待解决的难题。

[①] 瞿林东主编：《史学理论的世界视野——外国史学研究》，北京师范大学出版社 2007 年版，第 170—296 页。

[②] 相关研究论著详见张越：《中西史学比较研究的开展和深化》，载瞿林东主编《史学理论与史学史学刊》，社会科学文献出版社 2006 年版，第 90—92 页。

[③] 相关研究论著详见李勇《20 世纪 80 年代以来国内中西史学比较研究回顾》，载瞿林东主编《史学理论与史学史学刊》，社会科学文献出版社 2006 年版，第 100—112 页。

五 余论

整体而言，经过40多年的发展，中国比较史学已经取得了不小的成绩。然而，也应该看到，它离臻于成熟尚有距离，正如有学者曾指出的那样，"我国至今仍未形成一个比较史学流派，比较史学也未被建立成历史学的一门分支学科，专门的比较史学刊物也并未出现。"[①] 以史学比较为例，20世纪90年代以后，中西史学比较研究处于一个艰难的过渡时期，成果数量减少，一来从事中西史学比较研究需要兼通中西史学，而这样的研究者屈指可数，二来研究者的主观因素导致在比较过程中遇到问题的认知和处理方式出现偏差。[②] 同时，今天的研究更为具体、深入和精细，而研究者的视野则变得日益狭窄，更多的人倾向于在自己擅长的领域内精耕细作，不愿意关注视野更开阔、更具挑战性的问题。这是当前比较史学面临的困境。因此，全面认识比较史学的价值与内涵，深入而系统地探讨其理论与方法显得十分必要。

进入新时代，世界处于百年未有之大变局，探求历史发展规律以应对危机成为重大时代命题，史学研究因此也更加需要比较方法的运用。有人指出，在全球化时代，中国的世界史研究必须用历史比较的视野去进行探讨，追求中西"融通"的学术境界，这将不仅深化诸多历史个案的研究，促进对历史规律性的探讨，也将有力地推动我们的世界史研究群体步入国际史坛，与国外特别是西方的同行进行平等的对话与交流。[③] 再以中西古代文明比较研究为例，它不仅可以使我们从源头上对中国文明和文化传统有更清楚的认识，而且能够帮助我

[①] 何平：《比较史学的理论方法和实践》，《史学理论研究》2004年第4期。

[②] 张越：《中西史学比较研究的开展和深化》，载瞿林东主编《史学理论与史学史学刊》，社会科学文献出版社2006年版，第93—98页。

[③] 孟广林：《我国世界史研究的发展方向》，《天津师范大学学报》（社会科学版）2006年第2期。

们认识其他古代文明的精华，并从中汲取有益养分，是进一步繁荣发展和复兴中华文明的重要途径。① 可以说，比较史学研究大有可为。20世纪末，在展望新世纪中国比较史学的发展时，侯建新曾指出三个趋势：第一，历史比较研究的范围将进一步扩大；第二，历史比较的层次将进一步提高；第三，历史比较研究的对象走向多样化、具体化。同时，他强调，随着全球化趋势与中国改革开放事业的进一步发展，中国比较史学会获得更大成就。② 我们对此深信不疑。当然，比较研究难度很大，扎实推进以具体事件、人物、问题、过程的个案研究，然后在此基础上不断提高比较层次，将是当下及将来一段时间内推动我国比较史学更上层楼的重要工作。

---

① 黄洋：《从古代文明的比较研究探寻中国史和世界史的融通》，《光明日报》2021年7月26日。

② 侯建新：《国内关于中西历史比较研究综述》，载侯建新《转型时期的西欧与中国》，济南出版社2001年版，第430—432页。

附录二

《社会和历史比较研究》
编辑部社论[*]

[美] 西尔维亚·L. 斯拉普著

谭齐晴译[**]，徐浩审校

文明的进程取决于超越民族性。一切都要经过更多的法庭在更多的观众面前审判。比较的方法得到应用，偶然屈服于理性的影响。

——阿克顿勋爵

密歇根大学 Ms. Add 4908

阿克顿勋爵这篇笔记表达了他那个时代许多有思想的人的感受。比较研究的思想是从自然科学，特别是从备受推崇的解剖学中借鉴来的，它给人类社会生活的研究带来了新的热情。它敦促学者们协调他们的目标，相信法律、政治、经济、社会组织和宗教，以及创造和产生于所有这些的思想，将归于有限数量的相互关联的模式，这些反过来将揭示出一条跨越时代的广泛的共同发展道路。

众所周知，对这些希望的怀疑反映在世纪之交。这在一定程度上

---

[*] Sylvia L. Thrupp, "Editorial", *Comparative Studies in Society and History*, Vol. 1, No. 1 (Oct., 1958).

[**] 西尔维亚·L. 斯拉普，芝加哥大学教授，《社会和历史比较研究》主编；谭齐晴，英国布里斯托大学历史系博士研究生。

是由于许多作者在处理比较时表现出的对证据的无忧无虑的态度。他们只在不同民族和不同时代的制度和文化中寻找相似性，就像他们最肤浅的批评者所能证明的那样，常常忽视了相关的差异。事实上，他们掌握的知识体系不足以验证任何雄心勃勃的概括。民族学依赖旅行者的故事，比较宗教学依靠一些神圣的文本，历史学除了古典世界和欧洲国家的政治发展，以及后者的经济政策的性质之外，几乎没有什么可以确定的。与人类的社会生活相比，人们对蚯蚓和其他无脊椎动物的了解要多得多。随着研究的扩展，有效的概括必然只能缓慢而试探性地推进。

今天，时代迫使我们重新对比较方法产生了兴趣。在不放弃民族意识的情况下，我们获得了一种人类意识。种族中心主义的观念已经成为一个受到指责的问题。即使是学术界也不能在这一点上免受指责，因为正如许多伟人所指出的那样，那些仅仅研究自己国家的人怎么能说出它真正的独特之处呢？

对一些人来说，这种立场令人困惑。理论和知识的进步使得职业生涯即使是在一个受限制的角落里的专家也变得越来越艰难。他如何能精通多个领域而不失去作为一个工匠的正直？比较研究不会把他变成一个什么都不懂的人吗？一个优秀的学者如果要在闭关自守可能造成的错误和分散研究可能造成的肤浅之间做出选择，他宁愿待在自己的角落。

幸运的是，这种困境是错误的。今天的比较研究倡导者只是敦促相关领域的专家更频繁地就特定的类似问题交换意见。虽然没有人反对这一点，但在大多数领域，这是留给个人的事业。此外，在它是一种专业实践的情况下，正如人类学中的严格规则一样，并且正如比较法律、比较宗教和比较文学期刊的存在所证明的那样，比较通常涉及仅在单一领域中具有直接重要性的问题。

现在提倡的是就更广泛关注的问题进行更广泛和更公开的信息和思想交流。因为很多人相信，对于人文学科、历史学和各种社会科学来说，有一组明确的共同问题。这种信念建立在每个社会的文化传统、社会组织、新思想、新愿景和新需求之间明显的相互作用的基础之上。作为专家，艺术史学家、经济学家、宗教学者和许多其他群体在涉及这种相互作用方面划出了他们自己的领域。他们用特殊的语言解决特殊的问题。但是，没有任何一个群体能够垄断互动中反复出现的问题，比如，政治意识形态或宗教如何传播的问题，或者什么使文化模式的某些元素长期抵抗变革的问题。

这种顺序的问题是常见的领域。他们通过定期交换假设和发现来挑战合作攻击。这种情况还在继续，但有些拖沓。除非新的研究足够令人印象深刻，能够以书籍的形式出版，否则它可能很容易逃过一群专家以外的人的注意。这种忽视的原因并不是缺乏对更多交流的渴望的认识，而是在向专业观众介绍研究文章时，人们可能理所当然地认为，所讨论的更广泛的问题已经得到了理解。只有在解释新的理论观点或提出新的证据时才需要明确。局外人感到困惑。他只见树木不见森林，即使它们可能是同一棵树木的一部分，是他自己所从事的同一种普遍问题。简而言之，我们的交流系统确实存在差距。

《社会和历史比较研究》的创刊就是为了弥合这一差距，作为一个论坛，就普遍感兴趣的反复出现的问题进行比较。该计划从一开始就得到了出乎意料的富有想象力的合作。在撰写本文时，支持来自17个国家和许多不同学科分支。

我们的撰稿人将选择任何似乎最适合他们目的的比较研究方法。有些人可能更喜欢通过验证或应用理论来采用这种方法，这通常被称为"比较方法"。如果理论是精确的，并且具有这种特征的数据是有限的，所有这些数据都可以从每个相互竞争的理论的角度进行严格的检验，那么这无疑是最好的计划。它在历史语言学上的成功成功地证明了这一点。然而，很少有反复出现的文化问题是在这种情况下出现的。

另一个极端是纯粹的经验主义方法。这样做的缺点是允许个人特质过多自由发挥。即使是经济史学家，受过通过统计测量来评估客观性的训练，在描述同一种制度时，也会倾向于计算和衡量它的不同特

附录二 《社会和历史比较研究》编辑部社论

征。这些结果对于比较研究来说几乎没有用处。当描述缺乏正式的衡量标准时,它们之间缺乏一致性就不太容易被发现。然而,在任何复杂的场景中,个人观点都不可避免地会有所不同。两个并肩作战的士兵不会看到同一场战斗。

许多撰稿人可能更喜欢第三种或混合方法,在某种程度上利用理论作为控制经验观察的手段。但是,当他们开拓新的领域,或者当几位作者在不同的背景下处理类似的问题时,分享工作假设将是有益的。编辑委员会随后将充当联络小组,帮助制定可能作为共同指南分发的问题。这样的问题永远不会排除自由的个人探究。其目的只是确保成果的可比性。

编辑部的偏好仅限于两点。它将支持,尽管不是唯一的,尽可能充分考虑历史因素的观点。这种偏好不仅反映了历史学家的愿望,也反映了人类学家的愿望。梅尔维尔·J. 赫斯科维茨曾有力地指出,他在该领域的同事们会发现,如果他们将比较方法更多地应用于"对特定历史变迁中的文化进行分析"①,而不是将其应用于地理划定的区域,那么比较方法会更有成效。同样,关于理论模型或概念,或关于比较逻辑的新观点,编辑部的偏好是要求在活动中,在新发现中证明它们,而不是在抽象中展示它们。

我们杂志的第一期涉及四个相互关联的问题。第一个是受过智力训练的人在社会中的角色。第二个是教会和国家的问题,可能有助于说明当知识分子以宗教为导向时,他们与当局之间的关系中可能出现的一些特殊问题。关于这个主题的两篇文章在1953年的美国历史协会大会上宣读过。第三个主题,即前现代官僚政治,进一步拓宽了看待知识分子角色的历史视角。它还强调了第一次出现受过智力训练的

---

① Melville J. Herskovits, "On Some Modes of Ethnographic Comparison", *Bijdragen tot de taal-, Land-, en Volkenkunde*, deel 112 (1956), 1-20. 该文参考了最近关于比较方法的一些讨论。值得添加到这张列表中的更早讨论是 "The Body Politic", *The Collected Papers of Frederick William Maitland*, ed., H. A. L. Fisher (Cambridge: Cambridge University Press, 1911), III, pp. 285-303.

附录二 《社会和历史比较研究》编辑部社论

人担任专业管理人员的角色对社会组织的巨大意义。在西方，王权和封建主义促成了这一革命性的变革。因此，把我们的第四个主题定为封建主义的比较研究是合适的。

这些主题将在后续各期中进一步讨论，并以相互交叉的方式增加新议题，形成一个持续的会议。编辑部将邀请作者撰写对当前工作有重要意义的比较研究综述文章。我们的撰稿人兴趣的活跃与范围，反映了我们作为知识分子角色的一个最终目的，即扩大人们对社会生活的共同理解。

这里需要感谢作者和赞助机构，他们的慷慨支持使编辑们的事业成为可能。

附录三

西方崛起与否？对社会经济史的修正[*]

[美] 杰克·A. 戈德斯通著[**]

（加州大学戴维斯分校教授）

徐浩译

摘要：有关"西方的崛起"的争论通常是关于欧洲历史上哪个或

---

[*] Jack A. Goldstone, "The Rise of the West – Or Not? A Revision to Socio – Economic History", Sociological Theory, Vol. 18, No. 2（Jul., 2000）, pp. 175 – 194. 杰克·戈德斯通（Jack A. Goldstone, 中文名为金世杰）现供职于美国乔治·梅森大学，系加州学派的核心成员之一。加州学派形成于20世纪八九十年代，三十多年来对中国社会经济史和中西比较产生重要影响。戈德斯通在该文中首创"加州学派"的概念，并作为该学派核心成员对加州学派形成的学术背景、代表人物和作品，以及主要观点等做了全面系统的评述，这在加州学派其他成员中绝无仅有。反思加州学派的研究无疑需要准确深入地了解该学派的研究范式，该文在此方面无疑为我们提供了一篇极具权威性和基础性的学术史文献。戈德斯通著述较多，《为什么是欧洲？世界史视角下的西方崛起（1500—1850）》（关永强译，浙江大学出版社2010年版）是其较近的著作——译者注。

[**] 除了引用外，我还要特别感谢 Mark Elvin（1973）、Daniel Chirot（1994）、Randall Collins（1986）、S. N. Eisenstadt（1995、1998）和 Michael Mann（1986）的论著。他们的谈话、洞察力和写作不断地激励和鼓舞着我的努力。我也要感谢 Harriet Zurndorfer, Peer Vries 和 Wim van den Doel，他们邀请我到莱顿大学访问，极大地激发了我对这个话题的思考；感谢 Ralph Crozier，他鼓励我在1999年6月于不列颠哥伦比亚省温哥华市举行的世界历史协会的会议上撰写这篇文章的早期版本；感谢 Jonathan Turner，他敦促我为发表准备了这个版本。特别感谢在1999年10月参加加州大学戴维斯分校关于现代化问题会议的同事们，感谢加州大学戴维斯分校的主任 Sterve Sheffrin 和 Barbara Metcalf，所有加州大学经济史的团队，以及美国社会学协会对学科发展的资助，为本次会议提供了资金，感谢我的同事 John R. Hall 的杰出努力。最后，如果没有出色的学术研究，没有我在加州大学戴维斯分校以及我称之为"加州学派"的朋友和同事分享学术的意愿，这篇论文就不可能构思或完成。

附录三 西方崛起与否？对社会经济史的修正

哪些因素——文化、地理或物质因素——导致欧洲与世界前工业文明分道扬镳。本文旨在通过论证不存在导致欧洲工业化不可避免或甚至可能发生的任何因果因素来改变争论的焦点。相反，大多数欧洲国家不会和不能走向工业化的程度并不亚于中国、印度或日本。更确切地说，17世纪晚期发生的一系列事件的非常偶然的组合，让英国走上了一条特殊的道路，导致了工业化和宪政民主。这些意外事件包括在1689年的和解中，圣公会和不奉国教者之间，以及国王和议会之间的妥协；英国圣公会将牛顿科学作为宇宙观的一部分，并将其传播给全英国的工匠和企业家；有机会应用真空和力学的概念来解决特定的技术问题：从煤矿或附近的深矿井中抽水。如果没有这些特殊的历史事件，没有理由相信欧洲会比18世纪和19世纪领先的亚洲文明更先进。

已经引用了许多个别因素来解释西欧的特殊道路，但人们怀疑一种极其复杂、知之甚少的协同作用正在发挥作用。[1]

对技术进步的研究是……对例外论的研究，在这种情况下，由于罕见的情况，社会滑向停滞和平衡的正常趋势（以某种方式）被打破。[2]

一　引言

从现在的角度回顾过去，我们相信我们可以理清各种社会的路径，并确定发生了什么。然而，虽然这在个别国家历史中是驾轻就熟的，偶尔也会在地区历史中（如欧洲、拉丁美洲、东亚），但在世界历史中却很少这样做。也就是说，我们可以很容易地找到欧洲或亚洲

---

[1] Victor Lieberman, "Transcending East-West Dichotomies: State and Culture Formation in Six Ostensibly Disparate Areas", *Modern Asian Studies*, Volume 31, Issue 3, July 1997, p. 499.

[2] Joel Mokyr, *The Lever of Riches*: *Technological Creativity and Economic Progress*, Oxford: Oxford University Press, 1990, p. 16.

附录三 西方崛起与否？对社会经济史的修正

的经济和政治发展史，甚至可以比较这些轨迹。但是，很少有人从全球的角度对历史如何在不同地区展开进行严格的、循序渐进的调查（尽管可以看到弗兰克、王国斌和阿布-卢格霍德关于这种方法的杰出例子）。[1]

这种方法对于欧洲工业发展史来说尤为重要。这个故事有时是从英国及其18世纪后期工业化的角度来讲述的，有时是从更广阔的欧洲视角来讲述的，可以追溯到中世纪晚期。但无论哪种方法，这都是一个欧洲故事，它将更遥远的欧洲过去的元素与18世纪晚期的欧洲联系起来。地理、文化、技术或社会因素使欧洲文明"特殊"或独特。然后，比较的形式是考察其他国家或地区的历史，找出差异：要么是"缺少"促进因素，要么是阻碍欧洲以外类似工业发展的固有"障碍"。

这种处理世界历史的方法——比较已经形成的国家和地区的历史——的一个主要问题是，它依赖于已知的结果，而这会使我们的观点产生偏见。强调那些与现在联系紧密的过去因素，而忽略那些缺乏这种联系的因素，并宣称前者具有因果意义，后者无关紧要，这种做法变得极其诱人。通常，看似合理的联系只是我们偏见的结果。正如詹姆斯·布劳特所指出的那样，[2]世界上的欧洲殖民者实际上也对历史进行了类似的殖民化，他们划出自己喜欢的领土，用自己选定的事实"占领"它，而排斥其他事实。

举一个简单的例子来说明事实被夸大或贬低的方式，让我们考虑一下经验主义和医学之间的联系。对欧洲崛起的解释往往强调其"经验主义"，例如认为中国科学不像西方医学那样是经验主义的。然而，

---

[1] Andre Gunder Frank, *Reorient: Global Economy in the Asian Age*, Berkeley and Los Angeles: University of California Press, 1998; R. Bin Wong, *China Transformed: Historical Change and the Limits of European Experience*, Ithaca, NY: Cornell University Press, 1997; Janet Abu-Lughod, *Before European Hegemony: The World System, A.D. 1250–1350*, New York: Oxford University Press, 1989.

[2] James Blaut, *The Colonizer's Model of the World: Geographical Diffusionism and Eurocentric History*, New York and London: Guilford Press, 1993.

· 307 ·

附录三 西方崛起与否？对社会经济史的修正

现在看来，中国的传统医学，特别是针灸和草药疗法，实际上是建立在非常精确的经验观察基础上的，其价值今天甚至在西方也得到了证明。① 如果中医常常是经验的和准确的，我们怎么能简单地把所有中国科学斥为"非经验性的"，因此有致命的缺陷呢？

或者，大卫·兰德斯②再次就欧洲人对贸易的渴望提出了19世纪欧洲主导地位的问题，他问为什么欧洲（和美国）的帆船停靠上海和广州，而没有中国的帆船来到伦敦。其实，在14世纪，中国派出了世界上从未见过的最大的船只和最伟大的舰队，从日本航行到非洲海岸。向伦敦派遣船只完全在中国的技术能力范围之内。然而，在几次伟大的航行之后，中国的船只退到印度洋的后面。为什么中国没有继续航行？兰德斯认为，中国由无知的暴君统治，缺乏对利润和冒险的渴望，放弃了海上贸易，这注定了它成为一个内向、封闭的经济体。

然而，中国却没有这样做。认为中国因为停止向非洲派遣自己的船只而失去了其海上实力，就好比认为美国在20世纪最后几十年的经济、贸易和技术能力肯定已经急剧下降，因为在20世纪70年代进行了一轮大胆的探索之后，它完全停止了载人登月。中国人停止了前往非洲海岸航行，原因与美国停止载人登月的原因相同——没有什么可以证明这种航行的成本是合理的。中国航行得越远，他们发现的土地就越贫瘠。有价值的商品主要来自印度和中东，数百年来，它们已经通过既定的陆路和海路涌入中国。③ 理性地说，中国人应该怎么做？东亚季风盛行的模式，从中国海岸向南吹，从印度往东吹，然后逆转，导致了一种高度合理（且便宜）的航行模式，即来自中国、印度和阿拉伯世界的船只聚集在东南亚的马六甲和亚齐，在那里交换货

---

① Nathan Sivin, "Science and Medicine in Chinese History", in *Heritage of China*, ed. Paul Ropp, Berkeley: University of California Press, 1990, pp. 164 – 196.

② David S. Landes, *The Wealth and Poverty of Nations: Why Some are So Rich and Some So Poor*, New York: W. W. Norton, 1998.

③ Jerry H. Bentley, "Hemispheric Integration, 500 – 1500 C. E", *Journal of World History*, Vol. 9, 1998, pp. 237 – 253.

附录三 西方崛起与否？对社会经济史的修正

物，然后随着季节的变化，顺着有利的风向航行回家。因此，中国海上商人的目标是控制从朝鲜、日本到菲律宾和东南亚的海洋，这是很合理的，他们很早就掌握了这一控制权，并为中国提供了繁荣的国际海上贸易，一直持续到19世纪。[①] 中国在东南亚贸易中占据主导地位的证据仍然摆在我们面前，从新加坡到印度尼西亚，东南亚的中国贸易共同体仍然主导着该地区的商业企业。

我们怎么能忽视几个世纪以来中国在亚洲海上贸易中的主导地位？答案很简单，事后看来，我们常常从中国19世纪的"落后者"地位中得出中国缺乏资本主义的结论。事实上，即使是中国学者，就像他们从殖民者那里借用服装和技术一样，也采纳了马克思主义的发展阶段的欧洲思想，并将他们自己的国家描述为"封建的"，直到进入20世纪。事实上，中国是巨大的资本主义企业的所在地，从明朝庞大的出口导向型陶瓷制品，到棉花和棉纺织品的巨大国内贸易，再到加工食品（例如酱油）的巨大国内贸易。[②] 为什么这种巨大的资本主义活动在世界历史上没有脱颖而出？因为我们常常以"赢家"和"输家"来看待世界历史，在"赢家"的历史中突出了很多，而在回顾"输家"的历史中模糊或忽视类似的项目。

作为最后一个警告，我们可以指出来自这种回顾性方法的其他一些错误。比较历史学家常常回溯中国的历史，推断中国处于"人口过剩"和"营养不良"的状态。虽然这些观察对19世纪末和20世纪初

---

① Ashin Das Gupta, *Merchants of Maritime India*, *1500 – 1800*, Aldershot, U. K.: Varior, 1994, I, 408 and II, 39; Gang Deng, *Chinese Maritime Activities and Socioeconomic Development c. 2100 B. C. – 1900*, A. D. Westport, CT: Greenwood, 1997; John E. Wills, Jr., "Maritime Asia, 1500 – 1800: The Interactive Emergence of European Domination", *American Historial Review*, 1993.

② Robert Finlay, "The Pilgrim Art: The Culture of Porcelain in World History", *Journal of World History*, 9 (1998), pp. 141 – 187; Kang Chao, *The Development of Cotton Textile Production in China*. Cambridge, MA: Harvard University Press, 1977; Jack Goody, *The East in the West*, Cambridge, U. K.: Cambridge University, 1996; Kenneth Pomeranz, *The Making of a Hinterland: State, Society, and Economy in Inland North China, 1853 – 1937*, Berkeley and Los Angeles: University of California Press, 1993.

附录三 西方崛起与否？对社会经济史的修正

的中国来说可能是正确的，但那几十年是例外的，不是典型的；直到18世纪末，英国南部的人均营养水平和农业产出水平与中国主要经济中心地区持平或更低。彭慕兰计算了人均卡路里、茶和糖的磅数、服装和家具的消费量，表明在物质方面，18世纪长江下游和沿海省份的普通中国人至少和同时代的英国人一样富裕。① 如果这种布丁的味道在吃的时候就知道了，那么中国人显然吃得足够好，比欧洲人更长寿：根据家谱和村庄研究计算出的成千上万中国人的预期寿命表明，在17和18世纪，中国男性出生时可以活到三十多岁；与18世纪的英国大致相同，比同时期的法国甚至荷兰都要长得多。②

事实上，这种认为中国"人口过剩"的观点导致了进一步的错误信念，即欧洲人在某种程度上更聪明、更谨慎、更个人主义，或者更"某种东西"，使他们能够控制生育率和限制人口增长，而中国家庭无限制地繁殖。③ 我们现在知道，虽然中国妇女结婚的年龄比欧洲妇女更年轻，但中国妇女婚后推迟生育的时间更长，生育间隔更大，并且比欧洲妇女更早结束生育，因此平均家庭规模与欧洲人相同。的确，北欧人限制了结婚，但中国家庭通过限制婚内生育率也实现了同样的生育率下降。事实上，20多岁的中国女性按年龄划分的婚姻生育率只有欧洲20多岁已婚女性的一半。④ 在中华帝国历史的大部分时间里，人口增长一直等于或低于英国和俄罗斯等欧洲国家。在大约1500年至1750年导致英国工业革命的两个半世纪里，英国人口的增

---

① Kenneth Pomeranz, *The Great Divergence: China, Europe, and the Making of the Modern World Economy*, Princeton, NJ: Princeton University Press, 2000.

② William Lavely and R. Bin Wong, "Revising the Malthusian Narrative: The Comparative Study of Population Dynamics in Late Imperial China", *Journal of Asian Studies*, Vol. 57, No. 7, 1998; Massimo Livi - Bacci, *A Concise History of World Population*, Trans. Carl Ipsen, Oxford: Black, 1989, p. 109.

③ John Hajnal, "Two Kinds of Pre - industrial Household Formation System", *Population and Development Review*, No. 8, 1982, pp. 449 - 494.

④ James Lee and Wang Feng, "Malthusian Models and Chinese Realities: The Chinese Demographic System 1700 - 2000", *Population and Development Review*, No. 25, 1999, p. 46; *One Quarter of Humanity: Malthusian Mythology and Chinese Realities*, Cambridge, MA: Harvard University Press, 1999.

长速度远快于中国：英国人口从 230 万增加到 570 万，增长了近 150%；在同一时期，中国从 1.25 亿人增长到 2.5 亿人，仅增长了 100%。① 因此，在工业化之前的很长一段时间里，英国的总人口增长率比中国多一半。因此，不可能声称更谨慎或更缓慢的人口增长对英国工业化的出现或对中国工业化的缺失至关重要：事实恰恰相反。

我们怎么能忽略这么简单的事实呢？由于我们渴望找到"一个或多个因素"，从我们目前的角度来看，这些因素会产生了一个强有力的差异结果，我们抓住了任何明显的区分欧洲和亚洲的因素（例如，在 20 世纪的大部分时间里，后者明显更大的人口密度和贫困），并将其视为该结果的长期和历史根源。

在过去的 10 年里，关于欧洲和亚洲社会之间差异的各种以前被接受的"事实"已经被推翻。这项研究迫使我们对欧洲文明优势的"殖民者观点"持怀疑态度。

二 公认的观点与"加州"学派

自从马克斯·韦伯对世界文明进行比较研究以来，② 学者们认为，欧洲国家——或者可能是俄国和奥斯曼帝国以西的欧洲，被称为"拉丁基督教"的单位——所特有的一些因素赋予了它们相对于其他社会的集体比较优势。这种优势何时产生，以及哪些因素构成了这种优势方面，林恩·怀特等一些人认为，这些优势出现在中世纪盛期（约公元 1000 年），指出了重质土耕种和水车利用的进步；另一些人，如阿尔弗雷德·克罗斯比和大卫·兰德斯，则认为优势出现在中世纪后期（大约公元 1300 年），那时机械钟、眼镜以及各种测量和机械设备开

---

① James Lee and Wang Feng, "Malthusian Models and Chinese Realities: The Chinese Demographic System 1700 – 2000", *Population and Development Review*, No. 25, 1999, p. 36, 该文得到了 James Z. Lee（李中清）私人通讯的证实；E. A. Wrigley and R. S. Schofield, *The Population History of England 1541 – 1871*, Cambridge: Cambridge University Press, 1981.

② Max Weber, *General Economic History*, Glencoe, IL: The Free Press, 1950.

附录三 西方崛起与否？对社会经济史的修正

始普及。[1] 埃里克·琼斯指出，这些因素加上欧洲几个世纪以来对物质资本积累异常有利的地理和环境。伊曼努尔·沃勒斯坦发现，西方的优势根植于16世纪发展起来的不断扩大的世界贸易体系中的领导力；还有一些学者，例如乔尔·莫凯尔，指出知识的增长始于中世纪的欧洲，并在17世纪和18世纪蓬勃发展。[2] 许多学者，包括道格拉斯·诺斯、罗伯特·托马斯、让·巴克勒、约翰·A·霍尔和迈克尔·曼，则强调政府的影响力；对他们来说，亚洲的政府通常太混乱或贪婪，无法为私营企业提供一个稳定的框架。[3] 简而言之，"公认的观点"是，欧洲和亚洲的分流，如果你愿意这么说，是一个"重大结果"，其根源在于它们的历史或文化的"巨大"差异，这种差异可以追溯到19世纪欧洲在亚洲占据主导地位之前的两个世纪，甚至几个世纪。

与这一公认的观点相反，许多学者在先前重要的地区史的基础上，特别是马克·埃尔文的地区史上，[4] 提出了不同的主张。我把这些学者统称为"加州学派"，因为他们中的大多数人都隶属于加州的大学；但他们也包括美国和世界各地的学者。其中有加州大学系统的王国斌（R. Bin Wong）、杰克·戈德斯通（Jack A. Goldstone）、彭慕

---

[1] Lynn White, Jr., *Medieval Technology and Social Change*, New York: Oxford University, 1962; Alfre Crosby, *The Measure of Reality: Quantification and Western Society 1250 – 1600*, Cambridge, U. K.: Cambridge University Press, 1997; David S. Landes, *The Wealth and Poverty of Nations: Why Some are So Rich and Some So Poor*, New York: W. W. Norton, 1998.

[2] Eric Jones, *The European Miracle*, Cambridge, U. K.: Cambridge University Press, 1987; *Growth Recurring: Economic Change in World History*, Oxford: Clarendon Press, 1988; Immanuel Wallerstein, *The Modern World – System*, New York: Academic Press, 1974; Joel Mokyr, *The Lever of Riches: Technological Creativity and Economic Progress*, Oxford: Oxford University Press, 1990.

[3] Douglass C. North and Robert Paul Thomas, *The Rise of the Western World: A New Economic History*, Cambridge, U. K.: Cambridge University Press, 1973; J. Baechler, John A. Hall and Michael Mann, eds., *Europe and the Rise of Capitalism*, Oxford: Blackwell, 1988; John A. Hall, *Powers and Liberties: The Causes and Consequences of the Rise of the West*, New York: Oxford University Press, 1986.

[4] Mark Elvin, *The Pattern of the Chinese Past*, Stanford, CA: Stanford University Press, 1973.

兰（Kenneth Pomeranz）、万志英（Richard von Glahn）、王丰（Wang Feng）和康文林（Cameron Campbell）；加州斯托克顿太平洋大学的丹尼斯·弗林（Dennis Flynn）和阿图罗·吉拉尔德茨（Arturo Giraldez）；加州理工学院的李中清（James Lee）；南加州惠蒂尔大学的罗伯特·马克斯（Robert Marks）；安德烈·贡德·弗兰克（Andre Gunder Frank，一位有着多个研究基础的学者，但其有关发展的主要反欧洲中心主义的著作由加州大学出版社出版）；剑桥大学的杰克·古迪（Jack Goody）；伊利诺伊大学的詹姆斯·布劳特（James Blaut）；社会研究新学院的珍妮特·L.阿布-卢格霍德（Janet Abu-Lughod）；以及许多其他人，他们的研究正在重塑我们对亚洲/欧洲差异的认识。[1]

---

[1] R. Bin Wong, *China Transformed: Historical Change and the Limits of European Experience*, Ithaca: Cornell University Press, 1997; William Lavely and R. Bin Wong, "Revising the Malthusian Narrative: The Comparative Study of Population Dynamics in Late Imperial China", *Journal of Asian Studies*, Vol. 57, No. 7, 1998; Jack Goldstone, *Revolution and Rebellion in the Early Modern World*, Berkeley and Los Angeles: University of California Press, 1991; Gender, "Work, and Culture: Why the Industrial Revolution Came Early to England but Late to China", *Sociological Perspectives*, Vol. 39, 1996, pp. 1 – 21; "The Problem of the 'Early Modern' World", *Journal of the Economic and Social and Economic History of the Orient*, Vol. 41, 1998, pp. 249 – 284; Kenneth Pomeranz, *The Great Divergence: China, Europe, and the Making of the Modern World Economy*, Princeton, NJ: Princeton University Press, 2000; Richard von Glahn, *Fountain of Fortune: Money and Monetary Policy in China: 1000 – 1700*, Berkeley: University of California Press, 1996; James Lee and Cameron Campbell, *Fate and Fortune in Rural China*, New York: Cambridge University Press, 1997; Dennis O. Flynn and Arturo Giraldez, "Born with a Silver Spoon: The Origin of World Trade in 1571", *Journal of World History*, No. 6, 1995, pp. 201 – 221; "Arbitrage, China, and World Trade in the Early Modern Period", *Journal of the Social and Economic History of the Orient*, Vol. 38, 1995, pp. 429 – 448; Dennis O. Flynn, *World Silver and Monetary History in the 16th and 17th Centuries*, Aldershot, U. K.: Variorum, 1996; James Lee and Wang Feng, "Malthusian Models and Chinese Realities: The Chinese Demographic System 1700 – 2000", *Population and Development Review*, Vol. 25, 1999, pp. 33 – 65; *One Quarter of Humanity: Malthusian Mythology and Chinese Realities*, Cambridge, MA: Harvard University Press, 1999; Robert Marks, *Tigers, Silk, and Silt: Environment and Economy in Guangdong, 1250 – 1850*, Cambridge, U. K.: Cambridge University Press, 1997; Andre Gunder Frank, *Reorient: Global Economy in the Asian Age*, Berkeley and Los Angeles: University of California Press, 1998; Jack Goody, *The East in the West*, Cambridge, U. K.: Cambridge University, 1996; James Blaut, *The Colonizer's Model of the World: Geographical Diffusionism and Eurocentric History*, New York and London: Guilford Press, 1993; Janet Abu-Lughod, *Before European Hegemony: The World System A. D. 1250 – 1350*, New York: Oxford University Press, 1989.

附录三 西方崛起与否？对社会经济史的修正

这些学者在各种各样出版物中记录了以下论点：（1）中国的家庭结构虽然与欧洲不同，但既没有产生无限的生育率，也没有产生异常大或快速的人口增长；[①]（2）中国和印度在纺织生产和食品加工等领域的国内经济活动，就大规模的生产和贸易而言，是相当复杂的；[②]（3）直到18世纪晚期，中国和印度商人拥有相当大的自主权，比大多数欧洲商人拥有更大的商业财富；[③]（4）中国的国际经济活动在整个明清时期都是充满活力的；[④]（5）直到18世纪，中国的农业生产力和生活水平与欧洲主要地区媲美；[⑤]（6）中国18世纪和19世纪的特点是大量的地理扩张和新地区的经济一体化；[⑥]（7）不是欧洲人的贸易渴望，而是中国通过贸易获得银锭的愿望，成为16世纪至19世纪早期全球贸易体系的推动力；[⑦]（8）中国和奥斯曼帝国的政治动态

[①] William Lavely and R. Bin Wong, "Revising the Malthusian Narrative: The Comparative Study of Population Dynamics in Late Imperial China", *Journal of Asian Studies*, Vol. 57, No. 7, 1998; James Lee and Wang Feng, "Malthusian Models and Chinese Realities: The Chinese Demographic System 1700 – 2000", *Population and Development Review*, Vol. 25, 1999, pp. 33 – 65; *One Quarter of Humanity: Malthusian Mythology and Chinese Realities*, Cambridge, MA: Harvard University Press, 1999.

[②] Kenneth Pomeranz, *The Making of a Hinterland: State, Society, and Economy in Inland North China, 1853 – 1937*, Berkeley and Los Angeles: University of California Press, 1993; *The Great Divergence: China, Europe, and the Making of the Modern World Economy*, Princeton, NJ: Princeton University Press, 2000.

[③] Jack Goody, *The East in the West*, Cambridge, U. K.: Cambridge University, 1996; Andre Gunder Frank, *Reorient: Global Economy in the Asian Age*, Berkeley and Los Angeles: University of California Press, 1998.

[④] Andre Gunder Frank, *Reorient: Global Economy in the Asian Age*, Berkeley and Los Angeles: University of California Press, 1998; James Blaut, *The Colonizer's Model of the World: Geographical Diffusionism and Eurocentric History*, New York and London: Guilford Press, 1993.

[⑤] Kenneth Pomeranz, *The Making of a Hinterland: State, Society, and Economy in Inland North China, 1853 – 1937*, Berkeley and Los Angeles: University of California Press, 1993.

[⑥] Robert Marks, *Tigers, Silk, and Silt: Environment and Economy in Guangdong, 1250 – 1850*, Cambridge, U. K.: Cambridge University Press, 1997.

[⑦] Dennis O. Flynn, *World Silver and Monetary History in the 16th and 17th Centuries*, Aldershot, U. K.: Variorum, 1996; Dennis O. Flynn and Arturo Giraldez, "Born with a Silver Spoon: The Origin of World Trade in 1571", *Journal of World History*, No. 6, 1995, pp. 201 – 221; "Arbitrage, China, and World Trade in the Early Modern Period", *Journal of the Social and Economic History of the Orient*, Vol. 38, 1995, pp. 429 – 448.

附录三 西方崛起与否？对社会经济史的修正

在性质上与欧洲君主制并非完全不同，因为17世纪中国和中东的主要政治危机与同一时期欧洲的革命和叛乱相比，有着相似的财政、社会和物质原因，而且往往造成更大的制度后果。[1] 因此，中国和欧洲之间不存在导致欧洲分流的巨大的系统性差异；相反，19世纪晚期和20世纪欧洲和亚洲经济之间的分流是由于欧洲部分地区——尤其是英国——和亚洲发生的相对较近的变化，而不是由于欧洲文明作为一个整体相对于其他文明具有长期的比较优势。

尽管加州学派的成员一致反对欧洲文明具有最终优于其他社会的根深蒂固的基础这一观点，但他们在解释为什么这种分流会发展方面确实存在分歧。弗兰克认为，中国的人口最终给土地造成了过重的负担；布劳特和彭慕兰强调在新大陆获得资产的机会。我自己的研究方法更强调文化：我认为，1650年后在主要非欧洲文明中扎根的保守文化的形成阻碍了进步。[2] 但是，我的观点与欧洲中心主义学者的公认观点的不同之处在于，我认为文化不是长期存在的，而是最近才发展起来的，而且，它们也在大约同一时间在大多数欧洲国家发展起来。英国是一个罕见的例外，这是由于政治、社会和生态趋势的相当偶然的结合，产生了宽容的宗教文化，多元化的政治制度，以及对煤炭供暖、动力和冶金的重视。事实上，我曾经指出，如果不是因为这种不太可能发生的事件的偶然组合，1800年左右的英国看起来会非常像荷兰，或者像中国的长江三角洲或日本的关东平原——也就是说，一个高度先进但未工业化的制造业社会，从事大规模的国际贸易，拥有丰富的城市文化和在保守的贵族精英政治统治下的富裕商人阶层。[3]

---

[1] Jack Goldstone, *Revolution and Rebellion in the Early Modern World*, Berkeley and Los Angeles: University of California Press, 1991.

[2] Jack Goldstone, "Cultural Orthodoxy, Risk, and Innovation: The Divergence of East and West in the Early Modern World", *Sociological Theory*, No. 5, pp. 119 - 135, 1987; *Revolution and Rebellion in the Early Modern World*, Berkeley and Los Angeles: University of California Press, 1991.

[3] Jack Goldstone, "The Problem of the 'Early Modern' World", *Journal of the Economic and Social and Economic History of the Orient*, Vol. 41, 1998, pp. 249 - 284.

附录三 西方崛起与否？对社会经济史的修正

如果加州学派是正确的，我们将不得不重写很多标准的世界史。目前，世界历史的重大主题从近东肥沃的新月文明开始就是西方的崛起。这被认为是由一系列的起起落落所主导的，而"西方"总是在前进。也就是说，从近东农业的兴起到希腊战胜波斯，到亚历山大统治下希腊文化的传播，再到罗马的征服，加洛林帝国的崛起，再到英国、法国和德国独立王国的建立；直到十字军东征，伊斯兰教在西班牙和奥地利边境的退却；西班牙和葡萄牙对新大陆的征服，英国和法国建立海外帝国，最后到19世纪晚期和20世纪对非洲的殖民——所有这些都被认为是"欧洲"进步的一部分。在这个故事中，其他文明主要是被动地接受欧洲的贸易和征服，以及马镫、火药、指南针、船尾舵、纸张和印刷术等伟大发明的奇特而缺乏想象力的赠与者——这些发明的潜力只有在欧洲人手中才能实现。

加州学派推翻了这一观点，认为欧洲在世界历史上是一个边缘、充满冲突和创新低下的社会，直到相对较晚都是如此。在生活水平、科学和数学、交通、农业、武器以及贸易和出口的复杂生产方面的优势，在埃及、美索不达米亚、印度河流域和黄河流域产生了多个中心。文明从这些地区向外传播，随着克里特岛/希腊南部/土耳其西部、巴勒斯坦、安纳托利亚、波斯、印度和中国等中心的进一步崛起，西欧仍然是一个原始的落后状态。当文明随着迦太基和罗马帝国向西传播时，它仍然植根于地中海，然后——与拜占庭一起——扎根于安纳托利亚。从8世纪开始，伊斯兰文明崛起，统一了从西班牙到印度的西方文明世界的核心，而中华文明则通过朝鲜和日本传播，印度文明遍及南亚。到公元1000年，复杂的全球贸易路线将中东、中国、印度和东南亚的制造业生产中心与俄国和欧洲不发达的原材料供应国联系起来。未来六百年，世界将由中国主导；中国的陶瓷和纺织品遍布亚洲，甚至大量进入欧洲。

中国在纺织、冶金、陶瓷和海运等领域开创了新技术的先河，并完成了规模和复杂性无与伦比的工程——长城和大运河。中国采用了世界上第一个主要由精英统治的官僚制度，并将迄今为止已知的人口

附录三 西方崛起与否？对社会经济史的修正

最多的国家置于中央集权统治之下。诚然，蒙古人短暂地征服了中国和亚洲的大部分地区，但他们很快就被中国文化所吸收，他们一个世纪的统治结束后伴随着一个持续近三百年的中国新王朝。在此期间，从公元1000年到1600年，中国探索中亚，派遣庞大的船队向西前往非洲海岸，但是没有发现任何文明生产的商品比在中国国内生产得更好。相比之下，全世界都在寻找中国商品。

在欧亚大陆最西部的西欧，有一个野蛮但敏捷的武士种族，他们熟练地制造武器和盔甲，擅长制造钟表和其他小饰品，但依赖于粗铁和粗钢，并且没有生产丝绸、优质棉花或其他丰富纺织品的技能，也没有生产陶瓷、漆器的技能，也没有任何珍贵的珠宝、玉石、香料和芳香剂或其他贵重物品的资源。从欧洲（以及欧亚大陆的其他地区）的角度来看，东方是所有财富的源泉；因此，西欧人开始计划如何到达那里。几个世纪以来，他们一直依靠波斯人和土耳其人将东方的奢侈品运送到东地中海，然后由威尼斯和热那亚商人运往欧洲其他地区。但是，在借鉴了指南针以及造船和航海的理念之后，欧洲人勇敢地踏上了通往东方财富的直接航线。在15世纪和16世纪，他们向印度洋和邻近海域派遣了小型舰队，并设法在东方文明的边缘建立了一些前哨站。从那里，他们在东亚的运输贸易中与阿拉伯、中国和印度商人组成的更庞大的船队竞争，为一些幸运的商人创造了一小笔财富，但在接下来的200年里，他们对亚洲文明没有真正的影响。事实上，"在18世纪之交，印度航运完全抵御了英国和荷兰的船只"（Das Gupta 1994：XIV，pp. 28 – 29）。

他们在寻找一条穿越大西洋直达东方的航线时运气更好，但方向感较差。这个"错误"将他们带到了新大陆，这对他们来说是相当幸运的，当时土著文明正因内部纷争而四分五裂。利用与阿兹特克人的敌人结盟，以及印加帝国的内战，一小群西班牙士兵能够抓住并杀死庞大帝国的土著统治者。欧洲疾病，对原住民来说是未知的和可怕的致命疾病，消灭了大量的新大陆原住民，使西班牙人和葡萄牙人可以恐吓和殖民美洲主要的白银和黄金生产地区。

附录三 西方崛起与否？对社会经济史的修正

奇怪的是，正是这种方向上的"错误"，实际上确实导致了真正的东方的富裕，因为拉丁美洲的银矿最终给了贫穷的欧洲人一些有价值的东西，可以带到亚洲市场。正如弗兰克所说，欧洲"用其美洲的金钱为自己买了一张亚洲列车的车票"（Frank 1998, p. xxv）。对于寻求精简经济和财政体系的中国人来说，他们正在转向以白银为基础的经济，但却没有国内的贵金属来源。因此，他们愿意为优质白银支付溢价，而欧洲人现在可以大量生产优质白银。无论是通过阿卡普尔科和马尼拉的太平洋航线，还是经由塞维利亚和阿姆斯特丹的大西洋航线，美洲的白银都涌入了中国。[①]

从 1500 年到 1650 年，全球白银贸易帮助欧洲人熟悉了东方，他们的观点与加州学派的观点非常相似。与欧洲相比，中国的财富和复杂度一再给他们留下深刻印象。他们也对土耳其苏丹和印度大莫卧儿王朝的财富印象深刻——如果对绝对权力感到沮丧的话。在世界经济和政治舞台上，欧洲国家仍然是热切但边缘的参与者，他们痴迷于试图赶上令他们眼花缭乱的亚洲文明的财富、成熟和力量，而在奥斯曼帝国，他们面临着向欧洲心脏和维也纳城墙扩张的挑战。

然而，在 17 世纪，世界上的主要强国——欧洲的西班牙哈布斯堡帝国、中东的奥斯曼帝国和中国的明朝帝国——都被内部叛乱所困扰。自 1450 年左右瘟疫消退以来，人口持续增长，再加上白银的大量流入，使价格呈令人眩晕的螺旋式上升；税收没有跟上，削弱了这些政权。越来越多的精英加剧了他们在军队和宫廷官僚机构中的职位竞争，与此同时，大量增加的农民给土地带来负担，与租金和税收的增加作斗争。城市变得越来越大，越来越难以控制；商人阶级和商业农场主在之前的商业化时代变得更加富有，白银贸易在征税和被排除在权力之外的情况下产生了摩擦。葡萄牙、加泰罗尼亚和意大利爆发

[①] Dennis O. Flynn and Arturo Giraldez, "Born with a Silver Spoon: The Origin of World Trade in 1571", *Journal of World History*, No. 6, 1995, pp. 201 – 221; "Arbitrage, China, and World Trade in the Early Modern Period", *Journal of the Social and Economic History of the Orient*, Vol. 38, 1995, pp. 429 – 448.

附录三 西方崛起与否？对社会经济史的修正

了反抗西班牙政权的起义；省级叛乱破坏了奥斯曼帝国的中央权力；中国的农民起义为满族占领北京并开始征服中国铺平了道路。

由这开始，加州学派的不同成员提供了一些不同的设想，所以让我澄清一下，以下内容只是我自己的观点。在17世纪的战争和内部斗争之后，精英和统治者寻求重建团结和稳定。在中国，满族人提倡一种正统的、异常严格的儒家文化，不仅在中国的中心地带，而且在东南沿海和中亚实施他们的统治；在奥斯曼帝国，维齐尔（viziers）试图通过加强基于正统逊尼派伊斯兰教的"传统公平圈"（traditional circle of equity）来恢复秩序，避开创新和西方的影响；在西班牙、意大利和奥地利的哈布斯堡王朝领地，天主教反宗教改革势力站稳了脚跟；在法国，路易十六废除了南特敕令并驱逐了所有的新教徒；即使在英国，查理二世也维护圣公会的统一和权威，镇压不奉国教者。在欧亚大陆的每一个地方，旧帝国都在恢复，并获得新的力量和统一，经济增长和政治扩张回归；但是，这种力量和团结是以文化一致性和强化传统正统观念为代价的，这些正统观念涉及信仰、社会等级制度和国家权力。[1]

除了英国有些事情出了问题。查理二世死后没有圣公会的继承人，王位传给了他信奉天主教的兄弟詹姆斯。一个信奉天主教的君主统治着一个信奉新教的国家及其新教的国家教会，这一难题打乱了这一时期所有期望的统一。詹姆斯二世秘密与法国结盟，计划建立一支天主教军队，为他信奉天主教的儿子保住王位，而一部分英国精英则计划让新教的继承人——荷兰的领导人，即奥兰治的威廉——取而代之。结果是，在世界历史的一个转折点上，威廉1688年入侵英国，得到了英国政治精英的支持，詹姆斯和他的后代被流放。取代詹姆斯二世带领英国与法国结成旨在摧毁新教尼德兰独立的天主教联盟，而

---

[1] Jack Goldstone, "Cultural Orthodoxy, Risk, and Innovation: The Divergence of East and West in the Early Modern World", *Sociological Theory*, No. 5, pp. 119 – 135, 1987; *Revolution and Rebellion in the Early Modern World*, Berkeley and Los Angeles: University of California Press, 1991.

附录三 西方崛起与否？对社会经济史的修正

是英国现在加入了它在17世纪反复与之作战的昔日敌人。作为英国国王，威廉领导一个对抗法国的英荷新教联盟，该联盟在欧洲遏制了天主教势力。[①] 英国皇家学会的新教领袖，如艾萨克·牛顿（他在剑桥大学领导了反对詹姆斯二世天主教化计划的战斗），脱颖而出而不是被压制。

但这一事件并不具有世界历史意义，因为它仅仅阻止了天主教对整个欧洲的统治。两个非常特殊的偶然因素至关重要。首先，威廉的胜利并不是完全的。他需要在他的新大不列颠王国中与不同的宗教和政治派别妥协；面对保卫荷兰免受法国侵略的需要，他没有多余的时间和精力在不列颠群岛推行统一的正统观念。因此，1689年的和解对天主教徒和不奉国教者建立了有限但安全的宽容——他们不可以担任政治职务，但在人身和财产方面享有自由和安全。这创造了同样的多元、开放的文化（以及大量只能在经济上进步的少数群体），就像在其他社会的多元和创新时期所发现的那样，比如黄金时代的尼德兰，穆斯林/犹太黄金时代的西班牙，拜占庭和阿拉伯影响涌入后的文艺复兴时期的意大利，早期的奥斯曼帝国，巴格达的哈里发，战国时代以及北宋和南宋时期的中国。在这个和解开辟的空间里，创新者和企业家涌现和蓬勃发展。

其次，一种独特的牛顿文化占据了主导地位，在这种文化中，英国圣公会与所有大陆教会不同——支持甚至传播这种新的机械论世界观。在像皇家学会这样的据点，以及英国各地的新学校和新学院，科学家、工程师和企业家们聚集在一起学习力学，并讨论如何将这些知识应用于改善生产和社会。

的确，整个欧洲都有科学创新的贡献者，整个社会都在某种程度上发现了经济和技术的变化。然而，在大多数社会中，创新通常是缓慢的，而基于化石燃料动力在制造业和运输业中的应用所产生的电力

---

① Mark Kishlansky, *A Monarchy Transformed: Britain 1603–1714*, London: Allen Lane/Penguin Press, 1996.

附录三 西方崛起与否？对社会经济史的修正

和产出的爆炸式增长是戏剧性的，并且只发生在一个地方和一个时间。这种情况会发生在其他地方吗？我认为不会。它需要三个根本性突破：一个是文化，一个是科学，一个是技术，所有这些都以英国为中心。

首先，在17世纪末，艾萨克·牛顿发表了他的《原理》，表明万有引力定律可以用解释地球上落体运动的相同原理来解释天体的椭圆运动。这种理论的影响不是实用性的——伽利略已经展示了如何计算抛射物的轨迹，莱布尼茨已经发展了微积分，作为计算时间和运动的工具。相反，其影响是文化的巨大突破。尽管我们被告知欧洲人是如何独特地"创新的""经验性"和"数字的"，但事实是，直到17世纪，他们主要依靠亚里士多德的物理学和托勒密的天文学，两者都假定天体和地球之间的完全不连续。前者是完美的和不变的，是完美的领域，（对教会来说）是上帝的境界；后者是不完美的、不规则的和多变的，对教会来说是罪恶和救赎的领域。尽管许多学者对古代的观点提出了挑战——就像他们在中国和伊斯兰王国所做的那样——但牛顿对天地运动的普遍原理的论证完全颠覆了西方的古代宇宙观。虽然哥白尼、开普勒和伽利略都认为太阳系以太阳为中心，自转的地球只是行星中的一颗，但他们都在不同程度上相信天体运动和地球运动是分开的；开普勒神秘的"球体和谐"理论与发现椭圆轨道和围绕太阳运动的比例周期一样，都是他工作的核心。牛顿全面地证明了地球上抛射物的运动、潮汐的运动以及行星围绕太阳的轨道都可以用同样的原理来解释，这将牛顿科学提升到了一种完全不同的宇宙学的水平。文艺复兴时期出现了古代学术的复兴。17世纪早期和中期，由于哥白尼和伽利略挑战了关键的古代假设，自然哲学出现了危机，然而整个欧洲大陆的天主教会经受住了这些打击，保持了自己的正统，将太阳中心的观点视为一个有用的假设。直到17世纪晚期，英国的整个精英文化才同意"古代对自然世界的理解与我们自己的理解很少或没有关系"。[1]

---

[1] 转引自 Margaret Jacob, *The Cultural Meaning of the Scientific Revolution*, New York: Alfred A. Knopf, 1988, p.3.

附录三 西方崛起与否？对社会经济史的修正

在 17 世纪的剧变中，其他文明也经历了动荡、异端和多元主义，他们的反应是沿着古代原则寻求稳定、统一和正统。只有在信奉新教的欧洲，整个古代思想体系才受到质疑；反宗教改革时期的天主教地区倾向于坚持从奥古斯丁、托勒密和阿奎那那里得到的亚里士多德和基督教宇宙观的混合。只有在英国，在至少领先欧洲任何其他国家一代人的时间里，才有牛顿文化——以机械论的世界观为特征，相信基本的、可发现的自然规律，以及人类利用这些规律重塑世界的能力——深入人心。这种信念在工程师、商人、牧师和工匠中广泛传播，重塑了整个国家对知识和技术的态度。[1]

虽然法国有笛卡儿，尼德兰（在法国禁止他的作品后，笛卡尔逃到尼德兰并出版了他的作品）有惠更斯，作家也有相对的自由，但这两个国家都没有向英国的方向发展——即教会支持并广泛宣扬的反古代的牛顿力学世界观，为工匠和商人提供有关新科学工具的实用指导。尽管笛卡尔的物理学在法国逐渐传播开来，但人们普遍怀疑它在鼓励无神论。更深远的是，笛卡尔认为所有的物质都是延展的，所有的力都是通过物质粒子的碰撞来传递的；因此，既不可能存在真空，也不可能存在远距离作用。虽然像洛克一样，笛卡尔挑战了亚里士多德的观点，即颜色、味道和形状是事物固有的属性，相反，他认为只有质量和外延才重要，但在其他方面，他的物理学远不如牛顿的那样激进。事实上，在笛卡尔的物理学中，真空（以及蒸汽机）和万有引力都被认为是不可能的。笛卡尔的追随者也不倾向于发现这些错误，因为笛卡尔的物理学完全是非实验性的，依赖于从简单观察中得出的逻辑推导。在整个信奉天主教的欧洲，即使科学是以机械的、笛卡尔的方式教授的，它也主要是作为一种理论的、演绎的实践而不是实验的和归纳的实践。因此，在 17 世纪中叶之后，"科学……越来越成为一种新教的……现象。"[2] 虽然荷兰的科学创新又持续了半个世

---

[1] Betty Jo Teeter Dobbs and Margaret Jacob, *Newton and the Culture of Newtonianism*, Atlantic Highlands, NJ: Humanities Press, 1995; Margaret Jacob, *The Cultural Meaning of the Scientific Revolution*, New York: Alfred A. Knopf, 1988.

[2] Margaret Jacob, *The Cultural Meaning of the Scientific Revolution*, New York: Alfred A. Knopf, 1988, pp. 24 – 25.

纪，但 1714 年后英国和荷兰君主制的分离也导致了荷兰宗教文化的变化。

"虽然 17 世纪的加尔文主义可能产生了科学理性主义者……到了 18 世纪，正统的神职人员开始害怕俗人中的异端邪说，而加尔文主义正统教义在大众文化中的影响力导致公众普遍反对这门新科学的某些方面，例如天花接种。"①

当莱顿大学继续教授这门新科学时，它变成了一门更精英化、更演绎、更深奥的实践。只有在英国，这种新科学才在讲坛上被积极地宣讲（在那里，圣公会的牧师们发现，牛顿所描述的有序、受法则约束的宇宙，既是他们所希望的国家秩序的典范，也是一个方便的俱乐部，用来击败愚昧无知的天主教会），在皇家学会中得到赞助，并通过为工匠和实业家广泛展示机械设备而传播开来。②

第二个突破是对大气压力和真空原理的理解。欧洲大陆的人——托里切利和帕斯卡——早就表明了大气是有重量的，可以支撑一个流体柱。但是正是罗伯特·波义耳在他的真空系统实验中，使这些原理是如何运作的广为人知，并使人们知道空气不仅具有垂直的重量，而且呈现出一种"弹簧"或普遍的压力。③ 这种知识传到了像托马斯·纽科门这样的工匠那里，他用第三个也是关键的突破解决了一个特殊的工程问题，即蒸汽动力泵，这是詹姆斯·瓦特蒸汽机的先驱。

抽水设备已有数千年的历史：埃及人用水车提水灌溉；中国人在大运河的船闸上使用水泵；荷兰人完善了利用风车抽水从海上开垦土地的方法。但是，抽水、碾磨、制造、运输和所有其他需要物体运动的操作，自古以来都由其他物体的运动提供动力。人的身体、动物的身体、风、下落的重物、下落的水——所有这些都可以设定为引导运

---

① Margaret Jacob, *The Cultural Meaning of the Scientific Revolution*, New York: Alfred A. Knopf, 1988, p.189.
② Margaret Jacob, *The Cultural Meaning of the Scientific Revolution*, New York: Alfred A. Knopf, 1988, 第 112 页及以后各页。
③ Stephen Shapin, *The Scientific Revolution*, Chicago: University of Chicago Press, 1988.

附录三 西方崛起与否？对社会经济史的修正

动，从而用来为运动部件提供动力。运动到运动是所有人类制造和运输所依赖的原理。不幸的是，大多数原始运动既昂贵又不规则。动物和人都需要食物和住处，其肌肉因过度劳累而周期性地衰竭；下落的重物、水和空气提供了更便宜的动力，但更难驾驭。风的方向和强度在时刻变化；水根据天气和季节的不同而改变流量。经过数千年的实验和创新产生了钟表、船帆、水车、纺车和其他机械装置，以获取源头的原始运动，并将其转化为船只、磨坊、发条装置和工厂的稳定、定向的运动（从古代生产砖块的工厂到近代生产出口纺织品和陶瓷的工厂，中国和伊斯兰教国家都有使用坡道、轮子和磨坊的机械化动力）。但是当时没有廉价、可靠而有规律运动来源，因为——除了天体——没有这样的主要运动是已知的。

英国面临的问题如下：作为一个面积有限的岛屿，很少有重要的山脉地区（苏格兰的大部分地区覆盖着灌木和草地，而不是森林），随着人口将更多的土地用于农业，自然森林覆盖率下降。幸运的是，煤炭很丰富，很容易通过海岸和河流运输，所以英国很早就开始依赖煤炭来进行大量取暖、烹饪和工业。然而，到了17世纪，深的垂直煤层的竖井中充满了地下水，要保持它们的畅通变得越来越困难。纽科门很了解在他的家乡康沃尔郡用马从锡矿抽水的高昂成本，他意识到，如果可以在装有活塞的腔室中产生真空，空气压力就会把活塞推入腔室；然后可以利用活塞的运动来驱动泵。产生真空的一种方法是用蒸汽填充一个腔室，然后冷却腔室，使蒸汽凝结成水。利用波义耳发现的空气温度和压力的科学原理，纽科门能够创造并使用真空来驱动机械：这是一个真正的突破。

当然，纽科门发明的早期发动机效率低得可怕。在产生蒸汽和使水进出气缸所需的大量热能中，只有一小部分（不到1%）能从活塞的运动中得到可用的能量。[①] 然而，效率并不是主要问题；人们所寻

---

① Joel Mokyr, *The Lever of Riches: Technological Creativity and Economic Progress*, Oxford: Oxford University Press, 1990, p. 85.

附录三 西方崛起与否？对社会经济史的修正

求和完成的，是在有规律和可靠的基础上，将一种形式的能量（热）转化为另一种形式的能量（运动）。尽管如此，效率低下是如此之大，以至于这种笨拙的装置只有在有丰富且极其廉价的加热燃料，以及充足的水来输送和冷却蒸汽的情况下才值得使用。（校长兼力学讲师马丁·克莱尔——这是一个独特的英国人的组合——偶然地认识到，如果把蒸汽机用在"燃料（fewel）不太便宜的地方"，它就不会"产生利润。"[①] 简而言之，最初，早期的蒸汽机只是为了一个特定的目的而开发的——即从充足的煤炭来源附近的矿井中抽水。尽管如此，在1712年首次安装后的几十年内，英国仍有100多台这样的发动机在运行。1765年，詹姆斯·瓦特和马修·博尔顿取得了进一步的重大飞跃；他们将冷凝过程转移到一个单独的冷凝器，这样整个汽缸就不必在每个循环中加热和冷却，他们还添加了一个旋转机构和飞轮，使活塞上下运动产生均匀的圆周运动。因此，英国拥有了地球上其他国家在超过一代人的时间里都没有或不会拥有的东西：一种廉价而可靠地将热能（主要来自煤炭）转化为均匀旋转运动的方法。这使得整个制造、运输和研磨/铣削过程免受动物、人类和风/水的动力的成本和限制成为可能。

随之而来的大量发明为英国工业打开了世界。与早期的环锭纺纱厂相比，使用纺纱机（spinning mules）的蒸汽动力纺纱厂在效率和产量方面取得了巨大进步。铁路和轮船开辟了大陆和海洋，向上游和逆风运输大宗商品和武器平台。当然，整个18世纪，英国及其牛顿文化在陶瓷的大规模生产，农业和冶金方面取得了显著的进步。但这些后面的进步，无论多么值得称赞，只是帮助英国和欧洲赶上了亚洲更先进的制造业。尽管在英国很新奇，但这些进步——钢铁焦炭冶炼、大规模出口瓷器的工厂生产、远程销售棉纺织品的大规模生产——在

[①] 转引自 Margaret Jacob, *The Cultural Meaning of the Scientific Revolution*, New York: Alfred A. Knopf, 1988, p. 146.

附录三 西方崛起与否？对社会经济史的修正

全球历史上都不是什么新鲜事。而且，正如"工业革命"概念的批评者所指出的那样，这些进步在几十年里并没有显著提高生活水平。①消费品生产的这种改进提高了产量；煤炭热量向规则运动的能量转换改变了生产边界。

接下来的故事大家都很熟悉。牛顿科学成为研究自然的公认模式，对化学和电学的理解取得进一步的进展；铁路为市场以及新的农业和生产技术开辟了新的领域；欧洲的炮舰逆流而上，迫使中国以及非洲和巴西开放内陆地区；发动机、钢铁和制造工艺的进一步改进带来了汽车、推土机、电梯、机枪、坦克，并最终带来了20世纪军事和民用技术的全套装备，既有恐怖又有幸福。但如果没有能力超越作为主要动力的肌肉、风力和水力的限制，这一切都不可能实现。同时代的人比许多现代学者更了解蒸汽机在改变他们的世界方面的重要性：马修·博尔顿在为他的蒸汽机做广告时说："先生们，我在这里出售的是全世界都渴望的东西：动力。"② 1824年，仍处于工业化早期，第一个提出热力学定律的法国科学家萨迪·卡诺激动地观察到："今天拿走英国的蒸汽机就等于剥夺了她的铁和煤，耗尽了她的财富来源，破坏了她的繁荣手段。"③

历史上的这种转变是由最离奇的意外事件带来的——英国阻止了将文化一致性和宗教正统作为强大和稳定的政治结构基础的全球趋势；牛顿文化和不奉国教但受到保护的宗教团体在此兴起，他们将接受使用机械论观点创造新的经济资产的挑战；并且在同一空间出现的特定技术问题——即在丰富的煤炭供应地附近的深矿井抽水——使得这些特殊资源的开采成为可行和可取的，从而在能源转换方面取得突破，事实上，这在之前的文明中是全新的。

---

① N. F. R. Crafts and C. K. Harley, "Output Growth and the Industrial Revolution: A Restatement of the Crafts – Harley View", *Economic History Review*, Vol. 45, 1992, pp. 703 – 730.

② 转引自 "Steam Engines: Puffed Up," *The Economist* (December 31, 1999), p. 99.

③ 转引自 Joel Mokyr, *The Lever of Riches: Technological Creativity and Economic Progress*, Oxford: Oxford University Press, 1990, p. 90.

三 相反观点

让我们快速考虑两种观点，它们似乎可以反驳这个奇怪而离奇的故事，它们似乎表明，无论英国政治冲突的小细节如何，欧洲和工业文明的崛起都会到来。首先是征服论。不仅仅是英国人，还有欧洲人——首先是西班牙人和葡萄牙人，然后是英国人、法国人和德国人（在某些地区是俄国人）——占领了世界其他地区。从16世纪的新大陆殖民地和荷兰对东印度群岛的征服，这两次都早于工业化，到英国在印度的统治和西非与东南亚的法国帝国，在过去的五百年里，欧洲人作为一个整体一直在击败和排挤其他文明。其次，还有日本的比较案例。日本对西方影响的反应如此之快，以至于到1905年，它在战争中（在日俄战争中）击败了一个欧洲强国，建立了现代工业经济和军事，并在朝鲜、中国台湾地区和（后来的）"满洲"发展了自己的殖民地。无论欧洲文明与其他大多数文明相比有什么比较优势，日本显然也有一些相同的东西；因此（正如埃里克·琼斯和大卫·兰德斯明确指出的那样[①]），即使欧洲人没有发展出工业社会，日本也很可能会独自发展出工业社会。

1. 征服，是的，但那又怎样？

的确，欧洲人在1500年之后的地缘政治扩张方面表现良好。但这绝对没有表明欧洲文明的任何普遍长期优势或工业化的普遍潜力。大规模地缘政治征服的原因有很多，从世界历史上看也很常见。普遍的模式是，当伟大的文明衰落时，处于人口众多的伟大文明边缘的不发达的野蛮人可以取得惊人的地缘政治胜利。这并不意味着野蛮人在任何方面都优于他们所征服的先进文明，也不意味着他们注定要在阳光下度过几个世纪，然后才会被新的地缘政治事件所压倒。

[①] Eric Jones, *Growth Recurring: Economic Change in World History*, Oxford: Clarendon Press, 1988; David S. Landes, *The Wealth and Poverty of Nations: Why Some are So Rich and Some So Poor*, New York: W. W. Norton, 1998.

附录三 西方崛起与否？对社会经济史的修正

让我们从匈奴人（Huns）开始吧——这是武断的，因为他们不是第一个扫荡文明民族的野蛮人，但却是最著名的野蛮人之一。除了征服，他们什么也没有做成。那些野蛮的马其顿人呢？他们不仅横扫了古希腊较为文明的地区，还击败了埃及和波斯的文明。在他们似乎统治并改变了文明世界的几个世纪之后，他们的胜利被罗马人和重新崛起的波斯军队化为灰烬。当然，罗马人声称自己是一个更优越的文明，拥有更先进的军事组织。但在西方，他们最终被西哥特人、法兰克人和汪达尔人征服；在东方，拜占庭帝国先是输给了阿拉伯部落，然后又输给了土耳其人。如果我们简单地把军事征服广袤的土地和文明等同于伟大，那么蒙古人比20世纪以前的所有文明和社会都要耀眼；但据我所知，很少有欧洲学者会仅仅因为蒙古人的军事征服就把"世界上最伟大、最先进的文明"这个奖项授予蒙古人。

仔细观察后发现，工业化之前西方的胜利也是用类似的材料构成的。最令人震惊的征服是西班牙对阿兹特克人和印加人的征服。但这是怎么做到的呢？和蒙古人一样，西班牙人也很好地利用了马匹；就像蒙古人的弓箭更先进一样，西班牙人也有比新大陆的青铜和木制武器更先进的钢制切割武器。但他们成功的三大关键因素在世界历史上也很常见：他们的对手软弱而分裂，流行病摧毁了敌人的精神和人民，西班牙人以令人难以置信的无情和野蛮追求和利用了这些优势。

如上所述，西班牙人非常幸运地在一个绝佳时机来到了新大陆。古代的玛雅文明早已衰落，墨西哥中部被来自北方阿兹特克人的掠夺者赢得的一系列战争所破坏。但这些战争给阿兹特克人留下了许多敌人，他们所谓的"帝国"不是一个中央控制的王国，而是一个朝贡体系，在这个体系中，最近被征服的部落——急于扭转局面——同意向他们新近的征服者支付好处。这些部落非常乐意帮助西班牙人摧毁阿兹特克人的势力。同样，当皮萨罗来到秘鲁时，尽管印加人确实拥有一个掌握着巨大资源的中央集权帝国，但它正处于已故皇帝的一个继承人与他的一个主要将领之间毁灭性的继承斗争之中。正如皮萨罗的一位副官所观察到的那样，"如果这片土地没有被沃什卡尔和阿托·瓦尔帕之间的战争瓜分，我们就不可能进入或征服它。"[1]

疾病以及除微生物之外的其他欧洲动植物群在帮助欧洲殖民新大陆方面的作用已得到充分的文献证明。[2] 疾病不仅大量消灭了原住民，还给了欧洲人一种不可战胜的感觉（为什么他们没有死于席卷原住民的疾病？），并在关键时刻使美洲原住民的主要领导人丧命。但当形势逆转时，欧洲人的表现也好不到哪里。号称"优越"的欧洲文明完全无法深入非洲内陆。除了在非洲大陆最南端的温带地区和肯尼亚高地，欧洲人只能在沿海地区建立小型贸易据点，因此他们甚至依赖深入内陆的阿拉伯和非洲奴隶贩子，以及出售奴隶以换取武器的非洲王国来获取重要奴隶。非洲人——拥有从欧洲人那里获得的枪支和热带疾病的双重力量———将欧洲的征服推迟到 19 世纪末，那时印度文明和拉丁美洲文明早已衰落。

不应忘记的是，西班牙人的残忍程度不亚于蒙古人和土耳其人。他们随心所欲地签订和破坏庄严的协议，处决他们发誓要保护其安全的人质，并在承诺外交豁免权后实施伏击和绑架。缺乏文明的行为，而不是先进的文明，往往是西班牙人胜利的关键。在欧洲所有的殖民征服中，西班牙和葡萄牙的殖民征服是最广泛的，当然也是最持久的，持续了近三个世纪。然而，征服是否表明了优越的文明，或更大的经济潜力和技术发展呢？尽管（或者可能是因为？）他们的伟大征服，但西班牙和葡萄牙仍然远远落后于欧洲经济发展，而不是处于欧洲经济发展的前沿。

至于英国对印度的征服，它与西班牙在美洲的征服并没有太大的不同。大莫卧儿帝国处于混乱之中，次大陆被相互竞争的继承者之间的分裂所撕裂。英国人如此巧妙地利用了这些分歧，通过建立联盟和获得各种地方势力的效忠，他们（用通常的说法）无意中拥有了一

---

[1] 转引自 Thomas C. Patterson, *The Inca Empire*, New York: Berg/St. Martin's Press, 1991.

[2] Alfred Crosby, *Ecological Imperialism: the Biological Expansion of Europe, 900–1900*, Cambridge, U.K.: Cambridge University Press, 1986.

附录三 西方崛起与否？对社会经济史的修正

个帝国。在亚洲的其他地方，欧洲人受到亚洲强大力量的阻碍。在中国，直到19世纪中叶的鸦片战争，他们被限制在中华帝国边缘的小据点。在日本，直到1866年被美国船只强行开放，日本人几乎完全排斥欧洲人，消除了与除荷兰人之外的所有人的接触，并将他们限制在内陆的一个小据点。

总而言之，直到19世纪，欧洲人的征服与历史上其他伟大的野蛮人的征服并没有太大的不同：无情和流动的军队入侵被内部纷争和衰败撕裂的伟大文明，经常以征服者的身份出现。但这并不意味着他们的优越性或持久的优势。只要看看欧洲内部，就能明白这一点——在工业化之前，欧洲文明最伟大的帝国缔造者，即西班牙、奥地利哈布斯堡王朝和俄国，在1850年被普遍认为是欧洲最脆弱、最落后的社会。

2. 日本正在走向本土工业化吗？

现在让我们谈谈这个非凡的国家，在欧洲以外的国家中，只有它在20世纪初达到了与欧洲经济体相当的水平。我们该如何看待这种平等以及日本对亚洲其他国家的早期主导地位？日本是否在某种程度上分享了对欧洲有利的"某些东西"？

日本学者认为，日本确实和欧洲共有一些特别之处。[1] 这些"特殊之处"的候选者包括为资本主义铺平道路的封建时代，一种竞争但光荣的武士伦理，其作用有点像马克斯·韦伯对西方资本主义的解释中的新教伦理，而且——以我的观点——[2]倾向于使用家庭之外的女性劳动力有助于早期纺织厂的招聘和人员配备。我同意所有这些因素都有助于日本的繁荣，并帮助它迅速采用西方技术和经济组织；但这并不等于说这些东西会推动一场工业革命。

有趣的是，17世纪的日本和17世纪的英国有很多共同点：森林覆盖有限，18世纪出现了燃料短缺；政府相对强大，但权力有些分

---

[1] Robert Bellah, *Tokugawa Religion*, Glencoe, IL: The Free Press, 1957.

[2] Jack A. Goldstone, "Gender, Work, and Culture: Why the Industrial Revolution Came Early to England but Late to China," *Sociological Perspectives*, Vol. 39, 1996, pp. 1–21.

散；在军事和经济上与一个庞大的大陆强国竞争，而这个大国在很多方面都是自身文化的源泉。然而，值得注意的是，日本"解决"这些问题的方式几乎与英国完全相反。为了解决燃料问题，日本在林业项目和环境保护方面投入了大量资金，而不是寻求进口煤炭或其他替代品。英国采用了一个多元化的代议制政府来解决强大而分散的政府，而日本则采用了一种极其繁重的半赎金式治理方式，地方领主（大名）被迫奢侈地定期访问幕府宫廷，并将家人全年留在宫廷作为人质。当英国在欧洲大陆上几乎不间断地进行军事斗争时，日本却将自己孤立了近三个世纪。

在德川幕府统治的几个世纪里，日本限制与欧洲的国际贸易（尽管与亚洲其他地区的贸易限制要少得多），最令人吃惊的是，日本完全放弃了大规模生产和大规模使用枪支的技术，在这方面，到16世纪晚期它在数量和质量上超过了任何欧洲国家。日本钢铁是最好的，但对于一般用途来说太贵了；和欧洲一样，日本主要进口丝绸和奢侈品，向中国出口造币金属（银和铜）。一些日本人研究"兰学"（Dutch science），正如在长崎的荷兰殖民地引入的欧洲自然史教科书称呼的那样，但没有什么能接近在英国工程师、工匠、教师和企业家中传播的那种机械论观点和坚持进步的"牛顿文化"。直到19世纪晚期，除了英国以外，日本和世界其他地方一样，对热能到动能的转换——这是工业革命的关键——仍然不甚了解。

日本、韩国和中国台湾地区的成功确实证明了这一点：一个在坚定的政府指导下的统一的民族，决心进口和实施西方工业技术，可以在大约40年内做到这一点。在大约这一时间，韩国从非洲水平的农业贫困国家转变为世界领先的工业经济体之一；台湾也是如此。两者都是从20世纪50年代朝鲜战争和20世纪40年代的中国内战之后，从微不足道的起点上升到现在的水平。近年来，泰国、印度尼西亚和马来西亚也表现出了类似的进步和决心，尽管是从20世纪70年代开始的。

让我们更仔细地比较一下19世纪中期的日本和中国。这两个国

附录三 西方崛起与否？对社会经济史的修正

家都有与西方接触的地区，在那里，潜在的改革者试图学习西方的技术（中国的东南沿海地区，日本的西南沿海地区）。两国都遭遇了治理危机，部分原因是在西方列强面前软弱。但在中国，太平天国运动被镇压了——某种程度上是因为西方列强对朝廷的支持，而在日本，反对幕府将军的叛乱取得了胜利。结果是，在中国，旧的帝国政权又支撑了半个世纪，直到 1911 年，中国才最终放弃了传统的社会、政治和经济组织。而在日本，1868 年明治维新推翻了传统的社会和政治秩序，使日本走上了西方化改革的道路。因此，在摆脱传统结构方面，日本至少领先中国 43 年，这段时间足以让一个坚定的现代化运动取得成功，并完全超过亚洲其他国家。

今天，抛弃了基本上毫无结果的国家社会主义实验之后，中国正迅速赶上世界——按照某些指标，中国的总产出已经超过日本，成为世界第二大经济体。虽然中国的人均收入仍远低于日本，但其增长速度要快得多；事实上，至少在过去 10 年里，日本的经济增长似乎停滞不前。如果在经济发展上有任何"日本文明的内在优势"，那么过去的十年——这是自 19 世纪中期以来，这两个国家首次处于一个类似于公平竞争的环境中——当然没有表明这种优势的存在。

简而言之，如果我们仔细研究为什么日本（或就此而言韩国、中国台湾地区或博茨瓦纳）表现出了异乎寻常地迅速采用和实施西方式的经济组织和技术，我们不需要假定其文化或文明有任何特殊的优势。事实上，在 1868 年之前，日本是一个异常封闭和墨守成规的社会，在使用武器方面明显倒退，在任何形式的技术方面都没有明显的领先地位。正如在英国，一系列偶然的政治事件为特殊的发展开辟了空间，明治维新的胜利也为早期拒绝大部分传统的社会和政治结构（尽管打着维护帝国权威的幌子）和实施西方模式开辟了空间。如果我们简单地想象一下，如果西方列强决定——就像他们在中国所做的那样——最好还是让传统政府继续掌权，与之讨价还价，从而再支撑幕府政权 50 年，那结果会是什么，我怀疑任何关于日本"固有优势"的幻想都不会出现。

四 结论

　　当然，还需要对亚洲、非洲、拉丁美洲和欧洲国家的经济、政治和社会组织进行持续细致的研究，才能证实上述情况。但加州学派关于中国家庭结构、全球白银和制成品贸易以及工业化前亚洲国家生活水平的研究结果，已经推翻了许多关于欧洲特殊或优越条件的旧"定论"。这些发现迫使我们面对两个非常简单的原则：（1）直到最近，即大约1800年，欧洲的大多数情况似乎与亚洲发达地区的情况并没有很大的不同；（2）后来的大分流根植于以前的巨大而长期的差异，但也很可能是微小差异和偶然事件的结果，这些微小差异和偶然事件不是在"欧洲"，而是在欧洲的一小部分地区，以及更晚的日本，创造了奇怪的特殊政治和文化条件。

　　这种"殖民者历史"的逆转可能会使世界历史失去一些辉煌和连续性。就像哥白尼认为地球只是围绕太阳运行的众多行星中的一颗，达尔文认为人类只是在数十亿年的随机进化中出现的另一个物种，这些观点攻击了欧洲人的"特殊"观念或"特权"认同感，同样，加州学派对世界经济史的重新塑造也消除了欧洲在世界文明中的"特殊和特权"地位。欧洲在19世纪的统治地位，远非不可避免，也不是由于长期的优势，而是由于一个小地区特别偶然地偏离了世界（以及欧洲！）由国家强制推行的文化正统化的正常模式。

　　如果这是真的，那么从18世纪开始，英国长期指数增长的源泉就不是资本积累，也不是资本主义实践，甚至也不是技术进步本身（就像欧洲和亚洲出现的水力、风力和农业生产）。相反，这种独特转变的关键似乎是市场导向与"工程文化"（engineering culture）的融合。这样，一种随心所欲的企业家精神与一种世界观相结合，这种世界观认为所有的生产过程都是通过自然法则指导的优化而不断改进的。蒸汽机是这种融合最直接的成果，但这种结合产生了持续快速的技术进步。这也许可以解释为什么在现代推动第三世界经济发展的努

附录三 西方崛起与否？对社会经济史的修正

力中，无论是资本注入，还是高等教育（主要是人文教育、法律教育和管理教育）的扩张，还是技术转让，都没有导致稳定的加速增长。更确切地说，关键似乎是建立企业家精神和实际工程前景的融合；这在日本、韩国和中国台湾地区都取得了显著的成功。爱尔兰是最新一个通过注重建立企业家精神/工程文化而迅速转变的"落后"国家。展望未来，如今硅谷惊人的增长和财富创造的"魔力"似乎正是企业家精神和工程方法重新思考生产的特殊融合中的又一个插曲，现在正在产生另一场工业革命。

参考文献

一 外文

(一) 专著

Robert C. Allen, *The British Industrial Revolution in Global Perspective*, Cambridge: Cambridge University Press, 2009.

T. H. Aston and C. H. E. Philpin, eds., *The Brenner Debate: Agrarian Class Structure and Economic Development in Pre-Industrial Europe*, Cambridge: Cambridge University Press, 1985.

Paul Bairoch and M. Levy – Leboyer, eds., *Disparities in Economic Development since the Industrial Revolution*, London: Cambridge University Press, 1981.

Harry Elmer Barnes, *A History of Historical Writing*, Second Revised Edition, New York: Dover Publications Inc., 1962.

Cyril Edwin Black, *The Dynamics of Modernization: A Study in Comparative History*, New York: Harper & Row, 1966.

Cyril Edwin Black, ed., *The Modernization of Japan and Russia: A Comparative Study*, New York: Free Press, 1975.

Cyril Edwin Black, ed., *Comparative Modernization*, New York: Free Press, 1976.

Stephen Noel Broadberry, Bruce Campbell, Alexander Klein, Mark Over-

参考文献

ton and Bas van Leeuwen, *British Economic Growth, 1270 – 1870*, Cambridge: Cambridge University Press, 2015.

Leonardo Bruni, *History of the Florentine People*, Cambridge, Mass.: Harvard University Press, Vols. 1 – 3, 2001, 2004, 2007.

E. Cameron, ed. , *Early Modern Europe: An Oxford History*, Oxford: Oxford University Press, 1999.

Bruce M. S. Campbell, *The Great Transition: Climate, Disease and Society in the Late Medieval World*, Cambridge: Cambridge University Press, 2016.

R. Coulborn, ed. , *Feudalism in History*, New Jersey: Princeton University Press, 1956.

M. Dobb, *Studies in the Development of Capitalism*, London: Routledge and Kegan Paul, 1946.

Wallace K. Ferguson, *The Renaissance in Historical Thought: Five Centuries of Interpretation*, Cambridge, Mass.: Houghton Mifflin, 1948.

Andre Gunder Frank, *ReOrient: Global Economy in the Asian Age*, Berkeley: University of California Press, 1998.

Bert F. Hoselitz, ed. , *The Progress of Underdeveloped Areas*, Chicago/London: University of Chicago Press, 1952.

Eric Jones, *Growth Recurring: Economic Change in World History*, Oxford: Clarendon Press, 1988.

Simon Kuznets, *Population, Capital and Growth: Selected Essays*, London: Heinemann, 1974.

David S. Landes, *The Unbound Prometheus: Technological Change and Industrial Development in Western Europe from 1750 to the Present*, Cambridge: Cambridge University Press, 1969.

A. Maddison and H. Van der Wee, eds. , *Economic Growth and Structural Change, Comparative Approaches over the Long Run on the Basis of Reconstructural National Accounts*, Eleventh International Economic History

Congress Milan 1994.

Angus Maddison, *Chinese Economic Performance in the Long Run*, OECD, Paris, 1998; *Chinese Economic Performance in the Long Run 960 - 2030*, Second edition, revised, and updated, OECD, Paris, 2007.

Angus Maddison, *The World Economy: A Millennial Perspective*, OECD, Paris, 2001.

Patricia H. Marks, *Luminaries: Princeton Faculty Remembered*, Princeton: Princeton University Press, 1996.

Barrington Moore Jr., *Social Origins of Dictatorship and Democracy: Lord and Peasant in the Making of Modern World*, Boston: Beacon Press, 1966.

Peter C. Perdue, *China Marches West: The Qing Conquest of Central Eurasia*, Cambridge, MA: Belknap Press of Harvard University Press, 2005.

Kenneth Pomeranz, *The Great Divergence: China, Europe and the Making of the Modern World Economy*, Princeton, NJ: Princeton University Press, 2000.

Walt Whitman Rostow, *The Stages of Economic Growth: A Non - Communist Manifesto*, Cambridge: Cambridge University Press, 1960.

W. W. Rostow, *Politics and the Stages of Growth*, Cambridge: Cambridge University Press, 1971.

Gibert Rozman, ed., *The Modernization of China*, New York: Free Press and Collier Macmillan, 1981.

F. Teggart, ed., *Idea of Progress: A Collection of Readings*, Berkeley: University of California Press, 1949.

Richard Wall, Jean Robin and PeterLaslett, eds., *Family Forms in Historic Europe*, Cambridge: Cambridge University Press, 1983.

Immanuel Wallerstein, *The Modern World - System*, Vols, Ⅰ - Ⅱ, New York: Academic Press, 1974, 1980; Vol. Ⅲ, San Diego: Academic

Press, 1989; Vol. IV, Berkeley: University of California Press, 2011.

R. Bin Wong, *China Transformed: Historical Change and the Limits of Europe Experience*, Ithaca & London: Cornell University Press, 1997.

R. Bin Wong, *Before and Beyond Divergence: The Politics of Economic Change in China and Europe*, Cambridge, Mass.: Harvard University Press, 2011.

Jan Luiten van Zanden, *The Long Road to the Industrial Revolution: The European Economy in a Global Perspective, 1000 – 1800*, Leiden: Koninklijke Brill NV, 2009.

(二) 论文

Marc Bloch, "A Contribution Towards a Comparative History of European Societies", in *Land and Work in Medieval Europe*, Selected Papers by Marc Bloch, Translated by J. E. Anderson, London: Routledge and Kegan Paul, 1967.

Robert Brenner, "Agrarian Class Structure and Economic Development in Pre – Industrial Europe", *Past & Present*, 70, February, 1976.

Robert Brenner, "The Origins of Capitalist Development: A Critique of Neo – Smithian Marxism", *New Left Review*, No. , 104, 1977.

Stephen Broadberry and Bishnupriya Gupta, "The Early Modern Great Divergence: Wages, Prices and Economic Development in Europe and Asia, 1500 – 1800", *The Economic History Review*, Feb. , 2006, New Series, Vol. 59, No. 1 (Feb. , 2006).

Joseph M. Bryant, "The West and the Rest Revisited: Debating Capitalist Origins, European Colonialism, and the Advent of Modernity", *The Canadian Journal of Sociology*, Vol. 31, No. 4 (Autumn, 2006).

Aleandre M. Deplejt and Jan Luiten Van Zanden, "Accounting for the 'Little Divergence': What Drove Economic Growth in Pre – Industrial Europe, 1300 – 1800?", *European Review of Economic History*, 21 (2016).

Jack A. Goldstone, "The Rise of the West – or not? A Revision to Socio – economic History", *Sociological Theory*, Vol. 18, 2000.

J. Hajnal, "European Marriage Patterns in Perspective", in D. V. Glass and D. E. C. Eversley, eds., *Population in History: Essays in Historical Demography*, Chicago: Aldine Publishing Company, 1965.

J. Hajnal, "Two Kinds of Pre – industrial Household Formation System", *Population and Development Review*, 1982, Vol. 8.

Alette Olin Hill, Boyd H. Hill, Jr, "Marc Bloch and Comparative History", *The American Historical Review*, Volume 85, Issue 4 (Oct., 1980).

Bert F. Hoselitz, "On Comparative History", *World Politics*, Vol. 9, No. 2 (Jan., 1957).

Philip C. C. Huang, "Development or Involution in Eighteenth – Century Britain and China? A Review of Kenneth Pomeranz's 'The Great Divergence: China, Europe, and the Making of the Modern World Economy'", in *The Journal of Asian Studies*, Vol. 61, No. 2, May, 2002.

Wolfgang Knobl, "Theories That Won't Pass Away: The Never – ending Story of Modernization Theory", in Gerard Delanty and Engin F. Isin, eds., *Handbook of Historical Sociology*, London: SAGE Publications Ltd, 2003.

Charles V. Langlois, "The Comparative History of England and France during the Middle Ages", *The English Historical Review*, Vol. 5, No. 18 (Apr., 1890).

Angus Maddison, "A Comparison of Levels of GDP Per Capita in Developed and Developing Countries, 1700 – 1980", *Journal of Economic History*, Vol. XLIII, No. 1 (March, 1983).

John Stuart Mill, "Two Methods of Comparison" (excerpt from A System of Logic, 1843), in Amatai Etzioni and Frederic L. Du Bow, eds., *Comparative Perspectives: Theories and Methods*, Boston: Little, Brown and Company (INC), 1970.

Theodore E. Mommsen, "Petrarch's Conception of the 'Dark Ages'", *Speculum*, Vol. 17, No. 2 (Apr., 1942).

S. N. Mukherjee, "The Idea of Feudalism: From the Philosophes to Karl Marx", *Sydney Studies in Society and Culture*, Vol. 2 (1985): Feudalism: Comparative Studies.

John H. Pryor, "Karl Marx and the Medieval Economy", *The Journal of the Sydney University Arts Association*, Vol. 18 (1996).

Hamish Scott, "Introduction: 'Early Modern' Europe and the Idea of Early Modernity", in *The Oxford Handbook of Early Modern European History, 1350 – 1750*, Volume I: Peoples and Place, ed. by Hamish Scott, Oxford: Oxford University Press, 2015.

William H. Sewell, Jr., "Marc Bloch and the Logic of Comparative History", *History and Theory*, Vol. 6, No. 2 (1967).

G. D. Snooks, "Economic Growth During the last Millennium: A Quantitative Perspective for the British Industrial Revolution", *Working Paper in Economic History*, No. 140, Australian National University, 1990.

G. D. Snooks, "Great Waves of Economic Change", in G. D. Snooks, ed. *Was the Industrial Revolution Necessary?* London: Routledge, 1994.

G. D. Snooks, "The Dynamic Role of the Market in the Anglo – Norman Economy and Beyond, *1086 – 1300*", in R. H. Britnell and B. M. S. Campbell, eds., *A Commercialising Economy, England 1086 to c. 1300*, Manchester: Manchester University Press, 1996.

Paul M. Sweezy, "A Critique", and Maurice Dobb, "A Reply", in *Science & Society*, Vol. 14, No. 2 (Spring, 1950).

Paul Sweezy, "Comment on Brenner", *New Left Review*, No. 108, 1978.

Sylvia L. Thrupp, "Editorial", *Comparative Studies in Society and History*,

Vol. 1, No. 1 (Oct., 1958).

P. H. H. Vries, "Are Coal and Colonies Really Crucial? Kenneth Pomeranz and the Great Divergence", *Journal of World History*, Vol. 12, No. 2 (Fall, 2001).

Jan Luiten van Zanden, "Early Modern Economic Growth: a Survey of the European Economy 1500 – 1800", in M. Park, ed., *Early Modern Capitalism*, London: Routledge, 2001.

Jan Luiten van Zanden, "The 'Revolt of the Early Modernists' and the 'First Modern Economy': Assessment", in *Economic History Review*, LV (2002).

Jan Luiten van Zanden, "Taking the Measure of the Early Modern Economy: Historical National Accounts for Holland in 1510/14", in *European Review of Economic History*, Vol. 6, 2002.

P. H. H. Vries, "Are Coal and Colonies Really Crucial? Kenneth Pomeranz and the Great Divergence", *Journal of World History*, Vol. 12, No. 2 (Fall, 2001).

二　中文

（一）马恩论著

马克思：《〈政治经济学批判〉导言》，《马克思恩格斯选集》第2卷，人民出版社2012年版。

马克思：《〈政治经济学批判〉序言》，《马克思恩格斯选集》第2卷，人民出版社2012年版。

马克思：《给〈祖国纪事〉杂志编辑部的信》，《马克思恩格斯全集》第25卷，人民出版社2001年版。

马克思：《资本主义生产以前的各种形式》，《马克思恩格斯全集》第30卷，人民出版社1995年版。

马克思：《资本论》，人民出版社2004年版。

参考文献

马克思：《经济学手稿（1857—1858）》，《马克思恩格斯全集》第30卷，人民出版社1995年版。

马克思：《马克思古代社会史笔记》，人民出版社1996年版。

马克思、恩格斯：《德意志意识形态》，《马克思恩格斯选集》第1卷，人民出版社2012年版。

马克思、恩格斯：《共产党宣言》，《马克思恩格斯选集》第1卷，人民出版社2012年版。

（二）专著

［美］珍妮特·L.阿布-卢格霍德：《欧洲霸权之前——1250—1350年的世界体系》，杜宪兵、何美兰、武逸天译，商务印书馆2015年版。

［意］托马斯·阿奎那：《阿奎那政治著作选》，马清槐译，商务印书馆1963年版。

［德］卡尔·迪特里希·埃德曼：《国际历史科学大会百年历程：1898—2000》，山东大学课题组译，中国社会科学出版社2015年版。

［以］S.N.艾森斯塔德：《现代化：抗拒与变迁》，张旅平等译，中国人民大学出版社1988年版。

［古罗马］奥古斯丁：《上帝之城》，王晓朝译，人民出版社2006年版。

［英］杰弗里·巴勒克拉夫：《当代史学主要趋势》，杨豫译，上海译文出版社1987年版。

［美］莱因哈特·本迪克斯：《马克斯·韦伯思想肖像》，刘北成等译，上海人民出版社2002年版。

［英］比德：《英吉利教会史》，陈维振、周清民译，商务印书馆1991年版。

［古希腊］波里比阿：《罗马帝国的崛起》，翁嘉声译，社会科学文献出版社2013年版。

［英］M.M.波斯坦主编：《剑桥欧洲经济史》第 1 卷，郎立华等译，经济科学出版社 2002 年版。

［英］彼得·伯克：《历史学与社会理论》，姚朋、周玉鹏等译，刘北成校，上海人民出版社 2001 年版。

［英］彼得·伯克：《法国史学革命：年鉴学派，1929—1989》，刘永华译，北京大学出版社 2006 年版。

［英］以赛亚·伯林：《浪漫主义的根源》，吕梁等译，译林出版社 2008 年版。

［美］哈罗德·J.伯尔曼：《法律与革命——西方法律传统的形成》，贺卫方、高鸿钧、张志铭、夏勇译，中国大百科全书出版社 1993 年版。

［美］西里尔·E.布莱克等：《日本和俄国的现代化：一份进行比较的研究报告》，周师铭等译，商务印书馆 1984 年版。

［美］C.E.布莱克：《现代化的动力：一个比较史的研究》，段小光译，四川人民出版社 1988 年版。

［法］费尔南·布罗代尔：《15 至 18 世纪的物质文明、经济和资本主义》，顾良、施康强译，生活·读书·新知三联书店 1992 年版。

［法］马克·布洛赫：《法国农村史》，余中先、张朋浩、车耳译，商务印书馆 1991 年版。

［法］马克·布洛赫：《封建社会》，张绪山等译，商务印书馆 2004 年版。

［法］马克·布洛赫：《国王神迹：英法王权所谓超自然性研究》，张绪山译，商务印书馆 2018 年版。

［英］阿伦·布洛克：《西方人文主义传统》，董乐山译，生活·读书·新知三联书店 1998 年版。

［瑞士］雅各布·布克哈特：《意大利文艺复兴时期的文化》，何新译，马香雪校，商务印书馆 2002 年版。

［英］克里斯托弗·戴尔：《转型的时代——中世纪晚期英国的经济与社会》，莫玉梅译，徐浩审校，社会科学文献出版社 2010 年版。

参考文献

［法］E.迪尔凯姆：《社会学方法的准则》，狄玉明译，商务印书馆2009年版。

杜维运、黄俊杰编：《史学方法论文选集》，世华出版社1980年版。

范达人：《当代比较史学》，北京大学出版社1990年版。

范达人、易孟醇：《比较史学》，湖南出版社1991年版。

［荷］扬·卢滕·范赞登：《通往工业革命的漫长道路——全球视野下的欧洲经济，1000—1800年》，隋福民译，浙江大学出版社2016年版。

冯天瑜：《"封建"考论》，武汉大学出版社2007年版。

［法］伏尔泰：《路易十四时代》，吴模信、沈怀洁、梁守锵译，商务印书馆1982年版。

［法］伏尔泰：《风俗论》上册，梁守锵等译，商务印书馆1997年版。

［英］约翰·福蒂斯丘爵士：《论英格兰的法律与政制》，袁瑜琤译，北京大学出版社2008年版。

［德］贡德·弗兰克：《白银资本：重视经济全球化中的东方》，刘北成译，中央编译出版社2000年版。

［德］安德烈·冈德·弗兰克、巴里·K.吉尔斯主编：《世界体系：500年还是5000年？》，郝名玮译，社会科学文献出版社2004年版。

［荷］皮尔·弗里斯：《国家、经济与大分流——17世纪80年代到19世纪50年代的英国和中国》，郭金兴译，中信出版集团2018年版。

［比］弗朗索瓦·冈绍夫：《何为封建主义》，张绪山、卢兆瑜译，商务印书馆2017年版。

［法兰克］都尔教会主教格雷戈里：《法兰克人史》，寿纪瑜、戚国淦译，商务印书馆1981年版。

郭圣铭：《西方史学史概要》，上海人民出版社1983年版。

［英］约翰·哈彻、马克·贝利：《中世纪的模型：英格兰经济发展的历史与理论》，许明杰、黄嘉欣译，上海三联书店2021年版。

［美］哈多克：《历史思想导论》，王加丰译，华夏出版社1989年版。

参考文献

［古希腊］赫西俄德：《工作与时日》，张竹明、蒋平译，商务印书馆1991年版。

［德］黑格尔：《历史哲学》，王造时译，上海书店出版社1999年版。

侯建新：《社会转型时期的西欧与中国》，济南出版社2001年版。

［法］基佐：《欧洲文明史：自罗马帝国败落起到法国革命》，程洪逵、沅芷译，商务印书馆1998年版。

［法］基佐：《法国文明史——自罗马帝国败落起》，沅芷、伊信译，商务印书馆1999年版。

金岳霖主编：《形式逻辑》，人民出版社2006年版。

［德］E.卡西尔：《启蒙哲学》，顾伟铭等译，山东人民出版社2007年版。

［美］唐纳德·R.凯利：《多面的历史：从希罗多德到赫尔德的历史探询》，陈恒、宋立宏译，生活·读书·新知三联书店2003年版。

［德］哈特穆特·凯博：《历史比较研究导论》，赵进中译，北京大学出版社2009年版。

［英］布鲁斯·M.S.坎贝尔：《大转型：中世纪晚期的气候、疾病、社会与现代世界的形成》，王超华译，中信出版社2023年版。

［德］康德：《历史理性批判文集》，何兆武译，商务印书馆1990年版。

［英］R.G.柯林伍德：《历史的观念》，何兆武、张文杰译，中国社会科学出版社1986年版。

［德］于尔根·科卡：《社会史：理论与实践》，景德祥译，上海人民出版社2006年版。

［俄］叶·阿·科斯敏斯基：《中世纪史学史》，郭守田等译，郭守田、胡敦伟总校，商务印书馆2012年版。

［美］保罗·奥斯卡·克里斯特勒：《意大利文艺复兴时期八个哲学家》，姚鹏、陶建平译，上海译文出版社1987年版。

［意］贝奈戴托·克罗齐：《历史学的理论和实际》，傅任敢译，商务印书馆1997年版。

· 345 ·

参考文献

［美］保罗·肯尼迪：《大国的兴衰——1500—2000年的经济变迁与军事冲突》，陈景彪等译，国际文化出版公司2006年版。

［法］孔多塞：《人类精神进步史表纲要》，何兆武、何冰译，生活·读书·新知三联书店1998年版。

［法］朗格诺瓦、瑟诺博司：《历史研究导论》，李思纯译，中国人民大学出版社2011年版。

《历史研究》编辑部编译：《资本主义起源的研究译文集》，科学出版社1961年版。

［美］W. W. 罗斯托：《经济增长的阶段——非共产党宣言》，郭熙保、王松茂译，中国社会科学出版社2001年版。

［美］吉尔伯特·罗兹曼主编：《中国的现代化》，"比较现代化"课题组译，沈宗美校，江苏人民出版社1988年版。

马德斌：《中国经济史的大分流与现代化——一种跨国比较视野》，徐毅、袁为鹏、乔士荣译，浙江大学出版社2020年版。

［意］尼科洛·马基雅维里：《佛罗伦萨史》，李活译，商务印书馆1982年版。

［意］尼科洛·马基雅维里：《论李维》，冯克利译，上海人民出版社2005年版。

［意］马基雅维里：《论李维罗马史》，吕健忠译，商务印书馆2013年版。

［美］罗伯特·B.马克斯：《现代世界的起源——全球的、生态的述说》，夏继果译，商务印书馆2006年版。

［英］安格斯·麦迪森：《中国经济的长期表现：公元960—2030年》第二版，伍晓鹰、马德斌译，上海人民出版社2008年版。

［英］艾伦·麦克法兰：《英国个人主义的起源——家庭、财产权和社会转型》，管可秾译，商务印书馆2008年版。

［英］艾伦·麦克法兰：《现代世界的诞生》，管可秾译，上海人民出版社2013年版。

［英］梅因：《古代法》，沈景一译，商务印书馆1984年版。

[法] 孟德斯鸠：《论法的精神》，张雁深译，商务印书馆 1982 年版。

[美] B. 摩尔：《民主与专制的社会起源》，拓夫等译，华夏出版社 1987 年版。

庞卓恒：《比较史学》，中国文化书院，1987 年（未公开出版）。

[美] 彭慕兰：《大分流——欧洲、中国及现代世界经济的发展》，史建云译，江苏人民出版社 2003 年版。

[比] 亨利·皮朗：《中世纪欧洲经济社会史》，乐文译，上海人民出版社 1964 年版。

[比] 亨利·皮朗：《穆罕默德和查理曼》，王晋新译，上海三联书店 2011 年版。

[比] 亨利·皮雷纳：《中世纪的城市》，陈国樑译，商务印书馆 1985 年版。

[古罗马] 普鲁塔克：《希腊罗马名人传》，席代岳译，吉林出版集团有限责任公司 2009 年版。

[英] 埃里克·琼斯：《欧洲奇迹：欧亚史中的环境、经济和地缘政治》，陈小白译，华夏出版社 2015 年版。

[德] 奥斯瓦尔德·斯宾格勒：《西方的没落》，吴琼译，上海三联书店 2006 年版。

[瑞士] 罗曼·施图德：《大分流重探——欧洲、印度与全球经济强权的兴起》，王文剑译，格致出版社 2020 年版。

[美] J. W. 汤普森：《历史著作史》，谢德风译，李活校，商务印书馆 1996 年版。

[英] 汤因比：《历史研究》，曹未风译，上海人民出版社 1959 年版。

[德] 斐迪南·滕尼斯：《共同体与社会》，林荣远译，商务印书馆 1999 年版。

[意] 维柯：《新科学》，朱光潜译，人民文学出版社 1986 年版。

[德] 马克斯·韦伯：《儒教与道教》，洪天富译，江苏人民出版社 1993 年版。

[德] 马克斯·韦伯：《经济与社会》，林荣远译，商务印书馆 1997

年版。

［德］马克斯·韦伯:《新教伦理与资本主义精神》,康乐、简惠美译,广西师范大学出版社2007年版。

［德］马克斯·韦伯:《中世纪商业合伙史》,陶永新译,东方出版中心2010年版。

［英］安德鲁·韦伯斯特:《发展社会学》,陈一筠译,华夏出版社1987年版。

［美］王国斌:《转变的中国:历史变迁与欧洲经验的局限》,李伯重、连玲玲译,江苏人民出版社1998年版。

［美］王国斌、罗森塔尔:《大分流之外——中国和欧洲经济变迁的政治》,周琳译,王国斌、张萌校,江苏人民出版社2019年版。

［美］伊曼纽尔·沃勒斯坦:《现代世界体系》,郭方等译,社会科学文献出版社2013年版。

［英］无名氏:《盎格鲁-撒克逊编年史》,寿纪瑜译,商务印书馆2004年版。

［古希腊］希罗多德:《历史》,王以铸译,商务印书馆2007年版。

［古希腊］修昔底德:《伯罗奔尼撒战争史》,谢德风译,商务印书馆1985年版。

徐浩:《相似还是相异?18世纪中英农村经济与社会比较》,商务印书馆2022年版。

［古希腊］亚里士多德:《政治学》,吴寿彭译,商务印书馆1995年版。

杨豫:《西方史学史》,江苏人民出版社1993年版。

［德］格奥尔格·伊格尔斯:《德国的历史观》,彭刚、顾航译,译林出版社2006年版。

张广智:《西方史学史》,复旦大学出版社2010年版。

中国社会科学院历史研究所、中国社会科学院经济研究所、中国社会科学杂志社《历史研究》编辑部编:《封建名实问题讨论文集》,江苏人民出版社2008年版。

（三）论文

［英］波斯坦：《中古社会经济基础》，马克垚译，《世界历史译丛》1980 年第 4 期。

［美］罗伯特·布伦纳：《前工业欧洲农村的阶级结构和经济发展》，《世界历史译丛》1980 年第 5 期。

［法］马克·布洛克：《比较史学之方法——论欧洲社会的历史比较》，齐建华译，罗旭校，载项观奇编《历史比较研究法》，山东教育出版社 1986 年版。

［法］布瓦：《反对新马尔萨斯主义的正统》，张云鹤译，《世界历史译丛》1980 年第 5 期。

陈志武：《从资本化体制看中西大分流》，《清史研究》2020 年第 6 期。

［美］乔治·M.弗雷德里克森：《比较史学》，载项观奇编《历史比较研究法》，山东教育出版社 1986 年版。

［美］雷蒙德·格鲁：《比较史学的论证》，张云球译，王言彬校，载项观奇编《历史比较研究法》，山东教育出版社 1986 年版。

管汉晖、李稻葵：《明代 GDP 及结构试探》，《经济学季刊》2010 年第 9 卷第 3 期。

［德］赫尔德：《又一种历史哲学》，载［德］约翰·哥特弗雷德·赫尔德《反纯粹理性——论宗教、语言和历史文选》，张晓梅译，商务印书馆 2010 年版。

［英］希尔顿：《封建主义的危机》，孙秉莹译，《世界历史译丛》1980 年第 5 期。

［德］赫尔德：《历史哲学思想》，载［德］约翰·哥特弗雷德·赫尔德《反纯粹理性——论宗教、语言和历史文选》，张晓梅译，商务印书馆 2010 年版。

［英］希尔顿：《封建主义的危机》，孙秉莹译，《世界历史译丛》1980 年第 5 期。

参考文献

［美］塞缪尔·P.亨廷顿：《导致变化的变化：现代化，发展和政治》，载［美］西里尔·E.布莱克编《比较现代化》，杨豫、陈祖洲译，上海译文出版社1996年版。

金星晔、管汉晖、李稻葵、Stephen Broadberry：《中国在世界经济中相对地位的演变（1000—2017）——对麦迪逊估算的修正》，《经济研究》2019年第7期。

［美］彼得·科尔钦：《美国比较史学》，朱彩霞译，范达人校，载项观奇编《历史比较研究法》，山东教育出版社1986年版。

［法］查理·V.朗格索瓦：《要关注英法历史的比较》，莫玉梅译，《经济社会史评论》2020年第1期。

李稻葵：《我们从中国古代人均GDP中发现了什么？》，《财经界》2017年第21期。

李桂芳、徐浩：《中西人均GDP的差距究竟始于何时？》，《经济社会史评论》2022年第3期。

李伯重：《序·从历史中发现中国奇迹的根源》，［美］万志英《剑桥中国经济史：古代到19世纪》序，中国人民大学出版社2018年版。

林甘泉：《从"欧洲中心论"到"中国中心论"——对西方学者中国经济史研究新趋向的思考》，《中国经济史研究》2006年第2期。

［苏］麦尔高尼扬：《社会科学中比较研究的主要发展阶段》，载项观奇编《历史比较研究法》，山东教育出版社1986年版。

庞卓恒、侯建新：《当代西方的比较史学》，载何兆武、陈启能主编《当代西方史学理论》，中国社会科学出版社1996年版。

［比］皮朗：《历史比较方法》，高瑞译，黄艳红校，《经济社会史评论》2019年第1期。

齐思和、马克垚：《西方进步史学家关于英国资本主义萌芽问题的论战》，载《北大史学论丛》，高等教育出版社1958年版。

［美］萨达·斯哥克波尔、玛格丽特·萨默斯：《历史比较在宏观社会研究中的运用》，周启朋译，周珏良校，载项观奇编《历史比较

研究法》，山东教育出版社1986年版。

［英］汤因比：《我的历史观》，载田汝康、金重远选编《现代西方史学流派文选》，上海人民出版社1982年版。

徐浩：《论古代希腊历史批判方法的演进》，《中国人民大学学报》2009年第2期。

徐浩：《中世纪西欧与现代社会的起源》，《中华读书报》2014年11月26日。

徐浩：《简论马克思的西欧封建社会形态理论》，《史学理论研究》2018年第1期。

徐浩：《西北欧在欧洲文明形成中的核心作用》，《史学月刊》2021年第10期。

徐浩：《从"小分流"看欧亚历史转型》，《中国社会科学报》2021年12月6日。

徐浩：《比较史学与历史比较概念辨析》，《中国社会科学报》2022年3月9日，A10。

徐浩：《福蒂斯丘与英法封建君主制比较》，《史学集刊》2022年第2期。

徐浩：《西方文明史比较中研究范式的转变》，《光明日报》2023年3月20日。

徐浩：《欧洲文明的现代转型——以转型、大分流与小分流的争论为中心》，《天津社会科学》2024年第1期。

［美］伊各斯：《历史主义》，周樑楷译，载张京媛主编《新历史主义与文学批评》，北京大学出版社1993年版。

张云鹤：《西方关于从封建主义向资本主义过渡的新讨论》，《世界历史》1980年第6期。

赵鼎新：《加州学派与工业资本主义的兴起》，《学术月刊》2014年第7期。

周武：《历史变迁中的中国与欧洲——王国斌教授访谈录》，《社会科学》2004年第8期。

索　引

A

阿拉伯文化　83
埃及文化　83,84
奥古斯丁　26,27,30,31,38,254,322

B

巴勒克拉夫　1,101,116,232,240,243
巴黎高等师范学院　102
保罗·贝洛什　207,208
报酬递减　90,125
北海地区　180,217,218,220
比较方法　3,5,6,14,15,18,25,27,
　29,30,47,97,98,99,100,101,109,
　110,116,130,158,159,189,197,
　232,235,239,241,242,243,246,
　257,261,267,269,270,271,274,
　282,298,301,303
比较史学
　本体论　229,231,235,237,241,
　243,245
　定义　2,229,230,284

方法论　3,265,267,269,273,277,
　279
概念　1,3,4,8
认识论　246,247,249,251,253,
　255,257,259,261,263
比较现代化　119,121,122,131,138,
　140,143
彼得·伯克　67,104,114,155
彼特拉克　37,38,39,40,41
边疆学说　259
编年史　13,29,30,36,50
波里比阿　14,23,24,42
波斯坦　148,150,210,243
布克哈特　35,36,79,152
布莱克　117,119,121,122,123,130,
　131,132,133,134,136,138
布罗德贝里　180,221,224,225
布伦纳论辩　148,149,151
布罗代尔　77,78,153,154,155,156,
　157,158,159,160,208,267
布洛赫　5,6,7,66,100,101,103,104,
　106,108,110,112,113,115,116,

· 352 ·

167,230,231,232,233,235,238,
240,243,246,257,259,268,271,
276,281

低地国家　217,218,224,263
第三等级　84,85
东印度公司　185

C

财产的代际转移　218
查理曼　31,49,75,77,144,145
城邦政体　22
城市革命　28,84,85
传统社会　119,120,121,123,124,
125,132,136,292

E

俄国农奴制改革　140

F

法西斯主义　128,130,250
范达人　3,9,229,230,282,283,284,
290
范赞登　180,214,215,216,217,218,
219,220,224,264
费正清　188,196
封建所有制　63
弗兰克　173,174,176,181,182,183,
184,185,186,187,188,190,209,
261,307,313,315,318
伏尔泰　48,49,50,51,52,54,75,77,
78,79,115,153,254,257
福蒂斯丘　32,33,34,252
复合家庭制　263

D

大分流　172,174,176,177,178,179,
181,189,194,196,197,199,201,
202,204,209,210,217,219,224,
226,264,286,294,333
大拓荒　110
大学
　巴黎　31,98,147,150
　贝桑松　130
　东京　147
　佛罗伦萨　147
　哈佛　127,146,188,189,206
　加州　148
　牛津　86,123,147,166,169,221
　普林斯顿　131,137,169,257,258
　耶鲁　123,127,160,169
　芝加哥　118,127,173,196,300
大众消费时代　126
大转型　226
德国历史主义　152

G

共产主义　123,128
古典文化　84
古希腊史学　13,15,289
寡头政治　121
官僚制　51,72,121,233,250
国际历史科学大会　1,97,99,100,
101,148,269,270
国内生产总值　205,206,210,213,

222,225

国王之魔　104

过渡　93,144,147,149,151,286

H

哈特穆特·凯博　6,7,233,234,247,273,277

荷兰共和国　224

核心家庭　184,199,218,249,264

赫尔德　18,28,37,51,54,55,56,75,76

赫西俄德　13,14,15,16,17,254

黑暗时代　37,39,41,114,196

黑格尔　21,57,58,59,60,62,69,75,76,77,255,288,294,297

黑死病　149,150,167,223,224,225

亨廷顿　119

黄宗智　204

货币经济　70,84

J

基督教史学　28,29

基佐　78,79

加洛林帝国　145,316

加州学派　172,173,174,175,176,177,179,181,183,185,187,189,191,193,195,197,199,201,203,217,286,312,319

家产制　69

经合组织　210,211

经济绩效　219,220

经济增长　118,123,124,126,132,

138,139,167,174,179,184,191,203,205,206,210,211,215,217,219,221,222,241,319,332

绝对主义　121,245

君主专制　20,69,70,71,72,245,289

K

卡尔顿学院　137

柯瓦列夫斯基　63

科举制　140

科林伍德　43,47

科学革命　132,133,169,178

克兰·布林顿　241

孔多塞　52,78,255

L

莱昂纳多·布鲁尼　40

兰克史学　79

朗格索瓦　1,97,98,99,268

浪漫主义　53,54,55,56,76,255,337

类型学　47,247,250,251,279

历史比较

　单位　229

　定义　3,4

　可比性　270,273

　类型　240

　目的　246

　用途　234

历史比较研究　7,132,246,284,290,299

历史国民账户　211

罗马宪政　24

索 引

罗斯托　123，124，125，126，127，132，184，241

罗兹曼　123，137，138，140，143

瘰疬病　104

M

马德斌　174，178，179，340

马克思　21，52，59，61，63，64，66，68，69，75，116，120，129，144，146，148，150，152，175，182，184，210，245，255，294，309

马尼拉－美洲贸易　186

麦迪森　205，209，210，211，212，213，214，216

麦克法兰　166，167，168，169，181

贸易起源说　145，148，150

梅因　119，340

煤炭　178，200，202，204，324，326，331

美洲白银　186，188

孟德斯鸠　47，48，50，52，69，113，115，183，255，257，294

明治维新　140，174，332

摩尔　65，123，127，128，129，130，132，238，246，251

摩尔根　65

N

尼科洛·马基雅维里　41

逆退法　103，109

年鉴学派　102，103，104，114，153，155，208，281

农奴制　65，140，141，146，147，148，149，164，201，237

农业革命　85，161，252

奴隶贸易　202，239

O

欧亚相似论　176，217

欧洲婚姻模式　218

欧洲中心论　85，173，175，176，178，183，184，187，192，198

偶然论　195，203

P

庞卓恒　2，3，9，229，281，282，283，290，295，296，340，344

佩里·安德森　245

彭慕兰　172，173，175，177，180，195，196，197，198，199，200，201，202，203，204，209，310，315

皮朗　100，144，145，146，147，267，270

普鲁塔克　24，25，289

Q

七艺　28

启蒙运动　35，37，39，41，43，45，47，49，51，53，55，86，97，152，213

迁徙税　149

前文化　83，84

前资本主义　60，63，65，212

勤勉革命　201

圈地运动　112，145，146，150，235，239

R

人均收入　171，180，206，209，210，

索　引

212,213,214,218,220,225,332

人口行为　218

人文主义　28,36,37,38,39,40,41,
　42,44,47

S

三圃制　110

上帝之城　26,27,31,254

社会转向　152

神本史观　26,254

神圣罗马帝国　31,35,36,236

圣路易　67,106,156

世界体系　160,161,162,182

市民阶级　71

思辨的历史哲学　74,76

斯宾格勒　79,80,82,83,84,85,86,87

斯密型动力　176,191,192

斯威齐　146,147,148

T

汤因比　86,87,88,89,90,91,92,93,
　240,241,242,243,257

铜本位制　70

涂油礼　105

托马斯·阿奎那　31

W

王国斌　172,173,175,176,187,188,
　189,190,191,192,193,194,195,
　197,307,313

韦伯　67,70,73,120,122,127,145,
　157,175,184,250,256,262,267,

273,294,311,330

唯物史观　60,63,295

维柯　45,46,74,75,341

维兰制　237

文明史　52,74,77,78,79,229,257,
　285,291,296

文艺复兴　35,36,151

沃勒斯坦　154,160,161,162,163,
　164,165,166,175,312

无产阶级　61,93,145,146

X

西班牙　23,38,54,99,151,153,157,
　164,186,214,216,217,218,220,
　236,262,316,318,320,327,328,
　330

西北欧　164,180,199,204,219,220,
　226,249,263,264

西方文明　85,93,131,255,257,288,
　294,316

西威尔　6,102,112,229,231,232,
　238,243,244,272

希波战争　14,18,19,20,253

希罗多德　14,18,19,20,28,29,37,
　252,253,297

现代化　34,68,85,117,119,120,123,
　125,127,128,129,131,132,133,
　136,138,140,142,143,169,174,
　179,184,191,194,196,247,250,
　252,253,286,289,292,295,332

现代社会　117,119,120,121,124,
　129,166,168,175

· 356 ·

现代史 82,98,124,131,151,233,235

相似性 97,113,114,176,196,198,230,231,237,271,274,285

消费社会 248

小分流 180,217,218,220,221,224,264

新人口论 148,149,150

修昔底德 14,20,21,253

Y

亚里士多德 21,22,24,29,49,321,322

亚细亚所有制 63

意大利 18,25,30,31,35,36,38,40,41,43,45,47,50,54,67,74,79,99,110,136,151,157,158,162,164,214,216,218,220,224,226,239,248,263,273,276,319,320

印度 57,64,68,83,84,88,126,128,130,155,156,160,163,166,171,176,180,184,186,197,200,205,208,212,241,249,259,264,273,288,293,306,308,314,318,327,331

于尔根·科卡 7,8,47,56,130,153,233,239,240,244,249,268

原始积累 63,146,175

Z

再版农奴制 147,149,164,201

早期现代 5,44,45,68,107,122,133,150,151,152,166,174,176,180,183,185,187,190,192,193,198,215,217,218,220,226,235,240,253,264,274,279

增长阶段论 124

长江三角洲 197,199,204,224,315

长时段 104,154,157,211,213

殖民主义 135,136,203

中产阶级 22,23,59

中世纪

    城市 71,291

    大学 28

    欧洲 73,144,148,221,341

    盛期 108,311

    早期 28,31,70,84,105,111

    中期 28,31,71

中世纪史研究 148,286,289,290

主教奥托 30,31

转型 4,68,144,145,147,149,150,151,152,153,154,155,157,158,159,161,163,165,166,167,168,169,171,180,220,226,247,282,286,292,293

庄园制度 109,115,232

资本密集型 195

资本主义 60,63,65,68,70,72,77,78,123,127,129,144,145,147,150,154,157,160,162,164,166,169,172,182,184,190,193,194,196,198,200,203,204,208,212,239,245,250,255,262,286,291,293,309,330

资源禀赋 178

自治领 121

后　　记

　　比较史学，尤其是中西历史比较，是笔者长期求学和工作中的主要兴趣之一。改革开放以后，史学界特别是世界史学者开始重视通过历史比较研究，探讨中西历史的不同发展道路及其成因，这种视角一直影响着我的中西历史比较实践。我最早接触比较史学是在攻读硕士研究生期间，从此走上研究欧洲中世纪史和中西历史比较的道路。我的硕士学位毕业论文即是中西历史比较的内容，题为《英国中古时代行政、司法和教化体制述论——兼与中国封建社会相关体制比较》。其中部分内容以《中英封建社会农村的行政、司法和教化体制的比较》为题，发表在《世界历史》1988年第3期。诚然，题目中的"封建"可改为"中古"。

　　1987年，笔者进入中国人民大学历史系任教，在科研工作中长期从事中西历史比较研究。1995—1998年我在人大清史研究所在职攻读博士学位，毕业论文题为《清代华北农村经济研究》，在研究方法上把清代华北农村经济与前工业时期的英国进行比较。该文经过修改后出版了《农民经济的历史变迁——中英乡村社会区域发展比较》（社会科学文献出版社2001年版）。与此同时，我还参与了戴逸先生主持的国家"八五"社科重点项目"18世纪的中国与世界"，独立承担了"农民卷"的写作，出版《18世纪的中国与世界：农民卷》（辽海出版社1999年版）。目前，该书已由商务印书馆出版单行本，

后　记

题为《相似还是相异？18世纪中英农村经济与社会比较》。[①]

此外，我的教学工作也经常涉及比较史学。笔者在中国人民大学曾为本科生讲授"当代西方史学流派"，后来又为研究生开设"西方史学理论与方法研究"，比较史学是这两门课程中都要讲授的重要史学流派之一，上述两门课程的教材是《当代西方史学流派》（徐浩、侯建新著，中国人民大学出版社1996年版；2009年第二版）。从2018年起，我在中国人民大学历史学院为世界史专业的本科生开设"比较史学的理论与方法"的必修课。该课程在2018年至2024年上过数次，我在备课过程中也积累了部分讲稿，并将一些内容发表在报纸和期刊上。此后，笔者又对这些讲稿予以修改和补充，直至以今日的面貌呈现给读者。

本书所谓的西方比较史学即流行于现代欧美的历史比较研究实践和理论方法。在此之前，传统的历史比较实践已有两千多年，构成西方比较史学的前史。古希腊至18世纪的历史比较是偶然的、非自觉的和非专门的，而19世纪成为向经常的、自觉的和专门的历史比较转变的过渡期。1928年诞生的西方比较史学是一种经常的、自觉的和专门的，并且兼顾历史比较的实证研究和理论方法，这在以前也是少见的。为此，本书结构分为三个部分，上、中编分别讨论西方比较史学的前史和西方比较史学的实证研究，下编论述西方比较史学的理论方法。历史比较具有明显的跨学科性，并不局限于历史学领域或历史学家的范围。实际上，大量比较史学的研究出现在历史学以外的人文社会科学领域，是由哲学家、社会学家和经济学家等完成的。因此，本书包括许多历史学之外的人文社会科学的历史比较研究。此外，受作者的专业所限，本书上、中编历史比较的实证研究侧重于中世纪和早期现代的欧洲，特别是相应时期的东西方或中西历史比较，希望上述研究有助于读者更准确认识我国的历史和现实问题。最后，

[①] 徐浩：《相似还是相异？18世纪中英农村经济与社会比较》，商务印书馆2022年版。

后　记

西方比较史学的理论方法分别从本体论、认识论和方法论角度，即比较史学的研究对象、认识活动和研究方法层面对所涉及的诸多问题重点进行了理论反思与概括，并不想面面俱到。

　　本书的完成与出版是与许多人士的帮助分不开的。第九章由中国人民大学商学院副教授李桂芳与我合作撰写。限于西方比较史学的主旨，中国比较史学研究没有在本书正文中进行讨论。为便于读者了解改革开放后中国比较史学研究，笔者特别邀请了中国社会科学院世界历史研究所副研究员王超华博士撰写了《改革开放后中国比较史学》，作为附录一供有兴趣者参考。附录二、三分别是与历史比较研究有关的两篇译文，其中附录二由英国布里斯托大学历史系博士研究生谭齐晴翻译，附录三由我翻译。天津师范大学欧洲文明研究院侯建新教授是我国中西历史比较研究领域的著名学者，他在百忙之中为本书作序，令拙著生辉。本书在出版过程中还得到2022年度教育部哲学社会科学研究项目的后期资助，中国人民大学也为本书提供了2022年度"中央高校建设世界一流大学（学科）和特色发展引导专项资金"的支持，历史学院还为本书提供了部分出版资助。在此，笔者谨向以上所有人士和机构致以最诚挚的感谢。最后，还需补充的是，经过半年左右的等待，笔者在2024年3月下旬收到教育部哲学社会科学研究后期资助项目的专家鉴定意见，并按专家要求做了相应修改。主要是由王超华作了全书的索引，博士生侯兴隆将书中引用的马恩著作的旧版本替换成较新版本并进行了文字订正，笔者对个别章节的重复部分做了删节，在这里我也要对鉴定专家和王超华、侯兴隆表示衷心感谢。由于成书时间较为仓促，修改补充的工作量较大，加之其他事务纷扰不断，拙著肯定存在许多不成熟乃至错谬之处，欢迎读者不吝赐教，批评指正。

徐浩
2022年完成，2024年五一假期修改